王叔岷著作集

劉子集證

中華書局

圖書在版編目(CIP)數據

劉子集證/王叔岷著.—北京:中華書局,2007.8
(王叔岷著作集)
ISBN 978-7-101-05721-8

Ⅰ.劉…　Ⅱ.王…　Ⅲ.中國-北齊(550~577)-雜著
Ⅳ.C964.2-53

中國版本圖書館 CIP 數據核字(2007)第 083881 號

本書原由中研院歷史語言研究所出版,現由該所授權中華書局印行大陸版。
圖字:01-2007-1825 號

責任編輯:焦雅君

王叔岷著作集
劉子集證
王叔岷 著
*
中華書局出版發行
(北京市豐臺區太平橋西里 38 號　100073)
http://www.zhbc.com.cn
E-mail:zhbc@zhbc.com.cn
北京市白帆印務有限公司印刷
*
700×1000 毫米 1/16·21¾印張·300 千字
2007 年 9 月第 1 版　2007 年 9 月北京第 1 次印刷
印數:1-3000 册　定價:49.00 元

ISBN 978-7-101-05721-8

王叔岷著作集出版説明

王叔岷先生，號慕廬，一九一四年生，四川簡陽人。幼習詩書，及長，喜讀莊子、史記、陶淵明集，兼習古琴。一九三五年，就讀於四川大學中文系，一九四一年考入北京大學文科研究所，師從傅斯年、湯用彤先生。後任職於中央研究院歷史語言研究所。一九四九年後，出任臺灣大學中文系副教授、教授。一九六三年後，先後任教於新加坡大學、臺灣大學、馬來西亞大學、新加坡南洋大學等校。一九八四年，自中研院史語所及臺灣大學中文系退休，仍擔任史語所兼任研究員及中國文哲所籌備處諮詢委員。

王叔岷先生治學，由斠讎入義理，兼好詞章，尤精研先秦諸子，遍校先秦漢晉群籍，撰有專書近三十種，論文二百餘篇，是海内外廣受推崇的斠讎名家。限於各種條件，王叔岷先生的著作在大陸已難於覓得。爲滿足學術界研究之急需，承蒙王叔岷先生及其女公子臺灣大學中國文學系王國瓔教授慨允，並得到中研院史語所、中國文哲所及華正書局、藝文印書館、大安出版社、世界書局等機構的大力支持，將王叔岷先生此前出版的重要學術成果授權中華書局以著作集的形式整體推出。在此，謹向王叔岷先生、王國瓔教授及上述各機構，表示誠摯的謝意。

王叔岷著作集所選擇使用的版本，根據初版日期，依次如左：

諸子斠證，世界書局，一九六四年四月初版。

斠讎學（補訂本），史語所專刊之三十七，一九五九年八月初版，一九九五年六月修訂一版。

劉子集證，史語所專刊之四十四，一九六一年八月初版，一九七五年十一月再版。

陶淵明詩箋證稿，藝文印書館，一九七五年一月初版。

世説新語補正，藝文印書館，一九七五年九月初版。

文心雕龍綴補，藝文印書館，一九七五年九月初版。

顔氏家訓斠注，藝文印書館，一九七五年九月初版。

莊學管窺，藝文印書館，一九七八年三月初版。

慕廬演講稿，藝文印書館，一九八一年十二月初版。

史記斠證（全十册），史語所專刊之七十八，一九八三年十月初版。

校讎學別録，華正書局，一九八七年五月初版。

莊子校詮（全三册），史語所專刊之八十八，一九八八年三月初版，一九九四年二月再版。

慕廬雜著，華正書局，一九八八年三月初版。

古籍虛字廣義，華正書局，一九九〇年四月初版。

先秦道法思想講稿，文哲所中國文哲專刊之二，一九九二年五月初版。

鍾嶸詩品箋證稿，文哲所中國文哲專刊之一，一九九四年三月初版。

列仙傳校箋，文哲所中國文哲專刊之七，一九九五年四月初版。

左傳考校，文哲所中國文哲專刊之十四，一九九八年四月初版。

慕廬雜稿，大安出版社，二〇〇一年二月初版。

共計十九種三十册。自一九六四年諸子斠證出版，至二〇〇一年慕廬雜稿問世，時隔近四十年，各書體例不一，標點各異，本次結集，除王叔岷先生親筆校改之處、明顯因排版導致的衍、誤、錯字及紀年、標綫不清之處，予以必要的改正外，其餘基本保持原貌。

爲便於讀者使用，在徵得王叔岷先生同意後，將慕廬雜著、慕廬演講稿、慕廬雜稿、世說新語補正、文心雕龍綴補、顔氏家訓斠注彙編成慕廬論學集，油印本呂氏春秋校補亦予以收録，彙編後的慕廬論學集擬分二册。

另外，原莊子校詮的附録部分、諸子斠證附録淮南子與莊子、先秦道法思想講稿附録黄老考，歸入莊學管窺；劉子集證原版以雙行夾注排版，爲便於閱讀，改爲單行，標點按通行規範重新標加，不加專名綫。華正書局一九九三年十二月曾出版王叔岷先生的回憶録慕廬憶往，此次不收入著作集中，將單行出版。原慕廬雜稿所收傅斯年先生百歲誕辰紀念恭述所憶、整理先君耀卿公遺稿記及其附録王國瓔教授所撰淡泊名利之外，謹守規矩之中——我的父親王叔岷等三篇文章亦歸入慕廬憶往。

中華書局編輯部　二〇〇七年三月

王叔岷著作集書目

諸子斠證
莊子校詮（全二册）
莊學管窺
左傳考校
先秦道法思想講稿
史記斠證（全五册）
列仙傳校箋
陶淵明詩箋證稿
鍾嶸詩品箋證稿
劉子集證
斠讎學（補訂本）　校讎學别録

王叔岷著作集書目

古籍虛字廣義

慕廬論學集（一）　慕廬演講稿　慕廬雜著　慕廬雜稿

慕廬論學集（二）　呂氏春秋校補　世說新語補正　文心雕龍綴補　顏氏家訓斠注

自序

劉子一書，盛行於唐代，太宗之帝範，武后之臣軌，頗多因襲；釋道世之法苑珠林，湛然之輔行記，亦有摘取。惟是書之作者爲誰，迄莫能定。宋陳振孫直齋書録解題卷十引唐播州録事參軍袁孝政劉子序云：

書傷己不遇，天下陵遲，播遷江表，故作此書。時人莫知，謂爲劉勰。或曰劉歆、劉孝標作。

宋晁公武郡齋讀書志卷十二本袁序，亦云：「或以爲劉勰，或以爲劉孝標」而不及劉歆。宋趙希弁郡齋讀書附志、清姚際恒古今僞書考本袁序，則並舉劉歆、劉孝標、劉勰。蓋謂是書爲劉歆所作，最不足據。四庫全書總目提要云：

劉歆之說，則激通篇稱「班超憤而習武，卒建西域之績。」其說可不攻而破矣。清陳鱣簡莊文鈔續編卷一劉子注跋亦有此說。考劉子嘗用阮籍、葛洪之文，兼采魏、晉時僞文子之說，如辯樂篇：「故延年造傾城之歌，漢武思靡嫚之色；雍門作松栢之聲，齊湣願未寒之服。」阮籍樂論：「延年造傾城之歌，而孝武思嬿嫚之色；雍門作松栢之音，愍王念未寒之服。」即劉子所本。從化篇：「水性宜冷，而有華陽温泉，猶曰水冷，冷者多也；火性宜熱，而有蕭丘寒炎，猶曰火熱，熱者多也。」抱朴子論僊篇：「水性純冷，而有温谷之湯泉；火體宜熾，而有蕭丘之寒焰。」即劉子所本。慎隟篇：「禍之至也，人自生之；福之來也，人自成之。禍與福同門，害與利同鄰，明沈津百家類纂本害、利二字互易。若非至精，莫能分矣。是以智慮者，禍福之門户；動靜者，利害之樞機，不可不慎也。」僞文子微明篇：「夫禍之至也，人自生之；福之來也，人自成之。禍與福同門，利與害同鄰，自非至精，莫之能分。是故智慮者，禍福之門户也；動靜者，利害之樞機也，不可不慎察也。」即劉子所本，此文又見淮南人閒篇，惟劉子與文子最合，實直本於文子。據此，則劉子一書，必出於魏、晉以後矣。且其文體，清秀整飭，與漢人著述迥殊，安得以爲劉歆所作哉！

或以爲劉孝標作，亦難置信。四庫提要云：

劉孝標之説，南史、梁書俱無明文，未足爲據。

陳鱣劉子注跋説同。本傳既無明文，或説之外，更無可徵，此必傳聞之誤矣。

最難明辨者，厥爲劉晝或劉勰，袁孝政定爲劉晝作，宋史藝文志、郡齋讀書志、郡齋讀書附志、直齋書録解題、宋王應麟玉海、章俊卿山堂考索卷十一諸子百家門雜家類皆作劉晝，清于敏中等天禄琳琅書目續編卷五宋本、孫星衍孫氏祠堂書目内編卷二明孫鑛本、明沈津百家類纂本、潛菴子彙本、清王灝刻畿輔叢書本、湖北崇文書局彙刻百子全書本所題咸同；明馮惟訥古詩紀前集十注亦稱劉晝。惟據北齊書及北史劉晝傳，但言其著六合賦、高才不遇傳、帝道、金箱壁言，宋王應麟玉海卷五十三引北史壁作璧，疑是。而不及劉子。近人王重民巴黎敦煌殘卷敍錄第一輯卷三云：

敦煌遺書内有所謂隨身寶者，所記經籍一門，均係當時最通行之書，不啻一部唐人書目答問也。余乃求之卷内，正有「流子劉協注」一則，知必係「劉子劉勰著」矣。

考唐釋慧琳一切經音義九十劉勰下云「梁朝時才名之士也。著書四卷，名劉子。」此並與袁序所稱「時人謂爲劉勰」者合。新、舊唐志、宋鄭樵通志藝文略四諸子類並作劉勰，清孫星衍平津館鑒藏記卷一宋巾箱本、瞿鏞鐵琴銅劍樓藏書目録卷十六明覆刻宋本、明程榮漢魏叢書本、清王謨重刻漢魏叢書本亦皆題劉勰；惟據南史及梁書劉勰傳，但言其撰文心雕龍五十篇，而不及劉子。則是書果出於何人之手與？夫史傳所記，不無疏略，雖未明言劉晝、劉勰撰是書，亦不足以塙證二子並未撰是書，惟有就是書内容探討分析，或有助於作者之誰屬。四庫提要云：

文心雕龍樂府篇稱「有娀謠乎飛燕，始爲北聲；夏甲歎於東陽，東音以發。」此書辨樂篇「夏甲作破斧之歌，始爲東音。」與勰説合；其稱「殷辛作靡靡之樂，始爲北音。」則與勰説迴異，必不出於一人。又史稱勰長於佛理，嘗定定林寺經藏，後出家，改名慧地；此書末篇乃歸心道教，與勰志趣迴殊。白雲霽道藏目録，亦收之太元部無字號中，其非奉佛者甚明。近本仍刻劉勰，殊爲失考。

陳鱣劉子注跋亦有此說。一人之著述，有時所用故實，來源非一，亦難免抵牾，故提要前說，尚不足以塙證劉子不出於劉勰之手；後説言二子志趣迥殊，一崇佛，一好道，則爲有力之證據。近人余嘉錫四庫提要辨證云：

此書中若清神、防慾、去情、韜光等篇，多黄、老家言，故盧文弨謂其近乎道家，是其歸心道教，不僅見於九流一篇也。書九流篇所謂「道以無爲化世」者，指老、莊言之，是道家，非道教，提要亦誤。

余氏所稱盧説，見抱經堂文集卷十二劉子跋。劉子雖雜采九流百家之説，然其中心思想實爲道家，與吕氏春秋、淮南子相類，故以清神爲第一篇，又繼之以防慾第二，去情第三，韜光第四，皆其驗也。末篇九流，首述道家，正以明其所宗。程榮本首述儒家，而道次之，王謨本、畿輔叢書本並同。蓋由尊儒之故，妄事顛倒，大乖作者之旨。則此書非崇佛之劉勰所作甚明。盧文弨羣書拾補校劉子序云：

今俗閒所行本題梁東莞劉勰著，殆以文筆與雕龍相似而傅會也。

又盧氏抱經堂文集劉子跋云：

其文筆豐美，頗似劉彦和。

然詳審二書，頗不相似，雕龍文筆豐美，劉子文筆清秀；雕龍詞義深晦，劉子詞義淺顯；雕龍於陳言故實多化用，劉子於陳言故實多因襲，此又可證劉子非劉勰所作矣。

北齊書、北史雖不言劉晝作劉子，然有數端，頗堪留意。傳言晝「知太府少卿宋世良家多書，乃造焉。世良納之，恣意披覽，晝夜不息。」又「自謂博物奇才。」劉子中之陳言故實，異聞奇說，援引萬端，非博物奇才，決不能作，此其一；傳言晝「舉秀才不第，乃恨不學屬文，方復緝綴辭藻，言甚古拙。」其爲文古拙，蓋有意矯正當時浮艷之習，劉子正賞篇云：「不以名實眩惑，不爲古今易情，採其制意之本，略其文外之華。」其旨亦正相符，此其二；傳言晝「求秀才十年不得，發憤撰高才不遇傳。」袁序謂「晝傷己不遇，故作此書。」是高才不遇傳與是書傷己不遇之意頗合，百家類纂本題辭、子彙本序，並有類此之説。此其三。據此，則劉子似即劉晝所作矣。是書知人、薦賢、因顯、託附、心隱、通塞、遇不遇、正賞、激通、惜時諸篇，皆爲傷己不遇而作。惜時篇末云：「歲之秋也，涼風鳴條，清露變葉，則寒蟬抱樹而長叫吟，烈悲酸瑟于落日之際，何也？哀其時命迫于嚴霜，而寄悲於菀柳。今日向西峯，道業未就，鬱聲於窮岫之陰，無聞於休明之世，已矣夫，亦奚能不霑衿於將來，染意於松煙者哉！」傳稱晝「每云：『使我數十卷書行於後世，不易齊景之千駟也！』」其所以「染意於松煙」，亦正欲行其書於後世耳。故劉子似非劉晝莫屬也。惟是書既為劉晝所作，何以又多傳爲劉勰？宋劉克莊後村先生大全集卷一百七十九詩話續集引朝野僉載云：

劉子書，咸以爲劉勰所撰，乃渤海劉晝所製。晝無位，博學有才，□取其名，人莫知也。

余嘉錫四庫提要辨證引此文□作竊，並云：

然則此書實晝所撰，晝有才無位，積爲時人所輕，故發憤著此，竊用劉彥和之名以行其書，且以避當時之忌諱也。人既莫知，故兩唐志及諸傳本皆題劉勰矣。朝野僉載爲唐張鷟所著。鷟高宗調露時進士，博學有才，且去北齊未遠，其言必有所本，自足取信。（下略。）

案張鷟以劉子爲劉晝作，與袁孝政同。謂晝竊取劉勰之名，余氏深信不疑，岷則以爲不然，傳既稱「晝常自謂博物奇才，言好矜大每言：『使我數十卷書行於後世，不易齊景之千駟也！』」其自尊、自信如此，豈肯竊用人名，以自取堙滅哉？傳謂其制六合賦，呈示魏收、邢子才。其欲取重於時流則有之。此猶劉勰之以文心雕龍取定於沈約也。見南史、梁書劉勰傳。然劉勰之書，大爲沈約所重；劉晝之賦大爲魏、邢所輕，晝既不能得真賞於當時，惟有求知音於後世，若竊取劉勰之名以傳其書，則並身後之名亦不可得矣！晝之愚不致如此。則以劉子爲劉勰作者，亦傳聞之誤。袁序云：「時人莫知，謂爲劉勰。」蓋得其實矣。

或又以劉子爲袁孝政作者。宋黄震黄氏日抄卷五十五讀劉子云：

劉子之文類俳，而又避唐時國諱，以世爲代，播州録事袁孝政注而序之，「謂劉子名晝，字孔昭。」而無傳記可憑，或者袁孝政之自爲者耶？

或袁孝政採掇諸子之言，自爲此書，而自註之，又恍惚其著書之人，使後世莫可究詰，亦未可知也。

四庫提要云：

清丁日昌持靜齋書目卷三子部雜家類亦疑是書爲袁孝政僞作。此並妄説也。盧文弨劉子跋云：

宋人黄東發疑爲孝政所自著，余借得道藏本，見孝政所爲注淺陋紕繆，於事之出左氏、國語者尚多亂道，而謂其能爲此文乎？

盧氏羣書拾補新論序有説略同。孫詒讓札迻卷十亦云：

此書所用故實，注多不能得其根柢，或疑此書即袁孝政僞作，殆不然也。

盧、孫之説並是。陳鱣劉子注跋，亦以爲非袁孝政所作。余嘉錫四庫提要辨證、近人楊明照劉子理惑更詳舉袁注紕繆之例，以證是書之不出於袁氏。袁氏新、舊唐書無傳，其爲何時人，未可塙斷，惟據袁注本涵芬樓影印道藏本、海寧陳氏影印舊合字本，並爲袁注本。避唐諱字推之，如愛民篇：「是故善爲理者，必以仁愛爲本。」理蓋本作治，此避高宗諱也。又云：「人之於君，猶子之於父母也。未有父母富而子貧，父母貧而子富也。故人饒足者，非獨人之足，亦國之足；渴乏者，非獨人之渴乏，亦國之渴乏也。」諸人字蓋本作民，此避太宗諱也。法術篇：「堯、舜異道，而德蓋天下，湯、武殊治，而名施後代。」淮南氾論篇：「故五帝異道，而德覆天下，三王殊事，而名施後世。」楊明照斠注引。又見文子上禮篇。即此文所本。以代代世，避太宗諱也。又云：「拘禮之人，不足以言事；制法之人，不足以論理。」新序善謀篇：「拘禮之人，不足與言事；制法之人，不足與論治。」即此文所本。以理代治，避高宗諱也。袁注本諱至高宗，或即高宗時人邪？晚近所發現之巴黎敦煌劉子殘卷，伯目三五六二，不避唐諱，如慎獨篇：「顏回不以夜浴改容。」巴黎敦煌本同作淵，不避高祖諱。從化篇：「堯、舜之人，可比家而封；桀、紂之人，可接屋而誅。」巴黎敦煌本人並作民，不避太宗諱，足證爲唐以前寫本，則袁孝政安得僞作是書哉！然此書雖非袁氏所作，亦偶有唐人（或即袁氏）改竄之痕。如貴農篇：

天子親耕於東郊，后妃躬桑於北郊。

楊明照斠注云：

禮記祭統：「是故天子親耕於南郊，以共齊盛；王后蠶於北郊，以共純服。」孔昭謂天子親耕東郊，與禮文異。新唐書禮樂志四：「貞觀三年，太宗將親耕，給事中孔穎達議曰：『禮，天子藉田南郊，諸侯東郊，晉武帝猶東南；今帝社乃東壇，未合於古。』太宗曰：『書稱「平秩東作」。』而青輅黛耜，順春氣也。吾方位少陽，田宜于東郊。』乃耕于東郊。」舊唐書禮儀志四略同。是天子耕東郊，乃唐制也。帝範務農篇：「故躬耕東郊。」非劉子所宜言。豈傳寫者妄改歟？案楊氏耕於南郊、東郊之說，本於帝範務農篇注。彼注末云：「蓋高祖崩于貞觀九年，太宗東耕於貞觀三年，此時高祖尚存，故云：『吾方位少陽』也。」竊疑劉子此文本作「天子親耕於南郊。」其作「東郊」者，蓋唐人因太宗耕于東郊而改，或即袁氏作注時所改也。恐惑者執著此文，以爲是書出於唐人之證，故不可不辯。

自後漢桓譚有新論而後，以新論名書者頗不乏人，梁元帝金樓子雜記下篇云：「桓譚有新論，華譚又有新論。」隋書經籍志三子部有新論十卷，注云：「晉散騎常侍夏侯湛撰。新論十卷，晉金紫光禄大夫華譚撰。梅子新論一卷，亡。」太平御覽引有周紹新論、應璩新論。宋孔平仲有珩璜新論。劉子亦有新論之稱。清周中孚鄭堂讀書記卷五十二云：

新論十卷，漢魏叢書本。諸家書目皆云劉子，是本題爲新論者，蓋程榮、何鏜輩誤改從桓譚之書名。

楊明照劉子理惑云：

是書名稱，以署劉子者爲當，新舊唐書、崇文總目、通志等，並題爲劉子。書鈔、輔行記、御覽、海録碎事等所引，亦作劉子。道藏本及活字本並作劉子。題新論者非古。自程榮稱新論後，相沿日衆，或有連稱劉子新論者。

案隋書經籍志子部雜家類注、廣弘明集十三注、一切經音義九十、帝範注、宋沙門慧寶北山録注、宋史藝文志、宋尤袤遂初堂書目、郡齋讀書志、讀書附志、直齋書録解題、山堂考索卷十一、元馬端臨文獻通考、明陶宗儀説郛卷六讀子隨識、馮惟訥古詩紀前集十皆稱劉子，宋潘自牧記纂淵海、明陳耀文天中記、徐元太喻林所引並同。清于敏中等天禄琳琅書目續編卷五宋本、陸心源皕宋樓藏書志卷五十五子部雜家類明刊本、丁丙善本書室藏書志卷十八子部雜家類明萬曆刊本、近人傅增湘雙鑑樓善本書目卷三子部明龍川精舍鈔本、明子彙本、清畿輔叢書本、百子全書本亦皆題劉子。清黄丕烈蕘圃藏書題識卷五子類二有殘宋、南宋、明覆宋諸本，則皆題劉子新論，清孫星衍平津館鑒藏記卷一有宋版劉子，目録前題劉子新論。季振宜延令宋版書目有劉子新編，編蓋論之誤。又錢謙益絳雲樓書目卷二子部雜家類有劉晝新論。瞿鏞鐵琴銅劍樓藏書目卷十六子部雜家類有明刊本，亦題劉子新論。明百家類纂本、程榮本所題並同。清王謨本但題新論。宋本已有題劉子新論者，則程榮、何鏜輩之題爲新論，淵源有自，非誤改從桓譚之書名也。周氏失考。題劉子新論最早者僅爲宋本，則劉子當是本書原名。唐張鷟朝野僉載亦稱劉子，已詳前。惟王重民巴黎敦煌殘卷敍録第一輯卷三子部有兩敦煌本，伯目二五四六（初唐寫本）及三五六二（唐以前寫本，）並稱劉子新論；第二輯卷三子部亦有敦煌本，伯目三七〇四，與二五四六號同卷，亦稱劉子新論。則本書似又原名劉子新論。審之再三，乃悟王氏敍録據其友孫子書（楷第）之劉子新論校釋爲說，孫氏所據爲程榮本。遂並題敦煌本作劉子新論矣。敦煌本當亦原題劉子也。羅振玉敦煌石室碎金校録殘卷及永豐鄉人襍著續編敦煌唐寫本殘卷校記，皆稱劉子。

是書分卷，亦頗參差。鄭堂讀書記卷五十二云：

崇文目、讀書志、宋志，俱作三卷。讀書附志、書録解題、通考，俱作五卷。

羅振玉永豐鄉人襍著續編敦煌唐寫本劉子殘卷校記序云：

至其卷數，新、舊唐志作十卷，宋志作三卷，鼂氏讀書志作五卷，岷案讀書志亦作三卷，羅氏失檢。今通行本十卷，諸子彙奇本五卷，子彙本二卷。此卷雖標題已佚，而已至第九篇，則原書非三卷則五卷矣。

楊明照劉子理惑云：

至於卷帙區分雖有「二」「三」之異，子彙本等，分爲上下二卷。通志、崇文總目、郡齋讀書志、玉海等，題爲三卷。敦煌寫本殘卷，標題已佚，由其斷簡觀之，似不分卷。「五」「十」之殊，郡齋讀書附志、書録解題，題爲五卷。諸子彙奇本同。新、舊唐書題爲十卷。道藏本、活字本、畿輔叢書本等同。然都爲五十五篇，固無差忒也。

案隋志子部雜家類注：「劉子十卷，亡。」平津館鑒藏記卷一宋版、天禄琳琅書目續編宋版、延令書目宋板、蕘圃藏書題識卷五殘宋、南宋、明覆宋諸本，鐵琴銅劍樓藏書目録卷十六明刊本、善本書室藏書志卷十八明刊本、雙鑑樓善本書目卷三明龍川精舍鈔本、程榮本、王謨本皆十卷。百家類纂本題辭、絳雲樓書目卷二清陳景雲註並作五卷，皕宋樓藏書志卷五十五明刊本亦作五卷。一切經音義九十引作四卷。孫氏祠堂書目内編卷二明孫鑛本、百子全書本並二卷，清王昶春融堂集卷四十三跋劉子，亦稱二卷。是書分卷岐異，即同爲十卷之本，其隸屬之篇目，亦不一致。如道藏本、舊合字本卷三之貴農篇，程榮本、王謨本、畿輔本並列入卷二；道藏本、舊合字本卷五之託附、心隱二篇，程榮本、王謨本、畿輔本並列入卷四，其例甚多。楊氏謂「都爲五十五篇，固無差忒。」惟春融堂集跋劉子，稱「五十六篇」獨異，或六字爲五字聯想之誤與？

注劉子者，自袁孝政始。袁注淺陋紕繆，穿鑿傅會，重見譏斥，固其宜矣。然其説亦偶有可取，未可全非，陳鱣劉子注跋云：

孝政之注，雖不能備詳典故，亦不可少。自明以來，刊本注甚無幾，而本文脱誤，竟不可讀。

此論似較持平也。宋志子類雜家類有奚克謙劉子音釋三卷，又音義三卷，並已失傳。今檢道藏本中，間有單行或夾行小字音注，如鄙名篇：「盜持衣出耨。鋤草曰耨。」知人篇：「見其身者，謂之⿺走鳥鵄。上莫項切，下鴟同。見其首者，名曰鴝鸐。上於乎切。下音澤。」通塞篇：「登峯而長矖。色滓切。」辯施篇：「寠乏則仁惠廢也。寠，貧。」此與袁注不類。或即出於奚克謙與？明程榮本亦有注，清畿輔本同。乃就袁注刪改而成。清儒專治劉子者，盧文弨羣書拾補子部有新論十卷，序云：

向以程榮本校何允中本，大略相似；後以道藏本校對，正訛補脱，庶稱善本。

盧氏校語，失之太簡；有時輕於改字，如兵術篇：

故醇醪注流，軍下通醉；温辭一灑，師人挾纊。據道藏本，下同。

盧氏拾補改醇爲單，云：

藏作醇，俗作醰，皆誤。高誘注吕氏春秋察微篇作單。

案舊合字本、子彙本、百子全書本醇字並同。百家類纂本、程榮本、王謨本、畿輔本並作醰。竊疑作醇乃本書之舊，「醇醪」與「温辭」相對，於文爲長；且劉向列女傳母儀篇楚子發母傳作「醇酒」，則此醇字，亦有所本。不必改從吕氏春秋注作單矣。

正賞篇：

識齊而賞異，不可以稱正；迹同而評殊，未得以言評。評、正而俱翻，則情理並亂也。

盧云：

「評、賞而俱翻」，賞誤正。

案「未得以言評。評、正而俱翻」子彙本、百子本兩評字並作平，是也。舊合字本下評字亦作平。「平、正而俱翻」，秉承上文「不可以稱正」、「未得以言平」而言，盧氏不知評爲平之誤，而意改正爲賞，非也。

孫詒讓札迻十有新論袁孝政注，所校僅十三事。孫氏本精於校勘，然校是書似嫌草率，其立說有可商榷者，如辯施篇：

挈瓶丐水，執萑求火，而人不恡。注：萑，草似龍鬚，可爲席，人用焫火也。

孫云：

萑當爲蕉，與樵字通。呂氏春秋不屈篇云：「豎子操蕉而鉅。」是也。袁注誤。列子周穆王篇云：「藏之隍中，覆之以蕉。」亦樵之叚字。

案詩豳風七月：「八月萑葦。」毛傳：「薍爲萑。」衛風碩人正義引陸璣云：「薍，或謂之荻，至秋堅成，則謂之萑。」古人常束荻葦之類爲火炬，火炬字正作苣，說文：「苣，束葦燒也。」勞貞一兄云：「古人束葦爲苣，在居延烽燧中曾經發現。」則萑固無庸改爲蕉矣。

九流篇：

陰陽者，子韋、鄒衍、桑丘、南公之類也。

孫氏據程榮本南公作南父。云：

桑丘當作乘丘，南父當從明刻子彙本作南公，漢書藝文志陰陽家有乘丘子五篇，南公三十一篇。

案漢志陰陽家：「乘丘子五篇。」王先謙補注云：「沈欽韓〔疏證〕曰：『當作桑丘，隋志晉征南軍師楊偉撰桑丘先生書二卷，本此。』葉德輝曰：『沈説是也。邵思姓解二引漢志正作桑丘。』」則此文之作桑丘，正存漢志之舊。孫氏謂南父當作南公，舊合字本、百子本亦並作南公。是也；謂桑丘當作乘丘，則失於不考矣。

羅振玉敦煌石室碎金，有校録劉子殘卷，起去情第四之後半，訖思順第九之前半，羅氏永豐鄉人襍著續編復撰爲校記，惟舉異同，無所發明；且與所録敦煌本比勘，頗有疏略，如韜光篇：

丹以含色磨肌。

案羅録敦煌本色作光，下文「丹伏光於春山之底。」與此相應，則作光是也。而羅氏校記忽之。

崇學篇：

有子惡臥，自碎其掌。

案羅録敦煌本碎作焠，荀子解蔽篇：「有子惡卧，而焠其掌。」其字據藝文類聚五五、御覽三百七十引補，今本脱。（楊倞注：焠，灼也。）即此文所本，則作焠是也。而羅氏校記忽之。

王重民巴黎敦煌殘卷敍録第一輯卷三子部有劉子新論，伯目三五六二。起韜光第四之後半，訖法術第十四之開端，整篇九，殘篇二。韜光、崇學、專學、辨樂、履信五篇，羅振玉所得卷子亦有之。王氏將此相同之五篇撰爲校勘記。惜亦僅舉異同而已。其中有極珍貴之資料。如羅卷辨樂篇：

足感人之善惡，不使放心邪氣，是先王立樂之情耶。

王云：

不使放心邪氣，（三五六二號卷子）氣下有「得接焉」三字。

案「不使放心邪氣」，今各本皆同，文意不完，三五六二號卷子氣下有「得接焉」三字，是也。禮記樂記、史記樂書並有「得接焉」三字。荀子樂論作「使夫邪汙之氣，無由得接焉。」亦可證此有脱文。羅卷履信篇：

柳季曰：「君以鼎危國，信者亦臣之國。今若詭言破臣之國，全君之國，臣所難耶。」

王云：

君以鼎危國，危作「季免」二字。

案「君以鼎危國」，危乃免之誤，吕氏春秋審己篇作「君之賂以欲岑鼎也，以免國也。」欲字乃賂字之異文而竄入者。新序節士篇作「君之欲以爲岑鼎也，以免國也。」並其證。三五六二號卷子作「君以鼎季免國」，免字不誤，惟免上涉上文柳季而衍季字耳。

王重民摯友孫楷第有劉子新論校釋，與王氏列子校釋彙印爲西苑叢書，孫著又名劉晝新論舉正，分載於國立北平圖書館月刊第三卷第三、四、五號。孫氏精審之説頗多，然校書重在證據；尤重直接證據。無證據而臆説，此所忌也；憑間接證據而立説，亦所忌也。如類感篇：

以斯至精相應，不待召而自感者，類之所應也。若呼之與響，形之與影。

孫云：文義不順，疑「若呼之與響，形之與影」九字，當移「不待召而自感」六字之下。其文曰：「以斯至精相應，不待召而自感，若呼之與響，形之與影，類之所應也。」

案「若呼之與響，形之與影」，乃設譬以證上文之義，非不順也，不必移在「不待召而自感」之下。孫氏臆說，不足據。

安瑕篇：

袁精目、鮑焦，立節抗行，不食非義之食，乃餓而死，不能立功拯溺者，小節不申而大節屈也。

孫云：

「立節抗行」，「立節」當作「厲節」，厲亦抗也。楊倞注荀子宥坐篇：「厲，抗也。」淮南子修務訓：「勵節抗高，以絶世俗。」史記汲鄭列傳：「黯伉勵守高。」李善注魏文帝與鍾大理書引孝經援神契云：「抗節厲義，通乎至德。」孔文舉薦禰衡表云：「任座抗行，史魚厲節。」厲、勵，抗、亢字並通。

案「立節抗行」，義自可通。淮南汜論篇：「季襄、襄當作哀，王念孫雜志有說。陳仲子，立節抗行不入洿君之朝，不食亂世之食，遂餓而死，不能存亡接絶者何？小節伸而大略屈也。」即此文所本。則「立節」字不誤，此直接證據也。孫氏謂「立節」當作「厲節」。例證雖多，皆間接證據，不可恃也。校書最重者爲直接證據，儻無直接證據可憑，不得已而用間接證據，亦當細審文義是否兩通，不可輕信一隅也。

近人討治劉子，用力最勤者，當推楊明照氏，有劉子斠注，載燕京大學文學年報第四期。楊氏長於陳言故實之考證。然考證陳言故實，當留意直接來源，或間接來源。同一陳言故實，見於數書，其最相合者爲直接來源。某書雖晚出，而爲直接來源，當以晚出之書爲主，早出之書爲輔。楊氏往往忽之。如辯樂篇：

樂者，天地之聲，中和之紀，人情之所不能免也。

楊明照云：

羅校敦煌本、法藏敦煌本聲並作齊，齊字是。荀子樂論篇：「故樂者，天地之大齊也，中和之紀也，人情之所必不免也。」又見禮記樂記（齊作命），史記樂書（作齊）。

案聲字今各本皆同，蓋後人妄改，當從兩敦煌本作齊。史記樂書：「故樂者，天地之齊，中和之紀，人情之所不能免也。」與此文全合，是史記爲此文之直接來源，當以史記爲主。適才篇：

牽石拖舟，則歌嘘嘆，非無激楚之音，然而棄不用者，方引重抽力，不如嘘嘆之宜也。

楊云：

呂氏春秋淫辭篇：「今舉大木者，前呼輿謣，淮南道應篇作『邪許』，文子微明篇作『邪軤』，並音近誼同。後亦應之，此其於舉大木者，善矣；豈無鄭、衛之音哉？然不若此其宜也。」古今樂録：「激楚，曲名也。」

案淮南道應篇：「今夫舉大木者，前呼邪許，後亦應之，此舉重勸力之歌也。豈無鄭、衛、激楚之音哉？然而不用者，不若此其宜也。」與此文較合。呂氏春秋不言「激楚之音」，文子微明篇作「胡、楚之音」，亦異。是淮南爲此文之直接來源，當以淮南爲主。

誡盈篇：

昔仲尼觀欹器而革容。

楊云：

荀子宥坐篇：「孔子觀於魯桓公之廟，有欹器焉。孔子問於守廟者曰：『此爲何器？』守廟者曰：『此蓋爲宥坐之器。』孔子曰：『吾聞宥坐之器者，虛則欹，中則正，滿則覆。』孔子顧謂弟子曰：『注水焉。』弟子挹水而注之，中而止，滿而覆，虛而欹。孔子喟然而歎淮南作『造然革容。』曰：『吁！惡有滿而不覆者哉？』」又見韓詩外傳三、淮南道應篇、説苑敬慎篇、家語三恕篇。

案文子九守篇守弱亦載此器，惟不涉及孔子。楊氏所引荀子宥坐篇「孔子喟然而歎」，他書惟淮南道應篇作「孔子造然革容。」與此文言「革容」合。是淮南爲此文之直接來源，當以淮南爲主。

考證陳言故實，有時雖與本源相合，亦未必即可據信。此尤當留意者。如辯樂篇：「鄭、衛之俗好淫，故有溱、洧、桑中之曲；楚、越之俗好勇，則有赴湯蹈火之歌。各詠其所好，歌其所欲，作之者哀，聽之者泣。」

楊云：羅校敦煌本、法藏敦煌本、湯並作水。哀下有歎字。泣上有泫字，敦煌兩本並是。〔阮籍樂論：「楚、越之風好勇，故其俗輕死；鄭、衛之風好淫，故其俗輕蕩。輕死，故有蹈火赴水之歌；輕蕩，故有桑間、濮上之曲。各歌其所好，各詠其所欲，爲之者流涕，聞之者歎息。」〕

風俗篇：楚、越之風好勇，其俗赴死而不顧；鄭、衛之風好婬，其俗輕蕩而忘歸。

楊云：阮籍樂論：「楚、越之風好勇，故其俗輕死；鄭、衛之風好淫，故其俗輕蕩。」

案「楚、越之俗作風同。好勇」，既並見於辯樂、風俗二篇，其來源阮籍樂論亦同，是必可據信矣。然他書無楚俗好勇之記載，楚、越疑當作吴、越，景宋本御覽五六五引阮籍樂論作吴、楚、吴字不誤，惟越又誤爲楚。蓋楚、越，吴、越，吴、楚，並習見連文，故易溷耳。韓非子内儲説上篇：「故越王將復吴而試其教，燔臺而鼓之，使人赴火者，賞在火也；臨江而鼓之，使人赴水者，賞在水也。」吕氏春秋用民篇：「句踐試其民於寢宮，民爭入水火，死者千餘矣。遽擊金而卻之。」又見論衡率性篇、本書閱武篇。墨子兼愛中、兼愛下，亦有類此之文。史記孫子列傳，載孫武以兵法教吳王闔廬宮人，既而孫子使使報王曰：「兵既整齊，王可試下觀之，唯王所欲用之。雖赴水火猶可也。」又見吳越春秋闔閭内傳。本書閱武篇：「吳王宮人，教之戰陣，約之法令，迴還進退，盡中規矩，雖蹈水火而不顧者，非其性勇而氣剛，教習之所成也。」凡此，並可證楚、越當作吳、越。惟辯樂篇袁孝政注：「楚王好勇，放火燒焚甘泉宮，令士卒救火如戰陣，有功者賞，無功者罰，士卒以泥塗身，爭救火，被燒殺三千餘人。」似又可爲楚俗好勇之證。實則所謂楚王乃越王也。韓非子内儲説上篇云：「越王問於大夫文種曰：『吾欲伐吳，可乎？』對曰：『可矣！吾賞厚而信，罰嚴而必。君欲知之，何不試焚宮室？』於是遂焚宮室，人莫救之。乃下令曰：『人之救火死者，比死敵之賞；救火而不死者，比勝敵之賞；不救火者，比降北之罪。』人塗其體，被濡衣而走火者，左三千人，右三千人。」是其塙證。袁氏以越王事屬之楚王，所謂妄事傅會者也！

劉子書，汎采羣言，博極古今，可上追呂覽、淮南；其文筆之清秀，尤引人入勝。惜其作者不明，討治者不多，發揚幽光，從吾所好，因綴緝諸家之説，修正補苴，寫集證十卷，越九月而書成。夫集證之作，須具三事：

一　舊説備。前人專治此書之説，固當收輯；其治他書而偶涉及此書之説亦當摭取。專治此書之説易得；偶涉及此書之説難備，蓋一人之涉獵有限，不能無所疏忽。如思順篇：

蹇利東南，就土順也；不利東北，登山逆也。

法藏敦煌本、子彙本、程榮本、王謨本、畿輔本，「東南」皆作「西南」，西字是。易蹇：「蹇利西南，不利東北。」王弼注：「西南，地也；東北，山也。」

楊明照斠注云：

案百子本亦作「西南」，子彙本作「東南」，楊氏失檢。又案清焦循易話下：「劉子思順篇云：『蹇利西南，就土順也；不利東北，登山逆也。』此以『西南』指坤，『東北』指艮。就土則順，登山爲逆。與易義合。」所見本「西南」字不誤，此焦氏偶涉及劉子之說，承陳槃庵兄檢示，爲余所忽者也。

二　取舍審。綴緝舊說，自當求備。然不能無所取舍。取舍準則，亦大不易，輕於棄置，必多疏失；漫事鈔録，徒滋惑亂。如劉子袁孝政注，固極荒謬，然亦非可盡廢。如防慾篇：

如能塞兑於未形。

袁注：

老子曰：「塞其兑，閉其門。」

韜光篇：

龜曳尾於暘谷之泥。

袁注：

暘谷，在日出處也。

案淮南天文篇：「日出於暘谷。」

辯樂篇：

濮上之音作，則淫泆放邪之志生。

袁注：

紂王無道，樂師抱琴投濮水而死，衛國樂人名師涓，從濮水過，聞濮水上有樂聲，乃聽而取之。至晉，乃作此樂。晉國樂師名師曠，啟王曰：「此是濮水上樂，是亡國之音。舊誤樂。」後乃廢不用也。

案袁注「啟王，」王謂晉平公。云云，詳韓非子十過篇、史記樂書、論衡紀妖篇。又見後漢書陳元傳注引桓譚新論。

薦賢篇：

內薦不避子，外薦不避讎。

袁注：

祁奚內舉其子，外舉讎人，故言「內薦不避子，外薦不隱讎。」

案祁奚舉子、舉讎事，見左襄三年傳。又左襄二十一年傳：「叔向曰：『祁大夫外舉不棄讎，內舉不失親。』」盧文弨謂袁注「於事之出於左氏者，尚多亂道。」詳前。此注則非亂道者比矣。類此之注，既無乖於陳言故實，何可廢邪？至於清儒及近人之校注，勝義固多，然亦往往有未安者，前評盧、孫諸家之説，已可概見。又如誡盈篇：

未有抱損而不光，驕盈而不斃者也。

盧文弨拾補「抱損」作「挹損」，云：

〔程榮本〕誤「謙尊」。

孫楷第校釋據程榮本作「謙尊」，云：

易謙彖傳：「謙尊而光，卑而不可踰。」王引之經義述聞卷二云：「尊讀撙節退讓之尊。尊之言損也，小也；光之言廣也，大也。『尊而光』者，『小而大』。解彖傳者，多誤以尊、卑爲對文」。又引此文爲證而解之云：「以『謙尊』對『驕盈』，則讀爲撙可知。蓋當時易説有如是解者，故劉氏用之也。説文無撙字，古多借尊爲之。」

案百子本「抱損」作「挹損」與盧氏拾補合，是也。明謙篇：「在榮以挹損爲基。」亦以「挹損」連文，與此同例。抱乃挹之形誤。「挹損」猶「抑損」，説苑敬慎篇：「持滿之道，挹而損之。」韓詩外傳三挹作抑，本書九流傳：「謙挹爲德」，舊合字本挹作抑，並二字通用之證。明程榮本此文「挹損」作「謙尊」，王謨本、畿輔本並從之。蓋據易謙彖傳之文妄改，程本妄改之例甚多。不足據。王引之謂尊讀爲撙，是也；以妄改之「謙尊」爲劉子之舊，則失於不考矣。孫楷第引王氏偶涉及此文之説，足徵其摭取舊説之勤；惜尚未能辯證是非以定取舍耳。

三　創見多。舊説已備，取舍亦審，儻乏創見，尚非完美。如劉子前賢發正雖多，然或有陳言，諸家闕證。通塞篇：

快若輕鴻之汎長風，沛若巨魚之蹤大壑。

案漢王褒聖主得賢臣頌：「翼乎如鴻毛遇順風，沛乎如巨魚縱大壑。」見漢書王褒傳。文選卷四十七（下如字作若）。誡盈篇：

是故君子高而能卑，富而能儉，貴而能賤，智而能愚，勇而能怯，辯而能訥，博而能淺，明而能闇。是謂損而不窮也。

案説苑敬慎篇：

孔子曰：「高而能下，滿而能虚，富而能儉，貴而能卑，智而能愚，勇而能怯，辯而能訥，博而能淺，明而能闇。是謂損而不極。」

或有故實，諸家失考。命相篇：

伏羲日角。

案隋蕭吉五行大義五引孝經鉤命決云：「伏羲日角。」御覽八七引孝經援神契云：「伏犧氏日角。」

言苑篇：

溺井而尤伯益。

案呂氏春秋勿躬篇：「伯益作井。」論衡感虛篇：「傳書又言伯益作井。」藝文類聚九引郭璞井賦：「益作井。」陳槃庵兄云：「淮南本經篇：『伯益作井。』高注：『伯益佐舜，初作井。』易井卦釋文引世本：『化益作井。』宋衷注：『化益，伯益也。』初學記七引世本作『伯益作井。』案化益見呂氏春秋求人篇、漢書律曆志，審其人，即伯益也。」或涉訓詁，諸家無釋。

鄙名篇：

以嬉、雀之微，無益於人，名苟近善，而世俗愛之；邑、泉之大，生人所庇，名必傷義，聖賢惡之。

案「名苟近善」，「名必傷義」，苟、必互文，必猶苟也。王引之經傳釋詞、吳昌瑩經詞衍釋，並無此義。明謙篇：「必矜其功，雖賞之而稱勞，情猶不足；苟伐其善，雖與之賞多，必怨其少。」大質篇：「是以生苟背道，不以爲利；死必合義，不足爲害。」必、苟並互文，與此同例。通塞篇：「勢苟就壅，則口目雙掩；遇苟屬通，則聲眺俱明。」程榮本、王謨本、畿輔本下苟字並作必，必亦猶苟也。

兵術篇：

善守者，敵不知其所攻，如尋寰中，不見其際。

案寰借爲環，莊子齊物論篇：「樞始得其環中，以應無窮。」則陽篇：「冉相氏得其環中以隨成。」孫子兵勢篇：「奇正相生，如循環之無端，唐趙蕤長短經奇兵篇引無循字。孰能窮之哉？」史記田單列傳贊：「奇正還相生，如環之無端。」索隱：「言用兵之術，或用正法，或用奇計，使前敵不可測量，如尋環中，不知端際也。」

或涉校勘，諸家未正。辯樂篇：

夫樂者，聲樂而心和，所以非爲樂也。今則聲哀而心悲，灑淚而歔欷，是以悲爲樂也。

案「所以非爲樂也」，羅振玉敦煌石室碎金所録敦煌本作「不以悲爲樂也」，與下文「是以悲爲樂也」對言，是也。不誤爲所，悲壞爲非，則不可通矣。子彙本、百子本並作「所以為樂也。」删非字以强通之；王謨本作「所以和爲樂也」。改非爲和以强通之，並非此文之舊。

貴言篇：

越劍性鋭，必託槌砧，以成純鈎。

案鈎當爲鈞，字之誤也。越絶外傳記寶劍篇：「一曰湛盧，二曰純鈞。」文選左太沖吴都賦：「純鈞、湛盧。」注引越絶書作「一曰純鈞，二曰湛盧。」並其證。淮南脩務篇：「夫純鈞、魚腸之始下型」，高誘注：「純鈞，利劍名。」明茅一桂本、清莊逵吉本正文、注文鈞並作鉤；景宋本御覽三四三引吴越春秋：「越王允常聘歐冶子作名劍五枚，三大二小，一曰純鈞。」鮑刻本及藝文類聚六十引鈞並作鉤，誤皆與此同。純鈞，亦作淳鈞，淮南覽冥篇：「區冶生而淳鈞之劍成」；高注：「淳鈞，古大鋭劍也。」茅本、莊本正文、注文鈞亦並誤鉤。或作淳均，淮南齊俗篇：「淳均之劒不可愛也，而區冶之巧可貴也；」又作醇鈞，廣雅釋器：「醇鈞，劒也。」類此之例，詳為補苴，冀使是書注釋，益臻完善。惟以學識淺疏，復因脱稿倉卒，猶有數事，未知所出。如命相篇：「微子感牽牛星，顏淵感中台星，張良感弧星，樊噲感狼星，老子感火星。」蓋本於讖緯，書已失傳；陳槃庵兄云：「本于讖緯，是也。孝經讖緯有孝經内事星宿講堂七十二弟子圖（隋志云：七録一卷，佚），以星宿傅會孔門弟子，則所謂『顏淵感中台星，』其類同也。『蕭何爲昴星精，』見于孝經鈎命決（拾遺記五前漢上篇引），則所謂『張良感弧星，』其類同也。讖緯書當有此類説，此其可想而知之者也。」岷案天中記二引論語説云：「子路感雷精而生。」亦此類傅會之説。（槃庵兄閲及論語説此文，復有所補充云：「古微書引論語比考讖：『子路感雷精而生。……』北堂書鈔一五二、天中記二並引作論語説。御覽十三引作論衡。黄暉論衡校釋四緯篇引孫蜀丞曰：『蓋論衡本有此文，出於論語讖，而今本脱也。風俗通云：「……謹案子路感雷精而生。……」蓋亦本舊説也。』案孫説是也。」）至於兵術篇：「舒車豕突，尹子之術。」風俗篇：「胡之北，有射姑之國，其人親戚死，則棄屍於江中，謂之水仙。」正賞篇：「昔魯哀公遙慕稷、契之賢，不覺孔丘之聖。」言苑篇：「文王嗜膾。」余並不能得其根柢。明達君子，幸有以教之。

一九六一年七月十五日簡陽王叔岷自序於臺北慕廬。

凡例

一　本書據涵芬樓影印道藏本爲底本。討治古書，須先選擇底本以爲依據，底本當選較古而完整者。余所見劉子各本，以道藏本爲最優。

二　本書以海寧陳氏影印舊合字本、明沈津百家類纂本、潛菴子彙本、程榮漢魏叢書本、清王謨重刻漢魏叢書本、王灝刻畿輔叢書本、湖北崇文書局刻百子全書本爲輔本。道藏本之外，稱「他本」或「今各本」者準此。

三　羅振玉敦煌石室碎金中之劉子殘卷，存去情第四之後半，訖思順第九之前半。羅氏雖有校記，見永豐鄉人雜著續編。而頗疏略；明陶宗儀説郛卷六讀子隨識中之劉子十則，尚無人稱引。並詳加讎校，采入本書。

四　唐袁孝政注，向以荒謬見譏，然亦非無可取，本書偶有稱引，庶幾不没人之善也。

五　道藏本中，間有單行或夾行小字音注，與袁注不類。凡有稱引，通稱舊音、舊注，以別於袁注。

六　本書收輯清儒至近人主要校注，有盧文弨羣書拾補子部新論十卷、孫詒讓札迻十新論袁孝政注、羅振玉永豐鄉人襍著續編敦煌唐寫本劉子殘卷校記、王重民巴黎敦煌殘卷敍録第一輯卷三子部劉子新論伯目三五六二附校勘記、孫楷第劉子新論校釋、楊明照劉子斠注。凡立説之未安者，皆隨文修正。

七　前人關於劉子之題跋、敍録，偶有涉及校注者，皆分别收入本書。

八　稱引諸家，其立説或引證相同，則僅舉其較早者。

九　稱引諸家首舉姓名，以後簡稱姓；如首稱孫楷第，以後簡稱孫。有同姓，則一人始終稱姓名以示别。如孫詒讓始終稱姓名，以别於孫楷第。

十　前人引書，往往字句有誤，或篇名有誤，甚至書名有誤，本書於諸家之説，凡所徵引，大都覆覈原書，以免相沿致誤。

十一　前人未檢及之類書，有明陳耀文天中記、徐元太喻林，往往稱引劉子，尤以喻林爲多，凡有助於校理者，大都采入本書。

十二　魏、晉以前故籍之佚文，多散見於劉子中，徵諸古注、類書，間可得其根柢，本書頗有引證。

十三　本書於陳言故實之探討，訓詁校勘之發正，頗多溢出前人所見者。俗務繁滋，成書不易，其有未盡，姑待來日之補苴矣。

十四　女弟王保珍，昔年從余治劉子，間有創獲，擇要引入本書，篇中稱「王曰」者是也。

十五　本書輯存附録有三：一　劉子佚文一則、北齊書及北史儒林劉晝傳。二　所據諸本及校注諸家序跋。三　諸書著録及諸家考證。

目録

卷之一

卷之二

卷之三

卷之四

卷之一

清神第一

岷案明沈津百家類纂本題辭引第作章。海寧陳氏景印舊合字本第亦作章，後僅正賞第五十一、惜時第五十三、言苑第五十四，三第字同，餘皆作章。

形者，生之器也。楊明照斠注云：「淮南原道篇：『夫形者，生之舍也。』史記自序：『形者，生之具也。』」岷案文子九守篇守弱：「夫形者，生之舍也。」心者，形之本也。神者，心之寶也。本，他本作主。楊云：「本字非是。淮南精神篇：『故心者，形之主也。而神者，心之寶也。』文子九守篇：『故心者，形之主也。神者，心之寶也。』（荀子解蔽篇：『心者，形之君也，而神明之主也。』）」岷案本、主義近，淮南泰族篇：「故心者，身之本也。」故神靜而心和，心和而形全。神躁則心蕩，心蕩則形傷。岷案文選嵇康養生論：「神躁於中，而形喪於外。」將全其形，先在理神。岷案養生論：「君子知形恃神以立。」故恬和養神，則自安於內。清虛棲心，則不誘於外。神恬、心清，則形无累矣。虛室生白，吉祥至矣。楊云：「莊子人間世篇：『虛室生白，吉祥止止。』（俞樾平議以下止字爲也之誤。）釋文引崔云：『白者，日光所照也。』司馬云：『室，比喻心；心能空虛，則純白獨生也。』淮南俶真篇：『虛室生白，吉祥止也。』」岷案御覽一七四引列子：「虛室生白。」並引張湛注：「夫視有若虛者，虛室而純白獨生。」（張注與莊子郭象注合，惟今本列子既無此文，亦無此注。）人不照於昧金，而照於瑩鏡者，以瑩能明也。不鑑於流波，而鑑於靜水者，以靜能清也。鏡、水以明、清之性，故能形物之形。楊云：「明刊子彙本、程榮漢魏叢書本、王謨重刻漢魏叢書本、畿輔叢書本，昧並作爍，昧、爍二字，誼並得通。莊子德充符篇：『人莫鑑於流水，而鑑於止水。』文子九守篇：『人莫鑑於流潦，而鑑於澄水，以其清且靜也。』淮南俶真篇：『人莫鑑於流潦，而鑑於止水者，以其靜也；莫窺形於生鐵，而窺形於明鏡者，以覩（覩字衍）其易也。夫唯易且靜，形物之性也。』又按臣軌（東方學會印日本寬文本）公正章：『夫不照於昧金，（據此，則作爍者非是。武后所見，當是古本劉子爾也。）而照於瑩鏡者，以瑩能明也；不鑒於流波，而鑒於靜水者，以靜能清也。鏡、水以清、明之性，故能形物之形。』蓋襲於此。」王保珍云：「宋潘自牧記纂淵海五三引昧字同。明刊子彙本作昧，不作爍，楊氏失檢。」岷案舊合字本、百子全書本昧字並同。明陶宗儀説郛卷六讀子隨識、明徐元太喻林百十二引，亦並作昧。又案淮南説山篇：「人莫鑑於沫雨，而鑑於澄水者，以其休止不蕩也。」（高誘注：「沫雨，或作流潦。」王念孫雜志以「沫雨」爲「流雨」之誤。）文子上德篇：「莫鑑於流潦，而鑑於止水，以其内保之，止而不外蕩。」由此觀之，神照則垢滅，形靜則神清。垢滅則内慾永盡，神清則外累不入。岷案淮南俶真篇：「神清者，嗜欲弗能亂。」文子九守篇（守清）：「神清者，嗜欲不誤也。」今清歌奏而心樂，悲聲發而心哀，神居體而遇感推移。以此而言，岷案王謨重刻漢魏叢書本、畿輔叢書本言下並有之字，疑涉下文「情之變動」而衍。則情之變動自外至也。夫一哀一樂，猶搴正性；岷案文子九守篇（守虚）：「夫哀樂者，德之邪。」搴，與下文「拔擢」同義。莊子駢拇篇：「擢德搴性。」（今本搴誤塞，王念孫雜志餘編有説。）況萬物之衆，而能拔擢以生心神哉？孫楷第校釋云：「句與上下文義不相屬。衆當作來，『而能』二字當在『拔擢』二字下，以字疑衍文，原文當爲『況萬物之來拔擢，而能王心神哉！』（生當作王，説見後。）上文『一哀一樂，猶搴正性，』逗此句，即承上文而言。謂萬物之來拔擢，必不能王心神，非謂拔擢萬物後而王心神也。下文『故萬人彎弧，以向一鵠，鵠能無中乎？萬物眩曜，以惑一生，生能無傷乎？』又承此句而申言之。『萬人彎弧，以向一鵠』，『萬物眩曜，以惑一生』，即『萬物之來拔擢』也。淮南子俶真訓：『今萬物之來拔擢吾性，攓取吾情，有若泉源，雖欲勿稟，其可得邪？』語意正與此同，『生心神』三字連文，於義無取。生，疑當作王。廣韻四十一漾下：『王，盛也』；莊子養生主：『神雖王，不善也。』是其義矣。」楊云：「此文有誤，已詳孫楷第校釋。文子九守篇：『今萬物之來擢拔吾生，攓取吾精，若泉原也，雖欲勿稟，其可得乎？』」岷案此文有誤，誠是。明沈津百家類纂本能字在上文猶字下，亦頗難通。孫氏定作「況萬物之來拔擢，而能王心神哉？」原文未必譌亂至此。竊疑此文生本作全，全、生形近，又涉下文兩生字而誤也。「況萬物之衆，而能拔擢以全心神哉？」與上下文義自相應。似不必多所改竄也。

故萬人彎弧，以向一鵠，鵠能無中乎？萬物眩曜，以惑一生，生能無傷乎？

楊云：「呂氏春秋本生篇：『萬人操弓，共射其（其字衍）一招，招無不中；萬物章章，以害一生，生無不傷。』」岷案呂氏春秋云云，又見亢倉子全道篇。

七竅者，精神之户牖也；志氣者，五藏之使候也。耳目誘於聲色，鼻口之於芳味，肌體之於安適，其情一也。則精神馳鶩而不守；志氣縻於趣捨，則五藏滔蕩而不安。

孫云：「『鼻口之於芳味』以下十六字，乃防慾篇文誤入此篇者。（吉府本删十六字，是也。）『七竅者，精神之户牖也；氣志者，五臟之使候也。』與『耳目誘於聲色，則精神馳鶩而不守；志氣縻於趣舍，則五臟滔蕩而不安。』二義相屬，著十六字，則文勢不順。韓非子喻老篇云：『空竅者，神明之户牖也。耳目竭於聲色，精神竭於外貌，故中無主。中無主，則禍福雖如丘山，無從識之。』淮南子精神訓云：『夫孔竅者，精神之户牖也；而氣志者，五藏之使候也。耳目淫於聲色之樂，則五藏搖動而不定矣；五藏搖動而不定，則血氣滔蕩而不休矣；血氣滔蕩而不休，則精神馳騁於外而不守矣。』語意並與此同。吉府二十子本删十六字，甚是；而改『耳目』爲『七竅』，殊乖文理。活字本、子彙本衍十六字，而誘字尚不誤。范本、程榮本逕改誘爲之，以牽就防慾篇文，復於『其情一也』下增『七竅□於□□』句以足其文，則去原文愈遠矣。」楊云：「程榮本『則精神馳鶩而不守』，句首有『七竅□於□□』六字，彙函本作『七竅蔽于攻取。』王謨本作『七竅殉於好惡。』（畿輔本同。）諸本詞字雖有不同。然並足證此本（舊合字本）之奪。（道藏、子彙二本亦奪。）文子九守篇：『故耳目淫於聲色，即五藏動摇而不定，血氣滔蕩而不休，精神馳騁而不守。』」岷案孫氏謂「鼻口之於芳味」以下十六字，乃防慾篇文誤入此篇者，是也。「耳目誘於聲色」句，舊合字本（蓋即孫氏所稱活字本）、子彙本、百子本誘字並存其舊。「耳目」即承上文「七竅」言之，吉府本必改「耳目」爲「七竅」，泥矣！且「耳目」與「聲色」相應，若作「七竅誘於聲色」，則不可通矣。「則精神馳騖而不守」上，彙函本有「七竅蔽于攻取」句；王謨本、畿輔本並有「七竅狗於好惡」句，乃緣晉亂之文臆加，皆不足據。

嗜慾連綿於外，心腑壅塞於内，蔓衍於荒淫之波，楊云：「波當作陂，音之誤也。淮南俶真篇：『是故百姓曼衍於淫荒之陂。』」岷案「蔓衍」與「曼衍」同，猶放蕩也。留連於是非之境，而不敗德傷生者，蓋亦寡矣！是以聖人清目而不視，靜耳而不聽，閉口而不言，棄心而不慮。楊云：「淮南精神篇：『清目而不以視，靜耳而不以聽，鉗（文子作閉）口而不以言，委心而不以慮。』」（又見文子九守篇。）岷案淮南精神篇高誘注：「清，明。」文子九守篇守平：「清目不視，靜耳不聽，閉口不言，委心不慮。」無四以字，與此文尤合。貴身而忘賤，故尊勢不能動；樂道而忘貧，故厚利不能傾。楊云：「淮南詮言篇：『古之存己者，樂德而忘賤，故名不動志；樂道而忘貧，故利不動心。』」（又見文子符言篇。）岷案「貴身」，疑本作「貴德」，涉下「容身」而誤也。德與道對言，淮南詮言篇、文子符言篇並可證。淮南精神篇：「樂道而忘賤，安德而忘貧。」（又見文子九守篇守易。）亦以道、德對言。容身而處，適情而遊。楊云：「淮南精神篇：『容身而游，適情而行。』」（又見文子九守篇。）岷案文子九守篇守易作「容身而居，適情而行。」居猶處也，與此文尤合。一氣浩然，純白於衷。楊云：「孟子公孫丑上篇：『我善養吾浩然之氣。』莊子天地篇：『機心存於胸中，則純白不備。』」岷案淮南原道篇：「故機械之心藏於胷中，則純白不粹，神德不全。」泰族篇：「巧詐藏於胸中，則純白不備，而神德不全矣。」（又見文子道原篇。）抱朴子詰鮑篇：「純白在胷，機心不生。」又案嵇康養生論：「神氣以醇白獨著。」醇、純古通。故形不養而性自全，心不勞而道自至也。

防慾第二

人之稟氣，必有情性。岷案程榮本、王謨本、畿輔本並作「必有性情。」性之所感者，情也。情之所安者，慾也。情出於性，而情違性；岷案文選陸士衡演連珠：「情生於性，非性之適。」慾由於情，而慾害情。情之傷性，性之妨情，岷案「性之妨情」，性，疑本作慾，涉上性字而誤也。「慾之妨情」，承上「慾由於情，而慾害情。」言之。猶煙波之與水火也。楊云：「程榮本、王謨本、畿輔本，波並作冰。以下文驗之，冰字是。」煙生於火。而煙鬱火。岷案演連珠：「煙出於火，非火之和。」冰出於水，而冰遏水。故煙微而火盛，冰泮而水通；性貞則情銷，情熾則性滅。楊云：「淮南俶真篇：『夫水嚮冬，則凝爲冰；冰迎春，則泮爲水。』高誘注：『泮，釋也。』」岷案演連珠：「故火壯則煙微，性充則情約。」是以珠瑩則塵埃不能附，性明而情慾不能染也。楊云：「淮南俶真篇：『夫鑑明者，塵垢弗能薶；（高注：『薶，污也。』）神清者，嗜慾弗能亂。』（文子九守篇有此文，小異。）」岷案程榮本、王謨本、畿輔本而並作則，義同。故林之性靜，所以動者，風搖之也。水之性清，所以濁者，土渾之也。人之性貞，所以邪者，慾眩之也。楊云：「吕氏春秋本生篇：『夫水之性清，土者抇之，故不得清。』（高注：『抇，讀曰骨。骨，濁也。』）淮南俶真篇：『水之性清，而土汩之；人之性安，而欲亂之。』（文子道原篇、孔叢子抗志篇，文略同。）」岷案亢倉子全道篇：「水之性清，士者滑之，故不得清；人之性壽，物者滑之，故不得壽。」身之有慾，如樹之有蝎。樹抱蝎則還自鑿，身抱慾而返自害。舊合字本「而返」作「則還」。楊云：「道藏本、子彙本、程榮本、王謨本、畿輔本，並作『而返』。作『而返』較勝。帝範（武英殿聚珍叢書）崇儉篇注，引作『身抱慾則反自害。』亦較疊作『則還』爲長。淮南説林篇：『木生蠹，反自食；人生事，反自賊。』（又見文子符言篇。）」岷案喻林百十四引此及百子本，「而返」二字並同。説郛卷六讀子隨識作「則還」，與舊合字本合。說苑辨物篇：「木自生蠹，而還自刻也；人自興妖，而還自賊也。」故蝎盛則木折，慾熾則身亡。將收情慾，先斂五關。岷案類纂本斂作閉。帝範崇儉篇：「五關近閉，則嘉命遠盈。」五關者，情慾之路，嗜好之府也。目愛綵色，命曰伐性之斤；耳樂淫聲，命曰攻心之鼓；口貪滋味，命曰腐腸之藥；鼻悅芳馨，命曰燻喉之煙；身安輦駟，命曰召蹷之機。盧文弨拾補云：「『口貪滋味，命曰腐腸之藥；鼻悅芳馨，命曰燻喉之煙。』俗本脱中間兩句。」楊云：「呂氏春秋本生篇：『出則以車，入則以輦，務以自佚，命之曰招蹷之機；肥肉厚酒，務以自彊，命之曰爛腸之食；靡曼皓齒，鄭、衛之音，務以自樂，命之曰伐性之斧。』文選枚乘七發：『出輿入輦，命曰蹷痿之機；洞房清宫，命曰寒熱之媒；皓齒蛾眉，命曰伐性之斧；甘脆肥膿，命曰腐腸之藥。』」岷案類纂本、程榮本、王謨本、畿輔本皆脱「命曰腐腸之藥；鼻悅芳馨」十字。帝範注引「芳馨」作「芬馨」。畢沅呂氏春秋新校正：「招，致也（本高誘注）。蹷者，痿蹷。」召、招古通。此五者，所以養生，亦以傷生。岷案類纂本亦下有所字，帝範注引同。當補。耳目之於聲色，鼻口之於芳味，肌體之於安適，其情一也。然亦以之死，亦以之生；或爲賢智，或爲庸愚，由于處之異也。孫云：「『芳味』，淮南子俶真訓作『芳臭』，王念孫校改爲『臭味』，此亦當從之。孟子盡心章下云：『口之於味也，耳之於聲也，鼻之於臭也，四肢之於安佚也，性也。』兩亦字俱當作一。一猶或也。荀子勸學篇云：『一出焉，一入焉。』楊注：『或善，或否。』說詳經傳釋詞。」楊云：「文子九守篇：『老子曰：「人受氣于天者，耳目之于聲色也，鼻口之于芳臭也，肌膚之於寒温也，其情一也。或以死，或以生；或爲君子，或爲小人，所以爲制者異。」』（淮南俶真篇有此文，小異。似非孔昭所本。）」岷案「鼻口之於芳味」，「芳味」二字，不必從王校淮南作「臭味」。鼻與芳，口與味，義自相應。下文「聲色芳味，所以悅人也。」殊好篇：「聲色芳味，各有正性。」並與此作「芳味」同。譬由愚者之養魚鳥也，見天之寒，則內魚於温湯之中，而棲鳥於火林之上。水木者，所以養魚鳥也；養之失理，必至燋爛。楊云：「後漢書劉陶傳：『養魚沸鼎之中，棲鳥烈火之上。水木，本魚鳥之所生也；用之不時，必至燋爛。』（文選丘遲與陳伯之書李善注引袁崧後漢書朱穆上疏文略同。）」岷案「譬由」，由與猶同，本書屢見。「所以養魚鳥也。」舊合字本也上有者字，涉上文者字而衍。「必至燋爛」下，舊合字本有也字，涉上下文也字而衍。色聲芳味，所以悦人也。岷案舊合字本、程榮本、王謨本、畿輔本「色聲」並作「聲色」，此誤倒。悦之過理，還以害生。故明者刳情以遣累，約慾以守貞。食足以充虚接氣，衣足以蓋形禦寒。楊云：「墨子節用中篇：『古者聖王制爲飲食之法，曰：「足以充虚繼氣。」』（辭過篇略同。）文子九守篇：『故聖人食足以充虚接氣，衣足以蓋形禦寒。』（淮南精神篇無『充虚、禦寒』四字。）」靡麗之華，不以滑性；哀樂之感，不以亂神。處於止足之泉，岷案類纂本「止足」作「至足」，於義爲長。立於無害之岸。此全性之道也。夫蜂蠆螫指，則窮日煩擾；蚊䖟噆膚，則通宵失寐。舊合字本宵作夜。楊云：「道藏本、子彙本、程榮本、王謨本、畿輔本，夜並作宵。夜、宵二字，誼同。莊子天運篇：『蚊虻噆膚，則通昔（同夕）不寐矣。』（鶡冠子天權篇：『一蚋噆膚，不寐至旦。』）淮南俶真篇：『蜂蠆螫指，而神不能澹；蚊蝱噆膚，而智不能平。』」岷案程榮本、王謨本、畿輔本「蚊䖟」並作「蚊蟲」，蟲疑蝱之誤，䖟即蝱之省。百子本正作蝱，下同。喻林十五引此及百子本宵字並同。葛洪神仙傳一：「蚊虻噆膚，通夕不得眠。」敦煌本抱朴子論仙篇：「蚊蚋噆膚，則坐不得安。」（今本脱蚋字。）蜂蚊小害，岷案程榮本、王謨本、畿輔本「蜂蚊」並作「蚊蜂」，指膚外疾。人入山則避蜂蠆，入室則驅蚊䖟，何者？以其害於體也。嗜慾攻心，正性顛倒。嗜慾大害，攻心内疾，方於指膚，亦以多也。外疾之害，輕於秋毫，人知避之；内疾之害，重於太山，而莫之避。岷案程榮本、王謨本、畿輔本太並作泰，古通。喻林百十四引「太山」作「丘山」。莊子人閒世篇：「禍重乎地，莫之知避。」是棄輕患，而負重害，不亦倒乎！人有牛馬放逸不歸，必知收之；情慾放逸，而不知收之，不亦惑乎！楊云：「孟子告子上篇：『孟子曰：「仁，人心也；義，人路也。舍其路而弗由，放其心而不知求，哀哉！人有雞犬放，則知求之；有放心而不知求。」』」岷案楊氏所引孟子，又見韓詩外傳四。將收情慾，必在脆微。盧云：「（程榮本）脆誤危。」岷案王謨本、畿輔本脆亦並壞爲危。下同。情慾之萌，如木之將蘖，火之始熒，手可掣而斷，露可滴而滅；及其熾也，結條陵雲，煽熛章華，雖窮力運斤，竭池灌火，而不能禁。孫云：「煽、熛皆訓飛。說文：『熛，火飛也。』吴都賦：『鉦鼓疊山，火烈熛林。』煽之本字當爲蝙，說文蝙下云：『蠅醜蝙摇翼也。』蝙，爾雅作扇。文選蜀都賦云：『高爓飛煽於天垂。』『飛煽』意同『煽熛』。引申則有暴卒意，漢書敍傳：『勝、廣熛起，梁、籍扇烈。』扇亦熛也。猶言勝、廣猝起，梁、籍驟盛耳。煽又爲動，沈休文齊故安陸昭文碑文云：『公扇以廉風』，謂動以廉風。張景陽雜詩云：『迴飇扇緑竹』，謂扇動綠竹也。煽、扇、蝙，字並通。劉淵林注吴都賦訓熛爲火爓，注蜀都賦訓煽爲熾，均失之。」楊云：「尸子（汪繼培輯本）貴言篇：『干霄之木，始若蘖，足易去也；及其成達也，百人用斧斤，弗能僨也。熛火始起，易息也；及其焚雲夢、孟諸，雖以天下之役，抒江海之水，弗能救也。』淮南人閒篇：『夫爝火在縹煙之中也，一指所能息也；……及至火之燔孟諸，而炎雲臺，……雖起三軍之衆，弗能救也。』（漢書枚乘傳、抱朴子用刑篇，文略同。）史記司馬相如傳：『相如既奏大人之頌，天子大説，飄飄有凌雲之氣。』國語楚語上：『靈王爲章華之臺。』莊子徐无鬼篇：『匠石運斤成風。』吕氏春秋必己篇：『竭池而求之。』」岷案「文選枚叔上諫吴王書注引莊子：『豫樟初生，可抓而絶。』」與此「木之將蘖，……手可掣而斷」，文意亦同。「結條陵雲，煽熛章華」，「結條」與「煽熛」對言，「煽熛」猶飛爓也。孫氏謂「煽、熛皆訓飛」，非是。吴都賦：「火烈熛林。」劉淵林注訓熛爲火爓，固非；而此文熛字，則取火爓之義。蜀都賦：「高爓飛煽於天垂。」彼文「飛煽」爲複語，與此文「煽熛」義別。孫氏蓋未深思耳。又案舊合字本、程榮本、王謨本、畿輔本陵並作凌，古通。其勢盛也。嗜慾之萌，耳目可關，而心意可鑰；至於熾也，雖襞情卷慾，岷案漢書揚雄傳：「固不如襞而幽之離房。」顔師古注：「襞，疊衣也。」襞有疊義，與卷義近，故襞、卷可互用。而不能收，其性敗也。如能塞兑於未形，袁孝政註：「老子曰：『塞其兑，閉其門。』」岷案王弼老子注：「兑，事欲之所由生。」程榮本、王謨本、畿輔本兑並誤先。百子本兑誤充。禁慾於脆微，雖求悔悋，岷案悋，俗吝字。易繫辭上：「悔吝者，憂虞之象也。」其可得乎？

去情第三

情者，是非之主，而利害之根。有是必有非，能利亦能害。是非、利害存於衷，而彼此還相疑。故無情以接物，在遇而恒通；有情以接人，觸應而成礙。由此觀之，則情之所處，物之所疑也。是以媒揚譽人，而受譽者不以爲德；身膚强飯，而蒙飽者不以爲惠。孫云：「『身膚』當作『取庸』。字之誤也。淮南子繆稱訓云：『媒妁譽人，而莫之德也；取庸而强飯之，莫之愛也。雖親父慈母不加於此。有以爲，則恩不接矣。』即此文所本。商子懇命篇云：『無得取庸，則大夫家長不見繕。』韓非子外儲說左上云：『取庸作者進美羹。』漢書景帝紀：『吏發民，若取庸采黃金珠玉者，坐臧爲盜。』注引韋昭曰：『取庸，用其資以顧庸。』『取庸』，乃古人常語。」舊合字本揚作楊，楊云：「道藏本、子彙本、程榮本、王謨本、畿輔本，楊並作揚。楊、揚古通。」岷案程榮本、王謨本、畿輔本媒並作謀。古通。說文：「媒，謀也。」喻林百十三引此，及類纂本、百子本揚字皆同。孫氏正「身膚」爲「取庸」之誤，是也。管子地數篇：「毋得聚庸而煮鹽。」「聚庸」與「取庸」同。（取、聚古通。）亦可證此文作「身膚」之誤。嬰兒傷人而被傷者不以爲怨；侏儒嘲人，而獲嘲者不以爲辱。楊云：「淮南說林篇：『狂者傷人，莫之怨也；嬰兒詈老，莫之疾也。』」何者？挾利以爲己，有情於譽飽，雖蒙惠而非德；无情於傷辱也，雖獲毀而无憾。王保珍云：「記纂淵海六一引『傷辱』下無也字，與上文句法一律。」岷案類纂本、程榮本、王謨本、畿輔本皆無也字。魚不畏網，而畏鵜；楊云：「莊子外物篇：『魚不畏網，而畏鵜鶘。』」王云：「記纂淵海六十引鵜下有鶘字，與莊子同。」岷案日本古鈔卷子原本莊子、唐寫本莊子鵜鶘並作鵜胡。此鳥本單呼鵜；以其頷下胡大能抒水，（詳詩曹風候人正義引陸璣疏。）故又名鵜胡。則作鵜鶘者非也。白孔六帖九八引莊子無鶘字，與今本此文同。（說互詳莊子校釋四。）復讎者不怨鏌鋣，而怨其人。楊云：「莊子達生篇：『復讎者不折鏌干。』」岷案景宋本白帖四引莊子鏌干作鏌鄒，與此文同；宋李元卓莊列十論醉者墜車篇：「又次之以『復讎者不折鏌鄒。』」亦與此文同。（說互詳莊子校釋三。）鏌鄒亦作莫邪，吕氏春秋用民篇高誘注：「莫邪，良劍也。」莫邪，干將之妻，爍身成劍，詳吴越春秋闔閭内傳。

網无心而鳥有情，劍无情而人有心也。使信士分財，不如投策探鉤；使廉士守藏，不如閑局全封。何者？有心之於平，不若无心之不平也；有慾之於廉，不若无慾之不廉也。今人目若驪珠，心如權衡，評人好醜，雖言得其實，彼必嫌怨；及其自照明鏡，摹倒其容，醜狀既露，則内慙而不怨。

袁註：「驪珠，黄帝時明目人也。」孫云：「驪珠，當作離珠。韓非子觀行篇云：『離朱易百步而難眉睫。』淮南子原道訓云：『離朱之明，察箴末於百步之外。』高注：『離朱，黄帝臣，明目人也。』又注修務訓云：『離朱，黄帝時人。能見百步之外，秋毫之末。』孟子云：『離婁之明。』趙岐注引莊子天地篇『黄帝遺其玄珠，使離朱索之。』謂離朱即離婁。李善注文選琴賦云：『離朱，慎子爲離珠。』劉子文當同。淺學者不知即離朱，因誤改上字爲驪耳。離朱目明，故以爲喻。若作驪珠，則是言形態，與下文評人好醜無涉矣。」舊合字本封作付。楊云：「彙函本、子彙本，閑並作閉。道藏本、子彙本、彙函本、程榮本、王謨本、畿輔本，付並作封。閉、封二字並是。文子符言篇：『老子曰：「使信士分財，不如定分而探籌；何則？有心者之於平，不如無心者也。使廉士守財，不如閉户而全封；以爲有欲者之於廉，不如無欲者也。人舉其疵，則怨；鑑見其醜，則自善。」』又按袁註以驪珠爲黄帝時明目人，孫君校釋從而和之，謂作離珠；皆兆語也。『目若驪珠』者，言其目明，與下句之『心如權衡』，皆以品物相喻；若解爲實人，則不倫矣。且本書專學、通塞兩篇，並有離婁之文，此固不應歧出也。莊子列禦寇篇：『夫千金之珠，必在九重之淵，而驪龍頷下。』此孔昭之所本也。」岷案「不如閑局全封。」喻林百十三引及百子本，閑亦並作閉。惟「閉局」亦不可通。百子本局作扃。是也。莊子胠篋篇：「固扃鐍」，可證此文作局之誤，喻林引及百子本，封字並同。「目若驪珠」，孫氏正驪珠爲離珠之誤，其說較長。離珠即離朱，莊子天地篇：「使離朱索之而不得」，御覽八百三、宋祝穆事文類聚續集二五引，並作離珠，亦與此文同。莊子胠篋篇：「膠離朱之目」，淮南俶務篇：「離朱之明」，古人言目明，多舉離朱，似無以驪珠喻目明者。竊疑離珠之作驪珠，正由傳寫者聯想及驪龍之珠而誤耳。「則內慙而不怨。」羅振玉校敦煌本怨作怒，羅氏校記云：「刊本（即子彙本，下同）怒作怨。」岷案他本皆作怨，怒乃怨之形誤。上文「彼必嫌怨」，兩怨字相應。向之評者，與鏡无殊，然而向怨今之慙者，岷案「向怨今之慙者」，之字涉上文「向之評者」而衍。記纂淵海六十、七三，引之字並在怨字上，亦非。七三又引（誤爲列子文）作「向怨而今慚之者。」蓋臆乙之字於慚字下耳。御覽七六八引莊子山木篇、淮南詮言篇並云：「向虛而今實也。」（今本莊子作「向也虛而今也實。」）「向虛」與「今實」對言，猶此以「向怨」與「今慙」對言也。以鏡无情，而人有心也。羅校敦煌本也上有故字，云：「刊本無故字。」岷案他本皆脱故字。三人居室，二人交爭，必取信於不爭者，以辯彼此之得失。夫不爭者未必平，而交爭者未必偏。而信於不爭者，何也？以爭者之心，並挾勝情故也。「二人交爭，」羅校敦煌本爭作諍，下同。云：「刊本諍作爭，下諸諍字同。」「並挾勝情故也。」羅校敦煌本作「並挾己情勝耶。」云：「刊本作『並挾勝情故也。』」楊云：「爭、諍古通，（左僖二十四年傳杜注：『鬩，訟爭貌。』釋文：『爭，本又作諍。』）淮南詮言篇：『三人同舍，二人相爭，爭者各自以爲直，不能相聽；一人雖愚，必從旁而決之。非以智也，以不爭也。』」岷案「以辯彼此之得失。」羅振玉校録敦煌本（見敦煌石室碎金）、程榮本、王謨本、畿輔本辯皆作辨，古通。「必挾勝情故也。」他本皆同。喻林百十三引亦同。敦煌本作「並挾己情勝耶。」己字涉下文「觸己」而衍。「情勝」乃「勝情」之誤倒，下又脱故字。耶與也同義，下文「以彼无情於擊觸也。」敦煌本也作耶，與此同例。飄瓦擊人，虛心觸己，雖有忮心而不怒者，以彼无情於擊觸也。盧氏拾補定「虛心」作「虛舟」，云：「（程榮本）脱下十六字。」羅校敦煌本「虛心」作「虛舟」，「雖有忮心而不怒者。」作「雖有所忮而心不怒者。」云：「刊本作『雖有忮心而不怒者。』」舊合字本也上有故字。楊云：「羅校敦煌本『虛心』作『虛舟』，也上無故字，子彙本同。道藏本亦無故字。（餘本皆有奪誤。）心作舟，故字無，是也。莊子達生篇：『雖有忮心，不怨飄瓦。』山木篇：『方舟而濟於河，有虛船來觸舟，雖有褊心之人不怒。』淮南詮言篇：『方舟濟乎江，有虛舟從一方來，觸而覆之，雖有忮心，必無怨色。』又按北山録論業理篇：『飄瓦擊人，虚舟觸己，雖有忮心而不怒者，以彼無情於擊觸也。』蓋襲於此。」王云：「記纂淵海四六引『虚心』作『虚舟』，舟之作心，蓋涉下文『忮心』而誤。」岷案宋沙門慧寶北山録八論業理篇注、喻林引此，及百子本，「虚舟」字並不誤。王謨本、畿輔本並脱「雖有忮心而不怒者，以彼无情於擊觸也」十六字。「雖有忮心而不怒者」，北山録注、喻林所引，及舊合字本、百子本皆同。（記纂淵海四六引怒作怨。）實較敦煌本爲長。莊子山木篇作「雖有褊心之人不怒」，淮南詮言篇作「雖有忮心，必無怨色。」亦可證。「以彼无情於擊觸也。」舊合字本也上有故字。楊氏以無故字爲是。然據上文「以鏡无情，而人有心也。」敦煌本也上有故字；「以爭者之心，並挾勝情故也。」亦有故字。則此文亦當有故字，文乃一律。又案楊氏所引北山録論業理篇云云，乃北山録注文，楊氏失檢。

是以聖人棄智以全真，遺情以接物。不爲名尸，不爲謀府。袁注：「尸，主也。」楊云：「莊子應帝王篇：『无爲名尸，无爲謀府。』」（淮南詮言篇，无並作不。）岷案淮南詮言篇許慎注：「尸，主也。」文子符言篇：「無爲名尸，無爲謀府。」

混然无際，而俗莫能累矣。羅校敦煌本矣作耶，云：「刊本耶作也。」岷案羅氏所稱刊本，指子彙本，惟子彙本作矣，不作也，羅氏失檢，他本矣字皆同。耶與矣同義。

韜光第四

物之寓世，未嘗不韜形滅影，袁註：「韜，藏也。」隱質遐外，以全性棲命者也。孫云：「此當作『物之寓世，韜形滅影，隱質遐外，未有不以此全性棲命者也』，與下文『夫含奇佩美，衒異露才，未有不以此傷性毁命者也。』文同一例。」岷案原文文義自通，孫氏臆改，不足據。羅録敦煌本全下衍其字。夫含奇佩美，羅校敦煌本無夫字，云：「刊本含上衍夫字。」岷案他本皆有夫字。衒異露才者，未有不以此傷性毁命者也。羅校郭煌本無此字，云：「刊本以下有此字。」岷案他本皆有此字。據袁註：「未有不以此傷性者也。」是所見本亦有此字。是故翠以羽自殘，盧云：「〔程榮本〕脱是字。」楊云：「古文苑（卷四）揚雄太玄賦：『翠羽嬍而殃身兮。』章樵注：『嬍，古美字。』」岷案王謨本、畿輔本並脱是字，御覽九八三引蘇子：「翠以羽殃身。」金樓子立言篇下：「翠飾羽而體分。」龜以智自害。羅校敦煌本自作見，云：「刊本見作自。」楊云：「莊子外物篇：『仲尼曰：「神龜能見夢於元君，而不能避余且之網；知能七十二鑽而无遺筴，不能避刳腸之患。如是，則知有所困，神有所不及也。」』」岷案自字他本皆同，作見較長。言苑篇：「神龜以智見灼。」亦作見。丹以含色磨肌，岷案羅録敦煌本色作光，下文「丹伏光於春山之底。」與此相應。石以抱玉碎質，此四者，生於異俗，與人非不隔也。羅校敦煌本也作耶。云：「刊本耶作也。」岷案他本也字皆同。下文「非有求於人也。」「未能隱其形也。」「故致全性也。」敦煌本也並作耶，也、耶同義，説已詳前。託性於山林，寄情於物外，非有求於人也；然而自貽伊患者，未能隱其形也。「託性於山林」，羅校敦煌本林作水，下無「寄情於物外」五字。云：「刊本水作林。此句下有『寄情於物外』五字。」「然而自貽伊患者」，楊云：「詩小雅小明：『自貽伊戚。』」岷案莊子達生篇：「魯有單豹者，巖居而谷飲，不與民共利。行年七十，而猶有嬰兒之色。不幸遇餓虎殺而食之。」(今本「谷飲」作「水飲」，「餓虎」二字誤疊，詳莊子校釋三。事又見呂氏春秋必己篇、淮南人間篇。)孔昭所云，正指單豹之類也。「託性於山林，寄情於物外。」他本皆同。敦煌本林作水，疑因山字聯想而誤，下又脱五字也。呂氏春秋必己篇言單豹「身處山林巖堀。」可證此文作「山林」不誤。**若使翠斂翮於明丘之林，**楊云：「明丘未詳，明，或爲丹之誤。楚辭遠遊：『仍羽人於丹丘兮』，王逸注：『丹丘，晝夜常明也。』文選謝靈運入華子岡是麻源第三谷詩：『丹丘徒空筌。』晉書摯虞傳：『遻羲和於丹邱兮。』」岷案楚辭王注：「丹丘，晝夜常明也。」則明丘即丹丘矣。**則解羽之患永脱；**羅校敦煌本解作斬，云：「刊本斬作解。」岷案解字，他本皆同。作斬義長。**龜曳尾於暘谷之泥，**袁註：「暘谷，在日出處也。」羅校敦煌本暘作湯，云：「刊本湯作暘。」楊云：「暘、湯音同，古通。(史記五帝本紀：『曰暘谷。』索隱：『暘谷，本作湯谷。』)書堯典：『分命羲和宅嵎夷，曰暘谷。』孔傳：『暘，明也，日出於谷而天下明。故稱暘谷。』莊子秋水篇：『莊子釣於濮水，楚王使大夫二人往先焉。曰：「願以境内累矣。」莊子持竿不顧，曰：「吾聞楚有神龜，死已三千歲矣。王巾笥而藏之廟堂之上；此龜者，寧其死爲留骨而貴乎？寧其生而曳尾於塗中乎？」二大夫曰：「寧生而曳尾塗中。」莊子曰：「往矣！吾將曳尾於塗中。」』」岷案暘字，他本皆同。淮南天文篇：「日出於暘谷。」楚辭離騷注、遠遊注、九歎注、文選蜀都賦注、吳都賦注，引暘谷皆作湯谷，亦暘、湯古通之證。**則鑽灼之悲不至。**岷案類纂本、程榮本、王謨本、畿輔本悲並作患。作悲較長，悲與上文患對言。下文以患與憂對言。**丹伏光於春山之底，**楊云：「穆天子傳(卷二)：『天子北升春山之上，以望四野，曰：「春山，是唯天下之高山也。」』」**則磨肌之患永絶；石亢體於玄圃之峊，**羅校敦煌本亢作安，玄作懸，峊作巖，云：「刊本安作亢，懸作玄。」楊云：「法藏敦煌寫本，亢作充。玄亦作懸。安、充並通。今本作亢，當由充之形误。玄、懸古多通用。峊、巖音近誼同。(説文：「巖，岸也。峊，山巖也。」)淮南墬形篇：『懸圃、涼風、樊桐，在昆侖、閶闔之中。』高誘注：『皆昆侖之山名也。』文選東都賦：『右睨玄圃。』」岷案亢、玄、峊三字，他本皆同。羅校敦煌本亢作安，於義固通；法藏敦煌本亢作充，頗覺不詞，竊疑充乃亢之形誤。廣雅釋詁：「亢，高也。」在「玄圃之峊」，故言亢；上文「丹伏光於春山之底」，「春山之底」，故言伏。

伏、亢對文，於義益彰。（喻林三四引此亦作亢。）楊氏謂亢由充之形誤，蓋不然矣。則剖琢之憂不及。故窮巖曲岫之椊櫟，岷案「椊櫟」，羅録敦煌本作「梓傑」；類纂本作「梓櫟」；程榮本作「梓櫟」；王謨本作「梓桀」；畿輔本作「梓傑」。椊、梓並梓之形誤。桀、櫟正、俗字。傑，借字。詩王風君子于役：「雞棲于桀」，爾雅釋宮：「雞棲於弋爲櫟」。説文：「弋，橜也」。橜與𣎵音同義近（段玉裁注），説文：「𣎵，木本也」。生於積石，穎貫青天，根鑿黃泉。王重民巴黎敦煌本劉子新論殘卷（伯目三五六二）校勘記云：「（巴黎敦煌本）鑿作潛。」楊云：「法藏敦煌本鑿作潛，鑿、潛並通。莊子田子方篇：『上窺青天，下潛黃泉。』（列子黃帝篇文同。）」岷案鑿字義勝。楊氏所稱法藏敦煌本，即王氏所校敦煌本。分條布葉，輪菌磥硊，岷案百子本菌作囷，古通。史記鄒陽列傳：「蟠木根柢，輪囷離詭」，集解引張晏曰：「『輪囷離詭』，委曲槃戾也。」「磥硊」與「離詭」同，並取根節盤结義，敦煌本「磥硊」作「累硊」，舊合字本作「磊硊，」並同。騏驎戲其下，鵷鸞遊其顛，浮雲棲其側，清風激其間。羅校敦煌本「騏驎」作「驎驥」，云：「刊本『驎驥』作『騏驎』」。楊云：「羅校敦煌本，顛作巔。法藏敦煌本同。巔字是。文選張衡南都賦：『虎豹黃熊游其下，轂玃猱挺戲其巔，鸞鷟鵷鶵翔其上，騰猨飛蠝棲其間。』嵇康琴賦：『玄雲蔭其上，翔鸞集其巔，清露潤其膚，惠風流其間。』（曹植升天行：『玄豹游其下，翔鵾戲其巔。』）」岷案喻林三四引，及程榮本、王謨本、畿輔本、百子本「騏驎」字皆同。舊合字本、類纂本並作「麒麟」，「驎驥」、「騏驎」，並良馬名。此非言馳騁少事，則作「麒麟」較長。顛字，他本皆同。顛、巔正、俗字。楊氏以作巔爲是，疏矣。終歲無毫釐之憂，岷案羅録敦煌本毫作豪，豪、毫正、俗字。免刀斧之害者，盧云：「（何允中本）害誤人。」敦煌本無免字。羅云：「刊本刀上有免字。」岷案他本皆有免字。王謨本、畿輔本害並作人，盧氏所謂「害誤人」，人蓋入之誤。非與人有得也，王云：「子彙本得作德，古通。」岷案羅録敦煌本、類纂本、程榮本、王謨本、畿輔本得皆作德。能韜隱其質，故致全性也。羅校敦煌本作「能韜光隱質，故至全性耶。」云：「刊本作『能韜隱其質，故致全性也。』」王重民云：「（巴黎敦煌本）『韜光隱質』，作『韜隱其質』，耶作也。」岷案他本皆作「能韜隱其質，故致全性也。」（類纂本脱隱字。）至、致古通。耶、也同義。路側之榆，樵人採其條，匠者伐其柯，餘有尺蘖，而爲行人所折者，羅校敦煌本「行人」作「行者」，云：「刊本『行者』作『行人』」。岷案他本皆作「行人」。敦煌本人作者，蓋涉下者字而誤。非與人有讎也，岷案王謨本、畿輔本讎並作仇，古通。然而致寇者，楊云：「易需九三：『需于泥，致寇至。』」岷案易解：「負且乘，致寇至」。形不隱也。周雞斷尾，獲免於犧牲；羅校敦煌本周上有故字。云：「刊本無故字。」王重民云：「（巴黎敦煌本）無故字、牲字」。楊云：「法藏敦煌本無牲字。無牲字與下句儷。國語周語下：『賓孟適效，見雄雞自斷其尾，問之。侍者曰：「憚其犧也」。遽歸，告王曰：「吾見雄雞自斷其尾，而人曰：『憚其犧也』。吾以爲信畜矣。」』（又見左昭二十二年傳。）」岷案他本周上皆脱故字，當補。牲字因犧字聯想而衍，當删。類纂本、程榮本、王謨本、畿輔本皆作「獲免犧牲。」蓋不知牲爲衍文，而臆删於字，以與下文相儷耳。山狙見巧，終必招害。楊云：「莊子徐无鬼篇：『吴王浮於江，登乎狙之山，衆狙見之，恂然棄而走，逃於深蓁。有一狙焉，委蛇攫⿰扌⿱爫糸，見巧乎王。王射之，敏給搏捷矢。王命相者趨射，狙執死。王顧謂其友顏不疑曰：「之狙也，伐其巧，恃其便，以敖予，以至此殛也！」』」（岷案楊氏所引莊子，⿰扌⿱爫糸，不成字。蓋本作「委蛇攫搔。」一本搔作抓，傳寫遂誤合爲耳。詳莊子校釋四。）由此言之，羅校敦煌本此作是。云：「刊本是作此。」岷案余未見巴黎敦煌本，他本皆作此。則出處之理，亦可知矣。是以古之德者，岷案類纂本、程榮本、王謨本、畿輔本德上皆有字，文意較完。韜跡隱智，以密其外；澄心封情，以定其內。內定則神腑不亂；羅校敦煌本腑作府。云：「刊本府作腑。」岷案他本皆作腑，府、腑古通。惟腑字，疑後人所改，「神府」與「靈府」義近，莊子德充符篇：「不可入於靈府。」郭象注：「靈府者，精神之宅也。」外密則形骸不擾。羅校敦煌本骸作體。云：「刊本體作骸。」王重民云：「（巴黎敦煌本）體作骸，擾作害。」岷案他本體皆作骸。以此處身，不亦全乎！羅校敦煌本全字同。云：「刊本全作宜。」岷案百子本亦作宜。

崇學第五

至道無言，非立言無以明其理；羅校敦煌本理作況。云：「刊本況作理。」王重民云：「〔巴黎敦煌本〕況作理。」岷案他本皆作理。大象無形，非立象無以測其奧。羅校敦煌本「立象」作「立形。」云：「刊本形作象。」岷案他本皆作象，涉上象字而誤。道象之妙，非言不津，津言之妙，非學不傳。孫云：「『道象之妙』，『津言之妙』，象字、津字俱衍文。本當爲『道之妙，非言不津；言之妙，非學不傳。』老子三十五章：『執大象，天下往。』河上公注：『象，道也。聖人守大道，則天下萬物移心歸往之。』（四十一章：『大象無形。』注云：『大法象之人，質朴無形容。』增字爲解，非是。『大象無形』，即詮言訓所謂『大道無形。』宜從三十五章注。）是『大象』即『至道』，言象者，互文耳。韓非子解老篇：『道雖不可得聞見，聖人執其見功以處見其形，故曰：無狀之狀，無物之象。』『執其見功以處見其形』，即此所謂『立形以測其奧也。』『道之妙，非言不津；言之妙，非學不傳。』即承上而言。不言象者，道即是象，言道而象在其中。下文『未有不因學而鑒道，不假學以光身者也。』不承象字，則此文本無象字明矣。今本有象字，蓋津字誤衍，後人因增象字以足其文耳。文選西征賦：『津便門以右轉』，即津字用爲虛字之例。」未有不因學而鑒道，不假學以光身者也。羅校敦煌本鑒作隆。云：「刊本隆作鑒。」王重民云：「〔巴黎敦煌本〕『隆道』作『鑒道』，以作而。」楊云：「鑒、隆誼並得通。尸子：『未有不因學而鑒道，不假學而光身者也。』帝範崇文篇：『因文而隆道，假學以光身。』」岷案他本鑒字皆同。夫蠒，繰以爲絲，織爲縑紈，繢以黼黻，則王侯服之；學爲禮儀，絲以文藻，而世人榮之。蠒之不繰，則素絲蠹於筐籠；人之不學，則才智腐於心胸。羅校敦煌本「爲縑紈」上無「以爲絲織」四字。云：「此卷脱四字。刊本作『繰以爲絲，織爲縑紈。』」「絲以文藻」，盧氏拾補據程榮本絲作雕，云：「藏本作絲，疑緣。」羅校敦煌本絲作彫。云：「刊本彫，誤作絲。盧校『絲，疑緣。』今此本亦作彫。」「而世人榮之」，羅校敦煌本世作代，云：「刊本代作世，避諱改。」王重民云：「〔巴黎敦煌本〕『而代』作『則世』」，「則素絲蠹於筐籠」，羅校敦煌本無則字，下「則才智腐於心胸。」同。云：「刊本素上有則字，下『才智腐於心胷。』同。」舊合字本筐作篋。楊云：「羅校敦煌本無『以爲絲織』四字。『絲以』作『彫以』。篋作筐。素上、才上兩則字並無。法藏敦煌本全同。程榮本、王謨本、畿輔本，絲並作雕。篋並作筐。道藏本、子彙本，篋亦作筐。敦煌兩寫本並是。『繅爲縑紈，績以黼黻』，與下『學爲禮儀，雕以文藻。』正相對爲文。尸子勸學篇：『夫繭，舍而不治，則腐蠹而棄；使女工繅之，以爲美錦，大君服而朝之。身者，繭也。舍而不治，則知行腐蠹；使賢者教之，以爲世士，則天下諸侯莫敢不敬。』」岷案「夫璽」，舊合字本、王謨本、畿輔本璽皆作繭（下同）。喻林九三引同。繭、璽正、俗字。「繅以爲絲，織爲縑紈。」他本皆同，惟舊合字本繅作繰（下同），繰、繅正、俗字。「學爲禮儀。」程榮本、王謨本、畿輔本學上並有人字，疑是。下文「人之不學」，與此相應；且此人字與上文璽字對言，猶下文以璽、人對言也。「絲以文藻。」絲，作彫或雕者是。彫、雕古通。絲字涉上下文而誤。盧氏疑爲緣，臆說不足據。「而世人榮之。」他本世字皆同。「則素絲蠹於筐籠。」惟舊合字本筐作篋，蓋誤。

海蚌未剖，則明珠不顯；王重民云：「〔巴黎敦煌本〕珠作璣。」楊云：「淮南說林篇：『明月之珠，蚌之病而我之利也。』」岷案羅録敦煌本蚌作蜯，同。巴黎敦煌本珠作璣，疑因珠字聯想而誤。御覽九八三引蘇子：「蚌以珠自破。」金樓子立言篇下：「蚌懷珠而致剖。」

崐竹未斷，則鳳音不彰；楊云：「吕氏春秋古樂篇：『昔黄帝令伶倫作爲律，伶倫自大夏之西，乃之阮隃（崐崘之誤）之陰，取竹於嶰谿之谷，以生空竅厚鈞者，斷兩節間，其長三寸九分而吹之，以爲黄鐘之宫，吹曰舍少；次制十二筒，以之阮隃之下，聽鳳皇之鳴，以别十二律。』」岷案吕氏春秋云云，又見說苑修文篇、漢書律曆志上、風俗通音聲篇。文各小異。

情性未鍊，岷案程榮本、王謨本、畿輔本「情性」並作「性情」，羅録敦煌本鍊作練（下同），古通。

則神明不發，譬諸金、木，金性苞水；羅校敦煌本苞作包，云：「刊本包作苞。」王重民云：「〔巴黎敦煌本〕無金、木二字，包作苞。」岷案巴黎敦煌本無金、木二字，蓋誤脫。他本苞字皆同，包、苞古通。

木性藏火。故

鍊金則水出，鑽木而火生。岷案羅録敦煌本而作則。人能務學，鑽鍊其性，則才惠發矣。岷案程榮本、王謨本、畿輔本惠並作慧。下文「人性譞惠。」亦並作慧。惠、慧古通。青出於藍，而青於藍，染使然也；冰生於水，而冷於水，寒使然也；王重民云：「〔巴黎敦煌本〕冷作涼。」舊合字本脱「染使然也」四字。楊云：「羅校敦煌本、法藏敦煌本、道藏本、子彙本、程榮本、王謨本、畿輔本，『而青於藍』下，並有『染使然也』四字。當據增。（輔行記第一之一，『書云：「青出於藍，而青於藍。」染使然也。」』蓋引此文。）荀子勸學篇：「青取之於藍，而青於藍；冰水爲之，而寒於水。」（大戴禮勸學篇同。）岷案百子本亦有「染使然也」四字。淮南俶真篇：「以藍染青，則青於藍。」史記褚少孫續三王世家：「傳曰：『青采出於藍，而質青於藍者，教使然也。』（教，疑當作染。）」

鏡出於金，而明於金，瑩使然也。岷案瑩與鎣同，廣雅釋詁：「鎣，磨也。」（文選左太沖招隱詩注、江文通雜體詩注引廣雅，鎣並作瑩。）本書因顯篇「鏡以瑩拂成鑑。」瑩亦磨也。戎、夷之子，生而同聲，長而異語，教使然也。袁註：「戎在西，夷在東。」楊云：「荀子勸學篇：『干、越、夷、貉之子，生而同聲，長而異俗，教使之然也。』（吕氏春秋用衆篇略同。）」岷案荀子云云，又見大戴禮勸學篇。淮南齊俗篇：「羌、氐、僰、翟，嬰兒生皆同聲。及其長也，雖重象、狄騠，不能通其言，教俗殊也。」賈子保傅篇：「夫胡、越之人，生而同聲，嗜慾不異。及其長而成俗也，累數譯而不能相通，行有雖死而不相爲者，則教習然也。」（又見大戴禮保傅篇、漢書賈誼傳。）山抱玉而草木潤焉，川貯珠而岸不枯焉；楊云：「輔行記第五之一，引貯作著。貯、著誼同。荀子勸學篇：『玉在山而草木潤。淵生珠而岸不枯。』（大戴禮勸學篇同。）」岷案荀子云云，又見淮南説山篇、文子上德篇。（文子淵、珠二字互易。）史記褚少孫續龜策列傳：「玉處於山而木潤。淵生珠而岸不枯。」口納滋味，而百節肥焉；楊云：「淮南泰族篇：『故食其口而百節肥。』（又見説苑説叢篇。）」心受典誥，而五性通焉。故不登峻岑，不知天之高；不瞰深谷，不知地之厚；不遊六藝，不知智之源。「不登峻岑」，羅校敦煌本岑作峯。云：「刊本峰作岑。」王重民云：「〔巴黎敦煌本〕峰作岑。」「不知智之源。」盧氏拾補據程榮本源作深。云：「藏作源。」楊云：「程榮本源作深，非是。帝範崇文篇：『不游文翰，不識智之源。』蓋本此文。荀子勸學篇：『故不登高山，不知天之高也；不臨深谿，不知地之厚也；不聞先王之遺言。不知學問之大也。』（大戴禮勸學篇同。）」岷案「不登峻岑。」他本岑字皆同。「不知智之源」，類纂本、王謨本、畿輔本源亦並作深，涉上文「深谷」字而誤。**遠而光華者，飾也；近而愈明者，學也。**盧云：「（程榮本）飾誤節。」楊云：「尚書大傳略說：『子曰：「君子不可以不學，見人不可以不飭（與飾通）。不飭，無貌；無貌，不敬；不敬，無禮；無禮，不立。夫遠而有光者，飭也；近而逾明者，學也。」』（又見大戴禮勸學篇、說苑建本篇、孔子家語致思篇。（飭，作飾。）」岷案王謨本、畿輔本飾亦並誤節。羅録敦煌本愈作逾，與尚書大傳略說合。愈、逾古通。（大戴禮勸學篇、說苑建本篇，亦並作逾。）**故吴榦質勁，非筈羽而不美；**羅校敦煌本榦作竿，筈作括，無而字。下文「不銛」、「不成」上，亦並無而字。羅云：「刊本竿作榦，括作筈。『不美』上有而字。下『不銛』、『不成』上同。」舊合字本質作真。楊云：「羅校敦煌本、法藏敦煌本、道藏本、子彙本、程榮本、王謨本、畿輔本，真並作質。羅校敦煌本、法藏敦煌本、筈並作括。真字非是。貴言篇：『楚柘質勁』，句法與此同。帝範崇文篇：『質蘊吴竿，非筈羽不美。』注引此文亦作質。筈與括同。說苑建本篇：『子路曰：「南山有竹，弗揉自直；斬而射之，通於犀革，又何學爲乎？」孔子曰：「括而羽之，鏃而砥礪之，其入不益深乎？」』」王云：「記纂淵海六二引榦作竿，真作質。筈作栝，叔岷師云：『竿與榦通。栝疑栝之誤。筈與栝同，釋名：「矢末曰栝。」』」岷案榦字他本皆同。帝範崇文篇注引作竿，與敦煌本合。類纂本、百子本質字並同。真乃質之形誤。據袁註：「雖復端直，須要括羽鏃之也。」說雖不通，所見本筈蓋作括，與敦煌本合。本字作栝，說文：「桰，一曰矢桰。築弦處。」栝即桰之隸變。**越劒性利，非淬礪而不銛；人性譞惠，**岷案羅録敦煌本、程榮本、王謨本、畿輔本譞並作儇；類纂本作儇。儇，借字。譞、儇音、義同。說文：「譞，慧也。」「儇，慧也。」（方言亦云：「儇，慧也。」）「譞惠」爲複語，帝範注引此惠作慧，古通。說已詳前。**非積學而不成。沿淺以及深，披闇而覩明，不可以傳聞稱，**羅校敦煌本不作弗，稱作練。云：「刊本作『不可以傳聞稱。』」王重民云：「（巴黎敦煌本）練作稱。」岷案他本皆作「不可以傳聞稱。」練字義長，謂熟練也。漢書薛宣傳：「薦宣明習文法，練國制度。」顔注：「練猶熟也。言其詳熟。」非得以汎濫善也。夫還鄉者，心務見家，不可以一步至也；岷案羅録敦煌本「不可」上有而字。下文「不可以一讀能也。」「不可」上亦有而字。慕學者，情纏典素，不可以一讀能也。故爲山者，基於一簣之土，以成千丈之峭；岷案羅録敦煌本簣作匱。匱亦借爲簣。論語子罕篇：「譬如爲山，未成一簣。」（包咸注：「簣，土籠也。」）僞古文尚書旅獒：「爲山九仞，功虧一簣。」鑿井者，起於三寸之坎，以就萬仞之深。羅録敦煌本坎作埳。羅校敦煌本「萬仞」作「百刃」。云：「刊本『百刃』作『萬仞』。」岷案埳與坎同。他本「百刃」皆作「萬仞」，萬作百較長，仞、刃正、假字。靈珠如豆，不見其長，疊歲而大；鐃舌如指，不覺其損，累時而折。盧云：「（何允中本）鐃誤鐃。」羅校敦煌本鐃作鐸。云：「刊本鐸作鐃，案鐸有舌，鐃無舌，作鐃誤。」王重民云：「（巴黎敦煌本）鐸作鐃。」孫氏校釋改鐃爲鐸，云：「鐸，各本作鐃，今依唐卷子本。羅振玉云：『鐸有舌，鐃無舌，作鐃誤。』案周禮地官鼓人：『以金鐃止鼓。』注：『鐃如鈴，無舌，有秉。執而鳴之，以止擊鼓。』又『以金鐸通鼓。』注：『鐸，大鈴也。』淮南子説林訓高注：『金口木舌爲木鐸，金舌爲金鐸。』北堂書鈔一百二十一武功部引三禮圖：『鐸，今之鈴。其匡銅爲之。木舌爲木鐸，金舌爲金鐸。』王氏集解韓非子佚文云：『木鐸以聲自毁。』鹽鐵論利議篇云：『吴鐸以其舌自破。』皆與『鐸舌』之義合。若作鐃，則非其恉矣。」岷案程榮本、百子本鐃字並同；舊合字本、王謨本、畿輔本並作鐃，皆誤。羅、孫二氏並從敦煌本作鐸，是也。（孫氏所引三禮圖，又見御覽三三八。）懸巖滴溜，終能穴石；規車牽索，卒至斷軸。水非石之鑽，繩非木之鋸。然而斷、穴者，積漸之所成也。「終能穴石」，盧氏拾補據程榮本穴作穿，云：「藏作『穴石』，義雖相似，下云：『然而斷、穿者』，不若藏作『斷穴』，爲便於讀。」「積漸之所成也。」羅校敦煌本成作致。云：「刊本致作成。」王重民云：「（巴黎敦煌本）致作成。」楊云：「漢書枚乘傳：『泰山之霤穿石，單極之綆斷幹。水非石之鑽，索非木之鋸，（尸子有此二句。索作繩。）漸靡使之然也。』（又見説苑正諫篇。）」岷案「懸巖滴溜」，羅録敦煌本溜作霤，與漢書枚乘傳合。霤、溜正、假字。「終能穴石」，王謨本、畿輔本穴亦並作穿（下同），與漢書枚乘傳合。惟羅録敦煌本已作穴，（明陳耀文天中記九、喻林九一所引，及舊合本、子彙本、百子本皆作穴）則作穴乃本書之舊。作穿者，蓋後人據枚乘上諫吴王書所改耳。「積漸之所成也。」他本成字皆同。羅校敦煌本作致，與御覽引孔叢子合。御覽六百七引孔叢子：「山霤至軟，石爲之穿；蝎蟲至弱，木爲之弊。夫霤非石之鑽，蝎非木之鑿，然而能以微脆之形，陷堅剛之體，非積漸之致乎！」（又見記纂淵海六六，文小異。）**耳形完，而聽不聞者，聾也；目形全，而視不見者，盲也。**羅校敦煌本「聾也」、「盲也」，及下「不學也。」也，並作耶。云：「刊本作『聾也。』下『盲耶』、『不學耶』，同。」羅校敦煌本「目形全」，同。云：「刊本全作完。」楊云：「淮南泰族篇：『且聾者耳形具，而无能聞也。盲者目形存，而无能見也。』」岷案敦煌本也作耶，下文「性之蔽也」同。耶與也同義，説已詳前。「目形全」，子彙本全字同，羅氏失檢。**人性美，而不監道者，不學也。耳之初窒，目之始昧，必不恡百金，遭醫千里。人不涉學，猶心之聾盲，不知遠祈明師，以攻心術，性之蔽也！**

「遭醫千里」，羅校敦煌本作「而迎醫千里。」云：「刊本作『遭醫千里。』」「猶心之聾盲」下，羅校敦煌本有耶字。云：「刊本無耶字。」「不知遠祈明師」，王重民云：「（巴黎敦煌本）祈作蘄。」楊云：「羅校敦煌本、法藏敦煌本，遭並作迎。程榮本、王謨本、畿輔本，遭並作逆。敦煌本近古，當從之。淮南泰族篇：『故有瘖聾之病者，雖破家求醫，不顧其費。豈獨形骸有瘖聾哉！心志亦有之。心之塞也，莫知務通也，不明於類也。』」岷案「遭醫千里」，喻林九三引，及舊合字本、百子本遭字皆同。「猶心之聾盲」下，他本皆無耶字，敦煌本耶與也同。「不知遠祈明師」，巴黎敦煌本祈作蘄，祈、蘄正、假字。**故宣尼臨没，手不釋卷；**楊云：「論衡別通篇：『孔子病，商瞿卜期日中。孔子曰：「取書來。」比至日中何事乎？聖人之好學也，且死不休。』」岷案類纂本宣尼作仲尼。**仲舒垂卒，口不輟誦；**羅校敦煌本卒作喪。云：「刊本喪作卒。」王重民云：「（巴黎敦煌本）喪作亡。」楊云：「史記儒林董仲舒傳：『董仲舒，廣川人也。以治春秋，孝景時爲博士。下帷講誦，弟子傳以久次相受業，或莫見其面。蓋三年董仲舒不觀於舍園。其精如此。……疾免居家，至卒，終不治產業，以修學著書爲事。』」岷案卒字，他本皆同。楊氏引史記云云，又見漢書董仲舒傳。有子惡臥，自碎其掌。盧氏拾補碎作焠，云：「焠誤碎，事見荀子。」楊云：「碎，當作焠。荀子解蔽篇：『有子惡臥，而焠掌。』楊倞注：『焠，灼也。』桓範世要論：『有君好臥，讀書倦，則刾其掌。』（太平御覽三百七十及六百十一引。）」岷案羅録敦煌本、百子本碎並作焠。藝文類聚五五、御覽三百七十，引荀子掌上並有其字，與此文尤合。蘇生患睡，親錐其股。羅校敦煌本患作怨，云：「刊本怨作患。」楊云：「戰國策秦策一：『蘇秦夜發書，陳篋數十，得太公陰符之謀，伏而誦之，簡練以爲揣摩。讀書欲睡，引錐自刺其股，血流至足。』」岷案患字他本皆同。御覽六一一引史記：「蘇秦，洛陽人。與魏人張儀同師事鬼谷先生。讀書至睡，秦輒引錐刺股，血流至踝。」（今本史記蘇秦列傳無刺股流血之文。）以聖賢之性，猶好學无倦；矧伊傭人，盧云：「〔程榮本〕伊字脱。傭，同庸。」羅校敦煌本傭作庸。云：「刊本庸誤傭。」王重民云：「〔巴黎敦煌本〕伊作乎。」岷案類纂本、王謨本、畿輔本亦並脱伊字，傭並作庸。程榮本亦作庸。（舊合字本、百子本傭字並同。）傭、庸古本通用，惟此傭字，恐涉伊字而誤加人旁也。而可怠哉！

專學第六

王重民云：「〔巴黎敦煌本〕學作務。」

學者，出於心。楊云：「法藏敦煌本心下有也字。有也字較勝。荀子勸學篇：『君子之學也，入乎耳，箸乎心。』」岷案説苑説叢篇：「君子之學也。入於耳，藏於心。」心爲身之主，耳目候於外。羅校敦煌本於作其，云：「刊本其作於。」楊云：「羅校敦煌本、法藏敦煌本，於並作其。其字是。春秋元命苞：『耳者，心之候。』（玉函山房輯佚書。）」岷案於字，他本皆同。敦煌本作其，於與其同義，管子巨乘馬篇：「穀失於時，君之衡藉而無止。」元本、朱東光本於並作其，韓非子飾邪篇：「夫舍常法而從私欲，則臣下飾於智能。」意林引於作其，淮南説山篇：「夜之不能脩其歲也，夜在歲之中。」景宋本其作於，列子仲尼篇：「於外無難，故名不出其一家。」道藏白文本、林希逸本其並作於。皆其證。程榮本、王謨本、畿輔本外並作心，涉上下文心字而誤。天中記二二亦引春秋元命苞：「耳者，心之候。」若心不在學，則聽訟不聞，視簡不見。羅校敦煌本心上無若字，訟作諷。云：「刊本心上有若字，諷作訟。」王重民云：「〔巴黎敦煌本〕簡作瞻。」岷案他本心上皆有若字。舊合字本訟字同。程榮本、王謨本、畿輔本、百子本訟並作誦。誦、訟正、假字。諷與誦同義。説文：「誦，諷也。」「視簡」與「聽訟」對言，巴黎敦煌本簡作瞻，疑因視字聯想而誤。大學：「心不在焉，視而不見，聽而不聞。」如欲鍊業，羅校敦煌本作「而欲練業。」云：「刊本而作如。」岷案如字他本皆同。而與如同義。敦煌本往往以而爲如。鍊字他本皆同，練、鍊古通，説已詳前。必先正心，而後理義入焉。王重民云：「〔巴黎敦煌本〕正下有其字，『而後』作『然後』」。夫兩葉掩目，則冥默无覩；雙珠塡耳，必寂寞无聞。羅校敦煌本「塡耳」作「瑱耳」。「无聞」作「不聞」。云：「刊本瑱誤塡，不作无。」楊云：「鶡冠子天則篇：『一（金樓子雜記上篇作兩，是。）葉蔽目，不見泰山；兩豆塞耳，不聞雷霆。』」岷案塡字，他本同誤。説文：「瑱，以玉充耳也。」无字他本皆同，不與无同義。藝文類聚八五、景宋本白帖九、御覽十三、八四一、記纂淵海七二引鶡冠子「一葉蔽目」，一皆作兩。與此文合。葉作目蔽；珠爲耳鞕，二闕外擁，羅録敦煌本擁作壅。王重民云：「〔巴黎敦煌本〕壅作應。」岷案擁、壅古通。應字疑誤。視聽内隔，岷案聽、隔二字舊互誤，據各本乙正。固其宜也。盧云：「固，俗作故。」羅校敦煌本也作耶。云：「刊本耶作也。」岷案程榮本固作故。也字他本皆同。而離婁察秋毫之末，不聞雷霆之聲；季子聽清角之韻，不見嵩、岱之形。羅校敦煌本離婁上無而字，末作鋭，聲作響。云：「刊本離上有而字，響作聲。」楊云：「淮南俶真篇：『夫目察秋毫之末，耳不聞雷霆之聲；耳調金石之音，目不見太山之形。』（又見文子九守篇、説苑説叢篇。）離婁目明，見孟子（離婁上篇）、韓非子（觀行篇）、淮南子（原道篇）等書。季子，吴公子季札也。左襄二十九年傳，載其觀樂事。」王云：「記纂淵海五五引末作鋭，鋭亦有末義。」岷案他本離婁上皆有而字。末字、聲字皆同。淮南俶真篇：「耳聽白雪清角之聲。」高誘注：「清角，商聲也」；文選張平子南都賦注引許慎注：「清角，弦急其聲清也。」説苑雜言篇：「目察秋毫之末者，視不能見太山；耳聽清濁之調者，不聞雷霆之聲。」金樓子立言篇下：「夫目察秋毫，不見華、嶽；耳聽宫徵，不聞雷霆。」（楊氏引淮南俶真篇云云，不見於説苑説叢篇，楊氏失檢。）視不闕耳，而耳不見；聽不闕目，而目不聞者，何也？羅校敦煌本「不見」、「不聞」互易，也作耶。下文也字亦多作耶。云：「『而耳不聞』，刊本聞作見。『而耳不見者，何耶？』刊本見作聞，耶作也。」楊云：「羅校敦煌本作『視不闕耳，而耳不聞；聽不闕目，而目不見。』法藏敦煌本同。（餘本皆誤。）敦煌兩本極是。心溺秋毫，意入清角故也。是以心駐於目，必忘其耳，則聽不聞；心駐於耳，必遺其目，則視不見也。羅校敦煌本「則聽」、「則視」下，並有而字。云：「刊本無而字。」岷案他本皆脱兩而字。使左手畫方，右手畫圓，令一時俱成，雖執規矩之心，迴剟劂之手，而不能者，由心不兩用，則手不並運也。袁註：「剟，方刀也。劂，圓刀也。」一云：「『剟掇，是黄帝時律疾能走人也。』」「使左手畫方，右手畫圓」，羅録敦煌本作「使左手畫圓，右手圖方。」王重民云：「〔巴黎敦煌本〕作『使左手畫方，右手畫圓。』」「迴剟劂之手」，羅録敦煌本缺劂字。王重民云：「〔巴黎敦煌本」之上爲掇字。」「而不能者」，羅校敦煌本作「如不能得者。」云：「刊本作『而不能者。』」楊云：「韓非子功名篇：『故曰：「右手畫圓，左手畫方，不能兩成。」』（外儲説左下同。又見史記龜策傳。）孟子離婁上篇：『規、矩，方、員之至也。』説文：『剟，刊也。』廣雅釋器：『劂，刀也。』漢書揚雄傳上：『般、倕棄其剞劂兮。』顔注引應劭曰：『剞，曲刀也。厥，曲鑿也。』（他書多以『剞劂』或『剞剧』連文，與此異。）」岷案「使左手畫方，右手畫圓」，他本皆同。「迴剟劂之手，」巴黎敦煌本劂作掇，與註一云作掇合。舊合字本註掇作劂，與正文作劂合。他本正文皆作劂。若以「剟劂」或「剟掇」爲人名，則當作攫剟或攫掇，淮南人間篇：「黄帝亡其玄珠，使離朱、攫掇索之。」（今本有誤，詳王念孫雜志。）脩務篇：「攫掇之捷。」高誘注：「攫掇，黄帝時捷疾者也。」即此文袁註一説所本。（袁註「律疾」律當作捷。）「而不能者」，他本皆同，敦煌本而作如，同義。春秋繁露天道無二篇：「手不能二事，一手畫方，一手畫圓，莫能成。」金樓子立言篇下：「人莫能左畫方，右畫圓。」

弈秋，通國之善弈也。當弈之思，有吹笙過者，乍而聽之，則弈敗矣。楊云：「羅校敦煌本，思上無之字。法藏敦煌本同。程榮本『有吹笙過者』下，作『傾心聽之，將圍未圍之際，問以弈道，則不知也。』王謨本、畿輔本並同。敦煌兩本是，程本等則非。（蓋緣下文臆增。）孟子告子上篇：『弈秋，通國之善弈者也。』」岷案「當弈之思」，思，疑當作時。類纂本「有吹笙過者」下，作「傾心聽之，將屬未屬之際，問以弈道，則不知也。」亦非。

非弈道暴深，情有蹔闇，岷案天中記四三引蹔作暫。暫、蹔正、俗字。笙猾之也。羅校敦煌本作「笙猾之耶。」云：「刊本作『笙猾之也。』」岷案舊合字本猾亦作滑。餘本皆作「笙猾之也。」猾、滑古通。下文「鴻亂之也。」猾、亂互文。淮南原道篇：「不以人滑天，不以欲亂情。」滑、亂亦互文。

隸首，天下之善筭也。有鳴鴻過者，彎弧擬之，將發未發之間，問以三五，則不知也；非三五難筭，意有暴昧，鴻亂之也。「則不知也」，羅校敦煌本作「則不能知之。」云：「刊本之作也。」「非三五難筭」，羅校敦煌本五下有之字。羅云：「刊本無之字。」楊云：「世本：『隸首作數。』尸子：『鴻鵠在上，扞弓鞞弩以待之，若發、若否，問二五弗知；非二五之難計也，欲鴻之心亂之也。』（此文殘缺未全。）」岷案「天下之善筭也」下，類纂本有「當筭之推」四字，程榮本、王謨本、畿輔本並有「當筭之時」四字，蓋緣上文臆加。「彎弧擬之」，類纂本弧作弓。孟子告子上篇：「一心以爲有鴻鵠將至，思援弓繳而射之。」「則不知也」，他本（兼羅氏所據子彙本）皆同。「非三五難筭」，類纂本五下有之字，與敦煌本及尸子合。餘本皆脱之字。

弈秋之弈，羅校敦煌本弈秋上有以字。云：「刊本脱以字。」岷案他本皆脱以字。下文「以瞽、⿱龍黑之微」，與此有以字同例。

隸首之筭，窮微盡數，非有差也。然而心在筌、鴻，而弈敗、筭撓者，是心不專一，遊情外務也。岷案羅録敦煌本「外務」二字倒。

瞽無目，而耳不可以察，專於聽也；⿱龍黑无耳，而目不以聞，專於視也。「不可以察」，羅校敦煌本作「不可不察。」云：「刊本不誤以。」「而目不以聞」，羅校敦煌本作「而目不可不瞥。」云：「刊本作而目不以聞。」王重民云：「（巴黎敦煌本）瞥作聞。」「⿱龍黑无耳」，孫氏校釋據程榮本⿱龍黑作聾。云：「聾字，范本同。各本俱作⿱龍黑。唐卷子本作『瞽無目，而耳不可不察；⿱龍黑無耳，而目不可不瞥。』文義亦不順。今案古本劉子當作『瞽無目，而耳不可以察，專於聽也；⿱龍黑無耳，而目不可以瞥，專於視也。』淮南子説林訓云：『⿱龍黑無耳，而目不可以瞥，精於明也；瞽無目，而耳不可以察，精於聰也。』王念孫據文子校，謂瞥當作弊，察當作塞，其義甚確。此文即襲淮南子而誤者，宜據以訂正。又案⿱龍黑字，於義無取。疑字本作聾。許愼注泰族訓云：『蛟龍，⿱龍黽屬也。』⿱龍黽字，開元占經、史記龜策列傳集解，引許注並作龍，是龍、⿱龍黽混淆之例。今本淮南作⿱龍黽者，蓋聾字誤省作龍，又誤其字爲⿱龍黽耳。泰族訓下文云：『且聾者耳形具，而無能聞也；盲者目形存，而無能見也。』以聾對盲，是其例。若作⿱龍黽，則於文不類，且義不可通矣。（説林訓下文云：『蛇無足而行，魚無耳而聽，蟬無口而鳴。有然之者也。』義與此異。）程本改⿱龍黑爲聾，甚是；唯古本劉子相沿已久，故參互校定，使復其舊，而爲辨之如此。」岷案「瞽無目」上，類纂本有故字。「不可以察」，他本皆同。「⿱龍黑无耳」，羅校敦煌本、類纂本⿱龍黑並作⿱龍黽（下同），喻林九二引同。⿱龍黽、⿱龍黑正、俗字。王謨本、畿輔本⿱龍黑並作聾，蓋緣程本而改。「而目不以聞。」舊合字本、百子本並同。類纂本、程榮本、王謨本、畿輔本不下皆有可字，喻林引同。與上文一律。孫氏引淮南説林篇云云，即此文所本。竊疑此文當從羅校敦煌本作「瞽無目，而耳不可不察，專於聽也；⿱龍黽無耳，而目不可不瞥，專於視也。」羅校敦煌本兩也字本作耶，同。）蓋作者襲取淮南説林篇之文，而不知瞥、察二字爲獘、塞二字之誤。（王引之云：「獘與蔽通。」孫氏誤引之爲念孫，又誤獘爲弊。）乃改兩以字爲不字，以強通之耳。今各本兩不字皆作以，則又後人改淮南者也。巴黎敦煌本（不避唐諱）瞥作聞，雖較早，義亦較勝，然此文本於淮南，蓋原作瞥。

以瞽、鷩之微，而聽察聰明審者，用心一也。羅録敦煌本作「而聽察審、聰明能深者，是用心專一耶。」羅校云：「『是用心專一耶。』刊本作『用心一也。』」王重民云：「〔巴黎敦煌本〕此句作『而聽察聰明者，用心一也。』」孫云：「『審者』二字誤倒。原文當作『以瞽、聾之微，而聽察聰明者，審用心一也。』審猶誠也。廣韻十四清：『誠，審也。』大戴禮衞将軍文子篇云：『若吾子之語審茂，則一諸侯之相也。』言若吾子之語誠茂，則一諸侯之相也。吕氏春秋離俗覽爲欲篇云：『故古之聖王者，審順其天，而以行欲，則民無不令矣。』言誠順其天而以行欲，則民無不令也。漢書王商傳：『審有内亂殺人怨懟之端，宜窮意考問。』言誠有内亂殺人怨懟之端，宜窮意考問也。論衡祀義篇云：『未必有鬼神，審能歆享之也。』言未必有鬼神誠能歆享之也。又知實篇云：『匡人之圍孔子，孔子如審先知，當早易道以違其害。』言如誠先知，當早易道以遠其害也。今傳寫誤倒，而文遂不可讀。」岷案「而聽察聰明審者」，王謨本、畿輔本聽下並有視字，蓋臆加。「用心一也」，類纂本作「非用心之一哉！」餘本皆作「用心一也。」孫説與兩敦煌本皆不合。此當從巴黎敦煌本作「而聽察聰明者，用心一也」，文既較古，義亦較勝，審字乃衍文。

夫蟬之難取而黏之如掇；盧云：「『夫蟬之難取』，之字俗本脱。」「而黏之如掇。」羅校敦煌本作「如黏之而掇」，云：「刊本作『而黏之如掇。』」王重民云：「『如黏之而掇』，〔巴黎敦煌本〕如、而字互倒置。」楊云：「莊子達生篇：『仲尼適楚，出於林中，見痀僂者承蜩，（方言十一：『蟬，楚謂之蜩。』）猶掇之也。仲尼曰：「子巧乎！有道邪？」曰：「我有道也。五六月，累丸二而不墜，則失者錙銖；累三而不墜，則失者十一；累五而不墜，猶掇之也。……雖天地之大，萬物之多，而唯蜩翼之知。吾不反不側，不以萬物易蜩之翼，何爲而不得？」孔子顧謂弟子曰：「用志不分，乃凝於神，其痀僂丈人之謂乎？」』（又見列子黄帝篇。淮南説山篇：『孔子之見黏蟬者。』）」岷案「夫蟬之難取」，程榮本、王謨本、畿輔本並脱之字。「而黏之如掇。」他本皆同。羅校敦煌本而、如二字誤错，不足據。

卷耳易採，而不盈傾筐，專與不專也。盧云：「〔程榮本〕『專與不專也』五字脱。」楊云：「詩周南卷耳：『采采卷耳，不盈頃筐。』毛傳：『卷耳，苓耳也。頃筐，畚屬，易盈之器也。』荀子解蔽篇：『頃筐，易滿也。卷耳，易得也，然而不可以貳周行。故曰：心枝則無知，傾則不精，貳則疑惑。以贊稽之，萬物可兼知也。身盡其故則美。類不可兩也，故知者擇一而壹焉。」」岷案王謨本、畿輔本亦並脱「專與不專也」五字。是故學者，必精勤專心，岷案「精勤專心」，類纂本作「專勤精思」。以入於神。若心不在學，而强諷誦，雖入於耳，而不諦於心。譬若聾者之歌，效人爲之，无以自樂。雖出於口，則越散矣。「而强諷誦」，羅校敦煌本誦下有「之者」二字。云：「刊本無『之者』二字。」「效人爲之」，羅録敦煌本效作教。王重民云：「(巴黎敦煌本)教作效。」「則越散矣。」羅校敦煌本矣下有也字。云：「刊本無也字。」王重民云：「(巴黎敦煌本)『矣也』作『者矣』」，楊云：「淮南原道篇：『夫内不開於中，而强學問者，不入於耳，而不著於心；此何以異於聾者之歌也，效人爲之，而無以自樂也。聲出於口，則越而散矣』」岷案「而强諷誦」，(舊合字本諷誤調。)他本皆同。誦下當依羅校敦煌本補「之者」二字。「而不諦於心」，羅録敦煌本諦作締，締、諦正、假字。締，與淮南作著義近。「效人爲之」，他本皆同，羅録敦煌本效作教，教疑斆之誤，斆與效同。「則越散矣」，今各本皆同。羅校敦煌本矣下有也字，非。當從巴黎敦煌本作「則越散者矣。」又案楊氏引淮南：「不入於耳，而不著於心。」義不可通，昔年寫淮南子斠證時，疑上不字爲雖之誤，此文本於淮南，正作「雖入於耳」，則前説爲不虚矣。

卷之二

辯樂第七 岷案羅録敦煌本辯作辨，古通。

樂者，天地之聲，中和之紀，人情之所不能免也。「天地之聲」，羅校敦煌本聲作齊。云：「刊本齊作聲。」楊云：「羅校敦煌本、法藏敦煌本，聲並作齊。齊字是。荀子樂論篇：『故樂者，天地之大齊也，中和之紀也，人情之所必不免也。』（又見禮記樂記，齊作命。史記樂書作齊。）」岷案聲字，他本皆同。蓋後人妄改。禮記樂記鄭注：「紀，總要之名也。」史記樂書：「故樂者，天地之齊，中和之紀，人情之所不能免也。」與此文全同。此文蓋直本於史記。人心喜則笑，笑則樂；樂則口欲歌之，手欲鼓之，足欲舞之。「人心喜則笑」，羅校敦煌本作「人心憘，憘則笑。」云：「『憘則笑』，刊本無憘字。」羅録敦煌本作「人心喜，喜則笑。」王重民云：「〔巴黎敦煌本〕喜作憘，不疊。」楊云：「禮記樂記：『故歌之爲言也，長言之也。說之，故言之；言之不足，故長言之；長言之不足，故嗟歎之；嗟歎之不足，故不知手之舞之，足之蹈之也。』」岷案「人心喜則笑」，他本皆同。羅校敦煌本作「人心憘，憘則笑。」憘、喜古通，惟誤疊憘字。舊合字本笑並作咲，俗。楊氏引樂記云云，又見史記樂書。淮南本經篇：「凡人之性，心和欲得則樂；樂斯動，動斯蹈，蹈斯蕩，蕩斯歌，歌斯舞。」歌之，舞之，容發於音聲，形發於動靜，而入於至道。音聲動靜，性術之變，盡於此矣。羅校敦煌本無「歌之，舞之」四字。云：「刊本有『歌之，舞之』四字」「而入於至道」，羅校敦煌本作「而入至道者。」云：「刊本作『而入於至道。』」孫云：「自起至『盡於此矣。』皆就人情立論，與至道無涉。『而入於至道』，當作『人之道也』。禮記樂記云：『樂必發於聲音，形於動靜，人之道也。（史記樂書作『人道也。』荀子樂論篇作『而人之道』，屬下爲句，亦誤。當據正。）聲音動靜，性術之變，盡於此矣。』即此文所本。」楊云：「羅校敦煌本、法藏敦煌本，並無『歌之，舞之』四字。『歌之，舞之』四字，當據敦煌兩本删。樂論篇：『樂則必發於聲音，形於動靜，而人之道。聲音動靜，性術之變，盡是矣。』（又見禮記樂記、史記樂書。）」岷案「歌之，舞之」四字，他本皆同，蓋後人妄加。「而入於至道」，他本皆同。羅校敦煌本作「而入至道者」，屬下爲句。「入至道」，與下文「盡於此矣。」義亦相因。此蓋作者有意更改禮記、荀子、史記之文。不必强同。（荀子作「而人之道。」而猶乃也，屬上爲句，孫氏未達。）故人不能無樂，樂則不能無形，形則不能無道，道則不能無亂。先王惡其亂也，故制雅樂以道之，使其聲足樂而不淫，使其音調倫而不詭，使其曲繁省而廉均，是以感人之善惡，不使放心邪氣，是先王立樂之情也。盧云：「『使其音調倫而不詭。』倫，俗誤輪。」「故制雅樂以道之」，羅校敦煌本作「故制爲雅聲以導之。」云：「刊本聲作樂，導作道。」使其音調倫而不詭，羅校敦煌本作「使其音倫理而不謉。」云：「刊本作『使其音調淪而不詭。』」羅録敦煌本作「使其音倫理而不愧。」王重民云：「（巴黎敦煌本）音下有和字，理字衍，愧作詭。」「是以感人之善惡」，羅校敦煌本「是以」作足。云：「刊本足，誤作『是以。』」「不使放心邪氣」，王重民云：「（巴黎敦煌本）氣下有『得接焉』三字。」孫云：「『形則不能無道，道則不能無亂。』句有誤。當作『形而不爲道，則不能無亂。』荀子樂論、禮記樂記、史記樂書俱作『形而不爲道，則不能無亂。』是其證。禮記孔疏云：『歌舞不節，俾晝作夜，是不依道理，既不爲道理。不能無淫亂之事，以至於亡也。』」「是以感人之善惡」，孫氏從羅校敦煌本改是爲足，云：「惡當作心，荀子樂論、禮記樂記、史記樂書，俱作『足以感動人之善心。』」楊云：「荀子樂論篇：『故人不能無樂，樂則不能無形。形而不爲道，則不能無亂。先王惡其亂也，故制雅頌之聲以道之，使其聲足以樂而流；使其文足以辨而不諰；使其曲直、繁省、廉肉、節奏，足以感動人之善心；使夫邪汙之氣，無由得接焉。是先王立樂之方也。』（又見禮記樂記、史記樂書。）」岷案「形則不能無道，道則不能無亂。」今各本皆同。孫氏據荀子、禮記、史記定作「形而不爲道，則不能無亂。」是也。羅録敦煌本作「形而不能爲道。道則不能無亂。」但衍一能字，及誤疊一道字耳。「故制雅樂以道之。」他本（兼羅氏所據字彙本）皆同。羅校敦煌本樂作聲，疑涉下文聲字而誤。據袁註：「先王惡其亂，則制雅樂以道之。」是所見本原作樂。羅校敦煌本道作導，導、道正、假字。「使其音調倫而不詭。」（巴黎敦煌本調作和，義同。）舊合字本、子彙本、百子本皆同。羅氏謂子彙本倫作淪，失檢。王謨本、畿輔本倫並作輪，蓋臆改。袁註：「詭，詐也。」所見本詭字與巴黎敦煌本及今各本合。羅録敦煌本詭作愧，校記所出敦煌本作謉。愧蓋謉之誤。謉又諰之誤，荀子作諰，可證。諰借爲息。禮記、史記並作息。（參看郝懿行荀子補注。）「使其曲繁省而廉均。」袁註：「繁，多也。省，減也。廉，少也。」繁、省對文，而猶與也。廉、均亦對文，説文：「均，平偏也。」（偏與少正相對。）「是以感人之善惡，」他本皆誤，孫氏定作「足以感人之善心」，是也。「不使放心邪氣」，文意不完，氣下當據巴黎敦煌本補「得接焉」三字。禮記、史記並有「得接焉」三字。荀子作「使夫邪汙之氣，無由得接焉。」亦可證此有脱文。

五帝殊時，不相沿樂；三王異世，不相襲禮。

羅校敦煌本世作代。云：「刊本代作世。」王重民云：「（巴黎敦煌本）代作世。」楊云：「樂記：『五帝殊時，不相沿樂；三王異世，不相襲禮。』（樂書同。）」岷案「三王異世，」他本皆同。

各像勳德，應時之變。

岷案羅録敦煌本「像勳」作「象勛。」象、像古、今字。勛，古文勳字。

故黃帝樂曰雲門，顓頊曰五莖，帝嚳曰六英，堯曰咸池，舜曰簫韶，禹曰大夏，湯曰大濩，武曰大武，此八樂之所以異名也。

「帝嚳曰六英。」盧云：「（程榮本）帝字脱。」「武曰大武。」舊合字本曰作王。「此八樂之所以異名也。」羅校敦煌本作「此八代之樂所以異名也。」云：「刊本脱樂字。」楊云：「羅校敦煌本、法藏敦煌本，末句並作『此八代之樂所以異名也』，法藏敦煌本武王下有曰字。敦煌兩本並是。漢書禮樂志：『黃帝作咸池，顓頊作六莖，帝嚳作五英，堯作大章，舜作招，禹作夏，湯作濩，武王作武。武，言以功定天下也；濩，言救民也；夏，大。承二帝也；招，繼堯也；大章，章之也；五英，英華茂也；六莖，及根莖也；咸池，備矣。』（白虎通禮樂篇引禮記略同。）樂緯：『黃帝曰咸池，帝嚳曰六英，顓項曰五莖，堯作大章，舜曰簫韶，禹曰大夏，商曰大濩，周曰大武象。』（樂記正義引。）周禮春官宗伯下大司樂：『舞雲門、大卷。』鄭注：『黃帝曰雲門、大卷。黃帝能成名萬物，以明民共財。言其德如雲之所出，民得以有族類。』樂記：『咸池，備矣。』鄭注：『黃帝所作樂名也。堯增修而用之。』」岷案「顓頊曰五莖」，羅録敦煌本莖作筮，俗誤。（莖，俗作茎，因誤爲筮耳。）吕氏春秋察傳篇：「楚莊聞孫叔敖於沈尹筮」，贊能篇作沈尹莖，亦莖、筮相亂之例。「帝嚳曰六英」，類纂本、王謨本、畿輔本皆脱帝字。「湯曰大濩」，羅録敦煌本濩作護，古通。（程榮本、畿輔本並有注云：「濩，護也」）吕氏春秋古樂篇亦作大護。「武曰大武」，羅録敦煌本、類纂本、子彙本、程榮本、王謨本、畿輔本、百子本皆同。「此八樂之所以異名也。」今各本皆同。羅氏所據子彙本亦同，羅氏校語有誤。楊氏所引樂緯，又見御覽五六六，大濩作大護，與羅録敦煌本此文合。

先王聞五聲，播八音，羅録敦煌本聞作開。王重民云：「〔巴黎敦煌本〕開作闡。」楊云：「羅校敦煌本聞作開，法藏敦煌本作闡。開（蓋聞之誤）、闡、聞三字並誤，當作文。周禮大司樂：『凡六樂者，文之以五聲，播之以八音。』又大師：『掌六律、六同，以合陰陽之聲……皆文之以五聲：宫、商、角、徵、羽。皆播之以八音：金、石、土、革、絲、木、匏、竹。』」岷案程榮本、畿輔本並有注云：「聞當作文。」蓋即楊説所本。據巴黎敦煌本作闡推之，則羅録敦煌本作開，似不誤。闡、開義近，（與下句播字，義亦相近。）今各本皆作聞，蓋開之形誤。古人用書，往往有所改易，此雖本於周禮，不必强同。

非苟欲愉心滿耳，聽其鏗鏘而已。楊云：「樂記：『君子之聽音，非聽其鏗鏘而已也。』」岷案樂記云云，又見樂書、説苑修文篇。（樂書鏘作鎗。鎗、鏘正、俗字。）王謨本、畿輔本「滿耳」並作「娱耳。」蓋臆改。

將順天地之體，成萬物之性，協律吕之情，和陰陽之氣，調八風之韻，通九歌之分。楊云：「法藏敦煌本將下有以字。有以字較勝。阮籍樂論：『昔者聖人之作樂也，將以順天地之性，體萬物之生也。故定天地八方之音，以迎陰陽八風之聲；均黄鍾中和之律，開羣生萬物之氣。』律、吕，見吕氏春秋音律篇、史記律書、漢書律曆志上。八風，見吕氏春秋有始覽、淮南天文篇、墜形篇、白虎通八風篇。九歌，見左文七年傳、書僞大禹謨、漢書禮樂志顔注。」岷案八風，又見左隱五年傳正義引服虔注及易緯通卦驗、説文。

奏之圓丘，則神明降；用之方澤，則幽祇昇。「則幽祇昇」，羅校敦煌本則作而。云：「刊本而作則。」楊云：「『神明』二字當乙，與下『幽祇』對。（經籍中多有『明神』之文。）周禮大司樂：『凡樂圜鍾爲宫……冬日至，於地上之圜丘奏之；若樂六變，則天神皆降，可得而禮矣。凡樂函鍾爲宫……夏日至，於澤中之方丘奏之；若樂八變，則地示皆出，可得而禮矣。』樂論：『奏之圜丘，而天神下；奏之方岳，而地祇上。』」岷案類纂本、程榮本、王謨本、畿輔本「圓丘」並作「圜丘」（與周禮及樂論合），同。「神明」二字，自羅録敦煌本以下皆然，不必强乙。「則幽祇昇」，他本則字皆同。擊拊球石，即百獸率舞；樂終九成，則瑞禽翔。楊云：「羅校敦煌本、法藏敦煌本，並無率字。無率字，與下『則瑞禽翔』句儷，書舜典：『夔曰：「予擊石拊石，百獸率舞。」』益稷：『簫韶九成，鳳皇來儀。』」岷案「即百獸率舞」，羅録敦煌本即作而；類纂本、程榮本、王謨本、畿輔本皆作則，而、即、則，並同義。率字乃後人據舜典妄加。楊氏從敦煌本，是也。「則瑞禽翔」，類纂本翔上有翱字，蓋不知上文本無率字，而臆加翱字以與相儷耳。上能感動天地；下則移風易俗。楊云：「孝經廣要道章：『移風易俗，莫善於樂。』」此德音之音，雅樂之情，盛德之樂也。羅校敦煌本作「此德音盛德之樂也。」云：「刊本作『此德音之音，雅樂之情，盛德之樂也。』」王重民云：「〔巴黎敦煌本〕『德音』下有『之音』二字。」岷案舊合字本、程榮本、王謨本、畿輔本、百子本皆作「此德音之音，雅樂之情，盛德之樂也。」類纂本作「此德順之音，雅樂之情，盛世之聲也。」據巴黎敦煌本，則此文蓋本作「此德音之音，盛德之樂也。」「雅樂之情」四字，疑後人據下文所加。類纂本云云，愈非此文之舊矣。明王既泯，風俗凌遲，岷案羅録敦煌本泯作滅，凌作陵。泯、滅同義。凌、陵古通。舊合字本亦作陵。雅樂殘廢，而溺音競興，王重民云：「〔巴黎敦煌本〕『溺音』作『淫聲』。」楊云：「樂記：『……今君之所好者，其溺音乎？』文侯曰：『敢問溺音何從出也？』子夏對曰：『鄭聲好淫，淫志；宋音燕女，溺志；衛音趨數，煩志；齊音敖辟，喬志。此四者，皆淫於色而害於德，是以祭祀弗用也。』」岷案羅録敦煌本、子彙本競並作兢，同義。説文：「兢，競也。」故夏甲作破斧之歌，始爲東音；四庫提要云：「文心雕龍樂府篇稱『夏甲歎於東陽，東音以發。』此書辨樂篇稱『夏甲作破斧之歌，始爲東音。』與勰説合。」羅校敦煌本「故夏甲」作「夏孔甲。」云：「刊本作『故夏甲。』」羅録敦煌本音作陰。王重民云：「〔巴黎敦煌本〕陰作音。」楊云：「呂氏春秋音初篇：『夏后氏孔甲，田于東陽萯山，天大風晦盲，孔甲迷惑，入於民室，主人方乳。或曰：「后來，是良日也。之子是必大吉。」或曰：「不勝也。之子是必有殃。」后乃取其子以歸。曰：「以爲余子，誰敢殃之？」子長成人，幕動坼橑，斧斫斬其足，遂爲守門者。孔甲曰：「嗚呼！有疾，命矣夫！」乃作爲破斧之歌，實始爲東音。』」岷案「故夏甲」，舊合字本、字彙本、程榮本、王謨本、畿輔本、百子本皆同。類纂本作「故太甲」，誤。音字他本皆同，羅録敦煌本作陰，陰亦借爲音。楊氏引吕氏春秋云云，又見本書命相篇，御覽五七一引陳釋智匠古今樂録。略見論衡書虚篇、指瑞篇、金樓子雜記篇下。殷辛作靡靡之樂，始爲北聲。楊云：「史記樂書：『紂爲朝歌北鄙之音。』」岷案史記殷本紀謂帝紂「使師涓作新淫聲，北里之舞，靡靡之樂。」淮南原道篇高誘注亦云：「紂使師涓作鄙邑靡靡之樂。」（「鄙邑」二字衍。）惟師涓當作師延，韓非子十過篇載晉平公聽師涓鼓新聲，師曠曰：「此師延之所作，與紂爲靡靡之樂也。」（又見史記樂書，論衡紀妖篇。）鄭、衛之俗好淫，故有溱、洧、桑中之曲；楚、越之俗好勇，則有赴湯蹈火之歌。各詠其所好，歌其所欲，作之者哀，聽之者泣。「鄭、衛之俗好淫」，羅校敦煌本無好字，淫作婬，下文「楚、越之俗好勇」，亦無好字。云：「刊本俗下有好字，下『楚、越之俗勇』，同。」「赴湯蹈火」，羅校敦煌本湯作水。云：「刊本水作湯。」「各詠其所好，歌其所欲。」羅校敦煌本各上有然字。云：「刊本各上無然字，歌上有各字。」「作之者哀，聽之者泣。」羅校敦煌本哀下有歎字，泣上有泫字。云：「刊本無歎、泫二字。」楊云：「羅校敦煌本、法藏敦煌本，湯並作水。哀下有歎字，泣上有泫字。敦煌兩本並是。樂論：『楚、越之風好勇，故其俗輕死；鄭、衛之風好淫，故其俗輕蕩。輕死，故有蹈火赴水之歌；輕蕩，故有桑間、濮上之曲。各歌其所好，各詠其所欲，爲之者流涕，聞之者歎息。』」岷案「好淫」、「好勇」，他本皆同。羅校敦煌本淫作婬，下文「不淫則悲，淫則亂男女之辯。」亦並作婬。婬，淫正、假字。「故有溱、洧、桑中之曲。」程榮本、畿輔本並有注云：「溱、洧，二水名。桑中，淫荒之地。鄭、衛公室淫亂，化被人間（被，舊誤殺），男女奔淫野合。溱洧詩云：『溱與洧，方渙渙兮。士與女，方秉蕑兮。女曰：「觀乎？」士曰：「既且。」「且往觀乎？」』桑中詩云：『期我乎桑中，要我乎上宮，送我乎淇之上矣。』鄭國尤甚。」此較道藏本、舊合字本袁註爲詳。「楚、越之俗好勇，則有赴湯蹈火之歌。」湯字他本皆同。楊氏從敦煌本作水，與樂論合，是也。楚、越疑當作吴、越，景宋本御覽五六五引樂論作吴、楚，吴字不誤，惟越又誤爲楚。韓非子内儲説上：「故越王將復吴而試其教，燔臺而鼓之，使人赴火者，賞在火也；臨江而鼓之，使人赴水者，賞在水也。」吕氏春秋用民篇：「句踐試其民於寢宮，民爭入水火，死者千餘矣。遽擊金而卻之。」（又見論衡率性篇、本書閱武篇。墨子兼愛中、兼愛下，亦有類此之文。）史記孫子列傳，載孫武以兵法教吴王闔盧宫人，既而孫子使使報王曰：「兵既整齊，王可試下觀之，唯王所欲用之，雖赴水火猶可也。」（又見吴越春秋闔閭内傳。）本書閱武篇：「吴王宫人，教之戰陣，約之法令，廻還進退，盡中規矩，雖蹈水火而不顧者，非其性勇而氣剛，教習之所成也。」凡此，並可證楚、越當作吴、越。（袁註：「楚王好勇，放火燒焚甘泉宫，令士卒救火如戰陣，有功者賞，無功者罰，士卒以泥塗身，爭救火，被燒殺三千餘人。」乃妄以越王爲楚王，詳韓非子内儲説上篇。）「各詠其所好，歌其所欲。」舊合字本、子彙本、百子本並同。羅氏謂子彙本歌上有各字，失檢。程榮本、王謨本、畿輔本詠並作咏，同。類纂本歌作言，非。「作之者哀，聽之者泣。」他本皆同。由心之所感，則形於聲；聲之所感，必流於心。楊云：「樂記：『凡音之起，由人心生也；人心之動，物使之然也。感於物而動，故形於聲。』（樂書同。）」岷案樂記云云，又見説苑修文篇。呂氏春秋音初篇：「凡音者，産乎人心者也。感於心，則蕩乎音。」故哀樂之心感，則燋殺嘽緩之聲應；王重民云：「（巴黎敦煌本）緩作媛。」楊云：「燋，當作噍。樂記：『是故其哀心感者，其聲噍以殺；其樂心感者，其聲嘽以緩。』（樂書同。）」岷案巴黎敦煌本緩作媛。蓋形誤。楊氏引樂記云云，又見説苑修文篇。樂記鄭注：「噍，踧也，嘽，寬綽貌。」（孔疏：「噍，踧急也。」）樂書索隱本噍作焦。燋、焦、噍，古並通用。濮上之音作，則淫泆邪放之志生。袁註：「紂王無道，樂師抱琴投濮水而死，衛國樂人名師涓，從濮水過，聞濮水上有樂聲，乃聽而取之。至晉，乃作此樂。晉國樂師名師曠，啟王曰：『此是濮水上樂，是亡國之音。』後乃廢不用也。」楊云：「樂記：『桑間、濮上，亡國之音出。』又『流辟、邪散、狄成、滌濫之音作，而民淫亂。』（樂書並同。）」岷案袁註（「啟王」，王謂晉平公。「亡國之音」，音，舊誤樂。據程榮本、畿輔本正。）云云，詳韓非子十過篇，史記樂書、論衡紀妖篇，又見後漢書陳元傳注引桓譚新論。楊氏引樂記云云，又見説苑修文篇。呂氏春秋音初篇：「流辟、誂越、慆濫之音出，則滔蕩之氣、邪慢之心感矣。」故延年造傾城之歌，漢武思靡嫚之色；楊云：「見漢書外戚傳上。樂論：『延年造傾城之歌，孝武思嫷嫚之色。』淮南原道篇高注：『靡曼，美色也。』」岷案漢書外戚傳上：「孝武李夫人，本以倡進。初，夫人兄延年，性知音，善歌舞，武帝愛之。每爲新聲變曲，聞者莫不感動。延年侍上起舞，歌曰：『北方有佳人，絶世而獨立。一顧傾人城，再顧傾人國，寧不知傾城與傾國，佳人難再得！』上嘆息曰：『善！世豈有此人乎？』平陽主因言延年有女弟，上乃召見之。實妙麗善舞，由是得幸。」**雍門作松柏之聲，齊湣願未寒之服；**盧云：「〔程榮本〕湣誤泯。」羅校敦煌本「之服」作「而服。」云：「刊本而作之。」王重民云：「〔巴黎敦煌本〕而作之。」孫氏校釋從羅校敦煌本作「而服。」云：「事與文義皆未詳。舊注云：『雍門樂人者，齊人也。爲齊王彈秋風入松柏曲，聲極慘悽，奏曲之時，王寒思著纊服也。』不知所以，恐因文附會。竊疑『濟泯願未寒而服』，當作『齊民願未戰而服。』齊策云：『齊王建入朝於秦，雍門司馬前曰：「所爲立王者，爲社稷耶？爲王立王耶？」王曰：「爲社稷。」司馬曰：「爲社稷立王，王何以去社稷而入秦？」齊王還車而反。秦使陳馳誘齊王内之，約與五百里之地，齊王遂入秦，處之共松柏之間，餓而死。先是，齊爲之歌曰：「松耶柏耶？住建共者客耶？」』齊世家云：『齊王聽相后勝計，不戰，以兵降秦。秦虜王建遷之共。齊人怨王建不蚤與諸侯合縱攻秦，聽姦臣賓客以亡其國，歌之曰：「松耶柏耶？住建共者客耶？」疾建用客之不詳也。』劉子此文，蓋兼采國策、世家而約取其義，又誤以歌屬之雍門司馬耳。齊有雍門子以哭見孟嘗君，見淮南子覽冥訓、繆稱訓、説苑善説篇、漢書中山靖王傳，當與此無涉。」楊云：「樂論：『雍門作松柏之音，愍王念未寒之服。』」岷案王謨本、畿輔本湣並作泯；樂論作愍，湣、泯、愍，古通用。羅校敦煌本「之服」作「而服」。之猶而也。（詳吴昌瑩經詞衍釋九。）孫氏疑「齊泯願未寒而服」，當作「齊民願未戰而服。」然樂論已作「愍王念未寒之服」，則其事蓋有所本，當俟再考。（孫氏引齊世家云云，見田敬仲完世家。又略見風俗通義皇霸篇。）**荆軻入秦，宋意擊筑，歌於易水之上，聞者瞋目，髮直穿冠；**袁註：「荆軻，衛人也。往秦與太子燕丹報仇，欲殺秦王，去至易水上，太子送之，與其執別。宋如意爲擊筑，荆軻拔劍起舞而歌曰：『風蕭蕭兮易水寒，壯士一去兮不復還。』感得白虹爲之貫日。殺秦王不得，荆軻身死於秦宫，遂再不得還也。」羅録敦煌本「穿冠」作「衝冠。」孫云：「『髮直穿冠』，直，當依淮南子太族訓作植，植猶立也。高注淮南子原道訓、俶真訓並云：『植，立也。』吕氏春秋孝行覽必己篇云：『孟賁髮植目裂鬢指。』淮南子人閒訓云：『瞋目植睹。』文選西京賦：『植髮如竿。』養生論：『植髮衝冠。』赭白馬賦：『垂稍植髮。』並作植，是其例。又穿字襲淮南而誤，甚爲無義。當爲突字之誤。廣雅釋詁：『衝，揆也。』淮南子氾論訓：『隆衝以攻。』高注：『衝，所以臨敵城衝突壞之。』是衝、突義同。『髮直突冠』，猶『髮直衝冠』也。文選養生論注引淮南太族訓文作『髮植衝冠』，燕策作『髮盡上衝冠，』平津本燕丹子作『髮怒衝冠』，唐卷子本劉子作『髮直衝冠。』其明證矣。」楊云：「淮南泰族篇：『荆軻西刺秦王，高漸離、宋意爲擊筑，而歌於易水之上，聞者莫不瞋目裂眦，髮植穿冠。』（荆軻事見史記刺客列傳。）」岷案淮南泰族篇許慎注：「高漸離、宋意，皆太子丹之客也。筑曲，二十一弦。易水，燕之南水也。」燕策三、史記刺客列傳載荆軻事，皆不及宋意（即袁註宋如意）。御覽四三七引莊子：「田光答太子曰：『竊觀太子客，無可用者。夏扶血勇之人，怒而面赤；宋意（舊誤臆）脈勇之人，怒而面青；武陽骨勇之人，怒而面白；光所知，荆軻神勇之人，怒而色不變。』」（史記刺客列傳正義、意林、天中記二七並引燕丹子，亦有此文。）意林、御覽五七二引燕丹子：「高漸離擊筑，宋意和之。」藝文類聚四四、初學記十六並引宋玉笛賦：「宋意將送荆卿于易水之上。」文選雜歌序云：「荆軻歌，宋如意和之。」水經注十一：「高漸離擊筑，宋如意和之。」陶靖節集詠荆軻詩：「漸離擊悲筑，宋意唱高聲。」藝文類聚五五引陳周弘直賦得荆軻詩：「匕首光陵日，長虹氣燭天。留言與宋意，悲歌非自憐。」咸涉及宋意，與淮南及此文合。（參看梁玉繩史記志疑三一。）袁註所稱「白虹爲之貫日」，與周弘直詩合；亦不見於燕策及史記刺客列傳。史記鄒陽列傳：「昔者荆軻慕燕丹之義，白虹貫日，太子畏之。」集解引如淳曰：「列士傳曰：『荆軻發後，太子自相氣，見虹貫日不徹，曰：「吾事不成矣！」後聞軻死，事不立，曰：「吾知其然也！」』」（文選鄒陽獄中上書自明一首李善注，亦引列士傳此文。）論衡感虛篇：「傳書言荆軻爲燕太子謀刺秦王，白虹貫日。」並有「白虹貫日」之説，亦與此袁註合。「髮直穿冠」，直字羅録敦煌本以下皆同。淮南作植，植、直正、假字；金樓子立言篇下：「燕田光、鞠武俱往候荆軻，軻在席擊筑而歌，莫不髮上穿冠。」與此作『穿冠』同。穿與突同義，左襄二十五年傳：「宵突陳城。」杜注：「突，穿也。」是其證，孫氏謂直當作植，穿當爲突之誤，並非。

趙王遷於房陵，心懷故鄉，作山水之謳，聽者嗚咽，泣涕流連。

盧氏拾補據程榮本「山水」作「山木。」云：「木誤水。」楊云：「『水』，當作木。淮南泰族篇：『趙王遷流於房陵，（趙幽繆王名遷，見史記趙世家。孔昭云：『遷於房陵，與江淹恨賦同，皆誤讀淮南王書，以「遷流」二字連貫成文，又刪流字，是其疏矣。』）思故鄉，作爲山木（原作水，誤與此同。依王念孫雜志改。）之嘔，聞者莫不殞涕。」岷案畿輔本亦作「山木。」據袁註：「其歌曰：『山有木兮木有枝，心思君兮君豈知！』」是所見正文本作「山木」。惟此歌乃越人歌，詳説苑善説篇（下句思作説，豈作不。又見書鈔一三八引新序），與趙王無涉，袁氏蓋妄爲附會耳。敦煌本「泣涕」作「涕泣」。又案文選江文通恨賦注引淮南高誘（當作許慎）注：「秦滅趙，虜王遷，徙房陵。房陵在漢中，山木之嘔，歌曲也。」（劉文典淮南鴻烈集解亦引此注。）

此皆淫泆、悽愴、憤厲、哀思之聲，非理性、和情、德音之樂也。桓帝聽楚琴，慷慨歎息，悲酸傷心，曰：「善哉！爲琴若此，豈非樂乎？」夫樂者，聲樂而心和，所以非爲樂也。今則聲哀而心悲，灑淚而歔欷，是以悲爲樂也，若以悲爲樂，亦何樂之有哉！

「善哉！爲琴若此，豈非樂乎？」羅録敦煌本哉下有也字。王重民云：「（巴黎敦煌本）也作乎，非作不，乎作哉。」楊云：「樂論：『桓帝聞楚琴，悽愴傷心，倚扆而悲，慷慨長息，曰：「善哉乎！爲琴若此，一而已足矣。」夫是謂以悲爲樂者也。誠以悲爲樂，則天下何樂之有？』（東觀漢紀帝紀三：『桓帝好音樂，善琴笙。』）」岷案羅録敦煌本哉下有也字，巴黎敦煌本有乎字，也猶乎也。樂論亦有乎字。「豈非樂乎？」巴黎敦煌本非作不，乎作哉，義同。「所以非爲樂也」，羅録敦煌本作「不以悲爲樂也。」與下文「是以悲爲樂也。」對言，是也。不誤爲所，悲壞爲非，則不可通矣。子彙本、百子本並作「所以爲樂也。」刪非字以强通之；王謨本作「所以和爲樂也。」改非爲和以强通之，並非此文之舊。

今怨思之聲，施於管絃，聽其音者，不淫則悲，淫則亂男女之辯，悲則感怨思之聲，豈所謂樂哉？

盧云：「『今怨思之聲，』（程榮本）怨誤悲。『聽其音者』，其字脱。」「淫則亂男女之辯」，羅校敦煌本辯作辨。云：「刊本辨誤辯。」「豈所謂樂哉？」羅校敦煌本作「怨思之別，豈所謂樂之哉？」云：「刊本無上句，樂下無之字。」楊云：「淮南泰族篇：『今取怨思之聲，施於管絃，聞其音者，不淫則悲；淫則亂男女之辯，悲則感怨思之氣，豈所謂樂哉？』」岷案「今怨思之聲」，王謨本、畿輔本怨亦並誤悲。「聽其音者」，王謨本、畿輔本亦並脱其字。「淫則亂男女之辯」，程榮本、王謨本、畿輔本辯字皆同。舊合字本、百子本並作辨，與敦煌本合。辨、辯古通，説已詳前。「豈所謂樂哉？」他本皆同。敦煌本豈上有「怨思之別」四字，文不成義，蓋誤衍；樂下有之字，亦涉上文而衍。故姧聲感人，而逆氣應之，逆氣成象，而淫樂興焉；正聲感人，而順氣應之，順氣成象，而和樂興焉。楊云：「樂記：『凡姦聲感人，而逆氣應之，逆氣成象，而淫樂興焉；正聲感人，而順氣應之，順氣成象，而和樂興焉。』（史記樂書同。荀子樂論篇小異。）」岷案樂論云云，又見説苑修文篇。「而和樂興焉」下，類纂本有「君子慎其所以感者」八字，疑臆加。樂不和順，則氣有蓄滯；岷案羅録敦煌本蓄作畜，下同，古通。氣有蓄滯，則有悖逆詐僞之心，淫泆妄作之事。楊云：「樂記：『於是有悖逆詐僞之心，有淫泆作亂之事。』（樂書同。）」是以姧聲亂色，不留聰明；淫樂慝禮，不接心術。楊云：「樂記：『姦聲亂色，不留聰明，淫樂慝禮，不接心術。』（樂書同。）」岷案羅録敦煌本慝作匿，古通。説苑修文篇：「姦聲亂色，不習於聽；淫樂慝禮，不接心術。」使人心和而不亂者，雅樂之情也。故爲詩頌以宣其志，鍾鼓以節其耳，羽旄以制其目；聽之者不傾，視之者不邪。耳目不傾不邪，則邪音不入；邪音不入，則情性内和；情性内和，然後乃爲樂也。羅校敦煌本「樂也」作「樂矣。」云：「刊本矣作也。」楊云：「樂論：『歌詠詩曲，將以宣平和，著不逮也。鍾鼓所以節耳，羽旄所以制目；聽之者不傾，視之者不衰。耳目不傾不衰，則風俗移易。故移風易俗，莫善于樂也。』」岷案「樂也。」他本也字皆同；敦煌本作矣，矣與也同義。楊氏引樂論「視之者不衰。耳目不傾不衰」，兩衰字並衺之形誤，本書作邪，邪與衺同。

履信第八

信者，行之基；行者，人之本。羅校敦煌本本下有也字。云：「刊本無也字。」岷案他本皆無也字。人非行無以成，行非信無以立，故信之行於人，羅校敦煌本作「故行之於人」，云：「刊本作『故信之行於人。』誤。」楊云：「『行之於人』，與下『信之於行』相儷，敦煌本是也。帝範求賢篇注引作『故信行之於人』，雖衍信字與今本同，然『行之』二字尚未到也。」岷案他本皆誤作「故信之行於人。」譬濟之須舟也；岷案舊合字本譬作辟，古通。信之於行，猶舟之待檝也。岷案羅録敦煌本檝作楫，下同。楫、檝正、俗字。將涉大川，非舟何以濟之；欲泛方舟，岷案羅録敦煌本泛作汎，同。非檝何以行之。今人雖欲爲善，而不知立行，猶無舟而濟川也；雖欲立行，羅校敦煌本作「知欲脩行。」云：「刊本作『雖欲立行。』」王重民云：「『知欲脩行』，〔巴黎敦煌本〕脩作立。」岷案此當從巴黎敦煌本作「知欲立行」，緊承上文「而不知立行」而言。今各本皆作「雖欲立行」，雖字涉上文「雖欲爲善」而誤。而不知立信，猶無檝而行舟也。是適郢者，而首冥山，背道愈遠矣。袁註：「郢土在南，冥山在北。」盧云：「者，俗作土。」羅校敦煌本無者字。首下有向字。云：「刊本作『是適郢者，而首冥山。』」王重民云：「〔巴黎敦煌本〕向字缺。」楊云：「莊子天運篇：『夫南行者，至於郢，北面而不見冥山，是何也？則去之遠也。』」岷案「是適郢者，而首冥山，」舊合字本、百子本及喻林七九引並同。程榮本、王謨本、畿輔本者並作土，據註：「郢土在南」，似袁氏所見本作土。羅録敦煌本愈作逾，古通。自古皆有死，人非信不立。羅校敦煌本無有、人二字，云：「刊本作『自古皆有死，人非信不立。』」楊云：「論語顔淵篇：『自古皆有死，民無信不立。』」岷案他本皆作「自古皆有死，人非信不立。」敦煌本無有、人二字，文意不完，蓋誤脱。故豚魚著，信之所及也。孫云：「著，疑當作者。」楊氏斠注著字屬下爲句，云：「易中孚：『彖曰：「豚魚，吉。」信及豚魚也。』」岷案著字屬下爲句，不詞。著疑吉之誤，易文可證，否則信字當疊，蓋本作「故豚魚著信，信之所及也。」古書疊字，往往誤脱。**允哉斯言，非信不成。**羅校敦煌本作「允矣哉，言非信不成。」羅云：「刊本作『允哉斯言，非信不成。』」孫云：「文與上下文皆不相屬。吕氏春秋貴信篇：『故周書曰：「允哉允哉，以言非信，則百事不滿也。」高注：「周書，逸周書也。滿猶成。」』疑劉子此文本與吕覽同，今本經傳寫脱誤，遂不可讀。」岷案他本皆作「允哉斯言，非信不成。」當從敦煌本作「允矣哉，言非信不成。」與上下文意相屬，與周書云云，義亦相符。**齊桓不背曹劌之盟，**楊云：「公羊莊十三年：『公會齊侯盟于柯。……莊公升壇，曹子手劍而從之。管子進曰：「君何求乎？」曹子曰：「城壞壓竟，君不圖與？」管子曰：「然則君將何求？」曹子曰：「願請汶陽之田。」管子顧曰：「君許諾。」桓公曰：「諾。」曹子請盟。桓公下與之盟。……桓公之信著乎天下，自柯之盟始焉。』」岷案事又詳管子大匡篇、吕氏春秋貴信篇（劌作翽，御覽四百三十引作劌，同）、史記刺客列傳（劌作沫，亦同）、新序雜事第四。**晉文不棄伐原之誓，**楊云：「左僖二十五年傳：『冬，晉侯圍原，命三日之糧。原不降，命去之。諜出，曰：「原將降矣。」軍吏曰：「請待之。」公曰：「信，國之寶也，民之所庇也。得原失信，何以庇之？所亡滋多。」退一舍，而原降。』」岷案事又詳晉語、韓非子外儲説左上、吕氏春秋爲欲篇、淮南道應篇、新序雜事第四。**吴起不虧移轅之賞，**羅校敦煌本虧作愆。云：「刊本愆作虧。」羅録敦煌本「移轅」作「後轅」。王重民云：「（巴黎敦煌本）『後轅』作『移表』。」楊云：「韓非子內儲説上：『吴起爲魏武侯西河之守，秦有小亭臨境，吴起欲收之。不去，則甚害田者；去之，則不足以徵甲兵。於是乃倚一車轅於北門之外，而令之曰：「有能徙此南門之外者，賜之上田上宅。」人莫之徙也。及有徙之者，遂賜之如令。』（吕氏春秋慎小篇文小異。）」岷案虧字今各本皆同，敦煌本作愆，愆、虧義近。吕氏春秋慎小篇：「吴起治西河。欲諭其信於民，夜日，置表於南門之外，令於邑中曰：『明日有人能僨南門之外表者（高注：「僨，僵也。」），仕長大夫。』明日，日晏矣，莫有僨表者。民相謂曰：『此必不信。』有一人曰：『試往僨表，不得賞而已，何傷？』往僨表，來謁吴起，吴起自見而出，仕之長大夫。」巴黎敦煌本此文作「移表」，與吕氏春秋合。羅録敦煌本作「後轅」，後疑徙之誤。魏侯不乖虞人之期。袁註：「虞人，掌山澤之官也。」楊云：「戰國策魏策一：『文侯與虞人期獵，是日，飲酒樂，天雨，文侯將出，左右曰：「今日飲酒樂，天又雨，公將焉之？」文侯曰：「吾與虞人期獵，雖樂，豈可不一會期哉！」乃往，身自罷之。魏於是乎始强。』」岷案事又見韓非子外儲說左上。用能德光於宇宙，名流於古今，不朽者也！羅校敦煌本「名流」下無「於古今」三字。云：「刊本作『名流於古今不朽者也。』」岷案他本皆作「名流於古今不朽者也。」「德光於宇宙，名流於古今」，相對爲文，敦煌本蓋誤脱三字也。故春之得風，風不信，則花蕚不茂，花蕚不茂，則發生之德廢；夏之得炎，炎不信，則卉木不長，卉木不長，則長嬴之德廢；秋之得雨，雨不信，則百穀不實，百穀不實，則收成之德廢；冬之得寒，寒不信，則水土不堅，水土不堅，則安靜之德廢。以天地之靈，氣候不信，四時猶廢，而況於人乎？盧云：「『炎不信，則卉木不長。』卉，俗作草，下同。『氣候不信，』（程榮本）候字脱。」「則發生之德廢」，舊合字本發作養，羅校敦煌本廢下有矣字。下文「則長嬴之德廢」，「則收成之德廢」，「則安靜之德廢。」羅校敦煌本廢下亦並有矣字。云：「刊本無矣字，下『則長嬴之德廢矣』，『則收成之德廢矣』，『則安靜之德廢矣。』同。」王重民云：「『則收成之德廢矣。』（巴黎敦煌本）『收成』作『方盛。』」「以天地之靈，氣候不信」，羅校敦煌本以下有夫字，氣上有而字。云：「刊本無夫、而二字。」楊云：「羅校敦煌本、法藏敦煌本，四得字並作德，羅校敦煌本、法藏敦煌本、道藏本、子彙本、程榮本、王謨本、畿輔本、養並作發。德、發二字並是。從化篇：『冬之德陰，而有寒炎蕭丘；夏之德陽，而有霜霰。』詞例與此正同。廣博物志四引得作德。養作發。是董氏所見本尚未誤也。呂氏春秋貴信篇：『春之德風，風不信，其華不盛，華不盛，則果實不生；夏之德暑，暑不信，其土不肥，土不肥，則長遂不精；秋之德雨，雨不信，其穀不堅，穀不堅，則五種不成；冬之德寒，寒不信，其地不剛，地不剛，則凍閉不開（此句有誤。岷案孫詒讓札迻云：「開當爲闕，即密之叚字。」）。天地之大，四時之化，而猶不能以不信成物，又況乎人事？』」岷案「則發生之德廢」，發字百子本及喻林七九引並同。廢下他本皆無矣字（喻林引同），下同。「炎不信，則卉木不長。」程榮本、王謨本、畿輔本卉並作草。「以天地之靈，氣候不信」，舊合字本、百子本，及喻林引並同。王謨本、畿輔本並脱侯字。昔齊攻魯，求其岑鼎，魯侯僞獻他鼎而請盟焉。齊侯不信，「使柳季云是，則請受之。」魯使柳季，柳季曰：「君以鼎爲國；信者亦臣之國。今欲破臣之國，全君之國，臣所難也。」乃獻岑鼎。「齊侯不信」下，羅校敦煌本有曰字。云：「刊本脱曰字」，「魯使柳季」，羅校敦煌本作「魯人使之柳季。」羅云：「刊本作『魯使柳季。』」「君以鼎爲國」，羅校敦煌本爲作危。云：「刊本危作爲。」王重民云：「(巴黎敦煌本)危作『季免』二字」，「今欲破臣之國」，羅校敦煌本作「今若詭言破臣之國。」云：「刊本作『今欲破臣之國。』」王重民云：「(巴黎敦煌本)無『今若詭言』四字。」「乃獻岑鼎。」羅校敦煌本獻作貢。云：「刊本貢作獻。」楊云：「羅校敦煌本、法藏敦煌本『齊侯不信』下，並有曰字，曰字實不可少。呂氏春秋審己篇：『齊攻魯，求岑鼎。魯君載他鼎以往。齊侯弗信，而反之，爲非。使人告魯侯曰：「柳下季以爲是，請因受之。」魯君請於柳下季，柳下季答曰：「君之賂以欲岑鼎也，以免國也；臣亦有國於此，破臣之國以免君之國，此臣之所難也。」於是魯君乃以真岑鼎往也。』新序節士篇同。韓非子説林下『岑鼎』作『讒鼎』，(岑、讒聲相通轉。)又屬之樂正子春，蓋傳聞之異。」岷案「齊侯不信」下，他本皆脱曰字。「魯使柳季」，他本皆同。羅校敦煌本使上有人字，是也；使下有之字，不詞，蓋涉上文「受之」字而衍。「君以鼎爲國」，他本皆同。羅校敦煌本爲作危，危乃免之誤，呂氏春秋作「君之賂以欲岑鼎也，以免國也。」(欲字乃賂字之異文而竄入者。)新序節士篇作「君之欲以爲岑鼎也，以免國也。」並其證。巴黎敦煌本作「君以鼎季免國。」免字不誤。惟免上涉上文柳季而衍季字。「今欲破臣之國」，他本皆同。羅校敦煌本作「今若詭言破臣之國」，文意較長。「乃獻岑鼎。」他本皆同。小邾射以邑奔魯，魯：「使季路要我，君無盟矣。」乃使子路，子路辭焉。季孫謂之曰：「千乘之國，不信其盟，而信子之一言，子何辱焉？」子路曰：「彼不臣而濟其言，是不義也。」由不能矣。」「魯：『使季路要我，君無盟矣。』」盧氏拾補改魯爲曰，改君爲吾，云：「曰誤魯，吾誤君。」羅校敦煌本魯正作曰，君正作吾。云：「刊本脱曰字，吾作君。」「是不義也」，羅校敦煌本作「是義之也。」云：「刊本作『是不義也。』」孫云：「『是不義也』，唐卷子本作『是義之也。』與哀十四年傳同。唐本近古，又與傳合，要以唐本爲是。」楊云：「羅校敦煌本、法藏敦煌本，次魯字並作曰，君作吾。『是不義也』，作『是義之也。』（子彙本君亦作吾。）敦煌兩本並是。左哀十四年傳：『小邾射以句繹來奔，曰：「使季路要我，君無盟矣。」使子路，子路辭，季康子使冉有謂之曰：「千乘之國，不信其盟，而信子之言，子何辱焉？」對曰：「魯有事於小邾，不敢問故，死其城下，可也。彼不臣而濟其言，是義之也。由弗能。」』」岷案「魯：『使季路要我，君無盟矣。』」今各本皆同。魯，當從敦煌本作曰，涉上魯字而誤。（子彙本曰亦誤魯，羅氏謂脱曰字，失檢。）君，當從敦煌本作吾，形近而誤。（子彙本吾亦誤君。楊氏謂作吾，失檢。）「是不義也」，他本皆同，並非。夫柳季、季路，魯之匹夫，立信於衡門，楊云：「詩陳風衡門毛傳：『衡門，横木爲門。言淺陋也。』」而聲馳於天下，岷案舊合字本「聲馳」二字倒。「馳聲」與上「立信」相對。故齊、邾不信千乘之盟，而重二子之言，羅校敦煌本「之言」作「一言。」羅云：「刊本一作之。」岷案他本皆作之。信之爲德，豈不大哉！秦孝公使商鞅攻魏，魏遣公子昂逆而拒之。鞅謂昂曰：「昔鞅與公子善，今俱爲兩國將，不忍相攻，願一飲讌，以休二師。」公子許焉，遂與之會。鞅伏甲虜之，擊破魏軍。及惠王即位，疑其行詐，遂車裂於市。「昔鞅與公子善，」羅校敦煌本無鞅字。云：「刊本昔下有鞅字。」王重民云：「〔巴黎敦煌本〕與上有鞅字。」「今俱爲兩國將，」羅録敦煌本兩作二。王重民云：「〔巴黎敦煌本〕二作兩。」「鞅伏甲虜之」，羅校敦煌本作「鞅伏鉀而虜公子。」云：「刊本作『鞅伏甲虜之。』」王重民云：「〔巴黎敦煌本〕作『鞅伏甲虜之。』」「遂車裂於市」，羅校敦煌本裂下有鞅字。云：「刊本無鞅字。」楊云：「事具史記本傳（卷六十八），及吕氏春秋無義篇。（惠王疑其行詐，史記無，吕子有。）又按國策秦策三、秦本紀、論衡禍虚篇、淮南人間篇許注，昂，並作卬。（史記商君傳及吕子亦並作卬，與孔昭異。）」岷案「逆而拒之」，羅録敦煌本拒作距，古通。「昔鞅與公子善」，他本皆同，羅校敦煌本無鞅字，非。史記作「吾始與公子驩」，彼稱吾，猶此稱鞅也。「不忍相攻」、「以休二師。」程榮本、王謨本、畿輔本並脱相、以二字。「鞅伏甲虜之。」他本皆同。羅校敦煌本甲作鉀，俗；「虜之」作「虜公子」較長，吕氏春秋作「取公子卬」，史記作「襲虜魏公子卬。」皆稱「公子。」「遂車裂於市。」他本皆同。夫商鞅，秦之柱臣。盧云：「柱，俗作貴。」羅校敦煌本作「夫鞅者，强秦之柱臣。」云：「刊本作『夫商鞅，秦之柱臣。』」岷案舊合字本、百子本亦並作「夫商鞅，秦之柱臣。」程榮本、王謨本、畿輔本柱並作貴。名重於海內，貪詐僞之小功，失誠信之大義，羅録敦煌本「失誠信」作「棄成信。」王重民云：「〔巴黎敦煌本〕成作誠。」岷案誠字他本皆同，成亦借爲誠。一爲不信，終身見尤，盧云：「〔程榮本〕見字脱。」岷案畿輔本亦脱見字。王謨本見作取。卒至屠滅，爲天下笑。羅校敦煌本作「乃至屠滅，爲天下所笑也。」云：「刊本乃作卒，『爲天下所笑也』，作『爲天下笑。』」王重民云：「〔巴黎敦煌本〕乃作卒，所字、也字並缺。」岷案他本卒字皆同，所字、也字亦並缺。無信之弊，豈不重乎？羅校敦煌本「無信之弊」上有「嗚呼」二字，下有「一至於此」四字。云：「刊本無『嗚呼』二字及『一至於此』句。『豈不重乎？』刊本乎作哉。」楊云：「羅校敦煌本、法藏敦煌本，『無信之弊』上，並有『嗚呼』二字，下有『一至於此』一句。」岷案他本皆脱「嗚呼」及「一至於此」六字。「豈不重乎？」百子本乎亦作哉。故言必如言，信之符也。羅校敦煌本作「是故言必而信，信之府也。」云：「刊本作『故言必如言』，府作符。」王重民云：「〔巴黎敦煌本〕無是字，而作如，府作符。」岷案他本皆作「故言必如言，信之符也。」而、如同義。説已見前。府、符古通，漢書司馬遷傳：「修身者，智之府也。」文選司馬子長報任少卿書府作符，文子九守篇守平：「通内外之符者，不可誘以勢。」宋張君房雲笈七籤九一引符作府，下德篇：「謂之天府。」文選班孟堅答賓戲注引府作符，皆其證。同言而信，信在言前；同教而行，誠在言外。「信在言前」，羅校敦煌本作「則信在言前也。」（羅録敦煌本脱「則信」二字。）云：「刊本作『信在言前』。」「誠在言外」，羅校敦煌本作「則誠在言外耶。」云：「刊本作『誠在言外。』」舊合字本誠作信，楊云：「羅校敦煌本、法藏敦煌本，末信字並作誠，餘本同。」誠字是。子思子累德篇：（據後漢書宣秉王良傳論章懷注引如此）『同言而信，則信在言前；同令而行，則誠在令外。』淮南繆稱篇、文子精誠篇文同。（意林一引子思子文有異。）」岷案「信在言前。」他本皆同。「誠在言外」，程榮本、王謨本、畿輔本、百子本並同。御覽四百三十引子思子作「同言而信，信在言前；同令而化。化在令外」，（意林引無兩同字。）顏氏家訓序致篇：「同言而信，信其所親；同命而行，行其所服。」君子知誠信之爲貴，羅校敦煌本貴下有也字，云：「刊本無也字。」岷案他本皆無也字。必忱信而行。羅録敦煌本忱作抗。王重民云：「『必抗信而行，』（巴黎敦煌本）行上有後字。」岷案抗字是，今各本皆誤忱。指麾動靜，不失其符。羅校敦煌本符作所。云：「刊本所作符。」王重民云：「（巴黎敦煌本）所作符。」岷案符字他本皆同，作所，疑由下文以字聯想而誤。以施教則立，以蒞事則正，羅校敦煌本作「以施化則立，以莅政則治。」云：「刊本化作教，政作事。」王重民云：「『以莅政則治。』（巴黎敦煌本）政作事，治作正。」岷案今各本皆作「以施教則立，以蒞事則正。」蒞與莅同。子彙本蒞、正二字，與羅校敦煌本作莅、治亦異，羅説未備。以懷遠則附，以賞罰則明。由此而言，信之爲行，其德大矣。羅録敦煌本信、行二字誤錯。王重民云：「（巴黎敦煌本）作『信之爲行其大矣。』」岷案今各本皆作「信之爲行，其德大矣。」巴黎敦煌本蓋脱德字。

思順第九

盧云：「順，俗作慎。」岷案王謨本順作慎。

七緯順度，以光天象；袁註：「天象：五星如連珠，日月似合璧。」岷案袁氏蓋以日月五星爲七緯。淮南本經篇：「日月淑清而揚光，五星循軌而不失其行。」正「七緯順度」之象也。五性順理，以成人行。行、象爲美，美于順也；夫人爲失，失在于逆。羅校敦煌本作「度、理爲失，失於逆也。」云：「刊本作『夫人爲失，失在於逆。』」岷案敦煌本是也。程榮本、王謨本、畿輔本、百子本皆作「夫人爲失，失在于逆。」與上文不相應，義亦不可通。舊合字本「人爲」二字倒，亦非。故七緯逆，則天象變；五性逆，則人道敗。變而不生災；岷案羅録敦煌本、舊合字本災並作灾，喻林二十引作菑，並古字通用。敗而不傷行者，未之有也。山海爭水，水必歸海；非海求之，其勢順也。楊云：「慎子：『海與山爭水，海必得之。』（意林二及御覽四百九十六引。）呂氏春秋審己篇：『水出於山，而走於海；非水惡山而欲海也，高下使之然也。』」岷案慎子云云，御覽四九六未引之，楊氏失檢。蹇利東南，就土順也；不利東北，登山逆也。焦循易話下：「劉子思順篇云：『蹇利西南，就土順也；不利東北，登山逆也。』此以『西南』指坤，『東北』指艮。就土則順，登山爲逆，與易義合。」（此則蒙陳槃庵兄檢示。）楊云：「法藏敦煌本、子彙本、王謨本、畿輔本，『東南』皆作『西南』，西字是，易蹇：『蹇利西南，不利東北。』王弼注：『西南，地也；東北，山也。』」岷案百子本亦作「西南。」子彙本作「東南」，楊氏失檢。是以去濕就燥，火之勢也；違高從下，水之性也。楊云：「易乾：『文言：「水流濕，火就燥。」』孟子告子上篇：『人性之善也，猶水之就下也。人無有不善，水無有不下。』」岷案舊合字本「是以」作「是故。」今導泉向澗，則爲易下之流；激波陵山，岷案程榮本、王謨本、畿輔本陵並誤陸。必成難昇之勢。水之無情，猶知違逆趣順，矧人心乎？故忠孝仁義，德之順也；悖傲無禮，德之逆也。順者，福之門；逆者，禍之府。由是觀之，逆性之難，順性之易，斷可識矣。今使孟說引牛之尾，尾斷臏裂，不行十步；若環桑之條，以貫其鼻，縻以尋綯，被髮童子騎而策之，風于廣澤，恣情所趣。何者？十步之行，非遠於廣澤；被髮之童，非勇於孟說，然而近不及遠，强不如弱者，逆之與順也。「非遠於廣澤」，盧云：「〔何允中本〕遠誤達。」「然而近不及遠。」舊合字本及作如。楊云：「法藏敦煌本『如遠』作『及遠。』餘本同。及字是。呂氏春秋重己篇：『使烏獲疾引牛尾，尾絶力勯，而牛不可行，逆也；使五尺竪子引其棬，而牛恣所以之，順也。』淮南主術篇：『今使烏獲、藉蕃從後牽牛尾，尾絶而不從者，逆也；若指之桑條以貫其鼻，則五尺童子牽而周四海者，順也。』史記秦本紀：『武王有力，好戲，力士任鄙、烏獲、孟說，皆至大官。』廣雅釋器：『綯，索也。』說文：『尋，八尺也。』」岷案「尾斷臏裂」，臏乃俗髕字，说文：「髕，厀耑也。」謂膝蓋骨。「恣情所趣」，類纂本趣作趨，古通。「非遠於廣澤」，王謨本遠亦誤達。司馬蒯聵，天下之攻擊劍者也。令提劍鋒而掉劍𦙌，必刎其指，而不能以陷腐木，而況金甲乎？若提其𦙌而掉其鋒，雖則凡夫，可以陸斬犀象，水截蛟龍矣。「天下之攻擊劍者也。」盧云：「攻同工。〔程榮本〕擊字脱。」楊云：「史記自序：『自司馬氏去周適晉。分散或在衛，或在趙。……在趙者，以傳劍論顯。』淮南主術篇：『故握劍鋒，雖以北宫子、司馬蒯蕢，不使應敵；操其𦙌，招其末，則庸人能以制勝。』文選王褒聖主得賢臣頌：『水斷蛟龍，陸剸犀革。』」岷案「天下之攻擊劍者也。」類纂本、王謨本、畿輔本亦並無擊字，蓋不知攻與工同而妄删之也。「令提劍鋒而掉劍𦙌」，淮南主術篇高誘注：「𦙌，劍拊。」「雖則凡夫」，舊合字本雖則二字倒。淮南脩務篇：「則水斷龍舟，陸剸犀甲。」本書知人篇：「雖未陸斬玄犀，水截蛟龍。」又案楊氏引史記自序「以傳劍論顯」下，尚有「蒯聵其後也」句，亦當引之。又見漢書司馬遷傳。順理而行，若執劍𦙌；逆情而動，如執劍鋒。欲無傷手，其可得乎？岷案「欲無傷手」，傅增湘藏園羣書題記卷三所跋明鈔本手作也。類纂本、程榮本、王謨本、畿輔本手皆作乎，下並無「其可得乎」四字，蓋由手誤爲乎，（舊合字本手正誤乎。）因妄删下四字耳。后稷雖善播植，不能使禾稼冬生，逆天時也；禹善治水，鑿山穴川，不能迴水西流，逆地勢也。盧云：「『后稷雖善播植』，（程榮本）雖字脱。『鑿山穴川』，（程榮本）山字脱。」孫云：「『鑿山穴川』，穴讀爲決。吕氏春秋季夏紀明理篇：『其日有鬭蝕，有倍僪。』漢書天文志：『暈適背穴。』僪作穴。莊子天下篇：『倍僪不同。』釋文引崔云：『譎，決也。』史記司馬相如列傳云：『酆、鄗、潦、潏。』郭璞音決。索隱引姚氏云：『今名沈水。』小顔注漢書云：『沈爲作泬。』穴、決聲近，故得假借也。」楊云：「淮南主術篇：『禹決江疏河，以爲天下興利，而不能使水西流；稷辟土墾草，以爲百姓力農，然不能使禾冬生。豈其人事不至哉？其勢不可也。』（泰族篇略同。）」岷案「后稷雖善播植，」類纂本、王謨本、畿輔本亦並脱雖字。「鑿山穴川」，類纂本、王謨本、畿輔本亦並脱山字。人雖才藝卓絶，不能悖理成行，逆人道也。故循理處情，雖愚惷可以立名；盧氏拾補惷作惷，云：「從程本。」岷案類纂本「循理」作「順理」，循猶順也。畿輔本、百子本惷亦並作惷。王謨本作蠢，（舊合字本此字模糊。）説文：「惷，愚也。」惷、蠢與惷，古多通用。類纂本作俗，非。反道爲務，雖爲賢哲猶有禍害。岷案類纂本、程榮本、王謨本、畿輔本雖下皆無爲字，疑涉上爲字而衍。「雖賢哲猶有禍害」，與上文「雖愚惷可以立名。」相儷。君子如能忠孝仁義，履信、思順，自天祐之，吉無不利也。楊云：「易大有：『上九：自天祐之，吉無不利也。』」

慎獨第十

善者，行之總，不可斯須離；可離，非善也。楊云：「禮記中庸：『道也者，不可須臾離也；可離，非道也。』」人之須善，猶首之須冠，足之待履。首不加冠，是越類也；行不躡履，是夷民也。岷案本書隨時篇：「貨章甫者，不造閩、越；銜赤舄者，不入跣狹。知俗不宜也。」參看彼文集證。今處顯而修善，在隱而爲非，是清旦冠履，而昏夜倮跣也。荃蓀孤植，不以巖隱而歇其芳；石泉潛流，不以澗幽而不清；人在暗密，豈以隱翳而迴操？楊云：「淮南説山篇：『蘭生幽谷，不爲莫服而不芳；舟在江海，不爲莫乘而不浮；君子行義，不爲莫知而止休。』王逸楚辭離騷注：『荃，香草也。』抽思注：『蓀，香草也。』」岷案荀子宥坐篇：「芷蘭生於深林，非以無人而不芳。」文子上德篇：「蘭芷不爲莫服而不芳；舟浮江海，不爲莫乘而沈；君子行道，不爲莫知而止。」是以戒慎目所不覩，恐懼耳所不聞。楊云：「禮記中庸：『是故君子戒慎乎其所不睹，恐懼乎其所不聞。』」岷案中庸云云，又見金樓子戒子篇。居室如見賓，入虛如有人。岷案論語顔淵篇：「出門如見大賓。」困學紀聞五儀禮類引高彦先謹獨銘：「其出户如見賓，其入虛如有人。」故蘧瑗不以昏行變節；楊云：「列女傳仁智篇衞靈夫人傳：『靈公與夫人夜坐，聞車聲轔轔，至闕而止；過闕，復有聲。公問夫人曰：「知此謂（與爲同）誰？」夫人曰：「此蘧伯玉也。」公曰：「何以知之？」夫人曰：「妾聞禮下公門式路馬，所以廣敬也。夫忠臣與孝子，不爲昭昭變節，不爲冥冥惰行。蘧伯玉，衞之賢大夫也。仁而有智，敬於事上，此其人必不以闇昧廢禮，是以知之。」公使視之，果伯玉也。』」岷案類纂本、程榮本、王謨本、畿輔本、百子本蘧並作蘧，是也。（楊氏引列女傳「不爲昭昭變節」，御覽四百二引變作信，於義爲長。）顔回不以夜浴改容。楊云：「法藏敦煌本同作淵，按以鄙名、心隱、命相三篇例之，當以敦煌本爲是。抱朴子譏惑篇：『顔生整儀於宵浴。』（此事他書不經見。）唐子：『君子不以昏行易操。不以夜昧易容。』（意林五引）。」句踐拘於石室，君臣之禮不替；楊云：「吴越春秋句踐入臣外傳：『吴王知范蠡不可得而臣，謂曰：「子既不移其志，吾復置子於石室之中。」……吴王登臺遠望，見越王及夫人、范蠡，坐於馬糞之旁，君臣之禮存，夫婦之儀具。』」冀缺耕於坰野，夫婦之敬不虧。盧氏拾補改坰爲垌，云：「垌誤坰。」楊云：「左僖三十三年傳：『初，臼季使過冀，見冀缺耨，其妻饁之，敬，相待如賓。』」岷案類纂本、畿輔本、百子本坰並作垌。冀缺事，又見國語晉語，御覽四百二引韓詩外傳。斯皆慎乎隱微，楊云：「禮記中庸：『莫見乎隱，莫顯乎微，故君子慎其獨也。』」岷案中庸云云，又見金樓子戒子篇。枕善而居，孫云：「枕當讀爲忱，説文：『忱，誠也。』」岷案枕字義勝，無煩假借。不以視之不見而移其心，聽之不聞而變其情也。楊云：「中庸：『視之而弗見，聽之而弗聞。』」謂天蓋高而聽甚卑，楊云：「詩小雅正月：『謂天蓋高，不敢不跼。』呂氏春秋制樂篇：『天之處高而聽卑。』」岷案淮南道應篇、新序雜事四：「天之處高而聽卑。」（論衡變虚篇聽作耳。）蜀志秦宓傳：「天處高而聽卑。」謂日蓋遠而照甚近，謂神蓋幽而察甚明。岷案子彙本、百子本，「蓋遠」、「蓋幽」蓋並作甚。喻林八一引同。詩云：「相在爾室，尚不媿於屋漏。無曰不顯，莫予云覯！」楊云：「詩大雅抑文。毛傳：『西北隅謂之屋漏。』鄭箋：『相，助；顯，明也。諸侯、卿大夫助祭在女宗廟之室，尚無肅敬之心，不慚媿於屋漏，有神見人之爲也。女無謂是幽昧不明，無見我者！神見女矣！』」岷案百子本媿作愧。暗昧之事，未有幽而不顯；昏惑之行，無有隱而不彰。脩操於明，行悖於幽，以人不知。若人不知，則鬼神知之；鬼神不知，則己知之。楊云：「後漢書楊震傳：『震曰：「天知，神知，我知，子知，何謂無知？」』」而云不知，是盜鍾掩耳之智也。楊云：「呂氏春秋自知篇：『范氏之亡也，百姓有得（得下奪其字）鍾者，欲負而走，則鍾大不可負，以椎毁之，鍾況然有音，恐人聞之而奪己也，遽掩其耳。惡人聞之，可也。惡己自聞之，悖矣。』（又見淮南説山篇。）」孔徒晨起，爲善孜孜；楊云：「未詳。孟子盡心上篇：『鷄鳴而起，孳孳爲善者，舜之徒也。』（孔昭蓋意説耳。）」岷案舊合字本「孜孜」作「孳孳」（與孟子合。）同。東平居室，以善爲樂。楊云：「後漢書東平憲王蒼傳：『日者，問「東平王處家，何等最樂？」王言「爲善最樂。」』」故身恒居善，則内無憂慮，外無畏懼；獨立不慚影，獨寢不愧衾；楊云：「晏子春秋外篇『嬰聞之，君子獨立不慚於影，獨寢不慚於形。』淮南繆稱篇：『周公不慙乎景，故君子慎其獨也。』（又見文子精誠篇。）困學紀聞五：『劉子曰：「獨立不慚影，獨寢不媿衾。」自注：「高彦先謹」（宋避孝宗諱改慎爲謹）獨銘曰：「其出户如見賓，其入虚如有人；其行無媿於影，其寢無媿於衾。」四句並見劉子。』」岷案楊氏引晏子春秋「獨寢不慚於形」，形原作魂，楊氏失檢。上可以接神明，下可以固人倫。德被幽明，慶祥臻矣。

卷之三

貴農第十一

岷案程榮本、王謨本、畿輔本，此篇並列入卷二。

衣食者，民之本也；民者，國之本也。民恃衣食，猶魚之須水；國之恃民，如人之倚足。魚無水，則不得而生；人失足，必不可以步。楊云：「淮南主術篇：『食者，民之本也。民者，國之本也。』（文子上仁篇同。）臣軌利人章：『夫衣食者，人之本也；人者，國之本也。人恃衣食，猶魚之恃水；國之恃人，如人之倚足。魚無水，則不可以生；人無足，則不可以步。』蓋襲於此。」岷案「則不得而生」，程榮本、王謨本、畿輔本並作「則不可以生。」與臣軌合。（楊氏引淮南主術篇：「民者，國之本也。」文子上仁篇本作基。）國失民，亦不可以治。先王知其如此，而給民衣食。故農祥旦正，辰集娵訾，陽氣憤盈，土木脉發。程榮本、王謨本、畿輔本辰並作晨。孫云：「旦乃晨之壞字。晨，道藏本、子彙本皆作辰，是。周語云：『農祥晨正，日月底于天廟。』韋昭注云：『農祥，房星也。晨正，謂立春之日，晨中於午也。農事之候，故曰農祥。』又注下文云：『祥猶象也。房星晨正，而農事起，故謂之農祥。』御覽時序部五、初學記三引唐固注云：『農祥，房星也。晨正，謂晨見南方，謂立春之日。』文選東京賦：『及至農祥晨正。』薛綜注云：『晨，時。正，中也。謂正月初也。』晨、旦義同，然劉子本國語，必不作『旦正』。『辰集娵訾』者，韋昭注周語云：『辰，日月之會。』鄭注月令云：『孟春者，日月會於娵訾，而斗建寅之辰也。』正義云：『日月所會之處，謂之爲辰。』引鄭注周禮太師職云：『正月辰在娵訾。』周禮大司樂疏：『太蔟，寅之氣也，正月建焉，而辰在娵訾。』據月令正義：『營室號娵訾。』韋注『天廟』下云：『天廟，營室也。孟春之月，日月皆在營室也。』是「天廟」、「娵訾」同。『辰集娵訾』，即日月底於天廟也。今程本譌作晨，則不可通。」楊云：「旦爲晨之殘誤，校釋已詳辨之矣。國語周語上：『古者，太史順時覛土。陽癉憤盈，土氣震發，農祥晨正，日月底于天廟，土乃脉發。』韋昭注：『憤，積也。盈，滿也。農祥，房星也。晨正，謂立春之日，晨中於午也。農事之候，故曰農祥也。脉，理也。農書曰：「春，土長冒撅，陳根可拔，耕者急發。」』」岷案「辰集娵訾」，舊合字本、百子本辰字並同。

天子親耕於東郊，后妃躬桑於北郊。國非無良農也，而主者親耕；世非無蠶妾也，而后妃躬桑。上可以供宗廟，下可以勸兆民。楊云：「法藏敦煌本、子彙本、程榮本、王謨本、畿輔本，主並作王，王字是。禮記祭統：『是故天子親耕於南郊，以共齊盛。王后蠶於北郊，以共純服。……天子、諸侯，非莫耕也；王后、夫人，非莫蠶也。身致其誠信，誠信之謂盡，盡之謂敬。敬，盡然後可以事神明。此祭之道也。』穀梁桓十四年傳：『天子親耕，以共粢盛。王后親蠶，以共祭服。國非無良農女工也，以爲人之所盡，事其祖禰，不若以己所有親者也。』又按孔昭謂天子親耕東郊，與禮文異。新唐書禮樂志四：『貞觀三年，太宗將親耕。給事中孔穎達議曰：「禮，天子藉田南郊，諸侯東郊，晉武帝猶東南；今帝社乃東壇，未合於古。」太宗曰：「書稱『平秩東作』，而青輅黛耜，順春氣也。吾方位少陽，田宜于東郊。」乃耕于東郊。』（舊唐書禮儀志四略同。）是天子耕東郊，乃唐制也。（帝範務農篇：『故躬耕東郊。』）非劉子所宜言。豈傳寫者妄改歟？」岷案「而主者親耕」，子彙本主字同，楊氏失檢。百子本主亦作王。楊氏耕於南郊、東郊之説，本於帝範務農篇注。彼注末云：「蓋高祖崩于貞觀九年，太宗東耕於貞觀三年，此時高祖尚存，故云：『吾方位少陽』也。」竊疑劉子此文本作「天子親耕於南郊。」其作「東郊」者，蓋唐人所改也。

神農之法曰：「丈夫丁壯而不耕，天下有受其饑者；婦人當年而不織，天下有受其寒者。」故天子親耕，后妃親織，以爲天下先。楊云：「呂氏春秋愛類篇：『神農之教曰：「士有當年而不耕者，則天下或受其饑矣；女有當年而不績者，則天下或受其寒矣。」故身親耕，妻親績，所以見致民利也。』（又見淮南齊俗篇、文子上義篇。）」岷案王謨本饑作飢，下同，古通。據淮南齊俗篇：「故神農之法曰：『丈夫丁壯而不耕，天下有受其饑者；婦人當年而不織，天下有受其寒者。』故身自耕，妻親織，以爲天下先。」（文子上義篇無兩而字，饑作飢，自作親。）則此文蓋直本於淮南。又案管子揆度篇：「一農不耕，民有爲之飢者；一女不織，民有爲之寒者。」賈子新書無蓄篇：「古人曰：『一夫不耕，或爲之饑；一婦不織，或爲之寒。』」王符潛夫論浮侈篇：「一夫不耕，天下必受其饑者；一婦不織，天下必受其寒者。」是以其耕不强者，無以養其生，其織不力者，無以蓋其形。衣食饒足，奸邪不生，安樂無事，天下和平。智者無以施其策，勇者無以行其威。楊云：「淮南齊俗篇：『是故其耕不强者，無以養生；其織不强者，無以揜形。有餘不足，各歸其身。衣食饒溢，姦邪不生，安樂無事，而天下均平。故孔丘、曾參無所施其善，孟賁、成荆無所行其威。』」（文子上義篇同。）岷案淮南齊俗篇「安樂無事」以下，文子上義篇作「安樂無事，天下和平。智者無所施其策，勇者無所錯其威。」與此文尤合。故衣食爲民之本，而工巧爲其末也。是以雕文刻鏤，傷於農事；錦繢綦組，害於女工。農事傷，則饑之本也；女工害，則寒之源也。饑寒並至，而欲禁人爲盜，是揚火而欲無炎，撓水而望其靜，不可得也。楊云：「法藏敦煌本綦作纂。纂字是。（管子輕重甲篇、七主七臣篇、尉繚子治本篇、賈子新書瑰瑋篇、淮南脩務篇、漢書景帝紀，並有『纂組』之文。韓非子詭使篇：『綦組錦繡。』誤與此同。）淮南齊俗篇：『夫雕琢刻鏤，傷農事者也；錦繡纂組，害女工者也。農事廢，女工傷，則飢之本，而寒之原也。夫飢寒並至，能不犯法干誅者，古今之未聞也。』（漢書景帝紀二年詔略同。）」岷案「是以雕文刻鏤」，類纂本「是以」作蓋。「錦繢綦組。」繢與繪同，（論語八佾篇：「繪事後素，」釋文：「繪，本又作繢」，同。）説文：「繪，會五色繡也。」楊氏從敦煌本綦作纂，是也。説文：「纂似組而赤。」淮南脩務篇：「梱纂組。」高誘注：「組，邪文，如今之綬。」（今本綬誤短，御覽三八一所引不誤。）楊氏引淮南齊俗篇云云，又見説苑反質篇，文略同。六韜尚覽篇：「爲雕文刻鏤，技巧華飾，而傷農事者，王者必禁之。」衣食足，知榮辱；倉廩實，知禮節。楊云：「法藏敦煌本句首有『管子曰』三字，極是。管子牧民篇：『倉廩實，則知禮節；衣食足，則知榮辱。』」故建國者，必務田蠶之實，而棄美麗之華。岷案舊合字本、類纂本、程榮本、王謨本、畿輔本並無而字。以穀帛爲珍寶，比珠玉於糞土。何者？珠玉止於虚玩，而穀帛有實用也。假使天下瓦礫悉化爲和璞，岷案韓非子和氏篇：「楚人和氏得玉璞於楚山中，奉而獻之厲王，厲王使玉人相之，玉人曰：『石也。』王以和爲誑，而刖其左足。及厲王薨，武王即位，和又奉其璞而獻之武王，武王使玉人相之，又曰：『石也。』王又以和爲誑，而刖其右足。武王薨，文王即位，和氏抱其璞而哭於楚山之下，……王乃使玉人理其璞而得寳焉。遂命曰和氏之璧。」又見新序雜事第五（文王作共王）、史記鄒陽列傳集解引應劭注及淮南覽冥篇高誘注（和氏所獻者，並爲武王、文王、成王，後漢書孔融傳注、御覽三七二、六四八引韓非子同。是也）。史記鄒陽列傳索隱：「楚人卞和得玉璞，事見國語及吕氏春秋。」今本國語及吕氏春秋並不載此事。砂石皆變爲隋珠，岷案史記李斯列傳正義引説苑：「昔隨侯行遇大蛇中斷，疑其靈，使人以藥封之，蛇乃能去，因號其處爲斷蛇丘。歲餘，蛇銜明珠徑寸，絶白而有光，因號隨珠。」淮南覽冥篇高注：「隋侯，漢東之國姬姓諸侯也。隋侯見大蛇傷斷，以藥傅之，後蛇於江中銜大珠以報之，因曰隋侯之珠。蓋明月珠也。」淮南説林篇高注略同，隋作隨，與説苑合，隋、隨古通。事又見搜神記三。如值水旱之歲，瓊粒之年，岷案文選張景陽雜詩：「紅粒貴瑶瓊。」則璧不可以禦寒，珠未可以充饑也。楊云：「荀子儒效篇：『彼寶也者，衣之不可衣也，食之不可食也。』（漢書食貨志同。）漢書景帝紀：『三年，詔曰：「農，天下之本也。黄金珠玉，飢不可食，寒不可衣。」』」岷案漢書食貨志上：「夫珠玉金銀，飢不可食，寒不可衣。」（與景帝紀較合。）雖有奪日之鑑，代月之光，歸於無用也。何異畫爲西施，美而不可悦；楊云：「淮南説山篇：『畫西施之面，美而不可悦。』」刻作桃李，似而不可食也！岷案類纂本也下有哉字。衣之與食，唯生人之所由。楊云：「管子禁藏篇：『夫人之所生，衣與食也。』（淮南泰族篇同。）」岷案淮南泰族篇作「凡人之所以生者，衣與食也。」陶潛庚戌歲九月中於西田穫早稻詩：「人生歸有道，衣食固其端。」其最急者，食爲本也。霜雪巖巖，孫云：「巖、嚴通作。詩小雅節南山、隱元年傳釋文，並云：『巖，本或作嚴。』文選廣絶交論注引王逸楚辭注曰：『嚴，壯也。風霜壯謂之嚴。』」苫蓋不可以代裘；袁註：「苫，茆也。」岷案爾雅釋器：「白蓋謂之苫。」郭璞注：「白茅苫也。今江東呼爲蓋。」說文苫、蓋互訓。左襄十四年傳：「被苫蓋。」室如懸磬，楊云：「國語魯語上：『室如懸磬。』（左僖二十六年傳作罄。）韋注：『懸磬，言魯府藏空虛，如懸磬也。』」草木不可以當粮。故先王制國，有九年之儲，可以備非常，救災厄也。楊云：「法藏敦煌本可作所，所字勝。禮記王制：『三年耕，必有一年之食；九年耕，必有三年之食，以三十年之通，雖有凶旱水溢，民無菜色。』（賈子新書憂民篇略同。）」岷案可字今各本皆同。可與所同義，禮記中庸「體物而不可遺」鄭注：「可猶所也」（經傳釋詞五有說。）楊氏未達。「救災厄也。」舊合字本、程榮本、畿輔本災並作灾（下同），古通，說已詳前。淮南主術篇：「三年耕，而餘一年之食；率九年，而有三年之畜；十八年，而有六年之積；二十七年，而有九年之儲。雖有涔旱災害之殃，民莫困窮流亡也。」堯、湯之時，有十年之蓄；及遭九年洪水，七載大旱，不聞饑饉相望，捐棄溝壑者，蓄積多故也。楊云：「墨子七患篇：『故夏書曰：「禹七年水。」殷書曰：「湯五年旱。」此其離凶甚矣！然而民不凍餓者，何也？其生財密，其用之節也。』（荀子富國篇、韓詩外傳三略同。）漢書食貨志：『鼂錯復說上曰：「堯、禹有九年之水，湯有七年之旱，而國亡捐瘠者，以蓄積多，而備先具也。」』（禹水湯旱年數，管子權數篇、莊子秋水篇、荀子王霸篇、淮南主術篇、論衡感虛篇各異。）」岷案呂氏春秋順民篇：「昔者，湯克夏而正天下，天大旱，五年不收。」文選應休璉與廣川長岑文瑜書注引呂氏春秋云：「湯時，大旱七年。」說苑君道篇：「湯之時，大旱七年。」論衡感虛篇：「傳書言湯遭七年旱；……或言五年。」蓋由五，古文作×，與七相似，故相亂耳。穀之所以不積者，在於遊食者多，而農人少故也。夫螟螣秋生而秋死，一時爲災，而數年乏食。今一人耕，而百人食之，其爲螟螣，亦以甚矣！楊云：「商子農戰篇『夫農者寡，而游食者衆，故其國貧危。今夫蛆螣蚼蠋，春生秋死，一出，而民數年不食。今一人耕，而百人食之，此其爲蛆螣蚼蠋，亦大矣！』」岷案意林引商子「蛆螣」作「螟螣」，與此文合。詩小雅大田：「去其螟螣。」毛傳：「食心曰螟，食葉曰賸。」「而數年乏食」，説郛卷六讀子隨識而作如，如猶而也。潛夫論浮侈篇：「是則一夫耕，百人食之。」是以先王敬授民時，楊云：「書堯典：『乃命羲和，欽若昊天，歷象日月星辰，敬授民時。』」勸課農耕，省遊食之人，減徭役之費，則倉廩充實，頌聲作矣。楊云：「公羊宣十五年傳：『什一者，天下之中正也。什一行，而頌聲作矣。』」雖有戎馬之興，水旱之沴，岷案漢書五行志中之上：「唯金沴木。」服虔注：「沴，害也。」國未嘗有憂，民終無害也。盧云：「〔程榮本〕終下衍爲字。」岷案王謨本、畿輔本亦並衍爲字。

愛民第十二

天生烝民，而樹之以君。君者，民之天也。盧云：「樹，俗作立。〔程榮本〕以字脱。者，俗作則。」舊合字本烝作蒸。楊云：「道藏本蒸作烝，子彙本、程榮本、王謨本、畿輔本並作萬。蒸、烝並是，萬則非也。（法藏敦煌本作蒸，則古本不作萬也。）詩大雅烝民：『天生烝民。』（蕩亦有此語。）孟子告子上篇引作『蒸民』。左文十三年傳：『天生民而樹之君，以利之也。』襄十四年傳：『天生民而立之君，使司牧之。』」岷案子彙本烝字同，楊氏失檢。程榮本、王謨本、畿輔本樹並作立，者並作則。王謨本、畿輔本並脱以字。左文十三年傳云云，又見説苑君道篇，民上有烝字，與此文尤合。左襄十四年傳云云，又見新序雜事第一。天之養物，以陰陽爲大；盧氏拾補據程榮本以下有治字。云：「大，俗作本。」楊云：「法藏敦煌本、程榮本、王謨本大並作本。本字是。（本，俗以夲代之；大，蓋其殘誤。）」岷案王謨本、畿輔本以下亦並有治字（疑下文化字之異文而誤竄人者）。畿輔本大亦作本。君之化民，以政教爲務。故寒暑不時則疾疫，風雨不節則歲饑。刑罰者，民之寒暑也；教令者，民之風雨也。刑罰不時，則民傷；教令不節，則俗弊。楊云：「禮記樂記：『天地之道，寒暑不時則疾，風雨不節則饑。教者，民之寒暑也。教不時，則傷世。事者，民之風雨也。事不節，則無功。』（史記樂書同。）」故水濁無掉尾之魚，土埆無葳蕤之木，政煩無逸樂之民。楊云：「禮記王制：『土敝則草木不長，水煩則魚鼈不大。』（樂書同。）鄧析子無厚篇：『夫水濁無掉尾之魚，政苛無逸樂之士。』」岷案類纂本、程榮本、王謨本、畿輔本埆並作确，同。説文：「确，礊也。（據段注本。）礊，堅也。」楚辭七諫初放：「上葳蕤而防露兮。」王逸注：「葳蕤，盛貌。」韓詩外傳一：「水濁則魚喁，政苛則民亂。」（淮南主術篇、繆稱篇、文子精誠篇喁並作噞，説苑政理篇作困。）政之於人，猶琴瑟也。大絃急，則小絃絶；小絃絶，大絃間矣。盧氏拾補據程榮本，云：「脱『小絃絶』三字。閒，藏作間。」

楊云：「法藏敦煌本間作闘，餘本並作闕。（道藏本作間。）敦煌本是。（闘，正作闕。）韓詩外傳一：『治國者，譬若乎張琴然：大弦急，則小弦絕矣。』（又見淮南繆稱、詮言、泰族三篇，説苑政理篇、後漢書陳寵傳。）」岷案舊合字本絃並作弦，弦、絃古、今字。王謨本、畿輔本「則小絃絕」下，並脱「小絃絕」三字。間並作闕。（舊合字本、子彙本、百子本間字並同。）治要引新序：「夫政者，猶張琴瑟也。大弦急，則小弦絕矣。」文子上仁篇：「夫調音者，小絃急，大絃緩。」夫足寒傷心，民勞傷國。楊云：「素書安禮章：『足寒傷心，人怨傷國。』申鑒政體篇：『故足寒傷心，民寒傷國。』臣軌利人章：『夫足寒傷心，民榮傷國。』）」足温而心平，人佚而國寧。是故善爲理者，必以仁愛爲本，不以苛酷爲先。岷案類纂本酷作刻。寬宥刑罰，以全人命；省徹徭役，以休民力；輕約賦斂，不匱人財；不奪農時，以足民用。孫云：「『不匱人財』，句法參差，當作『以豐人財』。左傳累云『豐財』；後漢書荀悦傳云：『故在上者，克豐人財以定其志。』」岷案「不匱人財」，疑本作「以阜人財。」與上下文句法一律。孔子家語辯樂篇載舜南風詩：「南風之時兮，可以阜吾民之財兮。」可爲旁證。則家給國富，而太平可致也。人之於君，猶子之於父母也。未有父母富而子貧，父母貧而子富也。故人饒足者，非獨人之足，亦國之足；渴乏者，非獨人之渴乏，亦國之渴乏也。楊云：「孔子家語賢君篇：『孔子曰：「詩云：『愷悌君子，民之父母。』未有子富而父母貧者也。」』臣軌利人章：『夫人之於君，猶子於父母。未有子貧而父母富，子富而父母貧。故人足者，非獨人之足，國之足也；人匱者，非獨人之匱，國之匱也。』蓋襲於此。」岷案程榮本、王謨本、畿輔本「亦國之足」下，並有也字，與下文句法一律，臣軌亦有也字。故有若曰：「百姓足，君孰與不足？百姓不足，君孰與足？」楊云：「法藏敦煌本有若作孔子，非是。此有若對魯哀公之詞，見論語顏淵篇。」此之謂也。先王之治，上順天時，下養萬物。草木昆蟲，不失其所；獺未祭魚，不施網罟；豺未祭獸，不脩田獵；鷹隼未擊，不張罻羅；霜露未霑，不伐草木。楊云：「禮記王制：『獺祭魚，然後虞人入澤梁；豺祭獸，然後田獵；鳩化爲鷹，然後設罻羅；草木零落，然後入山林；昆蟲未蟄，不以火田。』淮南主術篇：『豺未祭獸，罝罦不得布於野；獺未祭魚，網罟不得入於水；鷹隼未擊，羅網不得張於谿谷；草木未落，斤斧不得入山林；昆蟲未蟄，不得以火燒田。』（又見文子上仁篇、賈子禮篇。）」岷案大戴禮夏小正：「昆小蟲。」傳云：「昆者，衆也。」此文「草木昆蟲」，昆亦衆也。漢書成帝紀：「君道得，則草木昆蟲，咸得其所。」（顏注：「昆，衆也。昆蟲，言衆蟲也。」）亦同此例。禮記王制鄭注：「罻，小網也。」草木有生而無識，鳥獸有識而無知。楊云：「法藏敦煌本鳥作禽，敦煌本是。荀子王制篇：『草木有生而無知，禽獸有知而無義。』」岷案崔豹古今注問答釋義篇：「夫生而有識者，蟲類也。生而無識者，草木也。」猶施仁愛以及之，奚況在人而不愛之乎？岷案類纂本、程榮本、王謨本、畿輔本在並作生。故君者，其仁如春，其澤如雨，德潤萬物，則人爲之死矣。昔太王居邠，而人隨之，仁愛有餘也。孫云：「『居邠』當作『去邠』，聲之誤也。太王亶父避狄患，去邠，而人隨之。其事數見書傳。若作居，則與下四字義不相屬矣。孟子梁惠王下云：『去邠踰梁山，邑於岐山之下居焉。邠人曰：「仁人也，不可失也。」從之者如歸市。』說苑至公篇作『吾將去之，遂居岐山之下，邠人負幼扶老從之。』莊子讓王篇、呂氏春秋開春論審爲篇、淮南子道應訓作『杖策而去，民相連而從之，遂成國於岐山之下。』可證此文之失。」楊云：「居字有誤，校釋已具。事又見尚書大傳略說、詩大雅緜毛傳、孔子家語好生篇、孔叢子居衛篇。」岷案事又見淮南詮言篇、泰族篇、吳越春秋吳太伯傳、本書隨時篇。夙沙之君，而人背之，仁愛不足也。楊云：「呂氏春秋用民篇：『夙沙之民，自攻其君，而歸神農。』又見淮南道應篇、說苑政理篇、帝王世紀（太平御覽七十八引）。」岷案文子上仁篇：「宿沙之民，自攻其君，歸神農氏。」宿與夙同。（淮南道應篇亦作宿。）仁愛附人，堅於金石。金石可銷，而人不可離。故君者，壤地；人者，卉木也。未聞壤肥而卉木不茂，君仁而萬民不盛矣。楊云：「法藏敦煌本地下有也字，人作民，是也。（『未聞壤肥』句，亦當有地字。）韓非子難二篇：『師曠曰：「君者，壤地也；臣者，草木也。必壤地美，然後草木碩大。」』」岷案程榮本、王謨本、畿輔本「壤地」並作「壤也」。蓋不知地下本有也字，而改地爲也，以與下文有也字一律耳；又三本「萬民」並作「萬人」，蓋不知上文人字本作民，而改民爲人以與上文作人一律耳。

從化第十三

君以民爲體，民以君爲心。心好之，身必安之；君好之，民必從之。楊云：「禮記緇衣：『子曰：「民以君爲心，君以民爲體。心莊則體舒，心肅則容敬。心好之，身必安之；君好之，民必欲之。」』」未見心好而身不從，君欲而民不隨也。人之從君，如草之從風，水之從器。故君之德，風之與器也；人之情，草之與水也。草之戴風，風鶩東則東靡，風鶩西則西靡，是隨風之東西也；水之在器，器方則水方，器圓則水圓，是隨器之方圓也。楊云：「論語顏淵篇：『君子之德風，小人之德草，草上之風必偃。』（孟子滕文公上篇同。書僞君陳：『爾惟風，下民惟草。』）說苑君道篇：『夫上之化下，猶風靡草。東風則草靡而西，西風則草靡而東。在風所由，而草爲之靡。』尸子處道篇：『孔子曰：「君者，盂也；民者，水也。盂方則水方，盂圓則水圓。」』（又見荀子君道篇、韓非子外儲說左上。）」岷案楊氏引論語顏淵篇云云，又見説苑政理篇。下之事上，從其所行，猶影之隨形，響之應聲。楊云：「荀子彊國篇：『且上者，下之師也。夫下之和上，譬之猶響之應聲，影之像形也。』（漢書伍被傳：『下之應上，猶景響也。』）」岷案管子明法解篇：「則下之從上也，如響之應聲；臣之法主也，如景之隨行。」淮南主術篇：「天下從之，如響之應聲，景之像形。」言不虛也。上所好物，下必有甚。楊云：「孟子滕文公上篇：『上有好者，下必有甚焉者矣。』禮記緇衣：『上好是物，下必有甚者矣。』」詩云：「誘人孔易。」楊云：「法藏敦煌本人作民，人乃避唐太宗諱改。大雅抑：『攜無曰益，牖民孔易。』禮記樂記引牖作誘，與此同。」岷案楊氏引大雅抑，抑乃板之誤。牖、誘古通。言從上也。昔齊桓公好衣紫，闔境盡被異綵；楊云：「法藏敦煌本盡作不，不字是。韓非子外儲説左上：『齊桓公好服紫，一國盡服紫。』（又見尹文子大道上篇。)」岷案尹文子大道上篇作「昔齊桓好衣紫，闔境不鬻異采。」與此文尤合。晉文公不好服羔裘，羣臣皆衣牂羊；楊云：「法藏敦煌本『羔裘』二字作美，敦煌本是。墨子兼愛中篇：『昔者，晉文公好士之惡衣，故文公之臣，皆牂羊之裘。』(又見淮南齊俗篇。)」岷案程榮本、王謨本、畿輔本「羔裘」亦並作美。墨子兼愛下篇：「昔者，晉文公好苴服，當文公之時，晉國之士，大布之衣，牂羊之裘。」公孟篇：「昔者，晉文公大布之衣，牂羊之裘。」「牂羊」字當以作牂爲正。爾雅釋畜：「羊牝，牂。」説文：「牂，牝羊也。」魯哀公好儒服，舉國皆著儒衣；楊云：「莊子田子方篇：『莊子見魯哀公，哀公曰：「魯多儒士，少爲先生方者。」莊子曰：「魯少儒。」哀公曰：「舉魯國而儒服，何謂少乎？」』」趙武靈王好鵕鸃，國人咸冠鵕冠。盧云：「『鵕冠』，鵕俗作鵔。」楊云：「淮南主術篇：『趙武靈王貝帶鵕鸃而朝，趙國化之。』」岷案類纂本、程榮本、王謨本、畿輔本皆作「鵔冠」。鵕鸃即鵔鸃，説文：「鵔，鵔鸃，鷩也。鷩，赤雉也。」紫非正色，牂非美毳，岷案説文：「毳，獸細毛也。」儒非俗服，鵕非冠飭，盧氏拾補飭作飾，云：「誤飭。」岷案飭，程榮本、王謨本、畿輔本並作飭，飭即飭之俗；子彙本作餙，百子本、喻林一百五引並作飾，餙即飾之俗。飾、飭古通。而競之者，隨君所好也。楚靈王好細腰，臣妾爲之約食，餓死者多；楊云：「墨子兼愛中篇：『昔者，楚靈王好士細要，靈王之臣皆以一飯爲節，脇息然後帶，扶墻然後起；比期年，朝有黧黑之色。』韓非子二柄篇：『楚靈王好細腰，國中多餓人。』又見尸子處道篇、晏子春秋外篇、淮南主術篇。(荀子君道篇、尹文子大道上篇，楚靈王作楚莊。)」岷案「餓死」，類纂本、程榮本、王謨本、畿輔本皆作「餓死。」管子七主七臣篇：「夫楚王好小腰，而美人省食。」國策楚策：「莫敖子華對曰：『昔者，先君靈王好小要，楚士約食。』」越王勾踐好勇而揖鬪蛙，國人爲之輕命，兵死者衆。楊云：「韓非子内儲説上：『越王慮伐吴，欲人之輕死也，出見怒鼃，乃爲之式。從者曰：「奚敬於此？」王曰：「爲其有氣故也。」明年，請以頭獻王者，歲十餘人。』吴越春秋句踐伐吴外傳：『道見鼃張腹而怒，將有戰爭之氣，即爲之軾。……於是軍士聞之，莫不懷心樂死，人致其命。』」岷案尹文子大道上篇：「越王句踐謀報吴，欲人之勇，路逢怒蛙，下車而揖之。比及數年，民無長幼，臨敵，雖湯火不避。」（「下車而揖之」，宋本如此，書鈔八五、御覽五四三引並同。今本作「而軾之。」）帝範閲武篇：「是故句踐軾蛙，卒成霸業。」命者，人之所重；死者，人之所惡。今輕其所重，重其所惡者，何也？從君所好也。堯、舜之人，可比家而封；桀、紂之人，可接屋而誅。非堯、舜之民性盡仁義，而桀、紂之人生輒姧邪；而善惡性殊者，染化故也。盧云：「『可比家而封。』家，俗作屋，非。下有『接屋』對。」楊云：「法藏敦煌本人並作民，民字是。論衡率性篇：『傳曰：「堯、舜之民，可比屋而封；桀、紂之民，可比屋而誅。」』（又見陸賈新語無爲篇、漢書王莽傳、後漢書楊終傳。）袁準才性論：『堯、舜之人，比屋可封，非盡善也，猶在防之水，非不流也。桀、紂之人，比屋可誅，非盡惡也，猶在壑之水，非不停也。』（御覽七十七引。）」岷案「可比家而封」，類纂本、程榮本、王謨本、畿輔本家並作屋。是以明君慎其所好，以正時俗；樹之風聲，楊云：「左文六年傳：『樹之風聲。』杜注：『因土地風俗，爲立聲教之法。』（書僞畢命亦有此語。）」以流來世。或爲上化而下不必隨，岷案舊合字本爲作謂，隨作從。爲、謂古通，隨、從同義。子彙本、百子本爲亦並作謂。程榮本、王謨本、畿輔本「或爲」並作「或者以爲」。君好而人未必同也。故唐堯之世，而四凶縱；楊云：「書舜典：『舜流共工于幽洲，放驩兜于崇山，竄三苗于三危，殛鯀于羽山。四罪而天下咸服。』」岷案楊氏引書云云，又見孟子萬章篇、淮南脩務篇。（幽洲並作幽州。）殷紂之時，而三人貞；楊氏斠注人作仁，云：「論語微子篇：『微子去之，箕子爲之奴，比干諫而死。孔子曰：「殷有三仁焉。」』」岷案程榮本、王謨本、畿輔本人並作仁，是也。漢文節儉，而人庶奢；楊云：「史記孝文本紀：『孝文帝從代來，即位二十三年，宮室、苑囿、狗馬、服御，無所增益。有不便輒弛以利民。嘗欲作露臺，召匠計之，直百金，上曰：「百金，中民十家之產。」……上常衣綈衣。所幸慎夫人，令衣不得曳地，幃帳不得文繡，以示敦朴，爲天下先。治霸陵，皆以瓦器，不得以金、銀、銅、錫爲飾。不治墳，欲爲省。』」岷案楊氏引史記云云，又見漢書文帝紀贊。齊景奢，而晏嬰儉。楊云：「晏子春秋内篇諫上：『景公之時，雨雪三日而不霽。公被狐白之裘，坐堂側陛。……公曰：「怪哉！雨雪三日，而天不寒。……」晏子曰：「嬰聞古之賢君，飽而知人之飢，温而知人之寒。」諫下：『景公爲履，黄金之綦，飾以銀，連以珠，良玉之絢，其長尺，冰月服之以聽朝。』雜下：『晏子相景公，食脱粟之食，炙三弋、五卵、苔菜耳矣。』」岷案楊氏引晏子春秋雜下云云，見第二十六。雜下第十九亦云：「晏子相齊，衣十升之布，食脱粟之食（今本脱上食字），五卵、苔菜而已。」晏子春秋外篇重而異者第七：「景公奢，晏子事之以恭儉。」（孔叢子詰墨篇奢作侈，無恭字。）淮南要略篇：「齊景公内好聲色，外好狗馬，獵射忘歸，好色無辨，作爲路寢之臺，族鑄大鍾，撞之庭下，郊雉皆呴，一朝用三千鍾贛。……故晏子之諫生焉。」此未達之詞也。何者？冬之德陰，而有寒炎蕭丘；夏之德陽，而有霜霰。袁註：「蕭丘山，自生之火，常以春起秋滅。其丘方千里，火偏中生。」孫詒讓札迻云：「此以『寒炎』對『霜霰』，不當有蕭丘二字，下文别以『蕭丘寒炎』對『華陽温泉』，與此不同。疑此二字乃袁注誤入正文者。慎隟篇云：『魏后曹操泄張繡之讐。』曹操二字，亦小注入正文，與此誤同。」楊云：「法藏敦煌本『而有寒炎蕭丘』，作『而有炎震』。敦煌本是。『而有炎震』與『而有霜霰』對。今本蓋涉下而衍。」岷案「而有寒炎蕭丘」，楊氏從敦煌本作「而有炎震」，是也。此涉下文「而有蕭丘寒炎」而誤。據袁註，是所見正文已誤，否則當在下文注釋蕭丘矣。孫氏疑蕭丘二字乃袁注誤入正文者，未審。説文：「霰，稷雪也。」段玉裁注：「謂雪之如稷者。俗謂米雪，或謂粒雪，皆是也。」以天地之德，由不能一於陰陽，況其賢聖，豈能一於萬民哉？岷案舊合字本、百子本「賢聖」二字並倒。故權衡雖正，不能無毫釐之差；鈞石雖平，不能無抄撮之較。楊云：「淮南泰族篇：『寸而度之，至丈必差；銖而稱之，至石必過。』（又見文子上仁篇。）」岷案淮南説林篇：「衡雖正，必有差；尺寸雖齊，必有詭。」（文子上德篇無寸字，詭作危，古通。）説苑正諫篇：「夫銖銖而稱之，至石必差；寸寸而度之，至丈必過。」（又見漢書枚乘傳。）説叢篇：「寸而度之，至丈必差；銖而稱之，至石必過。」從君之譬，楊云：「法藏敦煌本君作風。風字是，與上文應。」以多言之。唐堯居上，天下皆治，而四凶獨亂，猶曰堯治，治者多也；殷紂在上，天下皆亂，而三人獨治，猶曰紂亂，亂者衆也；楊云：「法藏敦煌本『在上』作『在位』，位字是。人，疑當作仁，與上一律。尸子處道篇：『桀、紂之有天下也，四海之内皆亂，而關龍逢、王子比干不與焉，而謂之皆亂，其亂者衆也；堯、舜之有天下也，四海之内皆治，而丹朱、商均不與焉，而謂之皆治，其治者衆也。』（長短經勢運篇引慎子文同。）」岷案「三人」，程榮本、王謨本、畿輔本並作「三仁」。（長短經勢運篇未引慎子文，楊氏失檢。）漢文節儉，而人有奢，猶曰世儉，儉者多也；齊景太奢，而晏嬰躬儉，盧氏拾補太作大。云：「（何允中本）儉誤倫。」岷案王謨本太亦作大。猶曰國奢，奢者衆也；水性宜冷，而有華陽温泉，猶曰水冷，冷者多也；火性宜熱，而有蕭丘寒炎，猶曰火熱，熱者多也；楊云：「抱朴子論僊篇：『水性純冷，而有温谷之湯泉；火體宜熾，而有蕭丘之寒焰。』（又見金樓子志怪篇。）」迅風揚波，高下相臨；山隆谷窪，差以尋常，較而望之，猶曰水平，舉大體也。楊云：「淮南氾論篇：『水激波興，高下相臨，差以尋常，猶之爲平。』高注：『雖有激波，猶以爲平，平者多也。』」岷案説文：「窪，一曰窊也。窊，污衺，下也。」「猶曰水平」，疑當從淮南作「猶之爲平。」（之猶以也，高注得之。）上文山水並言，此單言水，於義不備。蓋涉上文「猶曰水冷」而誤也。故世之論事，皆取其多者以爲之節。楊云：「莊子則陽篇：『今計物之數，不止於萬，而期曰萬物者，以數之多者號而讀之也。』」今觀言者，當顧言外之旨，不得拘文以害意也。盧云：「意，俗作義。」舊合字本「拘文」誤「拘之」。楊云：「法藏敦煌本無觀字，顧作領，『拘之』作『拘文。』道藏本、子彙本、程榮本、王謨本、畿輔本亦並作『拘文。』敦煌本等並是。孟子萬章上篇：『故説詩者，不以文害辭，不以辭害意。』」岷案「今觀言者」，觀字不可少，敦煌本誤脱，不足據。百子本「拘文」字同。程榮本、王謨本、畿輔本意並作義。

法術第十四

法、術者，人主之所執，岷案韓非子定法篇：「術者，……此人主之所執也。」說疑篇：「凡術也者，主之所以執也。」爲治之樞機也。盧云：「〔程榮本〕機字脱。」岷案王謨本、畿輔本亦並脱機字。術藏於内，隨務應變；法設於外，適時御人。人用其道而不知其數者，術也；懸教設令以示人者，法也。人主以術化世，猶天以氣變萬物。氣變萬物，而不見其象。以術化人，而不見其形。故天以氣爲靈，主以術爲神。術以神隱成妙；法以明斷爲工。淳風一澆，岷案淮南齊俗篇：「澆天下之淳」，許慎注：「澆，薄也。淳，厚也。」則人有爭心。情僞既動，岷案程榮本、王謨本、畿輔本僞並作爲，古通。則立法以檢之。袁註：「檢猶正也。」建國君人者，雖能善政，未有棄法而成治也。故神農不施刑罰而人善，爲政者不可廢法而治人；舜執干戚而服有苗，征伐者不可釋甲而制寇。楊云：「淮南氾論篇：『夫神農、伏犧不施賞罰，而民不爲非，然而立政者，不能廢法而治民；舜執干戚而服有苗，然而征伐者，不能釋甲兵而制强暴。』」岷案韓非子五蠹篇：「當舜之時，有苗不服，禹將伐之，舜曰：『不可！上德不厚而行武，非道也。』乃修教三年，執干戚舞，有苗乃服。」（事又見淮南齊俗篇、書僞大禹謨。）諸葛亮心書不陣篇：「舜舞干羽而苗民格。」立法者，譬如善御，察馬之力，揣途之數，齊其銜轡，以從其勢。故能登阪赴險，無覆轍之敗，乘危涉遠，無越軌之患。君猶御也，法猶轡也，人猶馬也，馬猶軌也，理猶執轡也。孫云：「『馬猶軌也』，馬當作理，『理猶執轡也』，五字衍。軌以馬言之，理以民言之，故下云：『執轡者，欲馬之遵軌也。明法者，欲人之循治也。（治、理義同。）轡不均齊，馬失軌也。法不適時，人乖理也。」」楊云：「『馬猶軌也』，軌字有誤。淮南主術篇：『聖王之治也，其猶造父之御也，齊輯于轡銜之際，而急緩于唇吻之和，正度于胸臆之中，而執節于掌握之間。……是故能進退履繩，而旋曲中規，取道致遠，而氣力有餘。誠得其術也。故權勢者，人主之車輿也；大臣者，人主之駟馬也。』」岷案「故能登阪赴險，無覆軶之敗。」程榮本、王謨本、畿輔本阪並作坂，軶並作軛。坂與阪同。軶，本作徹。軶，今字。軛，借字。「馬猶軌也」四字，疑誤衍。下文「執轡者，欲馬之遵軌也。」云云，緊承「理猶執轡也」而言。楊氏引淮南主術篇云云，又見文子上義篇、列子湯問篇。

執轡者，欲馬之遵軌也；明法者，欲人循治也。 岷案程榮本、王謨本、畿輔本人下並有之字，與上文句法一律。當補。

轡不均齊，馬失軌也；法不適時，人乖理也。是以明主務循其法，因時制宜。苟利於人，不必法古；必害於事，不可循舊。夏、商之衰，不變法而亡；三代之興，不相襲而王。 孫云：「害當作周，後漢書荀悦傳云：『以周人事』，李賢注：『周，給也。』給猶便也。玉篇必訓果，苟、果義同。言苟便於事，不可循舊也。淮南子氾論訓云：『苟利于民，不必法古。苟周于事，不必循舊。』趙世家：『是以聖人果可以利其國，不一其用。果可以便其事，不同其禮。』」楊云：「害字有誤，校釋已具。淮南氾論篇：『苟利於民，不必法古；苟周於事，不必循舊。夫夏、商之衰也，不變法而亡；三代之起也，不相襲而王。』」岷案「必害於事」，孫氏謂「害當作周」，是也。害，隸書作⿱宀吉，與周形近，往往相亂。惟必字亦當從淮南作苟，涉上「不必法古」而誤也。文子上義篇：「苟利於民，不必法古；苟周於事，不必循俗。」亦可證此文「必害」二字之誤。舊合字本事作時，涉上「因時制宜」而誤。商君書更法篇：「是以聖人苟可以彊國，不法其故；苟可以利民，不循其禮。……湯、武之王也，不循古而興；殷、夏之滅也，不易禮而亡。」(又見史記商君列傳、新序善謀篇。)國策趙策：「是故聖人苟可以利其民，不一其用；果可以便其事，不同其禮。……聖人之興也，不相襲而王；夏、殷之衰也，不易禮而滅。」(「聖人之興也」以下，史記趙世家同。)

堯、舜異道，而德蓋天下；湯、武殊治，而名施後代。 楊云：「淮南氾論篇：『故五帝異道，而德覆天下；三王殊事，而名施後世。』」岷案淮南氾論篇云云，又見文子上禮篇。

由此觀之，法宜變動，非一代也。今法者則溺於古律，儒者則拘於舊禮，而不識情移

法宜變改也。此可與守法而施教，不可與論法而立教。岷案商君書更法篇：「夫常人安於故習，學者溺於所聞。此兩者所以居官而守法，非所與論於法之外也。」（又見史記商君列傳、新序善謀篇。趙策略同。）故智者作法，愚者制焉；賢者更禮，不肖者拘焉。拘法之人，不足以言事；制法之士，不足以論理。楊云：「淮南氾論篇：『夫聖人作法，而萬物（此字有誤）制焉；賢者立禮，而不肖者拘焉。制法之民，不可與遠舉；拘禮之人，不可使應變。』（商子更法篇、戰國策趙第二略同。）」岷案「拘法之人」，程榮本、王謨本、畿輔本法並作禮，是也。此涉上下文法字而誤。（舊合字本、子彙本、百子本同誤。）史記商君列傳：「智者作法，愚者制焉；賢者更禮，不肖者拘焉。」新序善謀篇：「知者作法，而愚者制焉；賢者更禮，不肖者拘焉。拘禮之人，不足與言事；制法之人，不足與論治。」文子上義篇：「夫制於法者，不可與遠舉；拘禮之人，不可使應變。」統觀諸書，此文蓋直本於新序，末句易治爲理，唐人避高宗諱所改也。（商君書與新序及此文亦合，惟末字作變。）若握一世之法，以傳百世之人，由以一衣擬寒暑，一藥治痤瘕也。楊云：「淮南齊俗篇：『今握一君之法籍，以非萬代之俗，譬如膠柱而調瑟也。……夫以一世之變，欲以偶化應時，譬猶冬被葛而夏被裘。夫一儀不可以百發，一衣不可以出歲；儀必應乎高下，衣必適乎寒暑。』」岷案廣雅釋詁：「痤，癰也。」玉篇：「瘕，腹中病也。」（淮南精神篇：「病疵瘕者，捧心抑腹。」）文子道德篇：「執一世之法籍，以非傳代之俗，譬猶膠柱調瑟。」若載一時之禮，以訓無窮之俗，是刻舟而求劍，守株而待兔。楊云：「呂氏春秋察今篇：『楚人有涉江者，其劍自舟中墜於水，遽契其舟，曰：「是吾劍之所從墜。」舟止，從其所契者入水求之。舟已行矣，而劍不行。求劍若此，不亦惑乎？』淮南說林篇：『以一世之度制治天下，譬猶客之乘舟，中流遺其劍，遽契其舟桅，暮薄而求之，其不知物類亦甚矣。』韓非子五蠹篇：『宋人有耕者，田中有株，兔走觸株，折頸而死；因釋其耒而守株，冀復得兔。兔不可復得，而身爲宋國笑。』（後漢書張衡傳：『不能通其變，而一度以揆之，斯契船而求劍，守株而伺兔也。』）」岷案王謨本兔下有也字。合璧事類外集五七、韻府羣玉十六並引列子云：「古人墜劍水中，刻舟而求之。」故制法者，爲禮之所由，而非所以爲治也；禮者，成化之所宗，而非所以成化者。孫云：「制字衍文，禮當作治。『法者，爲治之所由，而非所以爲治也。』與『禮者，成化之所宗，而非所以成化也。』一律。下文云：『成化之宗，在於隨時。爲治之本，在於因世。』即承此言之。淮南子氾論訓云：『法制禮義者，治人之具也，而非所以爲治也。』又泰族訓云：『故法者，治之具也，而非所以爲治也。』語意正同。」楊云：「程榮本、王謨本、畿輔本『爲禮』並作『爲理』，『化者』並作『化也』。也字是。理當作治，制字衍，校釋已具。」岷案孫、楊説並是。子彙本、百子本「化者」亦並作「化也」。文子上義篇：「故法制禮樂者，治之具也，非所以爲治也。」成化之宗，在於隨時；爲治之本，在於因世。未有不因世而欲治，不隨時而成化，以斯治政，未爲忘也。岷案忘，舊合字本作忠，子彙本、百子本並作中；程榮本、王謨本、畿輔本並作衷。忘乃忠之誤。忠、衷並與中通。中猶得也。周禮地官師氏：「掌國中失之事」，鄭注：「故書中爲得。」淮南齊俗篇：「故天之員也不得規，地之方也不得矩。」宋本得作中（文子自然篇同），史記封禪書：「而康后有淫行，與王不相中。」索隱引三蒼云：「中，得也。」並其證。

賞罰第十五

治民御下，莫正於法；立法施教，莫大於賞罰。賞罰者，國之利器，而制人之柄也。楊云：「老子第三十六章：『國之利器，不可以示人。』韓非子二柄篇：『明主之所導制其臣者，二柄而已。二柄者，刑、德也。』傅子治體篇：『治國有二柄：一曰賞，二曰罰。』」故天以晷數成歲，國以法教爲治。盧云：「〔程榮本〕治誤才。」楊云：「桓範世要論：『天以陰陽成歲，人以刑德成治。』（治要引。）」岷案說文：「晷，日景也。」數謂度數。文選張茂先雜詩：「晷度隨天運，四時互相承。」彼言「晷度」，此言「晷數」，其義一也。王謨本、畿輔本治亦並誤才。晷運於天，則時成於地；法動於上，則治成於人。晷之運也，先春後秋；法之動也，先賞後罰。楊云：「楊泉物理論：『天地之成歲也，先春而後秋；人君之治也，先禮而後刑。』（意林五引。）禮記表記：『先祿而後威，先賞而後罰。』」是以温風發春，所以動萌華也；寒露降秋，所以殞茂葉也。岷案舊合字本殞誤殯。明賞有德，所以勸善人也；顯罰有過，所以禁下奸也。善賞者，因民所喜以勸善；善罰者，因民所惡以禁奸。故賞少而勸善，刑薄而奸息；賞一人而天下喜之，罰一人而天下畏之。用能教狹而治廣，事寡而功衆也。盧云：「事，俗作用。」楊云：「淮南氾論篇：『古之善賞者，費少而勸衆；善罰者，刑省而姦禁。……故聖人因民之所喜而勸善，因民之所惡以禁姦，故賞一人而天下譽之，罰一人而天下畏之。』（又見文子上義篇。）」岷案「故賞少而勸善」，舊合字本、程榮本、王謨本、畿輔本、百子本「勸善」並作「善勸」，與下「奸息」對言，是也。「事寡而功衆也。」程榮本、王謨本、畿輔本事並作用，涉上『用能』字誤。淮南泰族篇：「故先王之教也，因其所喜以勸善，因其所惡以禁姦。」昔王良之善御也，岷案淮南覽冥篇：「昔者王良、造父之御也」，高誘注：「王良，晉大夫郵無恤子良也，所謂郵良也。一名孫無政，爲趙簡子御，死而託其精于天駟星。天文有王良星也。」郵無恤爲趙簡子御，見左哀二年傳；國語晉語作郵無正。韋昭解：「無正，王良也。」高注孫無政，政與正同，郵之作孫，疑聯想及孫陽（伯樂）而誤。王良星，見史記天官書、漢書天文志（良作梁，同）。王良善御事，又見孟子滕文公下篇。識馬之飢飽規矩徐疾之節，岷案類纂本「徐疾」二字倒。故鞭策不載，而千里可期。然不可以無鞭策者，以馬之有佚也。聖人之爲治也，以爵賞勸善，以仁化養民，岷案類纂本、程榮本、王謨本、畿輔本養並作愛。故刑罰不用，岷案舊合字本故作則。太平可致。然而不可廢刑罰者，以民之有縱也。是以賞雖勸善，不可無罰；罰雖禁惡，不可無賞。賞平罰當，則理道立矣。岷案類纂本立作得。故君者，賞罰之所歸，誘人以趣善也。岷案類纂本趣作趨，古通。其利重矣；其威大矣。空懸小利，足以勸善；虛設輕威，可以懲姦。矧復張厚賞以餌下，盧云：「餌，俗作施。」楊云：「道藏本施作餌，餌字誼長。」岷案子彙本、百子本餌字並同。舊合字本、類纂本、程榮本、王謨本、畿輔本皆作施。操大威以臨民哉？故一賞，不可不信也；一罰，不可不明也。賞而不要，岷案程榮本、王謨本、畿輔本要下並有注云：「恐當作信」是也。此承上文「一賞，不可不信也」而言。子彙本、百子本並作「賞而不信。」雖賞不勸；罰而不明，雖刑不禁。不勸、不禁，則善惡失理。是以明主一賞善罰惡，非爲己也，以爲國也。適於己而無功於國者，不加賞焉；逆於己而便於國者，不施罰焉。盧云：「『逆於己而便於國者』，『而便』俗作『而有勞。』」孫云：「『是以明主一賞善罰惡』，一當作之，淮南繆稱篇云：『明主之賞罰，非以爲己也，以爲國也。』」楊云：「一字誤，校釋謂當作之，是也。淮南繆稱篇：『明主之賞罰，非以爲己也，以爲國也。適於己而無功於國者，不施賞焉；逆於己便於國者，不加罰焉。』」岷案程榮本、王謨本、畿輔本「而便」並作「而有勞。」楊氏引淮南繆稱篇云云，又見文子微明篇（「便於國者」上有而字，是也）。帝範賞罰篇亦云：「適己而妨於道，不加祿焉；逆己而便於國，不施刑焉。」罰必施於有過，賞必加於有功。楊云：「韓非子難一篇：『明主賞不加於無功，罰不加於無罪。』」岷案説苑政理篇：「夫有功而不賞，則善不勸；有過而不誅，則惡不懼。」苟善賞信而罰明，岷案程榮本、王謨本、畿輔本善並作能，善猶能也。呂氏春秋蕩兵篇：「能用之則爲福（今本能作善，據高注正），不能用之則爲禍。」亢倉子兵道篇能並作善，（昔年寫呂氏春秋校補時，立説微失。）即其比。則萬人從之。若舟之循川，車之遵路，亦奚向而不濟，何行而弗臻矣？

審名第十六

言以譯理，盧云：「譯，俗作繹。」岷案舊合字本、類纂本、程榮本、王謨本、畿輔本譯皆作繹，古通。理爲言本；名以訂實，實爲名源。楊云：「管子九守篇：『修名而督實，按實而定名。名實相生，反相爲情。』」（岷案楊氏引管子「修名而督實」，修乃循之誤，戴望校正有説。）有理無言，則理不可明；有實無名，則實不可辨。岷案舊合字本辨作辯，下同。理由言明，而言非理也；實由名辨，而名非實也。今信言以棄理，實非得理者也；岷案非上實字衍，下文可照，子彙本、百子本並無實字，是也。信名而略實，非得實者也。故明者課言以尋理，岷案説文：「課，試也。」試猶考也。周禮夏官稾人：「試其弓弩」，鄭注：「故書試爲考。」即其證。不遺理而著言；執名以責實，不棄實而存名。然則言理兼通，而名實俱正。世人傳言，皆以小成大，以非爲是。傳彌廣，理逾乖；名彌假，實逾反。岷案程榮本、王謨本、畿輔本理上、實上並有而字。則迴犬似人，轉白成黑矣。楊云：「吕氏春秋察傳篇：『夫得言不可以不察，數傳而白爲黑，黑爲白。故狗似玃，玃似母猴，母猴似人。人之與狗則遠矣。』」今指犬似人，轉白似黑，盧云：「『轉白似黑』，似，俗作成。」岷案程榮本、王謨本、畿輔本似並作成。則不類矣。轉以類推，盧云：「轉，俗作專。」岷案程榮本、王謨本、畿輔本轉並作專。以此象彼，謂犬似玃，玃似狙，狙似人，則犬似人矣。謂白似緗，袁註：「淺黃色也。」緗似黃，黃似朱，朱似紫，紫似紺，袁註：「青色也。」紺似黑，則白成黑矣。黃軒四面，非有八目；袁註：「黃軒，是軒轅黃帝也。」楊云：「尸子：『子貢曰：「古者，黃帝四面，信乎？」孔子曰：「黃帝取合己者四人，使治四方，不謀而親，不約而成，大有成功，此之謂四面。」』又見吕氏春秋本味篇（高注誤）、魏志魏文帝紀注、帝王世紀（御覽七十九引）、臣軌同體章（面誤目）。」岷案御覽七九引帝王世紀作「黃帝四目。」與臣軌同體章引尸子作「黃帝四目」同。夔之一足，必有獨脛；楊云：「必、有二字，疑有一誤。韓非子外儲説左下：『魯哀公問於孔子曰：「吾聞古者有夔一足，其果信有一足乎？」孔子對曰：「不也。夔，非一足也。一而足也。」』（又見呂氏春秋察傳篇、論衡書虛篇、風俗通義正失篇、孔叢子論書篇。）」岷案「必有」疑本作「必非」，涉上有字而誤也。周人玉璞，其實死鼠；楊云：「戰國策秦策三：『鄭人謂玉未理者璞，周人謂鼠未腊者朴。周人懷璞過鄭賈曰：「欲買朴乎？」鄭賈曰：「欲之。」出其朴視之，乃鼠也。』（又見尹文子大道下篇。）」岷案秦策云云，御覽八百五引文子亦有此文，朴並作璞，與尹文子合，蓋誤以尹文子爲文子也。楚之鳳凰，乃是山雞；楊云：「尹文子大道上篇：『楚人擔山雉者，路人問「何鳥也？」擔雉者欺之曰：「鳳皇也。」路人曰：「我聞有鳳皇，今直見之，汝販之乎？」曰：「然則十金。」弗與。請加倍，乃與之，……國人傳之，咸以爲真鳳皇。』（又見博物志史補篇。）」岷案尹文子大道篇云云，御覽六二六引文子亦有此文，蓋誤以尹文子爲文子也。（博物志史補篇無此文，楊氏失檢。）愚谷智叟，而像頑稱；袁註：「昔有賢人，隱在愚谷，自號愚公。時人聞之，謂之實是愚人。後知是賢智之人也。」孫詒讓云：「此見説苑政理篇，袁注未憭。（此書所用故實，注多不能得其根柢，或疑此書即袁孝政僞作，殆不然也。）」楊云：「韓非子佚文：『昔齊桓公入山，問父老「此爲何谷？」答曰：「臣舊畜牛生犢，以子買駒。少年謂牛不生駒，遂持而去，旁隣謂臣愚，遂名愚公谷。」』（藝文類聚九引。又見説苑政理篇，御覽五十四引桓譚新論亦同。）」岷案御覽五四引桓子曰：「昔齊桓公入谷，問父老曰：『此何谷？』答曰：『謂臣愚，名爲愚公谷。』」此亦韓非子佚文，桓子，蓋本作韓子，涉下齊桓公而誤也。（藝文類聚九引入水部下谷類，作韓子，御覽五四引入地部十九谷類，可證御覽正本於藝文類聚，亦當作韓子。）楊氏以爲引桓譚新論，恐非。黃公美女，乃得醜名；楊云：「尹文子大道上篇：『齊有黃公者，好謙卑。有二女，皆國色。以其美也，常謙辭毀之，以爲醜惡；醜惡之名遠布。年過，而一國無聘者。衛有鰥夫，時冒聚之，果國色。然後曰：「黃公好謙，故毀其子不姝美。」於是爭禮之，亦國色也。』（又見博物志史補篇。）」岷案事文類聚後集十一：「黃公有女至美。其父常謙曰『醜。』人謂實然，過時無聘者。」蓋本於尹文子。（博物志史補篇無此文，楊氏失檢。）魯人縫掖，實非儒行；袁註：「縫，大也。大掖之衣，單衣大袂也。」楊云：「禮記儒行：『魯哀公問於孔子曰：「夫子之服，其儒服與？」孔子對曰：「丘少居魯，衣逢掖之衣。」』莊子田子方篇：『莊子曰：「魯少儒。」哀公曰：「舉魯國而儒服，何謂少乎？」莊子曰：「周聞之，儒者冠圜冠者，知天時；履句屨者，知地形；緩佩玦者，事至而斷。君子有其道者，未必爲其服也；爲其服者，未必知其道也。公固以爲不然，何不號於國中曰：『无此道而爲此服者，其罪死！』」於是哀公號之五日，而魯國无敢儒服者。』」岷案類纂本「縫掖」作「逢掖」，與禮記儒行合。縫、逢古通。東郭吹竽，而不知音。袁註：「竽，似笙，有三十六管。」楊云：「韓非子内儲說上：『齊宣王使人吹竽，必三百人。南郭處士請爲王吹竽，宣王說之。廩食以數百人。宣王死，湣王立，好一一聽之，處士逃。（晉書劉寔傳：『南郭先生，不知吹竽者也。』）又按孔昭作東郭，與文心雕龍聲律篇同。』」四面、一足，本非真實；玉璞、鳳凰，不是定名；魯人、東郭，空濫美稱；愚谷、黄公，横受惡名。由此觀之，傳聞喪真，翻轉名實，美惡無定稱，賢愚無正目。俗之弊者，不察名實，虛信傳說，盧云：「〔程榮本〕信字脱，說下衍者字。」岷案類纂本、王謨本、畿輔本並作「虛傳說者」，非。即似定真。岷案類纂本似作是。聞野丈人，謂之田父；河上姹女，謂之婦人；堯漿、禹粮，謂之飲食；龍肝、牛膝，謂之爲肉。袁註：「皆是藥草之名也。」盧氏據程榮本，「堯漿禹糧」下無「謂之飲食」四字。云：「以上下文例之，當有『謂之飲食』四字。」楊云：「肝，疑當作膽。並藥名，見本草。抱朴子黄白篇：『凡方書所名藥物，又或與常藥物同而名異者，如河上姹女，非婦人也；……禹餘糧，非米也；堯漿，非水也。而俗人見方用龍膽，……牛膝，皆謂之血氣之物也。見用……野丈人，……則謂人之姓名也。』」岷案類纂本、王謨本、畿輔本皆脱「謂之飲食」四字。禹糧，本草、抱朴子並作禹餘糧，此省餘字，與堯漿對言。御覽九八八引博物志：「今藥中有禹餘糧者，世傳昔禹治水，棄其所餘食於江中而爲藥也。」掘井得人，謂言自土而出；楊云：「程榮本、王謨本、畿輔本並無謂字，謂字涉上衍，當據刪。呂氏春秋察傳篇：『宋之丁氏，家無井而出溉汲，常一人居外，及其家穿井，告人曰：「吾穿井得一人。」有聞而傳之者，曰：「丁氏穿井得一人。」國人道之，聞之於宋君。宋君令人問之於丁氏，丁氏對曰：「得一人之使，非得一人於井中也。」』（又見論衡書虛篇、風俗通義正失篇、子華子陽城胥渠問篇。）」岷案楊氏謂「謂字涉上衍」，是也。類纂本亦無謂字。三豕渡河，云彘行水上。楊云：「呂氏春秋察傳篇：『子夏之晉，過衛，有讀史記者，曰：「晉師三豕涉河。」子夏曰：「非也，是己亥也。夫己與三相近，豕與亥相似。」至於晉而問之，則曰：「晉師己亥涉河也。」』」岷案呂氏春秋察傳篇云云，又見孔子家語弟子解。（「三豕涉河，」涉作渡，與此合。）風俗通義正失篇：「『晉師己亥渡河』，有『三豕』之文，非夫大聖至明，孰能原析之乎！」文心雕龍練字篇：「『三豕渡河』，文變之謂也。」凡斯之類，不可勝言。故狐、狸二獸，因其名便，合而爲一，袁註：「狸是野猫。」楊云：「淮南繆稱篇：『今謂狐狸，則必不知狐，又不知狸。非未嘗見狐者，必未嘗見狸也。狐、狸非異，同類也。而謂狐狸，則不知狐、狸。』」岷案狸與貍同。廣雅釋獸：「貍，貓也。」蛩蛩巨虚，其寔一獸，因其詞煩，分爲二。楊云：「程榮本、王謨本、畿輔本分下並有而字。」而字當有，與上一律。爾雅釋地：「西方（韓詩外傳五、説文虫部同。山海經海外北經作北海。呂氏春秋不廣篇、淮南道應篇、説苑復恩篇，則又作北方。）有比肩獸焉。鼠前而兔後，爲邛邛岠虛齧甘草；即有難，邛邛岠虚負而走。其名謂之蟨。」注雅諸家，俱以邛邛岠虚爲一獸，故孔昭云爾。（穆天子傳一：『邛邛距虛走百里。』郭注：『亦馬屬。』尸子曰：「距虛不擇地而走。」山海經云：「邛邛距虛。」並言之耳。」）然周書王會解：「獨鹿邛邛，孤竹距虛。」漢書司馬相如傳：『蹵邛邛，轔距虛。』皆分爲二獸。（孔晁、張揖注，亦分爲二獸。）説苑復恩篇同。爾雅翼：「邛邛、距虛，蓋二獸。」則以爲一獸者誤也。」岷案類纂本分下亦有而字。王符潛夫論實邊篇：「蛩蛩、距虛，更相恃仰，乃俱安存。」蓋亦以爲二獸。（蛩蛩與邛邛同。當以作蛩爲正。巨虛、岠虛、距虛，並同。當以作巨虛爲正。）斯雖成其名，而不知敗其實。弗審其詞，而不察其形。是以古人必慎傳名，近審其詞，遠取諸理，不使名害於實，實隱於名。故名無所容其僞，實無所蔽其真，此謂正名也。岷案程榮本、王謨本、畿輔本此下並有之字。

卷之四

鄙名第十七 岷案程榮本、王謨本、畿輔本，此篇並列入卷三。

名者，命之形也；言者，命之名也。楊云：「尹文子大道上篇：『名者，名形者也；形者，應名者也。』」形有巧拙，名有好醜，言有善惡。名言之善，則悦於人心；名言之惡，則忮於人耳。是以古人制邑名子，必依善名。楊云：「說苑說叢篇：『制宅名子，足以觀士。』」名之不善，害於實矣。昔畢萬以盈大會福；楊云：「左閔元年傳：『賜畢萬魏，以爲大夫。……卜偃曰：「畢萬之後必大，萬，盈數也；魏，大名也。以是始賞，天啟之矣。天子曰兆民，諸侯曰萬民；今名之大，以從盈數，其必有衆。」』史記晉世家：『烈公十九年，周威烈王賜趙、韓、魏，皆命爲諸侯。』」岷案事又見史記魏世家、風俗通義皇霸篇。晉仇以怨偶逢禍。盧云：「〔程榮本〕仇誤讎。」楊云：「左桓二年傳：『初，晉穆侯之夫人姜氏，以條之役生大子，命之曰仇；其弟以千畝之戰生，命之曰成師。師服曰：「異哉！君之名子也。……嘉耦曰妃，怨耦曰仇，古之命也。今君命大子曰仇，弟曰成師，始兆亂矣！兄其替乎？」惠之二十四年，晉始亂。』」岷案王謨本、畿輔本仇亦並誤讎。事又見史記晉世家。然盈大者，不必盡吉；怨偶者，不必皆凶，而人懷愛憎之意者，以其名有善惡也。今野人晝見蟢子者，以爲有喜樂之瑞；楊云：「西京雜記（抱經堂本）下：『陸賈曰：「乾鵲噪而行人至，蜘蛛集而百事喜。」』爾雅釋蟲：『蟏蛸，長踦。』郭注：『小鼅鼄長脚者，俗呼爲喜子。」疏：『陸機疏云：「一名長脚，荆州河内人謂之喜母（案御覽九百四十八引作喜子）。此蟲來著人衣，當有親客至，有喜也。』」（岷案爾雅疏引陸機疏，機當作璣。）夜夢見雀者，以爲有爵位之象。楊云：「論衡感類篇：『人且得官，先夢得爵（爵與雀通），其後莫舉，猶自得官。何則？兆象先見，其驗必至也。』」岷案子彙本雀誤鵲，下文「夢雀者」亦誤鵲。百子本此文及下文「夢雀者」、「以蟢雀之徵」，皆誤鵲。然見蟢者，未必有喜；夢雀者，未必蟬冠，舊合字本蟬字同。楊云：「法藏敦煌本蟬作彈，餘本同。（道藏本亦誤作蟬。）彈字是。漢書王吉傳：『吉與貢禹爲友，世稱「王陽在位，貢公彈冠。」』顏注：『彈冠者，言入仕也。』」岷案類纂本、子彙本蟬字並誤。程榮本、王謨本、畿輔本、百子本皆作彈。而人悦之者，以其名利人也。水名盜泉，尼父不漱；楊云：「尸子：『孔子過於盜泉，渴矣，而不飲。惡其名也。』論語比考讖：『水名盜泉，仲尼不漱。』又見説苑説叢篇、鹽鐵論晁錯篇、後漢書鍾離意傳。（淮南説山篇則以之屬曾子。）」岷案論衡問孔篇：「孔子不飲盜泉之水。」荀悦申鑒俗嫌篇：「盜泉、朝歌，孔、墨不由。」楊氏引論語比考讖云云，後漢書列女傳注作撰考讖。天中記十引論語撰考讖作「水名盜泉，仲尼不飲。」邑名朝歌，顏淵不舍；楊云：「御覽一百六十一引『顏淵不舍』，作『墨子廻車。』按墨子非樂，故不入朝歌之邑，淮南説山篇（墨子非樂，不入朝歌之邑）、漢書鄒陽傳（邑號朝歌，墨子回車）、古文苑（卷三）司馬相如美人賦（古之避色，孔、墨之徒，聞齊饋女而退逝，望朝歌而廻車。章注：邑名朝歌，墨子回車）並爾。而今本劉子以爲顏淵事，與論語比考讖合（邑名朝歌，顏淵不舍。顏氏家訓文章篇同）。御覽引劉子文者，止此一見，果孔昭原作『墨子廻車』，李昉諸人當引淮南等書較量；今若此，豈後人竄改之歟？（法藏敦煌本此數句漫漶，故無從校正。）」岷案御覽一六一引「邑名」作「邑號」，與漢書鄒陽傳（本史記鄒陽列傳）、顏氏家訓文章篇同。新序節士篇：「邑號朝歌，墨子回車。」（號字亦與御覽引此文同。）文選曹子建與吴季重書：「墨翟不好伎，何爲過朝歌而迴車乎？」亦並以爲墨子事，此文及論語比考讖、顏氏家訓，則並屬之顏淵，蓋各有所本。御覽引此文作「墨子廻車」，疑由習讀鄒陽獄中上梁孝王書而妄改也。（楊氏引司馬相如美人賦，又見藝文類聚十八。）里名勝母，曾子還軔；孫云：「楊先生云：『軔當作軫。』案先生言是也。楚語云：『春秋相事，以還軫於諸侯。』又云：『還軫諸侯，不敢淫逸。』晉語：『還軫諸侯，可謂窮困。』韋注云：『軫，車後横木也。』『還軫』猶還車，揚雄羽獵賦云：『因回軫還衡』，潘岳西征賦云：『鶩横橋而旋軫。』」楊云：「法藏敦煌本『還軔』作『按劍』。敦煌本是。漢書鄒陽傳：『燕王按劍而怒。』淮南説山篇：『曾子立孝，不過勝母之閭。』又見説苑説叢篇、鹽鐵論晁錯篇、顔氏家訓文章篇。（尸子則以屬之孔子。）」岷案史記鄒陽列傳：「故縣名勝母，而曾子不入。」（漢書縣作里，無而字。）新序節士篇：「縣名勝母，曾子不入。」論衡問孔篇：「曾子不入勝母之閭。」後漢書鍾離意傳：「曾參回車於勝母之閭。」天中記十引論語撰考讖：「里名勝母，曾子斂襟。」（顔氏家訓亦作「斂襟。」）亭名柏人，漢后夜遁。盧云：「（程榮本）后誤後。」楊云：「史記張耳傳：『漢八年，上從東垣還，過趙。貫高等乃壁人柏人，要之置。上過，欲宿，心動。問曰：「縣名爲何？」曰：「柏人。」「柏人者，迫於人也。」不宿而去。』」岷案畿輔本后亦誤後。類纂本后作高，王謨本作侯，並臆改。事又見漢書高帝紀。何者？以其名害義也。以嬉、雀之徵，孫云：「徵當作微，形近而譌。『嬉、雀之微』，與下文『邑、泉之大』對。」無益於人，名苟近善，而世俗愛之；邑、泉之大，生人所庇，名必傷義，岷案上言「名苟近善」，此言「名必傷義」，苟、必互文，必猶苟也。明謙篇：「必矜其功，雖賞之而稱勞，情猶不足；苟伐其善，雖與之賞多，必怨其少。」大質篇：「是以生苟背道，不以爲利；死必合義，不足爲害。」必、苟並互文，與此同例。聖賢惡之。由此而言，則善惡之義，在於名也。孫云：「義讀爲儀，詩蒸民：『我儀圖之』，釋文作義。肆師職注：『故書儀但作義。』説文：『儀，度也。』」昔有貧人，命其狗曰富，命子曰樂。方祭，而狗入於室，叱之曰：「富出！」祝曰：「不祥。」家果有禍。其子後死，哭之曰：「樂！」而不自悲也。孫云：「『不自悲，』當作『不似悲。』既哭之矣，非不悲也。特不似悲者之言耳。尸子：『齊有田果者，命其狗爲富，命其子爲樂。將欲祭也，狗入於室，果呼之曰：「富出！」巫曰：「不祥也。」家果大禍。長子死，哭之曰：「樂乎！」而不似悲也。』」案以狗爲富，後世俗猶然。近孫氏南通方言疏證云：「雪濤叢談載其邑諺云：『猪來窮來，狗來富來。今之畜狗者，或命其名曰來富。』」岷案「命子曰樂。」舊合字本、類纂本、程榮本、王謨本、畿輔本命下並有其字，（尸子同。）與上文句法一律。「其子後死」，類纂本「子後」二字倒。藝文類聚三八引尸子作「齊有貧者，命其狗爲富，命其子爲樂。方將祭，狗入於室，叱之曰：『富出！』祝曰：『不祥。』家果有禍。長子死。哭之曰：『樂乎！』而不自悲也。」（又見御覽九百五。）與此文尤合。

莊里有人，字其長子曰盜，次子曰毆，盜持衣出耨，其母呼之曰：「盜！」吏因縛之。其母呼毆毆喻吏，遽而聲不轉。但言：「毆！毆！」吏因毆之。盜幾至於殪。

盧云：「『莊里有人』，（程榮本）里誤公。」楊云：「尹文子大道下篇：『莊里丈人字其長子曰盜，次子曰毆。盜出行，其父在後追呼之曰：「盜！盜！」吏聞，因縛之。其父呼毆！喻吏遽，而聲不轉，但言毆！毆！吏因毆之，幾殪。』」岷案「莊里有人」，類纂本、畿輔本，里亦並誤公。王謨本作「莊公時有人」，蓋不知公是誤字，復妄加時字耳。孟子滕文公下篇：「引而置之莊、嶽之間。」趙岐注：「莊、嶽，齊街里名也。」彼文之莊，疑即此文（本於尹文子）之莊里。「其母呼毆毆喻吏」，毆字不當疊，當據尹文子刪。「遽而聲不轉。」玉篇：「遽，急也。」楊氏斷句作「其母呼毆！毆！喻吏遽，而聲不轉。」非。尹文子作「其父呼毆喻吏，遽而聲不轉。」楊氏斷句亦誤。「盜幾至於殪。」說文：「殪，死也。」

立名不善，身受其弊，

岷案類纂本、程榮本、王謨本、畿輔本身並作而。

審名之宜，豈不信哉？

知人第十八

龍之潛也，慶雲未附，則與魚鱉爲鄰；岷案慶雲即卿雲，史記天官書：「若煙非煙，若雲非雲，郁郁紛紛，蕭索輪囷，是謂卿雲。」正義：「卿，音慶。」藝文類聚九八引，正作慶雲。漢書揚雄傳（載揚雄反離騷）：「懿神龍之淵潛兮，竢慶雲而將舉。」（兮字舊脱。）驥之伏也，孫陽未賞，必與駑駘同櫪；袁註：「駑駘，鈍馬也。」楊云：「説文：『驥，千里馬也。孫陽所相者。』莊子馬蹄篇釋文：『伯樂，姓孫，名陽。』」士之翳也，知己未顧，盧云：「〔程榮本〕顧誤願。」岷案畿輔本顧亦誤願。亦與傭流雜處。岷案舊合字本、百子本傭並作庸，古通。自非神機洞明，莫能分也。盧云：「〔程榮本〕『神機』二字脱。」岷案類纂本、王謨本、畿輔本亦並脱「神機」二字。故明哲之相士，聽之於未聞，察之於未形，而監其神智，岷案程榮本、王謨本、畿輔本監並作鑒，古通。識其才能，可謂知人矣。若功成事遂，然後知之者，何異耳聞雷霆而稱爲聰，目見日月而謂之明乎？楊云：「鶡冠子度萬篇：『見日月者不爲明，聞雷霆者不爲聰。』（又見孫子軍形篇。）」故孔方諲之相馬也，雖未追風逐電，絶塵掣影，而迅足之勢，固已見矣；盧云：「『絶塵掣影』，掣，俗作滅。」孫詒讓云：「『故孔方諲之相馬也』，孔當作九，九方諲，即莊子徐無鬼篇之九方歅，吕氏春秋觀表篇作九方堙。」孫（楷第）云：「『絶塵掣影』，掣當讀爲契，易睽卦：『見輿曳，其牛掣。』釋文：『子夏作契。』是掣、契假借之例。釋詁：『契，滅絶也。』掣、絶義同。程本逕改爲『滅影』，義是而文非矣。」楊云：「法藏敦煌本孔作九，九字是。孔蓋九草書之誤。淮南道應篇：『秦穆公謂伯樂曰：「子之年長矣，子姓有可使求馬者乎？」對曰：「……臣有所與共儋纆采薪者九方堙，（列子説符篇堙作皋。）比其於馬，非臣之下也。請見之。」穆公見之，使之求馬。……馬至，而果千里之馬。』（列子説符篇文同。）」岷案文心雕龍書記篇：「譬九方堙之識駿足，而不知毛色牝牡也。」亦可證今本此文孔字之誤。王謨本、畿輔本「掣影」亦並作「滅影」。王褒聖主得賢臣頌：「追奔電，逐遺風。」（見漢書王褒傳及文選卷四十七。）薛燭之賞劒，雖未陸斬玄犀，水截蛟龍，而鋭刃之資，亦已露矣。盧云：「『蛟龍』，（程榮本）訛『輕羽』」。楊云：「越絶書外傳紀寳劒篇：『昔者，越王句踐有寳劒五，聞於天下，客有能相劒者，名薛燭；王召而問之。……』（又見吴越春秋闔閭内傳。）」岷案「薛燭之賞劒」下，類纂本、程榮本、王謨本、畿輔本皆有也字。與上文句法一律。「蛟龍」，類纂本、王謨本、畿輔本皆誤作「輕羽」。藝文類聚六十、御覽三四三並引吴越春秋：「秦客薛燭善相劒。」故范蠡吠於犬竇，文種聞而拜之；楊云：「吴越春秋佚文：『大夫種，姓文，名種，字子禽。荆平王時，爲宛令，之三户之里；范蠡從犬竇蹲而吠之，從吏恐文種慙，令人引衣而障之。文種曰：「無障也。吾聞犬之所以吠者，人；今吾到此，有聖人之氣，行而求之，來至於此。且人身而犬吠者，謂我是人也。」乃下車拜，蠡不爲禮。』（史記越世家正義引。）」岷案天中記八引犬作狗。鮑龍跪石而吟，仲尼爲之下車；楊云：「説苑尊賢篇：『鮑龍跪石而登嶐，孔子爲之下車。』」堯之知舜，不違桑陰；楊云：「海録碎事二引陰作曕，（能改齋漫録七、芥隱筆記，並引作陰。）曕字非是。戰國策趙策四：『堯見舜於草茅之中，席隴畝而曕庇，桑陰移而授天下。』説苑尊賢篇：『堯、舜相見，不違桑陰。』」文王之知吕望，不以永日。楊云：「『永日』，芥隱筆記作『永昌』，當是傳寫之誤。説苑尊賢篇：『文王舉太公，不以日久。』」眉睫之微，而形於色；音聲之妙，而動於心。楊云：「説苑尊賢篇：『眉睫之微，接而形於色；聲音之風，感而動乎心。』」岷案類纂本、程榮本、王謨本、畿輔本睫並作映，同。賢聖觀察，岷案舊合字本、類纂本、百子本，「賢聖」二字並倒，天中記引同。不待成功而知之也，陳平之棄楚歸漢，魏無知識其善謀；韓信之亡於黑水，蕭何知其能將。豈特吐六奇而後明；破趙、魏而方識哉？楊云：「陳平事見史記陳丞相世家（卷五十六）、韓信事見淮陰侯列傳（卷九十二）。」岷案類纂本、子彙本、程榮本、王謨本、畿輔本、百子本特並作待，特即待之形誤。陳平事又見漢書陳平傳、韓信事又見漢書韓信傳。若非臨機能謀，岷案子彙本、百子本非並作夫，是也。非字涉下文「非明哲之鑒」而誤，程榮本、畿輔本並作于，王謨本作於，於與于同，蓋臆改。而知其智；犯難涉危，乃見其勇。岷案說苑尊賢篇：「非必與之犯難涉危，乃知其勇也。」是凡夫之識，非明哲之鑒。公輸之刻鳳也，冠距未成，翠羽未樹，人見其身者，謂之⿺走鳥鵄；盧云：「〔程榮本〕⿺走鳥鵄誤龍鵄；亦作⿺走鳥鴟。見爾雅『狂，茅鴟。』郭注。」岷案王謨本、畿輔本並誤作龍鵄。說郛第六讀子隨識誤龍雞。見其首者，名曰鴮鸅。岷案爾雅釋鳥：「鵜，鴮鸅。」皆訾其醜而笑其拙，及鳳之成，翠冠雲聳，朱距電搖，錦身霞散，綺翮焱發，翽然一翥，岷案讀子隨識搖作撻，焱作烟。撻字疑誤。說文：「『焱，火華也。』『翽，飛聲也。』詩〔大雅卷阿〕曰：「鳳皇于飛，翽翽其羽。」』（段注：『詩釋文引說文「羽飛也」』。）『翥，飛舉也。』」翻翔雲棟，三日而不集。楊云：「墨子魯問篇：『公輸子削竹木以爲鵲，成而飛之，三日不下。』（又見淮南齊俗篇。）」岷案論衡儒增篇：「儒書稱魯般、墨子之巧，刻木爲鳶，飛之三日而不集。」（又見亂龍篇，與淮南齊俗篇合。）淮南本經篇高注：「公輸，巧者。一曰，魯班之號也。」班與般同。楊氏引墨子魯問篇云云，又見僞慎子外篇。然後讚其奇而稱其巧。

堯遭洪水，浩浩滔天，蕩蕩懷山，下民昏墊。禹爲匹夫，未有功名，堯深知之，使治水焉，乃鑿龍門，斬荊山，導熊耳，通鳥鼠，櫛奔風，沐驟雨，面目黧皯，手足胼胝，冠絓不暇取，經門不及過，使百川東注于海，西被于流沙，生人免爲魚鱉之患。孫云：「『西被于流沙』，五字當刪，此寫者熟於尚書文而誤衍。」王重民巴黎敦煌本劉子新論殘卷（伯目二五四六）敍録云：「此卷子本正無此五字。」楊云：「書堯典：『帝曰：「咨！四岳，湯湯洪水方割，蕩蕩懷山襄陵，浩浩滔天，下民其咨。」』益稷：『禹曰：「洪水滔天，浩浩懷山襄陵，下民昏墊。」』禹貢：『導岍及岐至于荊山，……導河積石至于龍門，……導渭自鳥鼠同穴，……導洛自熊耳。』莊子天下篇：『昔者，禹許之湮洪水，決江河，而通四夷九州也，……沐甚雨，櫛疾風。』呂氏春秋行論篇：『禹不敢怨，……以通水潦，顏色黎黑。』淮南原道篇：『禹之趨時也，履遺而弗取，冠挂而弗顧。』（又見吳越春秋越王無余外傳。）孟子滕文公上篇：『禹八年於外，三過其門而不入。』禹貢：『東漸于海，西被于流沙。』淮南泰族篇：『禹鑿龍門，闢伊闕，決江濬河，東注之海。』左昭元年傳：『劉子曰：「美哉禹功，明德遠矣！微禹，吾其魚乎？」』」岷案「下民昏墊」，書僞益稷正義引鄭注：「昏，没也。墊，陷也。」「面目黧䵑」，䵑，正作皯，説文：「皯，面黑气也。」淮南脩務篇：「禹沐霪雨（今本沐下衍浴字），櫛扶風，決江疏河，鑿龍門，闢伊闕，脩彭蠡之防。」史記李斯列傳：「禹鑿龍門，通大夏，疏九河，曲九防，決渟水致之海，而股無胈，脛無毛，手足胼胝，面目黎黑。」桓寬鹽鐵論相刺篇：「禹鼜洪水，身親其勞，澤行路宿，過門不入。當此之時，簪墮不掇，冠挂不顧。」御覽七七引傅子：「禹治洪水，冠挂不顧者，不以下憂累其上也。」敦煌本虞世南帝王略論：「舜乃舉禹治水，不貴尺璧而重寸陰。櫛風沐雨，冠挂不顧，履脱不納。」路史後紀十二夏后氏紀：「（禹）治水土，……纚長風，沐甚雨，……冠罣而弗顧，屐稅而弗納。」本書惜時篇：「故大禹之趨時，冠掛而不顧。」又案僞慎子外篇：「堯讓天下於許由，許由曰：『洪水滔天，下民昏墊，由不能櫛奔風，沐驟雨。』」於是衆人咸歌詠，始知其賢。故見其朴而知其巧者，是王爾之知公輸也；楊云：「淮南本經篇高注：『王爾，古之巧匠也。』」鳳成而知其巧者，是衆人之知公輸也。未有功而知其賢者，是堯之知禹也；有功而知其賢者，是衆人之知禹也。楊云：「呂氏春秋審應覽：『未有功而知其聖也，是堯之知舜也；待其功而後知其舜也，是市人之知聖（聖、舜二字淆次）也。』（又見淮南氾論篇、論衡知實篇。）」故知人之難，未易遇也。盧氏拾補據程榮本難作君，云：「藏作難。」岷案舊合字本、子彙本、百子本難字並同。喻林六六亦引作難。類纂本、王謨本、畿輔本並作君。上文所述知人之事，非僅及君，則難之作君，疑後人所改也。俟生，夷門抱關之隸，盧云：「隸，俗作吏。」舊合字本隸作吏，楊云：「法藏敦煌本吏下有也字。有也字，與下一律。」岷案類纂本、王謨本、畿輔本隸亦並作吏。見知於無忌；豫子，范、中行之亡虜也，盧云：「（程榮本）也字脱。」岷案類纂本、王謨本、畿輔本亦並無也字，蓋不知上文本有也字，而妄删之也。蒙知於智伯。盧氏拾補據程榮本知作異，云：「異，藏作知。」岷案舊合字本、子彙本、百子本知字並同。類纂本、王謨本、畿輔本並作異。名尊而身顯，榮滿於當世。雖復刎頸魏庭，漆身趙郊，盧云：「郊，俗作地。」岷案類纂本、程榮本、王謨本、畿輔本郊並作地。揣情酬德，未報知己虛左之顧，國士之遇也。楊云：「侯生事見史記信陵君列傳（卷七十七）。豫讓事見戰國策趙策一。（又見史記刺客列傳。）」岷案豫讓事，又見呂氏春秋不侵篇、恃君篇、賈子階級篇、淮南主術篇、説苑復恩篇。世之烈士，願爲賞者授命，盧云：「賞，俗作君。」岷案類纂本、程榮本、王謨本、畿輔本賞並作君。猶瞽者之思視，躄者之想行，而目終不得開，足不得伸，岷案類纂本、王謨本足下並有終字，與上文一律。徒自悲夫！

薦賢第十九

國之需賢，譬車之恃輪，猶舟之倚檝也。車摧輪則無以行，舟無檝則無以濟。國之乏賢，岷案程榮本、王謨本、畿輔本並脱之字。則無以理；國之多賢，如託造父之乘，袁註：「造父，是穆王時善御之人也。」岷案造父爲周穆王御，見史記秦本紀、穆天子傳四、列子周穆王篇。附越客之於舟，袁註：「越客，是越人，居于海上，善能乘舟。」岷案子彙本、程榮本、王謨本、畿輔本、百子本皆無於字，喻林七一引同。是也。此涉註文而衍。身不勞而千里可期，足不行而蓬萊可至。袁註：「山名蓬萊，在〔渤〕海中，仙人所居處也。」岷案蓬萊神山，見史記封禪書、漢書郊祀志、列子湯問篇。朝之乏賢，若鳳虧六翮，楊云：「韓詩外傳六：『夫鴻鵠一擧千里，所恃者六翮耳。』(又見説苑尊賢篇。)」岷案説苑尊賢篇：「夫朝無賢人，猶鴻鵠之無羽翼也。」又云：「鴻鵠高飛遠翔，其所恃者六翮也。」(此蓋楊氏所指。)」新序雜事第一：「今夫鴻鵠高飛沖天，然其所恃者六翮耳。」抱朴子貴賢篇：「鴻鸞之淩虚也，六翮之力也。」欲望背摩青天，岷案程榮本、王謨本、畿輔本摩並作磨，古通。莊子逍遥遊篇：「背負青天。」(又見淮南人閒篇。)本書均任篇：「背負蒼天。」臆衝絳煙，終莫由也。峻極之山，楊云：「詩大雅崧高：『駿極于天。』毛傳：『駿，大。極，至也。』禮記孔子閒居注引作峻。」岷案韓詩外傳五引詩亦作峻。禮記中庸亦云：「峻極于天。」非一石所成；凌雲之榭，非一木所搆；狐白之裘，非一腋之毳；楊云：「説苑建本篇：『千金之裘，非一狐之皮；臺廟之榱，非一木之枝。』(意林二引慎子文略同。)呂氏春秋用衆篇：『天下無粹白之狐，而有粹白之裘，取之衆白也。』(又見淮南説山篇。)」岷案類纂本搆作構，喻林六三引同。構、搆，正、俗字。説文：「毳，獸細毛也。」治要引慎子知忠篇：「廊廟之材，蓋非一木之枝也；狐白之裘，蓋非一狐之皮也。」（御覽七六六引同。文選盧子諒答魏子悌一首注、王子淵四子講德論注引，並無上也字、下蓋字。意林引無兩蓋字、兩也字，皮作腋。）御覽六九四引國策：「太廟之椽，非一木之枝也；千鎰之裘，非一狐之裘也。」（下裘字有誤。）史記劉敬列傳：「語曰：『千金之裘，非一狐之腋也；臺榭之榱，非一木之枝也。』」文選王子淵四子講德論：「故千金之裘，非一狐之腋；大廈之材，非一丘之木。」盧子諒答魏子悌一首：「崇臺非一幹，珍裘非一腋。」宇宙爲宅，非一賢所治。岷案類纂本所作之，之猶所也。（例詳經詞衍釋九。）是以古之人君，必招賢聘隱；盧云：「聘，俗作搜。」岷案程榮本、王謨本、畿輔本聘並作搜。人臣，則獻士舉知。唐昇二八，流睦睦之美；楊云：「左文十八年傳：『昔高陽氏有才子八人：蒼舒、隤敳、檮戭、大臨、尨降、庭堅、仲容、叔達，齊聖廣淵，明允篤誠。天下之民，謂之八愷。高辛氏有才子八人：伯奮、仲堪、叔獻、季仲、伯虎、仲熊、叔豹、季貍，忠肅共懿，宣慈惠和。天下之民，謂之八元。……堯舉八愷，使主后土，以揆百事，莫不時序，地平天成；舉八元，使布五教于四方，父義、母慈、兄友、弟共、子孝，內平外成。』」岷案說文：「睦，一曰敬和也。」舊合字本、類纂本、程榮本、王謨本、畿輔本美並作風。左傳「八愷」、「八元」云云，又見潛夫論五德志篇，文小異。周保十亂，播濟濟之詠。楊云：「論語泰伯篇：『武王曰：「予有亂臣十人。」』集解引馬曰：『亂，治也。治官者十人，謂：周公旦、召公奭、太公望、畢公、榮公、太顛、閎夭、散宜生、南宮适，其一謂文母。』」（書僞泰誓釋文同。）詩大雅文王：『濟濟多士，文王以寧。』毛傳：『濟濟，多威儀也。』」仲尼在衞，趙鞅折謀；楊云：「呂氏春秋召類篇：『趙簡子將襲衞，使史默往睹之，……史默曰：「謀利而得害，猶弗察也？今蘧伯玉爲相，史鰌佐焉；孔子爲客，子貢使令於君前，甚聽。」……趙簡子按兵而不動。』（又見說苑奉使篇。）」干木處魏，秦人罷兵；楊云：「呂氏春秋期賢篇：『秦興兵欲攻魏，司馬唐諫秦君曰：「段干木，賢者也。而魏禮之，天下莫不聞，無乃不可加兵乎？」秦君以爲然，乃按兵輟不敢攻之。』（又見新序雜事五。）」岷案事又見淮南脩務篇，司馬唐作司馬庾（高注：「庾，秦大夫也。或作唐。」）。宮奇未亡，獻公不侵；子玉猶存，文公側坐。孫云：「『不侵』，當作『不寢』。說苑尊賢篇云：『虞有宮之奇，晉獻公爲之終夜不寐；楚有子玉得臣，文公爲之側席而坐。遠乎，賢者之厭難折衝也。』即此所本。又案僖二年公羊傳云：『獻公朝諸大夫而問焉。曰：「寡人夜者寢而不寐，其意也何？」荀息進曰：「虞、郭見與？」獻公揖而進之，遂與之入而謀曰：「吾欲攻郭則虞救之，攻虞則郭救之，如之何？願與子慮之。」荀息對曰：「君若用臣之謀，則今日取郭而明日取虞耳。君何憂焉？」獻公曰：「然則奈何？」荀息曰：「請以屈產之乘與垂棘之璧往，必可得也。則寶出之內藏，藏之內府；馬出之內廄，繫之外廄爾。君何喪焉？」獻公曰：「諾。雖然，宮之奇存焉，如之何？」』淮南子泰族訓云：『晉獻公欲伐虞，宮之奇存焉，爲之寢不安席，食不甘味。而不敢加兵焉。』漢書辛慶忌傳：『何武上封事云：「虞有宮之奇，晉獻不寐。」』皆可證。鹽鐵論崇禮篇云：『楚有子玉得臣，文公側席。』漢書陳湯傳云：『臣聞楚有子玉得臣，文公爲之仄席而坐。』傅喜傳云：『子玉爲將，則文公側席而坐。』王嘉傳云：『昔楚有子玉得臣，晉文爲之側席而坐。』則其語甚古。」楊云：「法藏敦煌本侵作寑。案侵當作寢。敦煌本作寑，即寢之或體；（敦煌諸寫本，寢多作寑。）寢之作寑，猶寢宮之爲寑宮矣。左宣十二年傳：『晉師歸，桓子請死，晉侯欲許之。士貞子諫曰：「不可！城濮之役，晉師三日穀，文公猶有憂色。左右曰：『有喜而憂，猶有憂而喜也？』公曰：『得臣猶在，憂未歇也。』及楚殺子玉，公喜而後可知也，曰：『莫余毒也矣！』」』禮記曲禮上：『有憂者側席而坐。』」岷案侵乃寑之壞字。寑、寢古、今字。史記晉世家：「晉焚楚軍，火數日不息。文公歎。左右曰：『勝楚而君猶憂，何？』文公曰：『吾聞能戰勝安者，唯聖人。是以懼；且子玉猶在，庸可喜乎？』」楊氏引左宣十二年傳云云，又見說苑尊賢篇，「得臣猶在」，作「子玉猶存」，與此文尤合。

以此而言，則立政致治，折衝厭難者，舉賢之效也。

岷案「折衝」，謂挫折衝車也。（呂氏春秋召類篇高誘注，釋「折衝」爲「折還其衝車。」）詩大雅皇矣：「與爾臨衝。」毛傳：「衝，衝車也。」說文作䡴，云：「陷陣車也。」「厭難」，謂抑止禍難也。漢書辛慶忌傳：「何武上封事云：『故賢人立朝，折衝厭難。』」顏注：「厭，抑也。」

夫連城之璧，

楊云：「史記廉頗藺相如傳：『趙惠文王時，得楚和氏璧，秦昭王聞之，使人遺趙王書，願以十五城請易璧。』」

瘞影荊山；

岷案說文：「瘞，幽薶也。」

夜光之珠，潛輝鬱浦。玉無翼而飛，珠無脛而行，揚聲於章華之臺，炫燿於綺羅之堂者，蓋人君之舉也；賢士有脛而不肯至者，蓋才於幽岫，腐智於柴華者，蓋人不能自薦，未有爲之舉也。盧云：「『腐智於柴車，』『腐智』俗作『毀跡』」。楊云：「韓詩外傳六：『盍胥曰：「夫珠出於江海，玉出於崑山，無足而至者，猶（同由）主君之好也；士有足而不至者，蓋主君無好士之意耳。」』」王云：「『人君之舉也。』記纂淵海五八引君作爲，據下文『蓋人不能自薦，未有爲之舉也。』則作爲較佳。」岷案「人君之舉也。」疑本作「人君爲之舉也。」與下文作「爲之舉也」一律。記纂淵海所引脱君字，今本脱爲字耳。「而不肯至者」，程榮本、王謨本、畿輔本者並作殆，屬下讀。「腐智於柴華」，類纂本、程榮本、畿輔本「腐智」並作「毀迹」，王謨本作「毀跡」，跡與迹同。華與箄同，（左宣十二年傳：「箄路藍縷」，史記楚世家箄作華，即其證。）説文：「箄，藩落也。」（段注：「『藩落』猶俗云『籬落』也。」）故「柴華」即「柴藩」，（亦即「柴籬」。）倒其文則曰「藩柴」。曹植鰕䱇篇：「燕雀戲藩柴，安知鴻鵠遊？」即其例。盧氏拾補「柴華」作「柴車」，疑誤，或臆改。説苑尊賢篇：「夫珠玉無足，去此數千里，而所以能來者，人好之也；今士有足而不來者，此是吾君（趙簡子）不好之乎！」新序雜事第一：「夫劍産於越，珠産江漢，玉産昆山，此三寶者，皆無足而至；今君（晉平公，與外傳所載同）苟好士，則賢士至矣。」御覽八百五引鄒子：「夫珠生於南海，玉出於須彌，無足而至者，人好之也；士有足而不至者，以人不好也。」古人競舉所知，爭引其類。才苟適治，不問世胄；智苟能謀，奚妨粃行。昔時人君，拔奇於囚虜，擢能於屠販。盧云：「『拔奇於囚虜』，（程榮本）囚誤困。」孫云：「文有錯亂，今以意推之。『昔時人君』以下十四字，當置『才苟適治』上；『古人競舉所知』以下十字，當迻『擢能於屠販』下，『古人』當作『人臣』。蓋『拔奇囚虜，擢能屠販，適治則不問世胄，能謀則不妨粃行。』數句一義相屬，皆人君之事也。『競舉所知，爭引其類。』與下文『内薦不避子』，一義相屬，皆人臣之事也。以類相從，有條不紊，自傳寫顛倒，而語失其次矣。」岷案粃即粊字，説文：「粊，惡米也。」「粃行」猶「惡行」，程榮本、王謨本、畿輔本粃並作秕，（説文：「秕，不成粟也。」）古通。舊合字本、王謨本、畿輔本囚亦並誤困。韓詩外傳七：「吕望行年五十，賣食棘津；年七十，屠於朝歌；九十，乃爲天子師，則遇文王也。管夷吾束縛，自檻車以爲仲父，則遇齊桓公也。」（又見説苑雜言篇。）此所謂「拔奇於囚虜，擢能於屠販」者也。内薦不避子，外薦不避讎，袁

註：「祁奚內舉其子，外舉讎人，故言『內薦不避，外薦隱讎』也。」楊云：「韓非子說疑篇：『內舉不避親，外舉不避讎。』（禮記儒行、尸子仁意篇、吕氏春秋去私篇、史記晉世家略同。）」岷案袁註云云，疑所見正文下避字作隱。史記晉世家亦云：「外舉不隱仇。」祁奚舉子、舉讎事，見左襄三年傳。又左襄二十一年傳：「叔向曰：『祁大夫，外舉不棄讎，內舉不失親。』」身受進賢之賞，名有不朽之芳。

昔子貢問於孔子曰：「誰爲大賢？」子曰：「齊有鮑叔，鄭有子皮。」子貢曰：「齊無管仲，鄭無子產乎？」子曰：「吾聞進賢爲賢，排賢爲不肖。鮑叔薦管仲，子皮薦子產；未聞二子有所舉也。」盧云：「『排賢爲不肖。』（程榮本）排誤非。」楊云：「說苑臣術篇：『子貢問孔子曰：「今之人臣孰爲賢？」孔子曰：「吾未識也。往者，齊有鮑叔，鄭有子皮，賢者也。」子貢曰：「然則齊無管仲，鄭無子產乎？」子曰：「賜！汝徒知其一，不知其二。汝聞進賢爲賢耶？用力爲賢耶？」子貢曰：「進賢爲賢。」子曰：「然。吾聞鮑叔之進管仲，子皮之進子產也；未聞管仲、子產有所進也。」』（又見韓詩外傳七、家語賢君篇。）」岷案王謨本、畿輔本排亦並誤非。進賢爲美，逾身之賢。矧復抑賢者乎？故黔息碎首以明百里，楊云：「韓詩外傳佚文：『禽息（禽、黔雙聲，論衡儒增篇亦作禽。）秦大夫，薦百里奚不見納，繆公出，當車，以頭擊闑，腦乃精（漢書杜鄴傳注引應劭文作播，是）出，曰：「臣生無補於國，不如死也！」繆公感寤，而用百里奚，秦以大化。』（後漢書朱穆傳注引。文選演連珠注所引有異。漢書杜鄴傳注引應劭文，當本韓詩外傳也。）」岷案後漢書朱穆傳、陸機演連珠，黔息亦並作禽息。北郭刎頸以申晏嬰。楊云：「晏子春秋內篇雜上：『齊有北郭騷者，踵門見晏子，曰：「竊說先生之義，願乞所以養母者。」晏子使人分倉粟府金而遺之，辭金，受粟。有閒，晏子見疑於景公，出奔。……北子召其友而告之曰：「……今晏子見疑，吾將以身死白之。」……求復者曰：「晏子，天下之賢者也。今去齊國，齊必侵矣。方見國之必侵，不若死；請以頭託白晏子也。」因謂其友曰：「盛吾頭于笥中，奉以託。」退而自刎。……景公聞之，大駭！乘馹而自追晏子。及之國郊，請而反之。』（又見吕氏春秋士節篇、說苑復恩篇。）」所以致命而不辭者，爲國薦士，滅身無悔，王云：「記纂淵海五三引士作賢，悔作憾。」忠之至也！德之難也！臧文仲不顯展禽，仲尼謂之竊位；盧氏拾補據程榮本顯作進，云：「藏作顯。」楊云：「論語衞靈公篇：『子曰：「臧文仲其竊位者與？知柳下惠之賢，而不與立也。」』集解引孔曰：『柳下惠，展禽也。』」岷案舊合字本、子彙本、百子本顯字並同。類纂本、王謨本、畿輔本並作進。公孫弘不引董生，汲黯將爲妬賢；袁註：「公孫弘知董生賢而不舉，黯以爲妬賢士者也。」楊云：「史記平津侯列傳：『弘爲人意忌，外寬內深。諸嘗與弘有郤者，雖詳與善，陰報其禍。殺主父偃，徙董仲舒於膠西，皆弘之力也。』汲黯列傳：『黯常毀儒，面觸弘等徒懷詐飾智，以阿人主取容。……陷人於罪，使不得反其真。』」岷案袁註釋「將爲」爲「以爲」，是也。將猶以也，（國策秦策：「蘇秦始將連横說秦惠王。」將亦與以同義。）王謨本將作指，蓋不得其義而妄改。楊氏引史記平津侯列傳云云，又見漢書公孫弘傳；汲黯列傳云云，又見漢書汲黯傳。虞丘不薦叔敖，樊姬貶爲不肖；楊云：「新序雜事一：『樊姬，楚國之夫人也。楚莊王罷朝而宴，問其故，莊王曰：「今旦與賢相語，不知日之晏也。」樊姬曰：「賢相爲誰？」王曰：「爲虞丘子。」（韓詩外傳二作沈令尹。）樊姬掩口而笑。王問其故，曰：「……今虞丘子爲相數十年，未嘗進一賢。知而不進，是不忠也；不知，是不智也。安得爲賢？」明日朝，王以樊姬之言告虞丘子，虞丘子稽首曰：「如樊姬之言。」於是辭位，而進孫叔敖。』（又見列女傳賢明篇楚莊樊姬傳。）」岷案韓詩外傳七：「虞丘〔名聞〕於天下，以爲令尹，讓於孫叔敖，則遇楚莊王也。」（虞丘，說苑雜言篇作沈尹，「名聞」二字據說苑補。）蓋聞樊姬之言而讓位於孫叔敖也。東閭不達髦士，後行不正於路歸。孫云：「『不正』二字，甚爲無義。不字衍，正當作丐。丐字與正形似，誤而爲正，後人遂加不字耳。說苑復恩篇載東閭事，東閭子嘗富貴而後乞，即此文所本。說苑尊賢篇云：『士者不遇明君聖主，幾行乞丐』；又復恩篇：『羞行乞而憎自取。』行乞、行丐均古人常用語。」楊云：「『不正』二字有誤。校釋謂不字衍，正當作丐。陳伯弢先生謂當校作『乞丐』二字。（去年春，徐行可先生以此稾寄呈陳先生，陳先生以函告者。）較而論之，陳說爲允。說苑復恩篇：『東閭子嘗富貴而後乞。人問之曰：「公何爲如是？」曰：「吾自知。

吾嘗相六七年，未嘗薦一人也；吾嘗富三千萬者再，未嘗富一人也。不知士出身之咎然也。」』」岷案詩小雅甫田：「烝我髦士。」毛傳：「髦，俊也。」陳氏謂「不正」當作「乞丐」，是也。乞之作不，涉上文不字而誤。王謨本、百子本歸並作故，屬下讀，疑是。歸、故草書形近，故致誤耳。爲國入寶，不如能獻賢。進賢受上賞，蔽賢蒙顯戮，楊云：「漢書武帝紀：『元朔元年，詔曰：「進賢受上賞，蔽賢蒙顯戮，古之道也。」』（又見說苑說叢篇、傅子通志篇。）」岷案類纂本、程榮本、王謨本、畿輔本進並作獻，蓋據上獻字改。斯前識之良相，岷案類纂本、程榮本、王謨本、畿輔本相並作規，相即規之誤。後代之明鏡矣。

因顯第二十

夫火以吹爇生焰，岷案說文：「爇，燒也。」鏡以瑩拂成鑑。火不吹，則無外耀之光；鏡不瑩，必闕内影之照。故吹爲火之光；岷案程榮本、王謨本、畿輔本爲並作成。瑩爲鏡之華。人之寓代，亦須聲譽以發光華，猶比火鏡假吹瑩也。岷案程榮本、畿輔本比並誤此。王謨本比作凡，蓋妄改。今雖智如樗里，楊云：「史記樗里子傳：『樗里子滑稽多智，秦人號曰「智囊。」』」才若賈生，楊云：「漢書賈誼傳：『誼年少，頗通諸家之書，文帝召以爲博士。是時誼年二十餘，最爲少。每詔令議下，諸老先生未能言，誼盡爲之對，人人各如其意所出，諸生於是以爲能。』贊：『劉向稱賈誼言三代與秦治亂之意，其論甚美，通達國體，雖古之伊管，未能遠過也。』」岷案漢書賈誼傳云云，又見史記賈生列傳。居環堵之室，楊云：「莊子讓王篇：『原憲居魯，環堵之室。』」岷案莊子庚桑楚篇：「尸居環堵之室。」淮南原道篇：「環堵之室。」高注：「堵長一丈，高一丈，面環一堵，爲方一丈，故曰環堵，言其小也。」禮記儒行篇亦云：「環堵之室。」楊氏引莊子讓王篇云云，又見韓詩外傳一、新序節士篇、御覽四百三引子思子。（子思子環上有居字。與此文尤合。）無知己之談，望迹流於地，聲聞於天，楊云：「詩小雅鶴鳴：『鶴鳴于九皐，聲聞於天。』」不可得也。柳下惠不遇仲尼，岷案類纂本柳上有故字。則貞潔之行不顯，未免於三黜之臣，無耻之人也。楊云：「論語微子篇：『柳下惠爲士師，三黜，人曰：「子未可以去乎？」曰：「直道而事人，焉往而不三黜？枉道而事人，何必去父母之邦？」』又，『子曰：「不降其志，不辱其身，伯夷、叔齊與？」謂柳下惠、少連，降志辱身矣。言中倫，行中慮，其斯而已矣。」』」季布不遇曹丘，則百金之諾不揚，未離於凡虜無羞之人也。楊云：「見史記季布傳（卷一百）。」岷案類纂本、程榮本、王謨本、畿輔本人並作士。事又見漢書季布傳。二子所以德洽於當時，而聲流於萬代者，聖賢吹瑩也。昔有賣良馬於市者，已三旦矣，而市人不顧。乃謂伯樂曰：「吾賣良馬，而世人莫賞。願子一顧，請獻半馬之價。」於是伯樂造市，來而迎睇之，去而目送之，一朝之價，遂至千金。盧云：「『願子一顧』，〔程榮本〕願誤今。」楊云：「『迎睇』二字當乙，始與下『目送』對。戰國策燕策二：『人有賣駿馬者，比三旦立市，人莫之知。往見伯樂曰：「臣有駿馬，欲賣之，比三旦立於市，人莫與言。願子還而視之，去而顧之，臣請獻一朝之賈。」伯樂乃還而視之，去而顧之，一旦馬價十倍。』」岷案王謨本、畿輔本願亦並誤今。燕策云云，又見御覽八九六引〔晉孔衍〕春秋後語。此馬非昨爲駑駘今成駃騠也，由人莫之賞，未有爲之顧盻者也。盧氏拾補據程榮本盻作眄。云：「〔程榮本〕未誤求。」岷案類纂本、畿輔本未亦並誤求。王謨本、畿輔本盻亦並作眄（下同，程榮本下亦同。）；百子本作盼（下同）。盻、眄、盼三字義別，（說文：「盻，恨視也。眄，目偏合也；一曰，衺視也。」一切經音義八引說文：「盼，目白黑分也。」）因形近往往相亂，此取衺視義，當以作眄爲是（下同）。上文「來而迎睇之」，睇與眄同義。（說文：「睇，小衺視也。南楚謂眄睇。」）夫樟木盤根鉤枝，癭節蠹皮，輪囷擁腫，則衆眼不顧；匠者採焉，製爲殿堂，塗以丹漆，畫爲黼藻，則百辟卿士，莫不顧盻仰視。木性猶是也，而昔賤今貴者，良工之爲容也。荆磎之珠，夜光之璧，薦之侯王，必藏之以玉匣，緘之以金縢；若闇以投人，則莫相盻以愕，按劍而怒，何者？爲無因而至故也。盧云：「『爲無因而至故也。』〔程榮本〕也字脫。」楊云：「漢書鄒陽傳：『臣聞明月之珠，夜光之璧，以闇投人於道，衆莫不按劍相眄者。何則？無因而至前也。蟠木根柢，輪囷離奇，而爲萬乘器者，以左右先爲之容也。』莊子逍遥遊篇：『惠子曰：「吾有大樹，人謂之樗。其大本擁腫而不中繩墨，其小枝卷曲而不中規矩，立之塗，匠者不顧。」』詩大雅假樂：『百辟卿士。』」岷案「輪囷擁腫」，類纂本囷作菌；程榮本、王謨本、畿輔本並作箘，古通。「輪囷」猶委典。（詳前韜光篇。）擁借爲癰。說文：「癰，腫也。」「畫爲黼藻」，說文：「黼，白與黑相次文。」「良工之爲容也。」類纂本、程榮本、王謨本、畿輔本「之爲」並作「爲之」，是也。「則莫相盻以愕」，類纂本、子彙本、程榮本、王謨本、畿輔本、百子本莫下皆有不字，是也。「爲無因而至故也。」類纂本脱故字，王謨本、畿輔本並脱也字。楊氏引漢書鄒陽傳云云，又見史記鄒陽列傳、新序雜事第三、文選鄒陽獄中上書自明一首。若物無（原誤有）所因，則良馬勞於駔闓；舊注：「上音愴。」盧云：「〔程榮本〕所下衍以字，則字脱。」岷案王謨本、畿輔本所下亦並衍以字，則字亦並脱。淮南氾論篇：「段干木，晉國之大駔也。」（又見吕氏春秋尊師篇。）高注：「一曰，駔，市儈也。」（「一曰」乃許慎注。）「駔闓」即「駔會」，史記貨殖列傳：「節駔會。」集解引徐廣注：「駔，音祖郎反。馬儈也。」會、闓正、假字。漢書作「駔儈」，顔注：「儈者，合會二家交易者也。」會、儈正、俗字。美材朽於幽谷；寳珠觸於按劍。若有所因而至，盧云：「〔程榮本〕若誤名。」岷案王謨本、畿輔本若亦並誤名。則良馬一顧千金，樟木光於紫殿，盧云：「樟，俗作檠。」岷案程榮本、王謨本、畿輔本樟並作檠。珠擊之玉匣。岷案程榮本、王謨本、畿輔本珠下並有璧字，是也。上文可照。今人之居代，岷案類纂本作「然則人之居世」，蓋臆改。王謨本代上有當字，蓋臆加。雖抱才智，幽鬱窮閻，而無所因耶，岷案舊合字本耶作則，屬下讀，是也。耶即則之形誤。子彙本、百子本並無耶字，喻林二六引同。蓋不知耶是誤字而删之耳。未有爲之聲譽，光之以吹瑩，岷案類纂本、子彙本、程榮本、王謨本、畿輔本、百子本光皆作先，是也。先、光形近，又涉上下文光字而误耳。欲望身之光、名之顯，猶捫虛縛風，煎湯覓雪，豈可得乎！岷案類纂本豈作其，義同。漢書郊祀志下：「如係風捕景，終不可得。」

卷之五

託附第二十一 岷案程榮本、王謨本、畿輔本，此篇及下篇心隱第二十二，並列入卷四。

夫含氣庶品，未有不託附物勢，以成其便者也。故霜鴈託於秋風，岷案程榮本、王謨本、畿輔本鴈並作雁。雁、鴈正、假字。以成輕舉之勢；騰蛇附於春霧，志希凌霄之遊。楊云：「大戴禮勸學篇：『螣蛇無足而騰。』淮南主術篇：『夫螣蛇游霧而動（騰之誤。説苑説叢篇同）。』」岷案荀子勸學篇：「螣蛇無足而飛。」漢魏叢書本大戴禮勸學篇螣作騰，曹操碣石篇：「騰蛇乘霧，終爲土灰。」並與此文作騰合。「騰蛇」即「螣蛇」，爾雅釋魚：「螣，螣蛇。」郭璞注：「龍類也。能興雲霧而遊其中。」故「螣蛇」字又作騰。類纂本「志希」作「以奮」，子彙本、百子本志亦並作以，喻林二六引同，與上下文一律。舊合字本遊作游，游、遊古、今字。蹷鼠附於蛩蛩，以攀追日之步；楊云：「吕氏春秋不廣篇：『北方有獸，名曰蹷。鼠前而兔後，趨則跲，走則顛；常爲蛩蛩距虚取甘草以與之。蹷有患害也，蛩蛩距虚必負而走。此以其所能，託其所不能。』山海經海外北經：『夸父與日逐走，入日。』」岷案吕氏春秋不廣篇云云，又見淮南道應篇。山海經大荒北經：「夸父不量力，欲追日景。」（又見列子湯問篇。）一切經音義九三引莊子：「夸父與日角走。」碧蘿附於青松，以茂凌雲之蘂。盧云：「蘂，俗作葉。」楊云：「詩小雅頍弁：『蔦與女蘿，施于松柏。』」岷案程榮本、王謨本、畿輔本蘂並作葉。子彙本、百子本蘂並作蕊，同。喻林引亦作蕊。類纂本蘂作操。文選盧子諒贈劉琨一首：「緜緜女蘿，施于松柏。」以夫鳥獸蟲卉之志，盧云：「以，俗作與。此書多用『以夫。』」岷案程榮本、王謨本、畿輔本以並作與。類纂本無以字，蓋妄删。類纂本、王謨本、畿輔本志並作智，古通。莊子逍遥遊篇：「豈唯形骸有聾盲哉？夫知（釋文：「知，音智。」意林引知作智）亦有之。」淮南脩務篇知作志；繕性篇：「人雖有知（同智），無所用之？」書鈔十五引知作志，並其證。猶知因風假霧，託峻附高，楊云：「法藏敦煌本峻作迅。迅字是。『因風』，應『霜鴈』句；『假霧』，應『騰蛇』句；『託迅』，應『鼮鼠』句；『附高』，應『碧蘿』句。」以成其事，何況於人，盧氏拾補據程榮本何作奚，云：「藏作何」。岷案舊合字本、子彙本、百子本何字並同。喻林引亦作何。類纂本、王謨本、畿輔本並作奚。而無託附以就其名乎？岷案類纂本就作成。故所託英賢，則跡光名顯；所附闇蔽，則身悴名朽。天之始旭，則目察輕煙；歲之將暮，則蓬卷雲中。目之能見，蓬之能高，託日之光，附風之勢也。楊云：「商子禁使篇：『清朝日䵵，則上別飛鳥，下察秋毫。故目之見，託日之勢也。今夫飛蓬遇飄風而行千里，乘風之勢也。』」岷案「雲中」疑本作「中雲」，「蓬卷中雲」，與上「目察輕煙」，相對爲文。「中雲」猶「雲中」，蓋淺人不明文義而妄乙之耳。曹植雜詩：「轉蓬離本根，飄飄隨長風，何意迴飈舉，吹我入雲中。」（楊氏引商子云云，文有顛倒。）綴羽於金鐵，置之於江湖，必也沉溺，陷於泥沙。非羽質重而性沉，所託沉也；載石於舟，置之江湖，則披風截波，汎颺長瀾。非石質輕而性浮，所託浮也；楊云：「淮南齊俗篇：『竹之性浮，殘以爲牒，束而投之水則沈，失其體也；金之性沈，託之於舟上則浮，勢有所支也。』」搏牛之䖟，飛極百步，若附鸞尾，則一翥萬里。楊云：「淮南說林篇：『蝱與驥致千里而不飛。』」岷案史記項羽本紀：「夫搏牛之蝱，不可以破蟣蝨。」（又見漢書項籍傳。）索隱引鄒氏云：「搏，音附。」䖟乃蝱之省。文選王子淵四子講德論：「夫蟁蝱終日經營，不能越階序，附驥尾則涉千里，攀鸞翮則翔四海。」文子上德篇：「蝱與驥致千里而不飛。」非其翼工，所託迅也；樓季足捷，追越奔光，袁註：「樓季，是古之能走人。」孫云：「光乃兕字之譌。廣韻五旨下云：『光，俗兕字。』釋文詩周南卷耳：『兕字又作光」，豳風七月：「兕，本或作光。」周頌絲衣：「兕觥其觩」，釋文作光，云：「字又作兕。」尸子：「飛廉、惡來，力角犀光。」呂氏春秋季秋紀精通篇：「養由基射光中石。」此文兕字，當亦從或體寫作光，或作光、光，形與光相似，因誤作光耳。文選陳琳爲曹洪與魏文帝書：「若奔兕（北堂書鈔引即作『奔光』）之觸魯縞。」即『奔兕』二字之例。」岷案韓非子外儲説右上篇：「今釋車輿之利，捐六馬之足，與王良之御，而下走逐獸，則雖樓季之足，無時及獸矣。」五蠹篇：「十仞之城，樓季弗能踰者，峭也。」史記李斯列傳：「是故城高五丈，而樓季不輕犯也。」鹽鐵論刺權篇：「是以跛夫之欲及樓季也。」史記李斯列傳集解、文選枚叔七發注並引許慎淮南（氾論篇）注：「樓季，魏文侯之弟也。」若駑疲驘岷案驘乃驘之或體，説文：「驘，驢父馬母者也。」俗作騾。則日不涉一舍。非其脛遲，所託蹇也。是以觀之，岷案子彙本、王謨本、百子本「是以」並作「以是」，是也。類纂本作「由是」。附得其所，則重石可浮，短翅能遠；附失其所，則輕羽淪溺，迅足成蹇。夫燕之巢幕，楊云：「左襄二十九年傳：『夫子之在此也，猶燕之巢於幕上。』」岷案文選丘希範與陳伯之書：「鷰巢於飛幕之上。」僞諸葛亮心書戒備篇：「此謂燕巢於幕。」銜泥補綴，爛若綬紋，盧云：「綬，俗作綫。」岷案程榮本、王謨本、畿輔本綬並作綫。雖陶匠逞妙，不能爲之，可謂固矣。然凱旋剔嵮，則巢破子裂，是所託危也。岷案程榮本、王謨本、畿輔本是並作者，屬上讀。鷦鷯巢葦之莖，紩之以絲髮，珠圓羅緺，雖女工運巧，不能爲之，可謂固矣。然𡧍風欻至，則葦折卵破者何也？所託輕弱使之然也。盧云：「『雖女工運巧，』（程榮本）工誤子。」楊云：「説苑善説篇：『鷦鷯巢於危苕，著之髮毛，建之女工，不能爲也，可謂完堅矣。大風至，則苕折卵破，子死者何也？其所託者使然也。』」岷案説文：「紩，縫也。」王謨本、畿輔本工亦並誤子。「𡧍風」説苑善説篇作「大風」，「𡧍風」亦「大風」也。説苑辨物篇：「雨穀三日，𡧍風之所飄也。」荀子勸學篇：「南方有鳥焉，名曰蒙鳩，以羽爲巢，而編之以髮，繫之以葦苕，風至苕折，卵破子死，巢非不完也，所繫者然也。」（又見大戴禮勸學篇，蒙鳩作蝱鳩，同。）楊倞注：「蒙鳩，鷦鷯也。」韓詩外傳八：「有鳥於此，架巢於葭葦之顛，天喟然而風，則葭折而巢壞，何？其所托者弱也。」故鳥有澤木之性，魚有選潭之情，楊云：「左哀十一年傳：『孔子曰：「鳥則擇木。」』」岷案文選袁彦伯三國名臣序贊：「濳魚擇淵，高鳥候柯。」潘安仕楊荆州誄：「鳥則擇木。」所以務其翔集，楊云：「論語鄉黨篇：『翔而後集。』」蓋斯爲美也。

心隱第二十二

二儀之大，可以章程測也；三綱之動，可以表裏度也；雷霆之聲，可以鍾鼓傳也；風雨之變，可以音律和也。故有〔舊誤其〕象可觀，不能匿其影；有形可見，不能隱其跡；有聲可聞，不能藏其響；有色可察，不能滅其情。盧云：「『不能隱其跡』，〔程榮本〕隱誤限。」孫氏校釋從程榮本「表裏」作「圭表」，云：「『三綱之動，可以圭表度也。』綱當作光，本書妄瑕篇：『天地之大，三光之明』，以『三光』對『天地』，此文上云『二儀』，知『三綱』當作『三光』。淮南子道應訓高注：『三光，日月星。』『圭表』，范本同，各本俱誤作『表裏』。周禮地官司徒：『以土圭之灋測土深，正日景，以求地中，日南則景短多暑，日北則景長多寒，日東則景夕多風，日西則景朝多陰。』」楊云：「淮南本經篇：『天地之大，可以矩表識也；星月之行，可以歷推得也；雷霆之聲，可以鼓鍾寫也；風雨之變，可以音律知也。是故大可覩者，可得而量也；明可見者，可得而察也；聲可聞者，可得而調也；色可察者，可得而別也。』」岷案「表裏」，王謨本、畿輔本亦並作「圭表。」「可以音律和也」，和乃知之誤，淮南本經篇作知，當據正。文子下德篇亦作知。「不能隱其跡」，王謨本、畿輔本隱亦並誤限。楊氏引淮南本經篇「雷霆之聲」以下云云，又見文子下德篇。夫天地陰陽之難明，岷案程榮本、王謨本、畿輔本夫上並有以字。猶可以術數揆，而耳目可知；至於人也，心居於內，情伏於裏，非可以筭數測也。盧云：「〔程榮本〕裏誤衷。」楊云：「禮記禮運：『人藏其心，不可測度也。美惡皆在其心，不見其色也。』」岷案王謨本、畿輔本裏亦並作衷。凡人之心，險於山川，難於知天。天有春夏秋冬旦暮之期，人者厚貌深情，不可而知之也。故心有剛而色柔，容强而質弱，貌愿而行慢，性懁而事緩。盧云：「『難於知天』，『於知』二字誤倒。」舊合字本「人者」作「人有」，「貌愿」作「貌願」。楊云：「程榮本、王謨本、畿輔本『難於知天』作『難知於天』。道藏本『人有』作『人者』。道藏本、程榮本、王謨本、畿輔本，願並作愿。按：諸本並是。莊子列禦寇篇：『孔子曰：「凡人心險於山川，難於知天。（亦當作『難知於天。』詳拙撰莊子校證。）天猶有春秋冬夏旦暮之期，人者厚貌深情。故有貌愿而益，有長若不肖，有順懁而達，有堅而縵，有緩而釬。」』岷案子彙本、百子本「人者」並同。程榮本、王謨本、畿輔本並作「人有」，與舊合字本合。楊氏以作「人者」爲是，然「人有」與上「天有」對言，則者蓋誤字矣。記纂淵海四四、五六引莊子並作「人有。」「不可而知之也。」舊合字本而字在「不可」上，是也。王謨本而上有得字，蓋不知而字誤錯在「不可」下而臆加耳。「故心有剛而色柔」，王謨本「心有」作「有心」，是也。「貌愿」，說文：「愿，謹也。」「性懁」，說文：「懁，急也。」意林引魯連子：「人心難知于天，天有春夏秋冬以作時，人皆深情厚貌以相欺。」又引秦子：「遠難知者天，近難知者人。」（莊子列禦寇篇「難知於天」，今本「知於」二字誤倒，拙著莊子校釋五亦有說。）假飭於外，岷案飭乃俗飭字，程榮本、王謨本、畿輔本、百子本並作飾（下同），飭、飾古通，説已見從化篇。以明其情，喜不必愛，怒不必憎，笑不必樂，泣不必哀，其藏情隱行，未易測也。日在天之外，而心在人之內。楊云：「昌言下：『日在天之內，在人之外。』關羽封還曹操所賜告辭書：『竊以日在天之上，心在人之內。』（嚴輯後漢文卷九十四。）」物亦照焉。照之於外，不可而僞内者也，而僞猶生焉；心在人之內，而智又在其內，神亦照焉。外之於內，盧云：「（程榮本）外誤內。岷案王謨本、畿輔本外亦並誤內。」無所取徵也，而欲求其情，不亦難乎！不潔在面，人皆恥之；不潔在心，岷案子彙本、百子本在並作其，喻林十一引同。人不肯愧。以面露外而心伏內，故善飭其情，潛姦隱智，終身不可得而見也。少正卯在魯，與孔子同時，孔子門人，三盈三虛，唯顔淵不去，獨知聖人之德也。夫門人去仲尼而皈少正卯，非不知仲尼之聖；亦不知少正卯之佞。子貢曰：「少正卯，魯之文人也，夫子爲政，何以先之？」子曰：「賜也還！非爾所及也。夫少正卯，心逆而憸，行僻而堅（舊誤聖），言僞而辯，詞鄙而博，順非而澤。有此五僞，而亂聖人。「魯之文人也。」盧氏拾補文作聞，云：「聞誤文。」「賜也還」，盧云：「（程榮本）還字脱。」孫云：「非不知仲尼之聖」，非下疑奪一唯字。論衡講瑞篇云：『夫門人去孔子，歸少正卯，不徒不能知孔子之聖，又不能知少正卯。』（案下疑脱）『之佞』二字，下文云：『夫才能知佞若子貢，』『知佞』二字無義，當即『之佞』之誤，傳寫誤置於下耳。）是其證也。『子曰：「賜也還」，』（還字據各本增。）』還當作退，論衡講瑞篇作『孔子曰：「賜退，非爾所及。」』」楊云：「文當作聞。論衡講瑞篇：『少正卯在魯，與孔子竝，孔子之門，三盈三虚，唯顔淵不去，獨知孔子聖也。夫門人去孔子，歸少正卯，不徒不能知孔子之聖，又不能知少正卯。門人皆惑。子貢曰：「夫少正卯，魯之聞人也。子爲政，何以先之？」孔子曰：「賜退！非爾所及。」』荀子宥坐篇：『孔子爲魯攝政，朝七日，而誅少正卯。門人進問曰：「夫少正卯，魯之聞人也。夫子爲政而始誅之，得無失乎？」孔子曰：「居！吾語女其故。人有惡者五，而盜竊不與焉。一曰心達而險，二曰行僻而堅，三曰言僞而辯，四曰記醜而博，五曰順非而澤。此五者有一於人，則不免於君子之誅，而少正卯兼有之。故居處足以聚徒成羣，言談足以飾邪營衆，强足以反是獨立，此小人之桀雄也，不中不誅也。」』（又見尹文子大道下篇、說苑指武篇、家語始誅篇。）」岷案「非不知仲尼之聖」，孫氏疑非下奪一唯字。然此文直本於論衡講瑞篇，則非下蓋脱一徒字。「魯之文人也。」子彙本、百子本文並作聞，與盧、楊說合。（說苑指武篇、家語始誅篇、尹文子大道下篇亦並作聞。）「賜也還」，王謨本、畿輔本亦並無還字，疑據說苑指武篇删。「心逆而憸」，逆當作達，字之誤也。荀子宥坐篇：「心達而險」，楊倞注：「心達而險，謂心通達於事而凶險也。」是其義也。尹文子大道下篇亦作達。說苑作辨，辨與達義近。家語始誅篇作逆，與此同誤，憸、險古通，說苑、家語、尹文子亦並作險。「行僻而堅。」程榮本、王謨本、畿輔本僻並作辟，古通。荀子、說苑亦並作辟。（楊氏引荀子改作僻。）「順非而澤」，荀子注：「澤，有潤澤也。」「有此五僞」，程榮本、王謨本、畿輔本僞並作爲，古通。以子貢之明，見不能見，知人之難也！舊合字本「之難」誤「知難」。楊云：「程榮本、王謨本、畿輔本並作『而不能見，知人之難也。』道藏本、子彙本『知難』亦並作『之難』。此文當從各本爲長。」岷案百子本「之難」字亦不誤。以是觀之，佞與賢相類，詐與信相似，辯與智相亂，愚直相像，岷案程榮本、王譔本、畿輔本愚下並有與字。與上文一律。若薺苨之亂人參，蛇床之似蘼蕪也。楊云：「淮南氾論篇：『夫亂人者，芎藭之與藁本，蛇牀之與靡蕪也。』博物志物類篇：『魏文帝所記諸物相似亂者，蛇床亂靡蕪，薺苨亂人參。』」岷案程榮本、王謨本、畿輔本、百子本蘼並作靡，同。正作蘪，說文：「蘪，蘪蕪也。」淮南氾論篇作麋，（楊氏誤作靡。）麋亦借爲蘪。俗之常情，莫不自貴而鄙物，岷案程榮本、王謨本、畿輔本貴並作賢，疑涉下文「以愚勝賢」而誤。莊子秋水篇：「以物觀之，自貴而相賤。」重己而輕人。觀其意也，非苟欲以愚勝賢，以短加長，由于人心難知，非可以准衡乎。孫氏校釋從程榮本乎作平，云：「平，各本誤乎。准、凖字同。言人心難知，非可以凖衡平其高下輕重也。呂氏春秋君守篇云：『有凖不以平。』」岷案畿輔本乎亦作平。未能虚己相推，岷案程榮本、王謨本、畿輔本未並誤夫。故有以輕抑重，以短凌長。是以嫫母闚井，自謂媚勝西施；齊桓矜德，自稱賢於堯舜。楊云：「闕子：『嫫母自窺於井，以爲媚於西施；桀、紂自窺於世，以爲賢於堯、舜。』（御覽三百八十一引。）論衡語增篇：『齊桓公云：「寡人未得仲父極難，既得仲父甚易。」桓公不及堯、舜，仲父不及禹、契，桓公猶易，堯、舜反難乎？』」岷案闕子云云，御覽三八一本作闞子，楊氏蓋改闞爲闕，漢志縱横家有闕子一篇。若子貢始事孔子，一年自謂勝之，二年以爲同德，三年方知不及。以子貢之才，猶不識聖人之德，望風相崇，奚況世人，而能推己耶？楊云：「論衡講瑞篇：『子貢事孔子，一年自謂過孔子，二年自謂與孔子同，三年自知不及孔子。當一年、二年之時，未知孔子聖也；三年之後，然乃知之。以子貢知孔子，三年乃定；世儒無子貢之才，其見聖人，不從之學，任倉卒之視，無三年之接，自謂知聖，誤矣。』」岷案程榮本、王謨本、畿輔本推下並有勝字。是以真僞綺錯，賢愚雜揉，岷案程榮本、王謨本、畿輔本、百子本揉並作糅，古通。漢書劉向傳：「邪正雜糅」，顏注：「糅，和也。」自非明哲，莫能辨也。岷案舊合字本、程榮本、王謨本辨並作辯。

通塞第二十三

命有否泰，遇有屈伸；否與泰相翻，屈與伸殊貫。邀泰遇伸，不盡叡智；遭否會屈，不專膚敏。盧氏拾補據程榮本敏作蔽，云：「藏作敏，亦可疑。」孫云：「蔽字，子彙作敏。盧文弨云：『藏本作敏，亦可疑。』案蔽字是，膚乃庸字之誤也。本書均任篇：『勢位雖高，庸蔽不能治者，乏其德也。』即本書『庸蔽』二字之例。膚、庸形近易譌。本書去情篇：『取庸强飯』，庸亦誤作膚。論衡逢遇篇云：『處尊居顯未必賢，遇也。位卑在下未必愚，不遇也。』」岷案孫説是也。舊合字本、百子本「膚敏」二字並誤；王謨本、畿輔本並作「膚蔽」，膚字亦誤。何者？否泰由命，屈伸在遇也。命至於屈，才通即壅；遇及於伸，才壅即通。岷案兩即字並與而同義，程榮本、王謨本、畿輔本上即字並作理；下即字並作跡，蓋臆改。通之來也，非其力所招；壅之至也，豈非智所迴？岷案子彙本、百子本「豈非」並作「豈其」，是也。非字涉上文而誤。程榮本、王謨本、畿輔本「豈非」並作「非其」，蓋臆改。勢苟就壅，則口目雙掩；遇苟屬通，盧云：「『遇苟屬通』，苟，俗作必。」岷案程榮本、王謨本、畿輔本苟並作必。則聲眺俱明。故處穴大呼，岷案程榮本、王謨本、畿輔本大並誤犬。聲鬱數仞；順風長叫，響通百里。岷案荀子勸學篇：「順風而呼，聲非加疾也，而聞者彰。」又見大戴禮勸學篇。入井望天，不過圓蓋；登峯眺目，極於煙際。向在井穴之時，聲非卒嗄，目非暴昧，而聞見局者，其勢壅也。及其乘風蹈峯，聲非孟賁，袁註：「古之多力人也。」岷案治要引淮南主術篇許慎注：「孟賁，衛人。」目非離婁，而響徹眺遠者，其勢通也。買臣忍饑而行歌，楊云：「見漢書本傳（卷六十四上。）」王章苦寒而坐泣，孫云：「坐當作臥，漢書王章傳云：『初章爲諸生，學長安，獨與妻居，章疾病，無被，臥牛衣中，與妻決，涕泣。』即其事也。」楊云：「見漢書本傳（卷七十六）。」蘇秦握錐而憤懣，楊云：「戰國策秦策：『（秦）讀書欲睡，引錐自刺其股，血流至足，曰：「安有説人主，不能出其金玉錦繡，取卿相之尊者乎？」』」岷案蘇秦引錐刺股事，又見御覽六一一引史記，已詳崇學篇。班超執筆而慷慨，楊云：「見後漢書本傳（卷七十七）。」當彼四子勢屈之時，容色黧黑，神情沮忸，言爲瓦礫，行成狂狷，髮露心憂，孫云：「露當讀爲落。」影銷貌悴，岷案子彙本、百子本影並作形。引歎而雷轉，噴氣則雲湧，如騏驥之伏於鹽車，玄猿之束於籠圈，非無千里之駃、萬仞之捷，然而不異羸鈍者，無所肆其巧也。盧云：「『萬仞之捷』，捷，俗作㨗。」楊云：「燕丹子下：『騏驥之在鹽車，駑之下也；及遇伯樂，則有千里之功。』淮南俶真篇：『置猿檻中，則與豚同；非不巧捷也，無所肆其能也。』」岷案駃與快同。畿輔本捷亦誤㨗，王謨本誤犍。韓詩外傳七：「夫驥罷鹽車，此非無形容也，莫知之也。」（説苑雜言篇略同。）何異處穴而望聲徹，入井而欲睇博哉？及其勢伸志得，或佩錦而還鄉；袁註：「朱買臣。」或聲玉於廊廟；袁註：「王章。」孫云：「佩、聲互誤，聲字本作衣，讀爲『或衣錦而還鄉；或佩玉於廊廟。』今本上作『佩錦』，下作『聲玉』者，草書衣、聲二字相似，衣誤爲聲，不成文義，後人互易其文以彌縫之耳。漢書朱買臣傳：『上拜買臣會稽太守，上謂買臣曰：「富貴不歸故鄉，如衣繡夜行，今子何如？」買臣頓首辭謝。』衣錦還鄉，正買臣之事。佩玉句，當指王章而言。後漢書左雄傳：『班在大臣，行有佩玉之節。』注引禮記云：『公侯佩山玄玉而朱組綬，大夫佩水蒼玉而緇組綬。』（按玉藻文。）古人文貌人顯貴，每以佩玉爲言。」岷案孫説是也。惟衣之作聲，蓋涉上文「聲徹」字而誤。或合縱於六國之内，袁註：「蘇秦。」或懸旌於崑崙之外。袁註：「班超。」當斯之時也，岷案類纂本無之字。容彩光液，岷案類纂本、程榮本、王謨本、畿輔本液並作焲，俗。神氣開發，言成金玉，行爲世則，乘肥衣輕，楊云：「論語雍也篇：『乘肥馬，衣輕裘。』」怡然自得。快若輕鴻之汎長風，沛若巨魚之縱大壑。盧云：「（程榮本）快誤漂，鴻誤鴟，風誤波，縱誤颺。『巨魚』，俗作『吞舟』」。岷案王謨本、畿輔本誤與程榮本同。類纂本怏亦誤漂，鴻亦誤鴟，風亦誤波，「巨魚」作「呑舟」。縱誤揚。程榮本、王謨本、畿輔本「巨魚」亦並作「呑舟」。王褒聖主得賢臣頌：「翼乎如鴻毛遇順風，沛乎若巨魚縱大壑。」何異順風而縱聲，登峰而長矖？袁註：「視貌。」楊云：「荀子勸學篇：『登高而招，臂非加長也，而見者遠，順風而呼，聲非加疾也，而聞者彰。』（呂氏春秋順説篇略同。）」岷案荀子勸學篇云云，又見大戴禮勸學篇。人猶是也，而昔如彼今如此者，非爲昔愚而今賢，盧云：「爲，俗作謂。」岷案類纂本、程榮本、王謨本、畿輔本爲並作謂。故醜而新美，壅之與通也。水之性清，動壅以堤，則波縚而氣腐；決之使通，循勢而行，從澗而轉，雖有朽骸爛胔，不能污也。非水之性異，通之與壅也。盧云：「『則波縚，』（袁）注云：『縚與韜同。』俗本作紐，或紐。『爛胔』，（程榮本）胔誤卉。」楊云：「淮南泰族篇：『水之性淖以清，窮谷之汙，生以青苔，不治其性也；掘其所流而深之（岷案楊氏脱引此句），茨其所決而高之，使得循勢而行，乘衰而流，雖有腐髊流漸，弗能汙也。其性非異也，通之與不通也。』」岷案程榮本、畿輔本縚並作紐；王謨本作紐。王謨本、畿輔本胔並作卉。淮南泰族篇胔作髊，許注：「腐髊，骨也。」（腐字疑涉正文而衍。）胔與髊同，（説文作骴。）周禮秋官蜡氏鄭注引鄭司農云：「胔，骨之尚有肉者也。」（禮記月令孔疏亦引之。）呂氏春秋異用篇高注：「骨有肉曰髊。」莊子刻意篇：「水之性不雜則清，莫動則平。鬱閉而不流，亦不能清。」人之通，猶水之通也。德如寒泉。楊云：「詩邶風凱風：『爰有寒泉，在浚之下。』」假有沙塵，弗能污也。以是觀之，通塞之路，與榮悴之容，相去遠矣！

遇不遇第二十四

賢有常質，遇有常分。賢不賢，性也；遇不遇，命也。楊云：「韓詩外傳七：『賢不肖者，材也；遇不遇者，時也。』論衡逢遇篇：『賢不肖，才也；遇不遇，時也。』漢書揚雄傳上：『遇不遇，命也。』」岷案荀子宥坐篇：「夫遇不遇者，時也；賢不肖者，材也。」說苑雜言篇：「賢不肖者，才也；……遇不遇者，時也。」文選劉孝標辯命論注引魏桓範世要論：「遇不遇，時也。」性見於人，故賢愚可定；命在於天，則否泰難期。命運難遇，岷案子彙本、百子本難並作苟，是也。難字涉上文而誤。程榮本、王謨本、畿輔本難並作應，蓋臆改。危不必禍，愚不必窮；岷案程榮本、王謨本、畿輔本愚並作遇，遇、愚古本通用，此蓋涉上下文而誤。命運不遇，安不必福，賢不必達。故患齊而死生殊；德同而榮辱異者，遇不遇也。春日麗天，而隱者不照；秋霜被地，而蔽者不傷。楊云：「淮南人間篇：『同日被霜，蔽者不傷。』」（論衡幸偶篇同。）岷案文子微明篇亦云：「同日被霜，蔽者不傷。」遇不遇也。昔韓昭侯醉臥而寒，典官加之以衣，覺而問之，知典官有愛於己者，以越職之故，而加誅焉；衛之驂乘，見御者之非，從後呼車，有救危之意，不蒙其罪。加之以衣，恐主之寒；呼車，憂君之危。忠愛之情是同，越職之愆亦等，典官獲罪，呼車見德，遇不遇也。「典官加之以衣」，盧氏拾補官作冠，云：「俱訛官，下同。」楊云：「官當作冠。論衡幸偶篇：『韓昭侯醉臥而寒，典冠（韓非子亦作冠）加之以衣，覺而問之，知典冠愛己也，以越職之故，加之以罪；（以上又見韓非子二柄篇。）衛之驂乘者，見御者之過，從後呼車，有救危之義，不被其罪。夫驂乘之呼車，典冠之加衣，同一意也。加衣，恐主之寒；呼車，恐君之危。仁惠之情，俱發於心。然而於韓有罪，於衛爲忠。驂乘偶，典冠不偶也。』」岷案「典官加之以衣」，盧、楊二氏並以官爲冠之誤，是也。類纂本、程榮本、王謨本、畿輔本並脱以字。「知典官有愛於己者。」類纂本、程榮本、王謨本、畿輔本者並作也，（與論衡合。）義同。「典官獲罪」，舊合字本獲作得。

鴟墮腐鼠，非虞氏之慢；瓶水沃地，非射姑之穢。事出慮外，固非其罪。而俠客大怒，虞氏見滅；邾君大怒，而射姑獲免：

「瓶水沃地」，盧氏拾補「瓶水」作「鉼水」。云：「鉼與瓶通，俗誤『鉼冰。』」楊云：「俠上而字當乙在虞字上，與下一律。列子説符篇：『虞氏者，梁之富人也。家充殷盛，錢帛無量，財貨無貲。（岷案列子本作訾。）登高樓，臨大路，設樂陳酒，擊博樓上。俠客相隨而行，樓上博者，射明瓊張，中反兩㩉魚而笑；（岷案射字、中字，並當上屬爲句。）飛鳶適墜其腐鼠而中之。俠客相與言曰：「虞氏富樂之日久矣，而常有輕易人之志，吾不侵犯之，而乃辱我以腐鼠，此而不報，無以立懂於天下！請與若等戮力一志，率徒屬必滅其家，爲等倫。」皆許諾。至期日之夜，聚衆積兵，以攻虞氏，大滅其家。』又見淮南人閒篇（文有殘缺）、金樓子雜記下篇。左定三年傳：『邾子在門臺，臨廷。閽以鉼水沃廷，邾子望見之，怒！閽曰：「夷射姑旋焉。」命執之，弗得。』」岷案「瓶水」，程榮本、王謨本、畿輔本皆誤作「鉼冰」。類纂本瓶亦誤鉼。楊氏謂「俠上而字當乙在虞字上。」是也。子彙本、百子本並作「俠客大怒，而虞氏見滅。」

遇不遇也。齊之華士，棲志兵壑，而太公誅之；魏之干木，遁世幽居，而文侯敬之。太公之賢，非有減於文侯；干木之德，非有逾於華士，而或榮或戮者，遇不遇也。

楊云：「韓非子外儲説右上：『太公望東封於齊，齊東海上有居士，曰狂矞、華士昆弟二人者。立議曰：「吾不臣天子，不友諸侯，耕作而食之，掘井而飲之，吾無求於人也。……」太公望至於營丘，使執而殺之。』吕氏春秋期賢篇：『魏文侯過段干木之閭而軾之，其僕曰：「君胡爲軾？」曰：「此非段干木之閭歟？段干木蓋賢者也。……」其僕曰：「然則君何不相之？」於是君請相之，段干木不肎受。』淮南人閒篇：『狂譎不受禄而誅，段干木辭相而顯。所行同也而利害異者，時使然也。』」岷案「遁世幽居」，説郛卷六讀子隨識世作迹。類纂本、程榮本、王謨本、畿輔本世皆作代，蓋唐人避太宗諱所改。本書世字多諱作代。論衡非韓篇：「段干木闔門不出，魏文敬之，表式其閭；……齊有高節之士曰狂譎、華士，二人昆弟也。義不降志，不仕非其主。太公封於齊，以此二子解沮齊衆，開不爲上用之路，同时誅之。……夫狂譎、華士，段干木之類也。」段干木事，又詳淮南脩務篇、新序雜事第五、高士傳中。董仲舒智德冠代，位僅過士；楊云：「見漢書本傳（卷五十六）。」田千秋無他殊操，以一言取相。楊云：「見漢書本傳（卷六十六）。」同遇明主而貴賤懸隔者，遇不遇也。莊姜適衛，美而無寵；楊云：「左隱三年傳：『衛莊公娶于齊東宮得臣之妹，曰莊姜，美而無子，衛人所以爲賦碩人也。』（又見詩衛風碩人序。）」岷案史記衛康叔世家：「莊公五年，取齊女爲夫人，好而無子。」亦謂莊姜也。癭瘤適齊，醜而蒙幸。楊云：「程榮本、王謨本、畿輔本癭並作宿，宿字是。列女傳辯通篇宿瘤女傳：『宿瘤女者，齊東郭採桑之女，閔王之后也。項有大瘤，故號曰宿瘤。初，閔王出游，至東郭，百姓盡觀，宿瘤採桑如故。王怪之，……曰：「此奇女也。」……以爲后。』」岷案類纂本癭亦作宿。喻林三七引「醜而蒙幸」下，有「遇不遇也」四字，與上文一律，諸本皆脱，當補。遇不遇，命也；賢不賢，性也。怨不肖者，不通性也；傷不遇者，不知命也。如能臨難而不懾，貧賤而不憂，可爲達命者矣。

命相第二十五

岷案子彙本、百子本全書並分爲上下二卷，此篇以上爲上卷，下篇妄瑕第二十六以下爲下卷。

命者，生之本也。楊云：「法言問明篇：『或問命，曰：「命者，天之命也，非人爲也，人爲不爲命。」』」相者，助命而成者也。命則有命，不形於形；相則有相，而形於形。楊云：「論衡命義篇：『故壽命修短，皆稟於天；骨法善惡，皆見於體。』」有命必有相，有相必有命，同稟於天，相須而成也。人之命相，賢愚貴賤，脩短吉凶，制氣結胎，受生之時，其真妙者，或感五行三光，或感龍跡氣夢，降生凡庶，亦稟天命，皆屬星辰，其值吉宿則吉，值凶宿則凶。「或感五行三光」，盧云：「〔程榮本〕行誤帝。」「或感龍跡氣夢」，盧氏拾補據程榮本感作應，云：「藏作感。」楊云：「程榮本、王謨本、畿輔本『降生』並作『降及』，及字是。論衡命義篇：『至於富貴所稟，猶性所稟之氣，得衆星之精。衆星在天，天有其象。得富貴象則富貴，得貧賤象則貧賤。』抱朴子辯問篇：『玉鈐云：「主命原由人之吉凶修短，於結胎受氣之日，皆上得列宿之精；其值聖宿則聖，值賢宿則賢，……值壽宿則壽，值僊宿則僊。」』」岷案「五行」，王謨本、畿輔本亦並誤「五帝」。下「或感」字，舊合字本、子彙本、百子本皆同，王謨本、畿輔本感亦並作應。受氣之始，相命既定，即鬼神不能改移，盧云：「『改移』二字俗倒。」岷案程榮本、王謨本、畿輔本「改移」二字並倒。而聖智不能迴也。華胥履大人之跡，而生伏羲；楊云：「詩含神霧：『大跡出雷澤，華胥履之，生宓犧。』（又見金樓子興王篇。）」岷案御覽七八引〔孝經〕鉤命決：「華胥履跡，恠生皇犧。」一三五引河圖：「燧人之世，大跡出雷澤，華胥履之，生伏羲。」潛夫論五德志篇：「大人跡出雷澤，華胥履之，生伏羲。」帝王世紀：「燧人之世，有巨人跡，出於雷澤，華胥以足履之，有娠，生伏羲。」女媧感瑤光貫日，而生顓頊；孫氏校釋女媧作女樞，云：「女樞，各本均誤作女媧，惟吉府本誤。五帝本紀正義引河圖云：『瑤光如蜺，貫月正白，感女樞於幽房之宮，生顓頊。』潛夫論五德志：『搖光如月正白，感女樞幽防之宮，生黑帝顓項。』金樓子興王篇云：『金天氏之末，瑶光之星，貫日如虹，感女樞於幽房之宮，生顓頊。』」楊云：「媧當作樞，詳校釋。詩含神霧：『瑶光如蜺，貫月正白，感女樞，生顓頊。』」岷案五帝本紀正義引河圖云云，初學記九（蜺作虹）、御覽七九、一三五（蜺作虹）、事文類聚前集十九、路史後紀八高陽紀注亦並引之。金樓子興王篇云云，又見帝王世紀，「貫日」作「貫月」，是也。此文日亦月之誤。**慶都與赤龍合，而生唐堯；**楊云：「詩含神霧：『慶都與赤龍合昏，生赤帝伊祁堯也。』（又見金樓子興王篇。）」岷案藝文類聚九八引春秋合誠圖：「赤龍與慶都合，有娠而生堯。」（卷十引無「有娠而」三字。）又見御覽八十、事文類聚前集十九。御覽一三五引河圖：「慶都與赤龍合，生帝伊堯。」（據景宋本，帝下原衍於字。）潛夫論：「慶都與龍合婚，生伊堯。」淮南脩務篇高注：「赤龍與慶都合，而生堯。」帝王世紀：「慶都……爲帝嚳妃，出以觀河，遇赤龍，晻然陰風而感慶都，孕十四月而生堯於丹陵。」**握登見大虹，而生舜；**楊云：「詩含神霧：『握登見大虹，意感而生舜於姚墟。』（又見帝王世紀。）」岷案說郛卷六讀子隨識虹作蝒，舜上有虞字。御覽一三五引河圖著命：「握登見大虹，意感生舜於姚墟。」潛夫論：「握登見大虹，意感生重華虞舜。」**脩已見洞流星，而生夏禹；**楊云：「帝王世紀：『脩己（金樓子亦作己）山行，見流星貫昴，意感慄然。又吞神珠薏苡，胸坼而生禹。』」岷案讀子隨識己作紀，無洞字。事文類聚前集十九引墨子：「修己山行，見流星貫昴，意感慇然。胷坼而生禹。」御覽七引列星圖：「流星貫昴，脩紀感而生禹。」八二引尚書帝命驗：「脩紀山行，見流星，意感栗然，生姒戎文禹。（注：『栗然，感皃。姒，禹氏。禹生戎地，一名政命。』）」（又見路史後紀十二夏后氏紀注，「流星」下有「貫昴」二字，文下有命字，並是。）又引孝經鉤命決：「命星貫昴，脩紀夢接生禹。（注：『命使之星，謂流行之星也。』）」（又見路史夏后氏紀注。）一三五引河圖著命：「脩紀見流星，意感生帝文命戎禹。」（又見潛夫論，帝上有白字。）**夫都見白氣貫月，而生殷湯；**楊云：「詩含神霧：『扶都見白氣貫月，感黑帝，生湯。』」岷案藝文類聚十二引春秋元命苞：「扶都感白氣而生湯。」御覽八三引河圖：「扶都見白氣貫月，感生黑帝湯。（注：『詩含神霧、帝王世紀並同。』）」（又見一三五，下句作「意感生黑帝子湯。」）潛夫論：「扶都見白氣貫月，意感生黑帝子履。」帝王世紀：「扶都見白氣貫月，意感，以乙日生湯，故名履，字天乙，是謂成湯。」大任夢見長人，而生文王；盧云：「大任，俗作太姙。」楊云：「金樓子興王篇：『周文王昌，狼星之精。母曰大任，夢長人感己，生文王。』」岷案程榮本、王謨本、畿輔本大任並作太姙。御覽八四引詩含神霧：「大任夢長人感己，生文王。」一三五引河圖著命：「太姙夢長人感己，生文王。」（潛夫論同。）顏徵感黑帝，而生孔子；楊云：「春秋演孔圖：『孔子母徵在，游於大澤之陂，睡夢黑帝請己，己往，夢交，語曰：「女乳必在空桑之中。」覺則若感，生邱於空桑之中。』」岷案讀子隨識「顏徵」下有在字。劉媼感赤龍，而生漢祖；楊云：「見史記高祖本紀（卷八）。」岷案又見漢書高帝紀上。史記高祖本紀索隱、御覽一三六並引詩含神霧：「赤龍感女媼，劉季興。」薄姬感蒼龍，而生文帝。楊云：「此二句原奪，據各本補。見史記外戚世家（卷四十九）。」岷案道藏本、舊合字本、子彙本、百子本皆無此九字，讀子隨識同。程榮本、畿輔本並夾行補入。王謨本有此九字。此是否劉子之舊，未敢遽斷。事又見漢書外戚傳上。微子感牽牛星，顏淵感中臺星，張良感狐星，盧氏拾補狐作弧，云：「誤狐」。岷案子彙本、百子本並作弧，天中記二引同。樊噲感狼星，老子感火星。岷案此句似當在「顏淵感中臺星」句上。若此之類，皆聖賢受天瑞相而生者也。岷案王謨本相改命。相者，或見肌骨，或見聲色，岷案論衡骨相篇：「相或在內，或在外，或在形體，或在聲氣。」潛夫論相列篇：「人之相法，或在面部，或在手足，或在行步，或在聲響。」賢愚貴賤，脩短吉凶，皆有表診。故五嶽崔嵬，岷案喻林八引嵬作巍。楚辭七諫初放：「高山崔巍兮。」有峻極之勢；四瀆皎潔，有川流之形；五色鬱然，有雲霞之觀；五聲鏗然，有鍾磬之音。善觀察者，猶風胡之別劒，盧云：「劒，俗作刃。」楊云：「風胡別劒事，見越絕書外傳紀寶劒篇。又見吳越春秋闔閭內傳。」岷案程榮本、王謨本、畿輔本劒並作刃。孫陽之相馬，袁註：「孫陽即伯樂。」覽其機妙，不亦難乎？伏羲日角，黃帝龍顏，帝嚳戴肩，顓頊駢骭，堯眉八采，舜目重瞳，禹耳三漏，湯臂二肘，文王四乳，武王駢齒，孔子返宇，顏回重瞳，皋陶鳥喙。若此之類，皆聖賢受天殊相而生者也。盧云：「『湯臂二肘，』臂，俗作肩。」孫云：「『帝嚳戴肩』，『戴肩』當作『戴干』。今作肩者，古肩字讀如干，淺學者不知『戴干』之義，因以同音字易之也。白虎通聖人篇云：『顓頊戴干，是謂清明。發節移度，蓋像招搖。』論衡骨相篇云：『顓頊戴干。』（今本白虎通、論衡干字俱誤作午。）潛夫論五德志云：『帝嚳代顓頊氏，其相戴干。』御覽八十引春秋元命苞云：『帝嚳戴干，是謂清明，發節移度，蓋像招搖。』作顓頊、帝嚳不同，蓋相傳有二說。汪繼培注潛夫論引王紹蘭云：『元命苞言厥象招搖，則干當作斗，字形相涉而誤。戴斗者，頂方如斗也。』案王說殊誤，五帝本紀黃帝章正義引河圖云：『瑤光如蜺，貫月正白，感女樞於幽房之宮，生顓頊，首戴干戈，有文德也。』宋書符瑞志亦云：『女樞生顓頊於若水，首戴干戈，有聖德。』是干者干戈。天官書云：『杓端有兩星，一內為矛招搖，一外為盾天鋒。』集解引孟康曰：『招搖為天矛。』索隱引詩汜歷樞云：『梗河中招搖為胡兵。』開元占經石氏中官占引黃帝占曰：『招搖為矛。』然則像招搖者，取其同類，何得據以其說而謂之戴斗乎？論衡講瑞篇云：『以麞戴角，則謂之騏驎。戴角之相，猶戴干也。顓頊戴干，堯舜未必然。今魯所獲麟戴角，即後所見麟，未必戴角也。』仲任意蓋亦以干為干戈。『帝嚳戴干』，猶『帝堯荷勝』，古人傳說如此，不足怪也。」楊云：「白虎通聖人篇：『傳曰：「伏犧祿衡連珠，唯大目鼻龍伏，作易八卦以應樞；黃帝顏得天匡陽，上法中宿，取象文昌；顓頊戴干，是謂清明；帝嚳駢齒，上法月參；堯眉八彩，是謂通明；舜重瞳子，是謂玄景。」禮曰：「禹耳三漏，是謂大通；皋陶鳥喙，是謂至誠；湯臂三肘（岷案御覽三六九引三作二，是也），是謂柳翼；文王四乳，是謂至仁；武王望羊，是謂攝揚；孔子反宇，是謂尼甫。」聖人所以能獨見前覩，與神通精者，蓋皆天所生也。』春秋演孔圖：『顓帝戴干，是謂崇仁；帝嚳戴干，是謂清明；武王駢齒，是謂剛强。』論衡骨相篇：『湯臂再肘。』」岷案「帝嚳戴肩」，以「黃帝龍顏」、「皋陶鳥喙」例之，戴疑䳒之誤，「䳒肩」既「鳶肩」，（䳒、鳶同字，莊子列禦寇篇：「吾恐烏鳶之食夫子也。」御覽五五五引鳶作䳒，即其比。）御覽三六九引莊子：「盧敖見若士，深目鳶肩。」（又見淮南道應篇。）與此作「䳒肩」同例，因䳒誤為戴；肩或作干，（干亦借爲肩。）遂傅會爲「首戴干戈」耳。然其傳説已久，姑存疑焉。（偶檢劉盼遂論衡集解骨相篇引吴承仕説，亦以戴爲蔵之誤。）「顓項駢骭，」廣韻去聲四：「骭，脅也。」「湯臂二肘。」程榮本、王謨本、畿輔本臂並作肩。「皋陶鳥喙」，程榮本、畿輔本鳥並作烏，此句似當在「湯臂二肘」句上。隋蕭吉五行大義五引孝經鉤命決：「伏羲日角。」御覽七八引孝經援神契：「伏犧氏日角。」七九引春秋元命苞：「黄帝龍顔；（又見初學記九。）顓項併幹；（又見三七一，併作駢，義同。公羊莊元年傳：「㨿幹而殺之。」釋文：「幹，脇也。」）八十引春秋元命苞：「帝告戴干，是謂清明；（又見初學記九，告作嚳，同。）堯眉八彩，是謂通明；（又見藝文類聚十一。）八三引春秋元命苞：「湯臂二肘，是謂神剛；（又見三六九、藝文類聚十二，二並作四。）八四引春秋元命苞：「文王四乳，是謂含良；（又見三七一、藝文類聚十二、初學記九。）武王駢齒，是謂剛强；（又見初學記九，駢作𪗪，同。）三六六引春秋元命苞：「舜重瞳子，是謂慈原。」（又見路史後紀十一有虞氏紀注。初學記九引「慈原」作「滋涼」。並引宋均注：「滋涼，有滋液之潤且清涼，光明而多見。」）路史前紀六史皇氏紀注引春秋演孔圖及春秋元命苞：「顓帝戴干，是謂崇仁；帝告戴干，是謂清明；堯眉八采，是謂通明；舜目重童，是謂無景；（後紀十一有虞氏紀注、御覽八一引，並作「舜目四童，謂之重明。」）禹耳三漏，是謂大通；湯臂三（當作二）肘，是謂柳翌；文王四乳，是謂含良。武王𪗪齒，是謂剛强。」（所引二書，蓋以春秋演孔圖爲主，故與他書所引元命苞略異。）御覽八一引尸子：「昔者舜兩眸子，是謂重明；（三六六引同。）四一九引尸子：「文王四乳，是謂至仁。」尚書大傳略説：「堯八眉；舜四瞳子；……文王四乳。」淮南脩務篇：「堯眉八彩。……舜二瞳子，是謂重明。……禹耳參漏，是謂大通。……文王四乳，是謂大仁。……皋陶馬喙，是謂至信。」論衡骨相篇：「傳言：黄帝龍顔，顓項戴干，帝嚳駢齒，堯眉八采，舜目重瞳，禹耳三漏，湯臂再肘，文王四乳，……皋陶馬口，孔子反羽。」講瑞篇：「皋陶馬口（劉子言「皋陶鳥喙」，與淮南、論衡並異），孔子反宇。」（參看潛夫論五德志篇、帝王世紀、金樓子興王篇。）舜目重瞳，是至明之相；而項羽、王莽，亦目重瞳子。楊云：「史記項羽本紀贊：『太史公曰：「吾聞之周生曰：『舜目蓋重瞳子。』又聞項羽亦重瞳子。」』論衡講瑞篇：『虞舜重瞳，王莽亦重瞳。』」岷案史記贊云云，又見漢書項籍傳贊。論衡骨相篇：「項羽重瞳，云虞舜之後。」越王句踐長頸鳥喙，楊云：「史記越王句踐世家：『范蠡遺大夫種書曰：「越王爲人，長頸鳥喙。」』（又見吳越春秋句踐伐吳外傳、論衡骨相篇。）」岷案程榮本、王謨本、畿輔本「鳥喙」並作「烏喙」，下同。非善終之象；夏禹亦長頸鳥喙。楊云：「尸子君治篇：『禹長頸鳥喙。』」岷案程榮本、王謨本、畿輔本夏禹上並有而字，與上文句法一律。王莽之重瞳，譬駑馬有驥之一毛，而不可謂之驥也；楊云：「曹植相論：『是以堯眉八采，文王四乳；然則世亦有四乳者，此則駑馬一毛似驥耳。』」禹之長頸鳥喙，猶龍有蛇之一鱗，而不可謂之蛇也。盧云：「禹，俗作句踐。龍，俗作蚍。兩蛇字，俗並作龍。」岷案程榮本、畿輔本並作「句踐長頸烏喙，猶蚍有龍之一鱗，而不可謂之龍也。」王謨本同，惟蚍作蚫，與盧氏所稱俗本尤合。爰及衆庶，皆有診相，故穀子豐下，叔興知其有後；孫云：「叔興當作叔服，文元年傳云：『王使内史叔服來會葬。公叔敖聞其能相人也，見其二子焉。叔服曰：「穀也食子，難也收子。穀也豐下，必有後於魯國。」』周有内史叔興，見僖十六年及二十八年傳，與此無涉。此與下文『羊鮒聲豺』，疑皆行文之誤。晝亦宿儒，通服氏春秋，不應疏忽若是，殆後人傳寫致誤耳。」楊云：「又見潛夫論相列篇。」衛青方顙，黥徒明其富貴；楊云：「見史記本傳（卷一百十一）。」岷案又見漢書衛青傳、論衡骨相篇。亞夫縱理，許負見於餓死；舊合字本餓作饑，楊云：「道藏本饑作餓，餘本同。程榮本於作其，餘本同。（道藏本作於。）餓、其二字並是。（餓字與史記、漢書合。）事見史記絳侯世家（卷五十七）。」岷案子彙本、百子本於字並同。（於、其同義，惟作其與上下文一律。）事又見漢書周勃傳、論衡骨相篇（餓字同）。羊鮒聲豺，叔姬鑒其滅族。孫云：「羊鮒當作楊石。鮒字叔魚，叔向之弟。平丘之會，求貨於衛。晉邢侯與雍子爭田，雍子納其女于叔魚，叔魚蔽罪邢侯，爲邢侯所殺。仲尼所謂『三數叔魚之惡，不爲末減』者也。（岷案見左昭十四年傳及家語正論解。）楊石即楊食我，字伯石，叔向之子。（昭二十八年傳注、晉語注，並云：『楊叔，向邑。』是食我以父邑爲姓。論衡作羊舌食我，據其本姓稱之也。）昭二十八年傳云：『晉殺祁盈及楊食我。食我，祁盈之黨也，而助亂，故殺之。遂滅祁氏、羊舌氏。初，伯石始生，子容之母（杜注云：『子容母，叔向嫂，伯華妻也。』）走謁諸姑曰：「長叔似生男。」姑視之，及堂，聞其聲而還，曰：「是豺狼之聲也。狼子野心，非是莫滅羊舌氏矣。」遂弗視。』晉語文略同。論衡本性篇亦載此事，作『羊舌食我初生之時，叔姬視之。』劉子文作羊鮒，蓋以晉語有『叔魚生，其母視之，曰：「是虎目而豕喙，鳶肩而牛腹，必以賄死。」遂不視。』之語。本書下文即楊食我事，因混二事爲一，以食我事屬之叔魚耳。」岷案羊鮒，疑本作羊石，即羊舌石，亦即論衡本性篇所稱羊舌食我也。（本篇取材，多參照論衡。）今本作羊鮒者，蓋淺人不知羊石即羊舌食我而妄改耳。

命相吉凶，懸之於天。命當貧賤，雖貴，猶有禍患；命當富貴，雖欲殺之，猶不能害。楊云：「程榮本、王謨本、畿輔本『雖貴』，作『雖富貴』。富字當有，貴下疑奪之字。論衡命禄篇：『命當貧賤，雖富貴之，猶涉禍患矣；命當富貴，雖貧賤之，猶逢福善矣。』」夏孔甲畋於箕山，大風晦冥，入於人家，主人方乳。或占之曰：「後來而產，是子不祥，終必有殃。」孔甲取之，曰：「苟以爲余子，誰敢殃之？」子長，析薪，斧斬其左足，遂爲大閽。孔甲曰：「嗚呼！有疾，命矣夫！」「後來而產」，盧氏拾補後作后，云：「誤後。」「是子不祥」，舊合字本祥作詳。楊云：「程榮本、王謨本、畿輔本詳並作勝。作勝與呂氏春秋合。詳蓋祥之誤。箕當作萯，後當作后，（前後字古多假后爲之，故因致誤。）事見呂子音初，前辯樂篇已具，茲不復贅。竹書紀年上：『夏帝孔甲三年，畋於萯山。』即其事。」岷案「畋於箕山」，呂氏春秋音初篇作萯山，楊氏謂箕當作萯，是也。論衡書虛篇作萯（舊注：「一作莫。」）山，指瑞篇作首山，並誤。「大風晦冥」，程榮本、王謨本、畿輔本冥並作暝，俗。「後來而產，」子彙本、百子本後並作后，呂氏春秋、論衡、御覽五七一引古今樂録皆同。「是子不祥」，論衡、古今樂録祥亦並作勝；舊合字本作詳，祥、詳古通，非誤字。

漢文以夢而寵鄧通，相者占通當貧餓死，帝曰：「能富在我，何謂貧乎？」與之銅山，專得冶鑄，後假衣食，寄死人家。孫云：「占當作相，『能富』下奪『通者』二字。史記佞幸列傳云：『上使善相者相通，曰：「當貧餓死。」文帝曰：「能富通者在我也，何謂貧乎？」』漢書云：『上使善相人者相通，曰：「當貧餓死。」上曰：「能富通者在我，何説貧？」』」「當貧餓死」，舊合字本餓作饑，楊云：「程榮本、王謨本、畿輔本饑並作餓，道藏本亦作餓，餓字是。」岷案占，史記、漢書並作相，占、相義通，無煩改字。周禮地官大司徒：「以相民宅，而知其利害。」鄭注：「相，占視也。」即其證。「能富在我」，文義已明，亦不必從史記、漢書於「能富」下補「通者」二字。「當貧餓死」，子彙本、百子本餓字並同。金樓子雜記篇下：「昔鄧通從理入口，相者曰：『必餓死。』漢文帝曰：『能富通者，我也。』賜以銅山，其後果餓死。」子文之生，妘子棄之，虎乃乳之，遂收養焉，卒爲楚相。楊云：「左宣四年傳：『初，若敖娶於䢵，生鬭伯比，若敖卒，從其母畜於䢵；淫於䢵子之女，生子文焉；䢵夫人使棄諸夢中，虎乳之。……遂使收之。……以其女妻伯比。實爲令尹子文。』」褎離國王侍婢有娠，王欲殺之，婢曰：「氣從天來，故我有娠。」及子之產，捐猪圈中，猪以氣噓之；棄馬櫪中，馬復噓之，故得不死。卒爲夫餘之王。楊云：「褎當作橐。論衡吉驗篇：『北夷橐離（御覽三百四十七引魏要略同。後漢書東夷傳作索，注云：『或作橐。』法苑珠林歸信篇作稟。魏志東夷傳注引魏要略作稾，類聚九、白孔六帖九引論衡作高離，當並是橐之誤。）國王侍婢有娠，王欲殺之，婢對曰：「有氣大如雞子，從天而下我，故有娠。」後產子，捐於猪溷中，猪以口氣噓之，不死；復置馬欄中，欲使馬藉殺之，馬復以口氣噓之，不死。王疑以爲天子，令其母收取奴畜之，後都王夫餘，故北夷有夫餘國焉。』」故善惡之命，若從天墮，若從地出，不得以理數推，非可以智力要。楊云：「漢書敍傳：『不可以智力求也。』」今人不知命之有限，岷案子彙本、百子本有並作分。而妄覬於多貪。盧云：「『多貪』俗作『分願』」。岷案子彙本、百子本並脱於字。程榮本、畿輔本「多貪」並誤「分貧」。王謨本誤「分願」。命在於貧賤，而穿鑿求富貴；命在於短析，而臨危求長壽，皆惑之甚也！楊云：「鄧析子無厚篇：『死生自命，貧賤自時。怨夭折者，不知命也；怨貧賤者，不知時也。』（又見列子力命篇。）」岷案程榮本、王謨本、畿輔本也上並有者字。

卷之六

妄瑕第二十六

岷案孫氏校釋妄作忘，妄即忘之借。程榮本、王謨本、畿輔本，此篇及下篇適才第二十七，並列入卷五。

天道混然無形，寂然無聲，視之不見，聽之不聞，非可以影響，不得以毀譽稱也。舊合字本同。楊云：「子彙本、程榮本、王謨本、畿輔本，天並作大。子彙本、王謨本，響下並有求字。大字是。求字亦當有。文子精誠篇：『老子曰：「大道無爲，無爲即無有，無有者，不居也；不居者，即處而無形；無形者，不動；不動者，無言也；無言者，即靜而無聲。無形無聲者，視之不見，聽之不聞，是謂微妙，是謂至神。」』呂氏春秋大樂篇：『道也者，視之不見，聽之不聞，不可爲狀。』」王云：「子彙本天字同，不作大，楊氏失檢。」岷案百子本響下亦有求字。莊子知北遊篇：「道不可聞，聞而非也。道不可見，見而非也。」（又見淮南道應篇、文子微明篇。）淮南俶真篇：「視之不見其形，聽之不聞其聲。」文子道原篇：「視之不見，聽之不聞。」上德篇：「道以無有爲體，視之不見其形，聽之不聞其聲。」降此以往則事不雙美，名不並盛矣。雖天地之大，岷案莊子達生篇：「雖天地之大，」（又見列子黃帝篇。）三光之明，楊云：「淮南原道篇高注：『三光，日、月、星也。』」聖賢之智，猶未免乎訾也。故天有拆之象，地有裂之形，日月有薄蝕之變，五星有孛彗之妖，岷案程榮本、王謨本、畿輔本薄並作謫，孛並作悖，蓋妄改。淮南精神篇：「日月失其行，薄蝕無光。」高誘注：「薄者，迫也。」史記天官書：「日月薄蝕。」集解引韋昭注：「氣往迫之爲薄，虧毀爲蝕。」公羊昭十七年傳：「孛者何？彗星也。」漢書文帝紀文穎注：「孛、彗……其形象小異，孛星光芒短，其光四出，蓬蓬孛孛也。彗星光芒長，參差如埽彗。」堯有不慈之誹，舜有囚父之謗，湯有放君之稱，武有殺主之譏，楊云：「莊子盜跖篇：『堯不慈，舜不孝，禹偏枯，湯放其主，武王伐紂。』呂氏春秋當務篇：『堯有不慈之名，舜有不孝之行，禹有淫湎之意，湯、武有放殺之事。』（舉難篇、淮南氾論篇並同。）又按囚字疑爲卑之殘誤，呂子舉難篇：『舜以卑父之號。』淮南氾論篇：『舜有卑父之謗。』（高注：『謂瞽瞍降在庶人也。』蓋其誼也。）」岷案莊子盜跖篇：「堯殺長子，舜流母弟，疏戚有倫乎？湯放桀，武王殺紂，貴賤有義乎？」鶡冠子世兵篇：「舜有不孝，堯有不慈。」越絶吴内傳：「堯有不慈之名，舜有不孝之行。」王逸楚辭九辯注：「言堯有不慈之過，以其不傳丹朱也。舜有卑父之謗，以其不立瞽瞍也。」齊桓有貪淫之目，楊云：「左僖十七年傳：『齊侯好内，多内寵，内嬖如夫人者六人。』」岷案左傳云云，又見史記齊太公世家、論衡書虚篇（齊侯並作桓公）。晉文有不臣之聲，楊云：「左僖二十五年傳：『晉侯朝王，王饗醴，命之侑。請隧，弗許，曰：「王章也！未有代德，而有二王，亦叔父之所惡也。」』」岷案事又見國語晉語。伊尹有誣君之迹，楊云：「呂氏春秋慎大覽：『湯乃惕懼，憂天下之不寧，欲令伊尹往視曠夏，恐其不信，湯由親自射伊尹。伊尹奔夏三年，反報于亳，曰：「桀迷惑於末嬉，好彼琬琰，不恤其衆，衆志不堪，上下相疾，民心積怨。皆曰：『上天弗恤，夏命其卒。』」湯謂伊尹曰：「若告我曠夏盡如詩。」』」管仲有僭上之名。盧云：「（程榮本）僭誤愆。」楊云：「論語八佾篇：『邦君樹塞門，管氏亦樹塞門；邦君爲兩君之好有反坫，管氏亦有反坫。管氏而知禮，孰不知禮？』」岷案王謨本、畿輔本僭亦並誤愆。史記管晏列傳：「管仲富擬於公室，有三歸、反坫。」以夫二儀七曜之靈，盧云：「曜，俗作耀。」岷案程榮本、王謨本、畿輔本曜並作耀。不能無虧沴；堯、舜、湯、武之聖，不能免於嫌謗；桓公、伊、管之賢，岷案程榮本、王謨本、畿輔本桓公，並作桓、文，承上文齊桓、晉文而言，是也。不能無纖瑕之過。由此觀之，宇宙儒流，盧云：「（程榮本）儒誤庸。」楊云：「程榮本、王謨本、畿輔本，儒並作庸。庸字是。儒蓋傭之誤。」岷案楊説是。奚能自免於怨謗，盧云：「（程榮本」奚字脱。」岷案王謨本、畿輔本亦並脱奚字。而無悔恡耶？是以荆岫之玉，必含纖瑕；驪龍之珠，亦有微纇。然馳光於千載，飛價於侯王者，以小惡不足傷其大美者也。楊云：「淮南氾論篇：『夫夏后氏之璜，不能無考；明月之珠，不能無纇。然而天下寶之者何也？其小惡不足妨大美也。』（又見文子上義篇。）」岷案類纂本、程榮本、王謨本、畿輔本「千載」並作「千里」，「不足」下並有以字，也上並無者字。莊子列禦寇篇：「夫千金之珠，必在九重之淵，而驪龍頷下。」文選劉孝標辯命論：「或曰：『明月之珠，不能無纇；夏后之璜，不能無考。』」注引淮南（氾論篇）高誘注：「考，不平也。纇，瑕也。」今忌人之細短，忘人之所長，孫云：「楊先生云：『忌當爲志。』案淮南子氾論篇：『今志人之所短，而忘人之所修，而求得賢乎天下，則難矣。』正作志。」岷案文子上義篇：「今志人之所短，忘人之所長，而欲求賢於天下，即難矣。」亦可證此文忌字之誤。以此招賢，是書空而尋跡，披水而覓路，盧云：「書，俗作畫。覓，俗作見。」岷案程榮本、王謨本、畿輔本書並作畫，覓並作見。世説新語黜免篇：「殷中軍被廢，在信安，終日恒書空作字。」（又見晉書殷浩傳。）不可得也。定國之臣，亦有細短，人主所以不棄之者，不以小妨大也。以小掩大，非求士之謂也。伊尹，夏之庖廚；傅説，殷之胥靡；楊云：「吕氏春秋求人篇：『伊尹，庖廚之臣也；傅説，殷之胥靡也。』」岷案吕氏春秋求人篇高誘注：「胥靡，刑罪之名也。」莊子庚桑楚篇釋文引司馬彪注：「胥靡，刑徒人也。」荀子儒效篇楊倞注：「胥靡，刑徒人也。胥，相。靡，繫也。謂鏁相聯相繫。」百里奚，虞之亡虜；楊云：「戰國策秦策五：『百里奚，虞之亡人。』」岷案楚辭九章惜往日：「聞百里之爲虜兮。」段干木，魏之大駔。楊云：「吕氏春秋尊師篇：『段干木，晉國之大駔也。』（又見淮南氾論篇。）」岷案淮南氾論篇許慎注：「駔，市儈也。」此四子者，非不賢也，而其迹不免污也。名不兩盛，事不俱美，昔魏文侯問於李尅曰：盧氏拾補據程榮本尅作克，云：「藏並作尅。」岷案子彙本、百子本尅字並同。舊合字本、王謨本、畿輔本亦並作克。史記吳起傳同。「吳起何如人也？」尅對曰：「起貪而好色，然其善用兵，司馬穰苴不能過也。」乃以爲將，拔秦五城，北滅燕、趙，蓋起之力也。孫云：「吳起『北滅燕、趙』，文失於不考。史記本傳載吳起相楚，有『北并陳、蔡』之語，豈即涉此而誤乎？」魏無知薦陳平於漢王，或人讒之曰：「平雖丈夫，岷案程榮本、王謨本、畿輔本雖下並有美字，史記陳丞相世家、漢書陳平傳并同。如冠玉耳，其中未必有可用也，且聞盜嫂而受金。」王乃踈平，讓無知，無知曰：「臣進奇謀之士，盧云：「奇字與本傳同，俗誤策。」岷案程榮本、王謨本、畿輔本奇並誤策。誠足以利國耳，且其小過，豈妨公家之大務哉？」乃擢爲護軍，得施其策。故范增疽發死而楚國亡，闕氏開陣而漢軍全者，平之謀也。高祖棄陳平之小僁，舊注：「音愆。」盧云：「僁，俗上從保。」岷案程榮本、畿輔本僁並誤僁。僁即愆之籒文，說文：「愆，過也。」採六奇之大謀；岷案史記陳丞相世家，言平「凡六出奇計。」漢書陳平傳同。文侯捨吳起之小失，而取五城之功。岷案舊合字本功上有大字，是也。向使二主以其小過，棄彼良材，則魏國之存亡不可而知；岷案舊合字本而字在知字下，屬下讀；子彙本、程榮本、王謨本、畿輔本、百子本皆無而字，無而字是。漢、楚之雄雌未可決也。而吳起必埋名於貪好，陳平陷身於賄盜矣。楊云：「吳起事見史記本傳（卷六十五），陳平事見陳丞相世家（卷五十六）。」岷案陳平下疑脫必字。陳平事又見漢書本傳（卷四十）。俗之觀士者，見其威儀屑屑，岷案說文：「屑，動作切切也。」左昭五年傳：「而屑屑焉習儀以亟。」好行細潔，乃謂英彥；士有大趣，不修容儀，不惜小儉，岷案程榮本、王謨本、畿輔本、百子本儉皆作檢，古通。禍福篇：「逾敬慎以儉誡其身（誡字衍）」，百子本儉作檢，即其比。而謂之棄人。是見朱橘一子蠹，因剪樹而棄之；覩縟錦一寸點，乃全疋而燔之。齊桓深知甯戚，將任之以政，羣臣爭讒之曰：「甯戚衞人，去齊不遠，君可使人問之；若果真賢，用之未晚也。」公曰：「不然，患其有小惡者。民人知小惡，忘其大美，此世所以失天下之士也。」楊云：「呂氏春秋舉難篇：『甯戚見，說桓公以治境内；明日復見，說桓公以爲天下，桓公大說，將任之，羣臣爭之曰：「客，衛人也，衛之去齊不遠，君不若使人問之，而固賢者也，用之未晚也。」桓公曰：「不然，問之，患其有小惡；以人之小惡，忘人之大美，此人主之所以失天下之士也。」』（又見淮南道應篇、新序雜事五。）」岷案「患其有小惡者」，淮南道應篇者作也，義同。「民人知小惡」，義頗難通，蓋本作「目人之小惡」，目，古以字，與民形近而誤；知乃之之音誤。呂氏春秋與難篇、淮南道應篇並作「以人之小惡」，是其塙證。新序雜事第五作「以其小惡」，亦可證此文民字之誤。乃夜舉火而爵之，以爲卿相。九合諸侯，一匡天下，桓公可謂善求士矣。楊云：「論語憲問篇：『桓公九合諸侯，不以兵事，管仲之力也。』又，子曰：『管仲相桓公，霸諸侯，一匡天下。』」岷案新序雜事第五：「桓公所以九合諸侯，一匡天下者，遇士於是也。」故仲尼見人一善，而忘其百非；楊云：「說苑雜言篇：『夫子見人之一善，而忘其百非。』（又見家語六本篇。）」鮑叔聞人一過，而終身不忘。楊云：「管子戒篇：『桓公曰：「鮑叔之爲人何如？」管仲對曰：「鮑叔，君子也。……雖然，不可以爲政。其爲人也，好善而惡惡已甚，見一惡終身不忘。」』呂氏春秋貴公篇：『鮑叔牙之爲人也，一聞人之過，終身不忘。』」岷案莊子徐无鬼篇：「管仲有病，桓公問之曰：『……寡人惡乎屬國而可？』管仲曰：『公誰欲與？』公曰：『鮑叔牙。』曰：『不可！其爲人絜廉善士也，……一聞人之過，終身不忘。』」（又見列子力命篇。）夫子如斯之弘，鮑叔如斯之隘也。以是觀之，聖哲之量，相去遠矣！牛蹏之霔，不生魴鱮；巢幕之窠，不容鵠卵；崇山廓澤，不辭污穢；佐世良才，不拘細行。何者？量小不足以包大形，器大無分小瑕也。人之情性，皆有細短，若其略是也，雖有小疵，不足以爲累；若其略非也，雖有衡門小操，未足與論大謀。「雖有小疵」，盧氏拾補據程榮本疵作過，云：「藏作疵。」孫云：「『器大無分小瑕也。』分當作妨。」楊云：「程榮本、王謨本、畿輔本，兩略字上並有大字。（程本『大略』二字皆夾行作。）疵，並作過。諸本並是。霍，當作窪。（從化篇：『山隆谷窪。』觀量篇：『蹄窪之內。』並未誤。廣雅釋詁一：『窪，下也。』）淮南氾論篇：『夫牛蹏之涔，不能生鱣鮪；而蜂房不容鵠卵。小形不足以包大體也。夫人之情，莫不有所短。誠其大略是也，雖有小過，不足以爲累；若其大略非也，雖有閭里之行，未足大舉。』」岷案「牛躅之霍」，楊氏謂「霍當作窪。」是也。百子本正作窪。「佐世良才」，舊合字本、子彙本、程榮本、王謨本、畿輔本、百子本才並作材，古通。「器大無分小瑕也。」孫氏謂「分當作妨。」作分，義自可通，無煩改字。「雖有小疵」，舊合字本、子彙本、百子本疵字並同。文子上義篇：「夫人情莫不有所短，誠其大略是也，雖有小過，不以爲累也；誠其大略非也，閭里之行，未足多也。」樊、灌屠販之豎，盧云：「灌，俗作噲。」楊云：「見史記樊噲傳、灌嬰傳（並卷九十五）。」岷案子彙本、程榮本、王謨本、畿輔本、百子本灌並作噲。舊合字本、畿輔本、百子本豎並作竪。竪即豎之俗。事又見漢書樊噲傳、灌嬰傳。蕭、曹㪷筲之吏，盧氏拾補據程榮本㪷作斗，云：「藏作㪷。」楊云：「見史記蕭相國世家（卷五十三）、曹相國世家（卷五十四）。」岷案子彙本、百子本㪷字並同。王謨本、畿輔本亦並作斗。㪷即斗之俗。論語子路篇：「斗筲之人，何足算也！」鄭注：「筲，竹器，容斗二升。」事又見漢書蕭何傳、曹參傳。英布刑墨之隸，楊云：「見史記黥布傳（卷九十一）。」岷案又見漢書英布傳。周勃俳優之任。楊云：「見史記絳侯世家（卷五十七）。」岷案又見漢書周勃傳。其行皆中律，其質則將相才也。盧云：「〔程榮本〕相字脱。」岷案王謨本、畿輔本亦並脱相字。張景陽，郢中之大淫也，而威諸侯；顔濁鄒，梁父之大盜也，而爲齊勳臣。此皆有所短，然而功名不朽者，大略得也。袁精目、鮑焦，立節抗行，不食非義之食，乃餓而死，不能立功拯溺者，小節不申而大節屈也。盧云：「『小節不申』，『小節』下衍不字。」孫詒讓云：「『張景陽，郢中之大淫也。』利害篇云：『淫如景陽』，無張字，此誤衍也。景陽，景姓，陽名。淮南子氾論訓云：『景陽淫酒被髮，而御於婦人，威服諸侯。』高注云：『景陽，楚將。』即劉氏所本。（景陽，亦見戰國策楚策、史記楚世家。）」孫（楷第）云：「『立節抗行，』「立節」當作『厲節』，厲亦抗也。楊倞注荀子宥坐篇：『厲，抗也。』淮南子修務訓：『勵節抗高，以绝世俗。』史記汲鄭列傳：『黯伉勵守高。』李善注魏文帝與鍾大理書引孝經援神契云：『抗節厲義，通乎至德。』孔文舉薦禰衡表云：『任座抗行，史魚厲節。』厲、勵，抗、亢字並通。」楊云：「申上不字衍。淮南氾論篇：『夫顔喙聚，（王念孫以喙爲啄之誤，是。）梁父之大盜也；……景陽淫酒被髪，而御於婦人，威服諸侯。此四人者，皆有所短，然而功名不滅者，其略得也。季襄、（岷案王念孫謂襄當爲哀，是。）陳仲子，立節抗行，不入洿君之朝，不食亂世之食，遂餓而死，不能存亡接絶者何？小節伸而大略屈。』列子説符篇：『東方有人焉，曰爰旌目。將有適也，而餓於道。狐父之盜曰丘，見而下壺餐以餔之。爰旌目三餔而後能視，曰：「子何爲者也？」曰：「我狐父之人丘也。」爰旌目曰：「譆！汝非盜邪？胡爲而餐我！吾義不食子之食也！」兩手據地而嘔之，不出，喀喀然遂伏而死。』（又見吕氏春秋介立篇、韓詩外傳一、新序節士篇。）莊子盜跖篇：『鮑焦飾行非世，抱木而死。』（又見韓詩外傳一、新序節士篇。）」岷案淮南氾論篇高注：「梁父，齊邑。」「立節抗行」，本淮南氾論篇，（見楊氏引。）孫氏謂「立節」當作「厲節」，非。「小節不申而大節屈也。」盧、楊二氏並謂不字衍，是也；「大節」亦當從淮南作「大略」，涉上「小節」而誤。上文累言「大略」，與此同例。吕氏春秋尊師篇：「颜涿聚，梁父之大盜也。」（淮南作顔啄聚，本書作顔濁鄒，並同。）北山録異學篇：「爰精目吐狐丘父之食，得其嫉惡也。」楊氏引列子説符篇云云，又見金樓子雜記上篇。（後漢書張衡傳注、北山録釋賓問篇注引列子袁旌目，並作袁精目，與本書同。旌、精古通。）惟不見於韓詩外傳一，楊氏失檢。史記鄒陽列傳索隱引晉灼注：「列士傳：『鮑焦怨世不用己，採蔬於道，子貢難曰：「非其世而採其蔬，此焦之有哉？」弃其蔬，乃立枯洛水之上。』」（文選鄒陽獄中上書自明一首注引列士傳同。）伯夷、叔齊，冰清玉潔，義不爲孤竹之嗣，不食周粟，餓死首陽；盧云：「『義不爲孤竹之嗣』，（程榮本）義下衍以字。」楊云：「見史記伯夷列傳（卷六十一）。」岷案王謨本、畿輔本義下亦並衍以字。莊子盜跖篇：「伯夷、叔齊辭孤竹之君，而餓死於首陽之山。」（伯夷、叔齊餓死首陽事，又詳莊子讓王篇、吕氏春秋誠廉篇。）楊朱全身養性，去脛之一毛以利天下，則不爲也。楊云：「孟子盡心上篇：『楊子取爲我，拔一毛而利天下，不爲也。』淮南氾論篇：『全性保真，不以物累形，楊子之所立也。』」岷案列子楊朱篇：「禽子問楊朱曰：『去子體之一毛以濟一世，汝爲之乎？』楊子曰：『世固非一毛之所濟。』禽子曰：『假濟，爲之乎？』楊子弗應。」若此二子，德非不茂，行非不高，亦安能治代紊，蹈白刃，而達功名乎？盧氏拾補達作建，云：「誤達。」岷案達猶顯也，於義自通，無煩改字。此可以爲百代之鎔軌，盧云：「軌，疑範。」不可居伊、管之任也。

適才第二十七

物有美惡，施用有宜，美不常珍，惡不終棄。紫貂白狐，製以爲裘，鬱若慶雲，皎如荆玉，此毳衣之美也；黀菅蒼蒯，編以蓑笠，盧云：「(程榮本)黀誤壓，笠誤芒。」岷案王謨本、畿輔本黀亦並誤壓，笠亦並誤芒。説文：「菅，茅也。」史記孟嘗君列傳集解：「蒯音若怪反，茅之類。」盧氏拾補據程榮本蓑作蓑，同。畿輔本、百子本亦並作蓑，下同。葉微疎絫，黯若朽穰，岷案子彙本、百子本穰並作壤，喻林六七引同。穰、壤古通，莊子庚桑楚篇：「居三年，畏壘大壤。」釋文：「壤，本亦作穰。」列子天瑞篇：「三年大壤。」釋文：「壤，又作穰。」並其比。此卉服之惡也。裘蓑雖異，被服實同。美惡雖殊，適用則均。今處繡户洞房，則蓑不如裘；被雪沐雨，則裘不及蓑。楊云：「北堂書鈔(原本)一二九引繡作綱。綱字是。楚詞宋玉招魂：『網户朱綴。』王逸注：『網户，綺文鏤也。』(蘇鶚衍義辨『繡户』甚詳。)淮南齊俗篇：『今之裘與蓑孰急？見雨，則裘不用；升堂，則蓑不御。』」(岷案淮南齊俗篇蓑本作蓑，楊氏誤引作蓑。)以此觀之，適才所施，隨時成務，各有宜也。伏臘合歡，必歌採菱；岷案淮南説山篇許慎注：「採菱，楚樂之名也。」(御覽五六五引。)牽石拖舟，則歌噓噢，非無激楚之音，然而棄不用者，方引重抽刀，不如噓噢之宜也。盧云：「『非無』，俗誤倒。」舊合字本刀字同。楊云：「子彙本、彙函本、程榮本、王謨本、畿輔本，刀並作力，(道藏本亦誤作刀。)力字是。吕氏春秋淫辭篇：『今舉大木者，前呼輿謣，(淮南道應篇作『邪許』，文子微明篇作『邪軤』，並音近誼同。)後亦應之，此其於舉大木者，善矣；豈無鄭衛之音哉？然不若此其宜也。』古今樂録：『激楚，曲名也。』」岷案説郛卷六讀子隨識「拖舟」作「挽舟」，「抽刀」作「抽力」。王謨本「非無」二字誤倒。百子本刀亦作力。史記司馬相如列傳集解引郭璞注：「激楚，歌曲也。」淮南道應篇：「今夫舉大木者，前呼邪許，後亦應之，此舉重勸力之歌也。豈無鄭衛激楚之音哉？然而不用者，不若此其宜也。」與此文較合。卞莊子之昇殷庭也，孫云：「殷，疑當作秦，聲近而誤，論語憲問篇：『卞莊子之勇，』釋文引鄭云：『秦大夫。』前人據荀子大略篇、韓詩外傳、新序義勇篇、後漢書班固崔駰傳，均以莊子爲魯人，以釋文引鄭爲誤。然經師授受必有所本，未可以彼非此。北史儒林傳云：『玄注易、詩、書、禮、論語、孝經，大行於河北。』則此文所本者，固康成注歟？」鳴佩趍蹌，岷案舊合字本、程榮本、王謨本、畿輔本趍並作趨，趍即趨之俗。詩齊風猗嗟：「巧趨蹌兮。」傳：「蹌，巧趨貌。」温色怡聲；及其博虎，必攘袂鼓肘，孫云：「鼓當作露。」岷案「鼓肘」猶言「舞肘」、「弄肘」，於義自通，無煩改字。瞋目震呼，岷案程榮本、王謨本、畿輔本呼並作嘑，嘑、呼古今字。非不如温顏下氣之美，岷案程榮本、王謨本、畿輔本、百子本如並作知，是也。然而不能及者，方格猛獸，岷案格借爲挌，説文：「挌，擊也。」不如攘袂之宜也。安陵神童，通國之麗也，八音繁會，使以嗷吹噴聲而人悦之，則不及瞽師侏儒之美；噴下舊有音云：「才割切。」楊云：「戰國策楚策一：『江乙説於安陵君曰：「君無咫尺之地，骨肉之親，處尊位，受厚禄，一國之衆，見君莫不斂衽而拜，撫委而服，何以也？」曰：「王過舉而已。」不然，無以至此。」江乙曰：「以財交者，財盡而交絶；以色交者，華落而愛渝。是以嬖女不敝席，寵臣不避軒。……」』説苑權謀篇：『安陵纏以顏色美壯，得幸於楚共王。（餘同楚策。）』楚詞九歌東皇太乙：『五音紛兮繁會。』周禮瞽矇：『掌九德六詩之歌，以役大師。』鄭玄答張逸書：『國史采衆詩時，明其好惡，令瞽矇歌之。』（詩大雅正義引。）」岷案噴者，嘈之轉也。「噴聲」猶「嘈聲」，亦即「多聲」矣。蛇啣之珠，百代之傳璧，以之彈鵲，則不如泥丸之勁也；楊云：「莊子讓王篇：『今且有人於此，以隨侯之珠，彈千仞之雀，世必笑之。』（又見吕氏春秋貴生篇。）」岷案程榮本、王謨本、畿輔本璧並作寶，鵲並作鵶（或鴟字）。説苑雜言篇：「隨侯之珠，國之寶也。然用之彈，曾不如泥丸。」楊氏引莊子讓王篇云云，又見僞慎子外篇。棠谿之劍，楊云：「史記蘇秦傳：『韓卒之劍戟，皆出於冥山、棠谿。』」

岷案戰國策韓策：「韓卒之劍戟，皆出於冥山、棠谿。」即史記所本。天下之銛也，岷案史記賈生列傳集解引漢書音義：「銛，謂利。」用之穫穗，曾不如鈎鎌之功也。岷案王謨本鎌作鐮，鐮即鎌之俗。此四者，美不常珍，惡不終廢，用各有宜也。

昔野人棄子貢之辨，而悦馬圉之辭；越王退吹籟之音，而好鄙野之聲。非子貢不及馬圉，吹籟不若野聲，然而美不必合，惡而見珍者，物各有用也。楊云：「吕氏春秋必己篇：『孔子行道而息，馬逸，食人之稼，野人取其馬，子貢請往説之，畢辭，野人不聽。有鄙人始事孔子者，曰：「請往説之。」……其野人大説，解馬而與之。』（又見淮南人閒篇，鄙人作馬圉。）又遇合篇：『客有以吹籟見越王者，羽角宫徵商不繆，越王不善，爲野音而反善之。』論衡逢遇篇：『馬圄之説無方，而野人説之；子貢之説有義，野人不聽。吹籟工爲善聲，因越王不喜，更爲野聲，越王大説。故爲善於不欲得善之主，雖善不見愛；爲不善於欲得不善之主，雖不善不見憎。』」岷案類纂本、程榮本、王謨本、畿輔本辨並作辯，下文「彼必與之較辨」，諸本亦並作辯，辨、辯古通。（説已詳前。）淮南人閒篇許慎注：「圉，養馬者。」（論衡逢遇篇圉作圄，古通。此文本於淮南及論衡，非本於吕氏春秋必己篇。）吕氏春秋遇合篇高注：「籟，三孔籥也。」（「三孔」舊誤「二孔」，據淮南説山篇高注及説文正。）史記司馬相如列傳集解引漢書音義：「籟，簫也。」廣弘明集十三釋法琳辨正篇九箴篇注此劉子：「孔子馬侵野人之苗，野人怒，止其馬。孔子使子貢説解焉，野人逾忿；乃遣馬圉者辭焉，野人乃悦也。」與劉子此文異，與淮南人閒篇較合，蓋誤以淮南爲劉子也。

水、火、金、木、土、穀，六府異物，而皆有施；規、矩、權、衡、準、繩，六法殊形，而各有任。楊云：「左文七年傳：『水、火、金、木、土、穀，謂之六府。』淮南泰族篇：『水、火、金、木、土、穀，異物而皆任；規、矩、權、衡、準、繩，異形而皆施。』」故伊尹之興土功也，長脛者使之蹋鍤，强脊者使之負土，眇目者使之準繩，傴僂者使之塗地。因事施用，仍便效才，各盡其分，而立功焉。盧云：「『長脛者使之蹋鍤』，（程榮本）鍤誤鍾。」楊云：「淮南齊俗篇：『故伊尹之興土功也，脩脛者使之跖钁，（許注：『長脛以蹋插者使入深。』）强脊者使之負士，眇者使之準，傴者使之塗，各有其宜而人性齊矣。』」岷案王謨本、畿輔本鍤亦並誤鍾。（楊氏引淮南齊俗篇「跖鑁」，鑁乃鏵之誤，釋名：「鍤或曰鏵。」王念孫有說。）商歌之士，雞鳴之客，才各有施，不可棄也。若使甯子結客於孟嘗，則未免追軍之至，囚繫之辱也；若使雞鳴託於齊桓，必不能光輔於霸道，九合諸侯也。時須過關，莫若雞鳴；欲隆霸主，莫若商歌。楊云：「淮南道應篇：『甯戚（原作越，誤，今改。）欲干齊桓公，……望見桓公而悲，擊牛角而疾商歌。桓公聞之，命後車載之。』（文選嘯賦李注引許注云：『商，金聲清，故以爲曲。』又四子講德論注引許注云：『商，秋聲也。』）鷄鳴事見史記孟嘗君傳（卷七十五）。」岷案楊氏引淮南道應篇云云，又見呂氏春秋舉難篇、新序雜事第五。商歌之雅，而雞鳴之鄙，雖美惡有殊，至於適理排難，其一揆也。岷案舊合字本理作道，疑理字聯想之誤。舊合字本、程榮本、王謨本、畿輔本「一揆」二字並倒。孟子離婁下篇：「先聖後聖，其揆一也。」趙岐注：「揆，度也。」楚之市偷，天下之大盜，而能却齊軍。楊云：「淮南道應篇：『楚將子發，好求技道之士，楚有善爲偷者，往見曰：「聞君求技道之士，臣，偷也，願以技齎一卒。」子發聞之，衣不給帯，冠不暇正，出見而禮之。左右諫曰：「偷者，天下之盜也，何爲之禮？」（岷案「之禮」當爲「禮之」，王念孫有說。）君曰：「此非左右之所得與！」後無幾何，齊興兵伐楚，子發將師以當之，兵三却。楚賢良大夫，皆盡其計而悉其誠，齊師愈强。於是市偷進，請曰：「臣有薄技，願爲君行之。」子發曰：「諾。」不問其辭而遣之。偷則夜解齊將軍之幬帳而獻之。子發因使人歸之，曰：「卒有出薪者，得將軍之帷，使歸之於執事。」明又復往取其枕，子發又使人歸之。明日又復往取其簪，（岷案「明又」、「明日又」，兩又字皆夕之誤，日字乃後人妄加。王念孫有說。）子發又使歸之。齊師聞之，大駭！將軍與軍吏謀曰：「今日不去，楚君恐取吾頭。」乃還師而去。（岷案「楚君」當從宋本作「楚軍」，乃當從宋本作則。）』（論衡逢遇篇：『竊簪之臣，親於子反。』越絶書外傳紀范伯篇：『大夫種進曰：「昔者，市偷自衒於晉，晉用之而勝楚。」與此並異。』）」岷案三國志蜀志郤正傳：「楚客潛寇以保荆。」與此文並本於淮南道應篇。雖使孫吳用兵，彼必與之拒戰，未肯有望風而退也。晉之叔魚，一國之佞邪也，而能歸季孫。楊云：「左昭十三年傳：『晉人執季孫意如，……宣子患之，謂叔向曰：「子能歸季孫乎？」對曰：「不能，鮒也能。」乃使叔魚。叔魚見季孫曰：「昔鮒也得罪於晉君，自歸於魯君，微武子之賜，不至於今，雖獲歸骨於晉，猶子則肉之，敢不盡情，歸子，而不歸；鮒也聞諸吏將爲子除館於西河，其若之何？」且泣。平子懼，先歸，惠伯待禮。』又十四年傳：『晉邢侯與雍子爭鄐田，久而無成。士景伯如楚，叔魚攝理。……雍子納其女於叔魚，叔魚蔽罪邢侯。』」岷案楊氏引左昭十四年傳云云，又見國語晉語、家語正論解。雖使甘、蘇騁說，岷案甘、蘇謂甘茂、蘇秦，史記並有傳。子彙本、百子本騁並作聘，喻林六九引同，是也。彼必與之較辨，不至恐懾而逃還也。大盜、讒佞，民之殫害，無用之人也。苟有一術，盧云：「〔程榮本〕一誤士。」岷案王謨本、畿輔本一亦並誤士。猶能爲國興利除害，矧乃明智鍊才，其爲大盜，岷案類纂本、程榮本、正謨本、畿輔本盜並作益，是也。益、盜形近，又涉上文「大盜」字而誤耳。豈可棄耶？關雎興於鳥，而爲風之首，美其摯而有別也；鹿鳴興於獸，而爲雅之端，嘉其得食而自呼也。盧云：「『美其摯而有別也。』〔程榮本〕摯誤墊。」楊云：「程榮本、王謨本、畿輔本自並作相，相字較勝。淮南泰族篇：『關雎興于鳥，而君子美之，爲其雌雄不乖居也；（岷案乖當爲乘，乘者，四也。王念孫有說。）鹿鳴興于獸，而君子大之，取其見食而相呼也。（岷案見疑㝵之壞字。㝵，古得字。）』（又見家語好生篇，亦作『相呼』。）」岷案畿輔本摯亦誤墊。王謨本誤褻。關雎毛傳：「雎鳩，王雎也。鳥摯而有別。」以夫鳥獸之醜，岷案醜借爲疇，國策齊策高誘注：「疇，類。」苟有一善，詩人歌詠以爲美談矣；況人之有善，而可棄乎？岷案程榮本、王謨本、畿輔本矣並作奚，屬下讀，是也。本書多以「奚況」連文。夫樫栢之斷也，大者爲之棟梁，小者爲之椽桁，直者中繩，曲者中鉤，隨材所施，未有可棄者。楊云：「淮南主術篇：『賢主之用人也，猶巧匠之制木也，大者以爲舟航柱梁，小者以爲椄槢，脩者以爲櫚榱，短者以爲朱儒枅櫨。無大小脩短，皆得所宜；規矩方圓，各有所施，殊形異材，莫不可得而用也。』」岷案爾雅釋木：「檉，河柳。」（詩大雅皇矣毛傳、説文並同。）郭璞注：「今河旁赤莖小楊。」玉篇：「桁，屋桁。」文選何平叔景福殿賦李注：「桁，梁上所施也。」記纂淵海五五引管子：「工之制木也，大者以爲舟航柱梁，小者以爲檝楔，脩者以爲櫚榱，短者以爲侏儒枅櫨，無大小脩短，皆得其所宜。」（又見帝範審官篇注，無「枅櫨」二字。）帝範審官篇：「故明主之任人，如巧匠之制木，直者以爲轅，曲者以爲輪，長者以爲棟梁，短者以爲栱角。無曲直長短，各有所施。」（楊氏引淮南云云，據王念孫説有所訂正。）是以君子善能拔士，故無棄人；良匠善能運釿，故無棄材。楊云：「魏子：『録人一善，則無棄人；採材一用，則無棄材。』（意林五引。）」岷案老子二十七章：「是以聖人常善救人，故無棄人；常善救物，故無棄物。」莊子徐无鬼篇：「匠石運斤成風。」釿與斤同。賢能人物交泰，岷案程榮本、王謨本、畿輔本「賢能」並作「是以」，疑涉上文「是以」而誤。各盡其分而立功焉。詩云：「雖有絲麻，無棄菅蒯；雖有姬姜，無棄憔悴。」孫云：「此本左氏成九年傳引詩。杜注：『逸詩也。』今傳作『蕉萃』。詩『東門之池』正義、李善注文選任彦昇爲范尚書讓吏部封侯第一表，引傳亦俱作『憔悴』」。岷案左傳杜注：「姬姜，大國之女。蕉萃，陋賤之人。」「蕉萃」與「憔悴」同。後漢書應劭傳引左傳亦作「憔悴」。此之謂也。

文武第二十八

規者所以法圓，裁局則乖；矩者所以象方，製鏡必背。楊云：「淮南時則篇：『規者，所以員萬物也；矩者，所以方萬物也。』」岷案詩小雅正月毛傳：「局，曲也。」輪者所以輾地，入水則溺；舟者所以涉川，施陸必躓。楊云：「鄧析子無厚篇：『夫舟浮於水，車轉於陸，此自然道也。』莊子天運篇：『夫水行莫如用舟，而陸行莫如用車；以舟之可以行於水也，而求推之於陸，則没世不行尋常。』」岷案淮南主術篇：「夫舟浮於水，車轉於陸，此勢之自然也。」僞子華子孔子贈篇：「是縱櫂於陸，而發軔於川也。其亦不可以幸而幾矣。」何者？方圓殊形，舟車異用也。雖形殊而用異，而適用則均者。盛暑炎蒸，必藉涼風；寒交冰结，必處温室。夏不御氊，非憎惡之，炎有餘也；冬不臥簟，非怨讎之，涼自足也。楊云：「呂氏春秋有度篇：『夏不衣裘，非愛裘也，煖有餘也；冬不用簍，非愛簍也，清有餘也。』」岷案淮南俶真篇：「夫夏日之不被裘者，非愛之也，燠有餘於身也；冬日之不用翣者，非簡之也，清有餘於適也。」（清當爲清，説文：「清，寒也。」）精神篇：「知冬日之箑，夏日之裘，無用於己，則萬物之變爲塵埃矣。」（又見文子上禮篇。）不以春日遲遲而毁羔裀；楊云：「詩豳風七月：『春日遲遲。』毛傳：『遲遲，舒緩也。』」秋露灑葉而剔笋席。白羽相望，霜刃競接，則文不及武；干戈既韜，禮樂聿修，則武不及文。不可以九畿慴然而棄武，岷案周禮夏官大司馬：「乃以九畿之籍，施邦國之政職；方千里曰國畿，其外方五百里曰侯畿，又其外方五百里曰甸畿，又其外方五百里曰男畿，又其外方五百里曰采畿，又其外方五百里曰衛畿，又其外方五百里曰蠻畿，又其外方五百里曰夷畿，又其外方五百里曰鎮畿，又其外方五百里曰蕃畿。」鄭注：「畿猶限也。自王城以外，五百（舊誤千）里爲界，有分限者九。」四郊多壘而擯文。楊云：「禮記曲禮上：『四郊多壘，此卿大夫之辱也。』」岷案曲禮上鄭注：「壘，軍壁也。」士用各有時，未可偏無也。五行殊性，俱爲人用；文武異材，並爲大益。楊云：「左襄二十七年傳：『天生五材，民並用之，廢一不可，誰能去兵？』」岷案「並爲大益」，舊合字本作「爲國大益。」猶救火者，或提盆榼，或挈瓶盂，其器方圓，形體雖返，名質相乖，至於盛水滅火，功亦齊焉。瓶下舊有注云：「瓶，容一斗。」楊云：「淮南修務篇：『今夫救火者，汲水而趍之，或以甕瓴，或以盆盂，其方圓鋭橢不同，盛水各異，其於滅火均也。』」岷案王謨本返作反，古通。繳者身仰，釣者身俯，俯仰別狀，取利同焉。楊云：「淮南説山篇：『射者使人端，釣者使人恭，事使然也。』」岷案文選陸士衡文賦注引説文：「繳，生絲縷也。謂縷繫矰矢而以弋射。」（今本説文無謂下九字，參看段玉裁注。）墨子魯問篇：「釣者之恭，非爲賜也。」説苑説叢篇：「御者使人恭，射者使人端，何也？其形便也。」金樓子立言篇下：「射則使人端，釣則使人恭，事使然也。」（又見雜記篇上，無兩則字。）織者漸進，耕者漸退，進退異勢，成務等焉。楊云：「淮南繆稱篇：『夫織者日以進，耕者日以卻，事相反，成功一也。』」墨子救宋，重趼而行；干木在魏，身不下堂，行止異跡，存國一焉。楊云：「淮南修務篇：『夫墨子跌（岷案跌當爲趹，疾也。王引之有説。）蹏而趍千里，以存楚、宋；（事見墨子公輸篇、吕氏春秋愛類篇，及本篇上文。）段干木闔門不出，以安秦、魏，（事又見吕氏春秋期賢篇，及本篇上文。）夫行與止也，其勢相反，而皆可以存國，此所謂異路而同歸者也。』」岷案莊子天道篇：「百舍重趼，而不敢息。」釋文：「趼，古顯反。司馬云：『胝也。』」淮南脩務篇：「百舍重趼，不敢休息。」高注：「趼，足生胝。」（今本正文、注文趼並誤跰，據卷子本玉篇引正。王念孫雜志亦有説。）又脩務篇載墨子救宋，「足重繭而不休息。」趼與繭同。國策宋策：「公輸般爲楚設機，將以攻宋，墨子聞之，百舍重繭，往見公輸般。」高注：「重繭，累胝也。」事又見御覽三二七引尸子。段干木事，又見新序雜事第五。文以讚治，武以凌敵，趍舍殊律，爲績平焉。秦之季葉，土崩瓦解，漢祖躬提三尺之劍，爲黔首請命，跋涉山川，蒙犯矢石，出百死以績一生，而爭天下之利，奮武厲誠，以決一旦之命。當斯之時，冠章甫，衣縫掖，未若戴金冑而擐犀甲也。嬴、項既滅，海内大定，以武創業，以文止戈，徵鄒、魯諸生而制禮儀，脩六代之樂，朝萬國於咸陽。當此之時，修文者榮顯，習武者慙忸。一世之間，而文武遞爲雄雌，以此言之，治亂異時，隨務引才也。今代之人，爲武者則非文，爲文者則嗤武，各執其所長而相是非，猶以宮笑角，以白非黑，非適才之情、得實之論也。

盧云：「『出百死以績一生』，績，俗作續。『而文武遞爲雄雌』，〔程榮本〕遞誤遽。『隨務引才也。』引，俗作用。」楊云：「淮南氾論篇：『秦之時，……道路死人以溝量。……逮至高皇帝，存亡繼絶，舉天下之大義，身自奮袂執鋭，以爲百姓請命于皇天，當此之時，天下雄儁豪英，暴露于野澤，前蒙矢石，而後墮谿壑，出百死而給一生，以爭天下之權。奮武厲誠，以決一旦之命。當此之時，豐衣博帶而道儒墨者以爲不肖。逮至暴亂已勝，海内大定，繼文之業，立武之功，履天子之圖籍，造劉氏之貌冠，總鄒、魯之儒墨，通先聖之遺教，戴天子之旗，乘大路，建九斿，撞大鐘，擊鳴鼓，奏咸池，揚干戚。當此之時，有立武者見疑。一世之間，而文武代爲雌雄，有時而用也。今世之爲武者則非文也，爲文者則非武也。文武更相非，而不知時世之用也。』」岷案「出百死以績一生」，子彙本、程榮本、王謨本、畿輔本、百子本績並作續。績、續同義，爾雅釋詁：「續、績，繼也。」「而擐犀甲也。」說文：「擐，貫也。春秋傳曰：『擐甲執兵。』」（左成二年傳。）「而文武遞爲雄雌。」王謨本遞亦誤遽。「隨務引才也。」程榮本、王謨本、畿輔本引並作用。又案文選東方朔非有先生論注引春秋考異郵：「瓦解土崩。」淮南泰族篇：「武王左操黄鉞，右執白旄以麾之，則瓦解而走，遂土崩而下。」漢書徐樂傳：「臣聞天下之患，在於土崩，不在瓦解。」禮記儒行：「丘少居魯，衣逢掖之衣；長居宋，冠章甫之冠。」（釋文：「章甫，殷冠也。」）逢、縫古通，已詳審名篇。）

均任第二十九

爲有寬隘，量有巨細，材有大小，則任其輕重，所處之分，未可乖也。孫云：「『任其輕重』句，其乃有字之譌。『任有輕重』，與『爲有寬隘，量有巨細，材有大小』，相對爲文。」岷案孫説是，惟「任有輕重」句，當在則字上，與上三句平列。類纂本脱任字（或臆删），「輕重」二字倒。是以萬碩之鼎，不可滿以盂水；一鈞之鐘，不可容於泉流。岷案帝範審官篇注引碩作鐘，鐘作器。以、於互文，於猶以也。下同。十圍之木，不可蓋以茅茨；榛棘之柱，不可負於廣夏。孫云：「木、柱疑互誤。」何者？即小非大之量，大非小之器；盧云：「（程榮本）即字脱。」孫云：「『小大』『大小』，俱當互易，以下文『以大量小，必有枉分之失；以小容大，則致傾溢之患。』證之。」岷案類纂本、王謨文、畿輔本亦並脱即字。重非輕之任，輕非重之制也。以大量小，必有枉分之失；以小容大，則致傾溢之患。以重處輕，必有傷折之過；以輕載重，則致壓覆之害。故鵾鵬一軒，横厲寥廓，袁註：「寥，空也。廓，大也。」岷案文選木玄虚海賦注：「軒，舉也。」顔延年五君詠向常侍一首：「交吕既鴻軒，攀嵇亦鳳舉。」軒、舉互文，軒亦舉也。厲與戾同，詩小雅四月：「翰飛戾天」，（文選班孟堅西都賦注引韓詩戾作厲。）鄭箋：「戾，至。」（爾雅釋詁同。）背負蒼天，足蹠浮雲，岷案淮南原道篇許慎注：「蹠，踏（蹋之俗）也。」（文選傅武仲舞賦注引。）淮南人閒篇：「淩乎浮雲，背負青天。」有六翮之資也。騕𩣡一鶩，盧氏拾補𩣡作褭，云：「俱作𩣡，（程榮本）鶩誤騖。」岷案百子本𩣡作褭，褭、𩣡正俗字。王謨本、畿輔本騖亦並誤鶩。騰光萬里，絶塵掣微，孫云：「微乃徹字之誤。徹、轍古今字。掣猶絶也，説詳知人篇。『絶塵掣徹』，言其疾耳。老子二十七章：『善行無轍迹。』莊子徐無鬼篇：『若是者超軼絶塵。』田子方篇云：『奔逸絶塵。』（釋文：『軼，徐「徒列反。」崔云：「徹也。」逸，司馬云：「本作徹。」』案軼、逸均通假字。徹字古讀如軼，漢書文帝紀：『結徹於道。』史記作『結軼於道。』）淮南子道應篇：『絶塵弭轍』，高注：『弭轍，引迹疾也。』文選赭白馬賦：『超攄絶夫塵轍。』」岷案列子説符篇：「若此者，絶塵弭躈。」釋文：「躈，跡也。一本作徹。」亦可證此文徹字之誤。（孫氏所引淮南高注乃許慎注。）有迅足之勢也。今以燕雀之羽，而慕冲天之迅；岷案漢書敍傳上：「燕雀之疇，不奮六翮之用。」犬羊之蹄，而覬追日之步。岷案「追日」已詳託附篇。勢不能及，亦可知也。故奔蜂不能化藿蠋，而能化螟蛉；越雞不能伏鵠卵，魯雞能伏之。藿蠋與螟蛉，俱蟲也；魯雞與越雞，同禽也。然，化與不化，伏與不伏者，藿蠋大，越雞小也。「藿蠋與螟蛉」，盧氏拾補據程榮本藿上有夫字，云：「藏無。蠋字程榮本脱。」「藿蠋大，越雞小也。」盧云：「（程榮本）蠋字、雞字並脱。」楊云：「莊子庚桑楚篇：『奔蜂不能化藿蠋；越雞不能伏鵠卵，魯雞固能矣。雞之與雞，其德非不同也，有能有不能者，其才固有巨小也。』釋文引司馬云：『奔蜂，小蜂也。藿蠋，豆藿中大青蟲也。越雞，小雞也。』向云：『魯雞，大雞也。』成疏：『奔蜂細腰，能化桑蟲爲己子，而不能化藿蠋。』」岷案詩小雅小宛毛傳：「螟蛉，桑蟲也。」程榮本、王謨本、畿輔本「而能化螟蛉」，並作「而螟蛉能化之」；「魯雞能伏之」上，並有而字。王謨本、畿輔本「藿蠋與螟蛉」，並作「夫藿與螟蛉（類纂本亦脱蠋字）」；「藿蠋大，越雞小也。」並脱蠋、雞二字（類纂本同）。（楊氏引莊子庚桑楚篇云云，有脱文，詳拙著莊子校釋四。）夫龍蛇有飜騰之質，岷案舊合字本飜作飛，疑飜之壞字。故能乘雲依霧；賢才有政理之德，故能踐勢處位。雲霧雖密，蟻蚓不能昇者，無其質也；勢位雖高，庸蔽不能治者，岷案程榮本、王謨本、畿輔本蔽並作敝，古通。乏其德也。故智小不可以謀大；德狹不可以處廣。楊云：「易繫辭下：『子曰：「德薄而位尊，智小而謀大，力小而任重，鮮不及矣！」』」岷案淮南主術篇：「有小智者，不可任以大功。」以小謀大，必危；以狹處廣，必敗。子游治武城，夫子發割雞之嘆；楊云：「論語陽貨篇：『子之武城，聞弦歌之聲，夫子莞爾而笑，曰：「割雞焉用牛刀？」』尹何爲邑宰，子產出製錦之諫。楊云：「左襄三十一年傳：『子皮欲使尹何爲邑，子產曰：「少，未知可否？」子皮曰：「愿，吾愛之，不吾叛也。使夫往而學焉，夫亦愈知治矣。」子產曰：「……子有美錦，不使人學製焉；大官大邑，身之所庇也，而使學者製焉，其爲美錦，不亦多乎？」』」德小而任大，謂之濫也。德大而任小，謂之降也。而其失也，寧降無濫。楊云：「左襄二十六年傳：『若不幸而過，寧僭無濫』」是以君子量才而授任，量任而授爵，則君無虛授，臣無虛任。孫云：「『量才授任，量任授爵，』俱蒙『君子』爲文，兩授字皆當作受。尸子：『君子量才而受爵，量功而受祿。』淮南子人閒訓：『計功而受賞，不爲苟得；量力而受官，不貪爵祿。』語意與此同。」楊云：「曹植求自試表：『夫論德而授官者，成功之君也；量能而受爵者，畢命之臣也。故君無虛授，臣無虛受。』」岷案「君子量才而授任，量任而授爵。」君子指在位者，兩授字不必從尸子、淮南作受。荀子儒效篇：「若夫譎德而定次，量能而授官，使賢不肖皆得其位，能不能皆得其官，……是然後君子之所長也。」字作授，亦言君子，與此同例。君道篇：「譎德而定次，量能而授官，皆使人載其事，而各得其所宜。（今本譎誤論，使下衍其字。又見正論篇，譎作決，古字通用。王念孫雜志有說。）」漢書董仲舒傳：「量材而授官，録德而定位。」文選曹子建求自試表注引王符潛夫論：「故明主不敢以私授，忠臣不敢以虛受。」（今本潛夫論忠貴篇作「是故明主不敢以私愛，忠臣不敢以誣能。」）故無負山之累、折足之憂也。楊云：「莊子秋水篇：『是猶使蚊負山、商蚷馳河也，必不勝任矣。』易鼎：『九四，鼎折足，覆公餗，其形渥凶。』」岷案類纂本山作乘，疑因負字聯想而誤。（易解：「六三，負且乘，致寇至。」）莊子應帝王篇：「猶涉海鑿河，而使蚊負山也。」抱朴子論仙篇：「是今蚊虻負山。」

慎言第三十

日月者，天之文也；山川者，地之文也；言語者，人之文也。楊云：「左僖二十四年傳：『言者，身之文也。』」岷案文心雕龍原道篇：「日月疊璧，以垂麗天之象；山川煥綺，以鋪理地之形。此蓋道之文也。……心生而言立，言立而文明，自然之道也。」天文失，則有謫蝕之變；地文失，必有崩竭之災。盧云：「必，俗作則。下同。」岷案程榮本、王謨本、畿輔本必並作則，王謨本下文亦作則。舊合字本災作灾，古通。人文失，必有傷身之患。故口者，言語之門戶；楊云：「鬼谷子捭闔篇：『口者，心之門戶也。』」岷案景宋本白帖九、御覽三六七、天中記二二，並引周生烈子：「口者，言之門。」舌者，門戶之關鑰。關鑰動則門戶開，門戶開則言語出。出言之善，則千里應之；出言之惡，則千里違之。言失於己，不可遏於人；情發於近，不可止於遠。楊云：「易繫辭上：『君子居其室，出其言善，則千里之外應之，況其邇者乎？居其室，出其言不善，則千里之外違之，況其邇者乎？言出乎身，加乎民；行發乎邇，見乎遠。』淮南人閒篇：『言出於口者，不可止於人；行發於邇者，不可禁於遠。』（文子微明篇同。）」岷案易繫辭上云云，又見說苑君道篇、金樓子戒子篇。淮南人閒篇云云，又見說苑說叢篇（口作己，與此文尤合）。是以君子慎其關鑰，以密言語。言語在口，譬含鋒刃，不可動也。動鋒刃者，必傷喉舌。言失之害，非唯鋒刃；岷案舊合字本、程榮本、王謨本、畿輔本唯並作惟，古通。其所傷者，不慎喉舌。岷案子彙本、程榮本、王謨本、畿輔本、百子本慎並作惟，喻林八十引同，是也。故天有卷舌之星，人有緘口之銘。楊云：「太公金匱：『金人三緘其口，慎言語也。』（又見說苑敬慎篇、家語觀周篇。）」岷案御覽三百九十引荀子：「金人銘曰：『周大廟右階之前，有金人焉。三緘其口，而銘其背曰：「我，古之慎言人也。戒之哉！無多言，無多事。多言多敗，多事多害。」』（又見金樓子戒子篇、顏氏家訓省事篇。）所以警恌言，防口訧也。舊注：「恌，音祧，輕言。訧，過也。」口舌者，患禍之官、亡滅之府也。岷案程榮本、王謨本、畿輔本官並作宮，疑臆改；或形誤。官猶主也。管子宙合篇：「故不官于物，而旁通于道。」尹知章注：「官，主也。」莊子德充符篇：「而況官天地，府萬物」，官，府對言，與此同例；在宥篇：「天地有官，陰陽有藏。」（成玄英疏以府釋藏。）官、藏對言，猶以官、府對言也。語言者，性命之所屬，而形骸之所係也。言出患入，語失身亡。身亡不可復存，言非不可復追。盧云：「〔程榮本〕非誤出。」王云：「記纂淵海六三引非作出。」岷案王謨本、畿輔本非並作出。藝文類聚十九、御覽三百九十並引鄧析子：「一言而非，駟馬不能追。」（今本鄧析子轉辭篇作「一聲而非，駟馬勿追。」）說苑說叢篇：「出言不當，四馬不能追也。」（又見文子微明篇。）據此，則作非、作出，義並可通。惟此文承上「言出患入」而言，當以作出爲是，盧說未審。其猶射也，懸機未發，則猶可止；矢一離絃，雖欲返之，弗可得也。王云：「記纂淵海引返作反，弗作不。」岷案說苑說叢篇：「言猶射也，括既離弦，雖有所悔焉，不可從而追已。」易誡樞機，詩刺言玷，楊云：「易繫辭上：『言行，君子之樞機，樞機之發，榮辱之主也。』詩大雅抑：『白圭之玷，尚可磨也；斯言之玷，不可爲也。』」岷案易繫辭上云云，又見說苑君道篇、說叢篇、金樓子戒子篇，詩大雅抑傳：「玷，缺也。」斯言一玷，非磏磪所磨；舊音：「磏，力甘切。磪，音諸。」岷案淮南說山篇高注：「磏諸，攻玉之石。」（脩務篇注攻作治。）磏磪與磏諸同。說文作厱諸，云：「治玉石也。」樞機既發，豈駭電所追？皆前聖之至慎，後人之埏鎔。岷案管子任法篇：「猶埴之在埏也，唯陶之所以爲。」漢書董仲舒傳：「猶金之在鎔，唯冶者之所鑄。」埏爲範土之器，鎔爲冶金之器。埏鎔，猶言模範耳。明者慎言，故無失言；闇者輕言，自致害滅。昔知伯失言於水灌，韓、魏躡其肘足；魏武漏語於英雄，玄德遺其匕筯。是以頭爲穢器，師馳徐州。地分二晉，土割岷、蜀，亡敗、長釁，爲天下笑，不慎言也。「地分二晉」，孫氏校釋從程榮本二作三，云：「三，各本誤二，案作三是也。淮南子氾論訓云：『智伯以三晉之地擒。』高注云：『三晉，智氏兼有范氏、中行氏。』」楊云：「程榮本二作三，王謨本、畿輔本同。三字是。戰國策秦策四：『昔者，六晉之時，智氏最强，滅破范、中行，帥韓、魏以圍趙襄子於晉陽。決晉水以灌晉陽，城不沈者三板耳。智伯出行水，韓康子御，魏桓子驂乘。智伯曰：「始吾不知水之可亡人也，乃今知之！汾水利以灌安邑，絳水利以灌平陽。」魏桓子肘韓康子，康子履魏桓子，躡其踵。肘、足接於車上，而智氏分矣。身死國亡，爲天下笑。』（又見韓非子難三篇。）韓非子喻老篇：『智伯兼范、中行，而攻趙不已，韓、魏反之。……漆其首以爲溲器。』（他書皆作『飲器。』）魏武事見蜀志先主傳（卷三十二）。」岷案楊氏引秦策云云，又見説苑敬慎篇。史記刺客列傳索隱引韓非子（喻老篇）、呂氏春秋（義賞篇）並云：「襄子漆智伯頭爲溲杅。」與此言「穢器」合。（惟今本呂氏春秋作「斷其頭以爲觴。」）韓昭侯與棠磎公謀，而終夜獨寢，慮夢言露於妻妾也。楊云：「韓非子外儲説右上：『棠谿公每見而出，昭侯必獨臥，惟恐夢言泄於妻妾。』」孔光不對温室之樹，恐言之泄於左右也。楊云：「見漢書本傳（卷八十一）。」言者，風也。岷案莊子人閒世篇：「言者，風波也。」無足而行，無翼而飛，楊云：「管子戒篇：『無翼而飛者，聲也。』」不可易也。是以聖人當言而懼，發言而憂，如蹈水火，臨危險也。禮然後動，則動如春風，人不猒其動；時然後言，則言如金石，人不猒其聲。楊云：「論語憲問篇：『公明賈對曰：「以告者，過也。夫子時然後言，人不厭其言；樂然後笑，人不厭其笑；義然後取，人不厭其取。」』」岷案舊合字本、子彙本、王謨本、百子本猒並作厭，喻林三引同。猒、厭古今字。故身無失行，口無過言也。勞貞一云：「孝經：『口無擇言，身無擇行。』」岷案見孝經卿大夫章。

卷之七

貴言第三十一

岷案程榮本、王謨本、畿輔本，此篇及下傷讒第三十二、慎隟第三十三，並列入卷六。

越劍性銳，必託槌砧，以成純鈎；岷案鈎當爲鈞，字之誤也。越絶外傳記寶劍篇：「一曰湛盧，二曰純鈞。」文選左太沖吴都賦：「純鈞、湛盧。」（注引越絶書作「一曰純鈞，二曰湛盧。」）並其證。淮南脩務篇：「夫純鈞、魚腸之始下型」，高注：「純鈞，利劍名。」茅一桂本、莊逵吉本正文、注文鈞並作鉤；景宋本御覽三四三引吴越春秋：「越王允常聘歐冶子作名劍五枚，三大二小，一曰純鈞。」鮑刻本及藝文類聚六十引鈞並作鉤，誤皆與此同。純鈞，亦作淳鈞，淮南覽冥篇：「區冶生而淳鈞之劍成」；（高注：「淳鈞，古大銳劍也。」茅本、莊本正文、注文鈞亦並誤鉤。）或作淳均，淮南齊俗篇：「淳均之劍不可愛也，而區冶之巧可貴也」；又作醇鈞，廣雅釋器：「醇鈞，劍也。」楚柘質勁，也資搒檠，袁註：「正弓所用，以定曲直。」舊音：「上步萌反，下音競。」岷案喻林四十引搒作榜，是也。說文：「榜，所以輔弓弩也。」以成弴弓；袁註：「畫弓，天子所用之弓也。」舊音：「弴，丁幺、丁昆二切。」岷案「丁幺切」，則讀爲彫，說文：「弴，畫弓也。」段注：「弴與彫語之轉。」人性雖敏，必藉善言，以成德行。故槌砧者，夷不平也；搒檠者，矯不正也；楊云：「搒當作榜，韓非子外儲說右下：『榷鍛者，所以平不夷也；榜檠者，所以矯不直也。』」善言者，正不善也。人目短於自見，故借鏡以觀形；楊云：「韓非子觀行篇：『古之人目短於自見，故以鏡觀面。』」髮拙於自理，必假櫛以

脩束，程榮本脩作修（王謨本、畿輔本、百子本並同）。孫云：「『修束』當作『束修』。後漢書和熹鄧皇后紀云：『故能束修，不觸羅網。』馮衍傳：『豈得珪璧其行，束修其心而已哉！』劉般傳：『般束修至行，爲諸侯師。』李賢各注略同，以『約束修身』釋之。又伏湛傳云：『自行束修，訖無毁玷。』注云：『自行束修，謂年十五以上。』延篤傳云：『且吾自束修以來，爲人臣不陷於不忠，爲人子不陷於不孝。』注：『束修，謂束帶修飾。』又引鄭玄注論語曰：『謂年十五已上也。』是『束修』有二義，一訓整飭，一謂十五以上。前漢王莽傳云：『竊見安漢公自初束修，值世俗隆奢麗之時。』小顔注：『謂初學官之時。』又不同。案『束修』二字，疑即束髮義之引申。大戴禮保傅篇云：『束髮而就大學。』盧注：『束髮，謂成童。』盧説『束髮』與鄭説『束修』正同。（鄭注内則云：『成童，十五以上。』）禮記：『童子錦束髮。』疏云：『童子尚華。』詩齊風甫田：『總角丱兮』，（鄭注内則云：『總角，收髮結之。』）箋云：『少自修飾，丱然而稚。』是『束髮』亦所以爲飾。以事言之，則『束修』與『束髮』義有廣狹之異；據其時言之，則『束修』與『束髮』同，皆謂十五以上。又『束髮』爲就學之時，故言人學習之初，亦得云『束髮』、『束修』。（文選二十六謝靈運過始寧墅詩：『束髮懷耿介。』李善注引韓詩外傳『夫人爲父母者，必全其身。及其束髮，屬授明師，以成其材。』釋之。謂初學時即有超俗之思也。）語本一源，非有異也。劉子『束修』，正以髮言之。（書傳或云『結髮』，亦與『束修』、『束髮』義近。文選二十九蘇武詩云：『結髮爲夫妻，恩愛兩不疑。』李善注：『結髮，始成人也。謂男年二十，女年十五時，取笄冠爲義也。』漢書李廣傳：『結髮與匈奴大小七十餘戰。』謂自幼從軍與匈奴大小七十餘戰也。霍光傳：『結髮内侍。』當指光爲郎時而言，謂自十餘歲内侍也。文選三十謝玄暉郡内登望詩：『結髮倦爲旅，平生早事邊。』『結髮』與『平生』同義，謂自幼便爲客也。）」楊云：「傅咸櫛賦：『夫才之治世，猶櫛之理髮也。理髮不可以無櫛。』（書鈔一百三十六、御覽七百十四引。）」**心闇於自炤，**岷案舊合字本炤作照，同。

則假言以樂行。岷案子彙本、百子本樂並作榮，喻林四十引同，是也。下文「行之所以榮，善言益之也。」即承此而言。程榮本、王謨本、畿輔本此文樂及下文榮，皆作策。蓋榮之形誤，或臆改。

面之所以形，明鏡之力也；髮之所以理，假櫛之功也；盧云：「假，俗誤。」岷案程榮本、畿輔本假並作玄，（王謨本避清聖祖諱，改玄爲元。）以上文「明鏡」，下文「善言」例之，疑作「玄櫛」是。「櫛之色玄，則謂之「玄櫛」。法苑珠林五八：「髮之所以理，玄櫛之功也。」即本此文，亦作「玄櫛」。行之所以榮，善言之益也。鏡櫛理形，其惠輕也；善言成德，其惠重也。人皆悦鏡之明己形，而不慕士之明己心；楊云：「呂氏春秋達鬱篇：『人皆知説鏡之明己也，而惡士之明己也；鏡之明己也功細，士之明己也功大。得其細，失其大，不知類耳。』」人欲櫛之理其髮，岷案程榮本、王謨本、畿輔本人下並有皆字，與上文一律。不願善言之理其情。岷案不上當有而字，乃與上文一律。是棄重德而採輕功，不亦倒乎！爲衣冠者，己手不能製，盧云：「〔程榮本〕製字脱。」岷案王謨本、畿輔本亦並脱製字。則之越鄉借人以製之；岷案程榮本、王謨本、畿輔本「則之」並作「則知」，之即知之誤。至於理身，而不知借言以修其行，是處其身輕而於冠重，岷案冠上疑脱衣字，上文可照。不亦謬乎！君子重正言之惠，賢於軒璧之贈；楊云：「晏子春秋内篇雜上：『曾子將行，晏子送之，曰：「君子贈人以軒，不若以言。吾請以言之？（之，當爲乎之誤。）以軒乎？」曾子曰：「請以言。」』（又見荀子大略篇、説苑雜言篇。）荀子非相篇：『故贈人以言，重於金石珠玉。』」岷案史記孔子世家：「〔孔子〕適周，……辭去，而老子送之，曰：『吾聞富貴者送人以財，仁人者送人以言。』」索隱：「莊周財作軒。」又見家語觀周篇；今本莊子無此文。楊氏引晏子春秋云云，又見家語六本篇。樂聞其過，岷案孟子公孫丑上篇：「『子路，人告之以其過，則喜。』」（今本其誤有。）勝於德義之名。故楚莊王輕於千乘之國，而重申叔一言；楊云：「程榮本、王謨本、畿輔本，並無於字。無於字是。史記陳世家：『楚莊王爲夏徵舒殺靈公，率諸侯伐陳，……因縣城而有之，……申叔時使於齊來還，獨不賀。莊王問其故？對曰：「……今王以徵舒爲賊弑君，故徵兵諸侯，以義伐之；已而取之，以利其地，則後何以令於天下？是以不賀。」』」（岷案「今王以徵舒爲賊」以下，楊氏略引，今補。）莊王曰：『善！……』復君陳如故，是爲成公。孔子讀史記至楚復陳，曰：『賢哉！楚莊王輕千乘之國，而重一言。』」岷案於字涉上文而衍，類纂本亦無於字。楊氏引史記陳世家云云，又見左宣十一年傳、淮南人間篇、史記楚世家，惟並無「孔子讀史記」以下之文。家語好生篇：「孔子讀史，至楚復陳，喟然歎曰：『賢哉楚王！輕千乘之國，而重一言之信。匪申叔之忠，不能建其義（今本忠誤信，建誤達，據史記孔子世家正義引正），匪莊王之賢，不能受其訓。』」范獻賤萬畝之田，以貴舟人片說；楊云：「尸子貴言篇：『范獻子遊於河，大夫皆在，君曰：「孰知欒氏之子？」大夫莫答，舟人清涓舍楫而答曰：「……君善修晉國之政，內得大夫，而外不失百姓，雖欒氏之子，其若君何？君若不修晉國之政，內不得大夫，而外失百姓，則舟中之人，皆欒氏之子也。」（岷案「君善修晉國之政」以下，楊氏略引，今補。）君曰：「善哉！言。」明日朝，令賜舟人清涓田萬畝。清涓辭，君曰：「以此田也，易彼言也，子尚喪，寡人猶得也。」古之貴言也若此。』」岷案御覽六二三引裴氏新書：「舟涓（舟人清涓也。）有一言之善，晉侯賜萬頃田。辭而不受，晉侯曰：『以此田易彼言也，於子猶有所亡，寡人猶有所得。』」季路抱五慎之誡，楊云：「說苑雜言篇：『子路將行，辭於仲尼。曰（岷案曰上當疊仲尼二字）：「贈汝以車乎？以言乎？」子路曰：「請以言。」仲尼曰：「不强不遠，不勞無功，不忠無親，不信無復，不恭無禮。慎此五者，可以長久矣。」』」岷案說苑雜言篇云云，又見家語子路初見篇，遠作達，是也。趙孟佩九言之箴。盧云：「〔程榮本〕孟誤盈。」楊云：「左定四年傳：『鄭子大叔未至而卒。晉趙簡子爲之臨，甚哀，曰：「黄父之會，夫子語我九言，曰：『無始亂，無怙富，無恃寵，無違同，無敖禮，無驕能，無復怒，無謀非德，無犯非禮。』」』」岷案類纂本、王謨本、畿輔本孟亦並誤盈。由此觀之，岷案類纂本、程榮本、王謨本、畿輔本由並作以。軒璧之與田邑，豈能與善言齊價哉？夫桓侯不採越人之說，卒成骨髓之疾；楊云：「見史記扁鵲傳（卷一百五）。」（韓非子喻老篇齊桓侯作蔡桓公，新序雜事二同史記。）吳王不聽枚乘之言，終受夷滅之禍。楊云：「漢書枚乘傳：『吳王不用乘策，卒見禽滅。』」岷案說苑正諫篇：「孝景皇帝時，吳王濞反，梁孝王中郎枚乘字叔聞之，爲書諫王，……吳王不聽，卒死丹徒。」夫人之將疾者，必不甘魚肉之味；身之將敗者，必不納忠諫之言。故臨死者，謂無良醫之蔽；將敗者，謂無直諫之臣。楊云：「越絶書德序外傳記：『傳曰：「人之將死，惡聞酒肉之味；邦之將亡，惡聞忠臣之氣。身死不爲醫，邦亡不爲謀。』」文子微明篇：『人之將疾也，必先厭（厭原作甘，據困學紀聞十引改。）魚肉之味；國之將亡也，必先惡忠臣之語。故疾之將死者，不可爲良醫；國之將亡者，不可爲忠謀。』」岷案「身之將敗者」，程榮本、王謨本、畿輔本並脱者字，藝文類聚二三、御覽四五九並引晏子：「人之將疾，必先不甘粱肉之味；國之將亡，必先惡忠臣之語。」（又見記纂淵海六六，「忠臣」作「忠直」。）御覽七三八引尹文子：「人將疾也，必不甘魚肉之味。」（疑並誤引文子之文。）而不聽善言，是耳聾也。非其耳之有塞，善言不入耳乎！是以明者納規於未形，採言於患表，孫云：「患乃意字之譌。」從善如轉圓，楊云：「漢書梅福傳：『高祖納善若不及，從諫如轉圜。』」岷案程榮本、王謨本、畿輔本圓並作圜，與漢書合，義同。遺惡如去讎。盧云：「『去讎』，俗作『讎敵』。」岷案程榮本、王謨本、畿輔本並作「讎敵」。正音日聞於耳，禍害逾遠於身。昔堯帝招諫之鼓，舜樹誹謗之木，湯立司過之士，武王立誡慎之鼗。袁註：「鼗，小鼓也。貫而摇之。又作鞀也。」楊云：「鄧析子轉辭篇：『堯置敢諫之鼓，舜立誹謗之木，湯有司直之人，武有戒慎之銘。』（又見呂氏春秋自知篇，淮南主術篇，銘並作鞀。）說文：『鞀，鞀遼也。』或作鼗。』」岷案「昔堯帝招諫之鼓」，舊合字本作「昔帝堯建招諫之鼓」。疑是本書之舊。子彙本、百子本「堯帝」並作「堯置」；程榮本、王謨本、畿輔本並作「堯設」，疑皆臆改。程榮本、王謨本、畿輔本「武王立」，立並作置。帝王世紀：「堯……置敢諫之鼓。舜……立誹（謗之木。諸書「司過」多作「司直」，惟呂氏春秋自知篇作「司過」，與此文合，蓋此文所本。又案管子桓公問篇：「禹立諫鼓於朝，又見僞慎子外篇。）與此（及呂氏春秋、淮南主術篇、鄧析子、帝王世紀）言堯異。史記孝文本紀索隱引尸子：『堯立誹謗之木』，與此（及呂氏春秋、淮南子、鄧析子、帝王世紀）言舜異。大戴禮保傅篇：「有誹謗之木（盧辯注：「堯置之。」與尸子合），有敢諫之鼓（注：「舜置之。」與諸書並異）。」（又見賈子新書保傅篇、漢書賈誼傳。）以聖哲之神鑒，窮機洞微，孫云：「機當作幾，易繫辭上釋文引鄭云：『機當作幾，幾，微也。』」非有毫釐之謬也，猶設廣聽之術，開嘉言之路，豈不貽厥將來，岷案書僞五子之歌：「貽厥子孫。」

(詩大雅文王有聲：「詒厥孫謀」，鄭箋：「詒猶傳也。」詒與貽同。)表正言之益邪？以夫先聖猶能採言於蒭蕘，楊云：「程榮本、畿輔本蒭並作芻，芻字是。(芻已从艸，不必再加艸頭。)詩大雅板：『先民有言，詢於芻蕘。』(韓詩外傳五兩引芻作蒭。鹽鐵論刺議篇、抱朴子論僊篇同。)」岷案百子本蒭亦作芻。奚況布衣而不貴言乎？故臣子之於君父，則有獻可替否諷諫之文，楊云：「國語晉語九：『夫事君者，薦可而替否。』白虎通諫諍篇：『八懷五常，故知諫有五：其一曰諷諫。』」岷案左昭二十年傳：「君所謂可，而有否焉，臣獻其否，以成其可；君所謂否，而有可焉，臣獻其可，以去其否。」(又見晏子春秋外篇重而異者第七。)後漢書胡廣傳：「臣目獻可替否爲忠。」知交之於朋友，亦有切磋琢磨相成之義。楊云：「詩衞風淇奧：『有匪君子，如切如磋，如琢如磨。』禮記大學：『如切如磋者，道學也；如琢如磨者，自脩也。』」君子若能聽言如響，從善如流，楊云：「左昭十二年傳：『析父謂子革曰：「今與王言如響。」』又成八年傳：『從善如流』」。岷案「從善如流」，亦見史記楚世家。則身安南山，德茂松栢，楊云：「詩小雅天保：『如南山之壽，不騫不崩，如松栢之茂，無不爾或承。』」聲振金石，名流千載也。

傷讒第三十二

譽者，揚善之樞也。毀者，宣惡之機也。揚善生於性美，宣惡出於情妬。盧氏拾補妬作妒，云：「〔程榮本〕誤妬，下同。」岷案王謨本、畿輔本妬亦並誤䛠（下同），妬與妒同。性美以成物爲恒，盧云：「物，俗作德。」岷案程榮本、王謨本、畿輔本物並作德。情妬以傷人爲務。故譽以論善，則辭以極善爲功；毀以譽過，岷案譽，疑本作舉。舉、譽形近，又涉上下文譽字而誤也。則言以窮惡爲巧。何者？俗人好奇，不奇不用也。譽人不增其義，則聞者不快於心；毀人不益其惡，則聽者不滿於耳。楊云：「論衡藝增篇：『稱美過其善，進惡没其罪。何則？俗人好奇，不奇，言不用也。故譽人不增其美，則聞者不快其意；毀人不益其惡，則聽者不愜於心。』」岷案「譽人不增其義」，舊合字本義作美，與論衡合，是也。代之善人少而惡人多，楊云：「莊子胠篋篇：『天下善人少，而不善人多。』」岷案劉孝標辯命論：「天下善人少，惡人多。」顔氏家訓歸心篇：「開闢以來，不善人多，而善人少。」則譽者寂寞，盧云：「〔程榮本〕譽誤舉。」岷案王謨本、畿輔本譽亦並誤舉。而讒者諠譁。是以洗垢求痕，吹毛覓瑕，楊云：「韓非子大體篇：『不吹毛而求小疵。』」岷案韓非子大體篇：「不吹毛而求小疵，不洗垢而察難知。」兩句當並引。後漢書文苑趙壹傳：「所惡則洗垢求其瘢痕。」漢書中山靖王傳：「有司吹毛求疵。」王子淵四子講德論：「吹毛求疵。」揮空爲有，轉白爲黑，提輕當重，引寸至尺。墨子所以泣素絲，楊朱所以泣岐路，以其變爲青黄，廻成左右也。楊云：「程榮本、王謨本、畿輔本，上泣字並作悲。泣字疊用嫌複，當以一作悲者爲是。墨子所染篇：『子墨子言見染絲者而歎曰：「染於蒼則蒼，染於黄則黄。所入者變，其色亦變。」』（又見吕氏春秋當染篇。）淮南説林篇：『楊子見逵路而哭之，爲其可以南，可以北；墨子見練絲而泣之，爲其可以黄，可以黑。』（吕氏春秋疑似篇、賈子新書審微篇，並以哭岐路爲墨子事，蓋誤。孔稚珪北山移文、王裒與周宏讓書，亦並以爲楊朱事。）」岷案荀子王霸篇：「楊朱哭衢涂。」（楊倞注：「衢涂，岐路也。」）吕氏春秋疑似篇：「故墨子見練絲而泣之，爲其可以黄，可以黑；楊子見岐路而哭之，爲其可以南，可以北。」（今本有脱誤，陳昌齊正誤有説。）論衡率性篇：「是故楊子哭岐道，墨子哭練絲也。」藝增篇：「墨子哭於練絲，楊子哭於岐道。」風俗通義皇霸篇：「斯乃楊朱哭於岐路，墨翟悲於練素者也。」阮籍詠懷詩：「楊朱泣岐路，墨子悲染絲。」盧子諒贈劉琨書：「本同末異，楊朱興哀；始素終玄，墨翟垂涕。」昔人興讒言於青蠅，袁註：「魏武公信讒詞，詩刺言曰：『營營青蠅，止于樊；豈弟君子，無信讒言。』言青蠅點白成黑也。」楊云：「詩小雅青蠅：『營營青蠅，止于樊；豈弟君子，無信讒言。』（逸齊詩補傳詩篇曰：『袁孝政釋劉子云：「魏武公信讒詞，詩刺言曰」云云，今據魏自有國風，若果爲魏詩，聖人删詩，雅頌各得其所，豈容以風爲雅？袁氏亦豈惑於齊、魯、韓三家之説乎？』困學紀聞三：『袁孝政釋劉子曰云云，此小雅也；謂之魏詩，可乎？』案袁註繆悠，率多類此。）」譬利口於刃劍者，岷案類纂本、程榮本、王謨本、畿輔本刃並作刀，是也。以其點素成緇，袁註：「緇，黑色也。」楊云：「論衡累害篇：『青蠅所汙，常在練處。』岷案廣雅釋器：『緇，黑也。』」刀勁傷物，岷案類纂本、程榮本、王謨本、畿輔本刀並作刃，是也。故有四畏，盧云：「〔何允中本〕有誤在。」岷案王謨本有亦誤在。不可不慎：鳥之曲頸鋌距者，羽類畏之；獸之方喙鉤爪者，毛羣畏之；魚之哆脣鋸齒者，鱗族畏之；人之利口讒諂者，人共畏之。盧云：「『頸鋌』，俗作『喙鈹』。『利口』，〔何允中本〕利誤言。」楊云：「韓詩外傳七：『傳曰：「鳥之美羽名喙者，鳥畏之；魚之侈口垂腴者，魚畏之；人之利口贍辭者，人畏之。」』」岷案類纂本「頸鋌」作「味鈹」；程榮本、畿輔本並作「喙鈹」；王謨本作「跂距」，皆非。哆下舊有音云：「處紙、尺寫二切。」詩小雅巷伯毛傳：「哆，大貌。」「利口」，王謨本利亦誤言。讒嫉之人，必好聞人惡，惡聞人善。王云：「記纂淵海五十引此爲劉賓客語，嫉作妬。」妬才智之在己前，朞富貴之在其上，舊音：「諅，音居。」岷案子彙本、百子本並作「音忌。」是也。說文：「諅，忌也。周書曰：『上不諅于凶德。』」（段注：「多方文，諅，今書作忌。」）程榮本、王謨本、畿輔本其並作己，其猶己也。猶喉中有噎，吞之思入；目上有翳，決之願云。吞、決之情深，則萋斐辭作。岷案詩小雅巷伯毛傳：「萋斐，文章相錯也。」子彙本、程榮本、王謨本、畿輔本、百子本辭上並有之字，是也。故揚娥眉者，爲醜女之所妬；楊云：「楚辭離騷：『衆女嫉余之娥眉兮。』」岷案子彙本、百子本娥並作蛾，喻林十三引同，俗。行貞潔者，爲讒邪之所嫉。昔直不疑未嘗有兄，而讒者謂之盜嫂；第五倫三娶孤女，而世人譖其撾婦翁。盧云：「『譖其擿』三字，俗作『謂笞』，翁下衍『妐如』二字。」楊云：「直不疑事，見史記本傳（卷一百三）。第五倫事，見後漢書本傳（卷三十一）。魏志武帝紀：『昔直不疑無兄，世人謂之盜嫂；第五伯魚三娶孤女，謂之撾婦翁。』」岷案「譖其擿」三字，程榮本、王謨本、畿輔本並作「謂笞。」翁下程榮本、畿輔本並衍妐字；王謨本翁下有如字，屬下讀。直不疑事，又見漢書本傳。此聽虛而責響，岷案程榮本、畿輔本此下並有皆字，王謨本有「者皆」二字。視空而索影，悖情倒理，盧云：「（何允中本）情下衍而字。」岷案王謨本情下亦衍而字。誣罔之甚也！以二子之賢，非身行之不潔，與人有讎也；而不免於世謗者，豈非「獸惡其網，人惡其上」耶？盧云：「（程榮本）上誤讒。」楊云：「國語周語中：『諺曰：「獸惡其網，民惡其上。」』」岷案王謨本、畿輔本上亦並誤讒。周語中韋昭解：「獸惡其網，爲其害己；民惡其上，爲其病己。」左成十五年傳亦云：「民惡其上。」故讒邪之蔽善人也，猶朝日洞明，霧甚則不見天；沙石至淨，流濁則不見地。雖有明淨之質，而不發明者，水霧蔽之也。王云：「『故讒邪之蔽善人也』云云，記纂淵海五十引爲劉賓客語。」蘭蓀欲茂，秋風害之；賢哲欲正，讒人敗之。楊云：「淮南說林篇：『蘭芝欲脩，而秋風敗之。』（又見文子上德篇。）」岷案帝範去讒篇：「故蘩蘭欲茂，秋風敗之；王者欲明，讒人蔽之。」注引文子：「蘩蘭欲茂，秋風敗之。」今本文子上德篇茂作脩，文選劉孝標辨命論注、意林、御覽二四，亦並引作茂，與此文合。（淮南說林篇「蘭芝」，芝當作芷，王念孫雜志有説。）故讒者但知害嫉於他人，盧云：「〔程榮本〕但字脱。」岷案王謨本、畿輔本亦並脱但字。而不傷所説之主；岷案子彙本、程榮本、王謨本、畿輔本、百子本不下並有知字，是也。知傷所説之主，而不知還害其身。故無極之讒，子常蒙謗，郄、費雙滅。楊云：「左昭二十七年傳：『令尹子當賄而信讒，無極譖郤宛焉。……遂令攻郤氏，……盡滅郤氏之族黨。……子常殺費無極。』」岷案事又見吕氏春秋慎行論、史記楚世家、吴越春秋闔閭内傳。無極並作無忌。史記索隱：「極、忌聲相近。」讒諂流斃，岷案程榮本、王謨本、畿輔本並作「讒諂之流弊」，子彙本、百子本斃亦並作弊。利弊字正作獘。斃，或字；弊，俗字。一至於斯。嗚呼！後代之君子，可不慎諸也？盧云：「『後代』二字俗作世。」岷案程榮本、王謨本、畿輔本「後代」並作世；又並無也字。

慎隟第三十三

過者，怨之梯也；怨者，禍之府也。岷案記纂淵海六四引府作原。左昭十二年傳：「吾不爲怨府。」史記趙世家「毋爲怨府，毋爲禍梯。」禍之所生（舊誤性），必由積怨；過之所始，多因忽小。小過之來，出乎意表；岷案舊合字本、子彙本、王謨本、百子本乎並作於；程榮本、畿輔本並作于，義同。積怨之成，在於慮外。故其來也不可悔，其成也不可防。盧云：「『不可悔』，（程榮本）可誤自，『其成也』下衍怨字。」孫云：「悔、防當互易。」岷案王謨本、畿輔本上可字亦並誤自，「其成也」下亦並衍怨字。防怨不密，而禍害臻焉。故登峭坂而不跌墜者，慎于大也；跨阜垤而好顛蹷者，輕於小也。袁註：「垤，蟻封。」楊云：「韓非子六反篇：『先聖有諺曰：「不躓於山，而躓於垤。」（淮南人閒篇以爲堯戒。）山者大，故人順（順既慎，古多通用）之；垤微小，故人易之也。』呂氏春秋慎小篇：『人之情，不蹷於山，而蹷於垤。』」岷案淮南人閒篇許注、呂氏春秋慎小篇高注並云：「垤，蟻封也。」苟兢其步，雖履險（舊誤除）能安；輕易其足，雖夷路亦躓。舊注：「夷，平也。」智者識輕小之爲害，故慎微細之危患。每畏輕微，懍懍焉若巧索之馭陸馬也。舊注：「懍懍焉，敬懼也。」楊云：「說苑政理篇：『孔子曰：「懍懍焉如以腐索御奔馬。」』書僞五子之歌：『懍乎若朽索之馭六馬。』」岷案舊合字本、程榮本、王謨本、畿輔本陸並作六，陸乃俗借字。鴻毳性輕，積之沉舟；繒縞質薄，疊之折軸。楊云：「戰國策魏策一：『積羽沈舟，羣輕折軸。』（淮南繆稱篇略同。）」岷案舊合字本毳作毛，下同。類纂本、程榮本、王謨本、畿輔本繒並作魯。說文：「繒，帛也。」小爾雅廣服：「繒之精者曰縞。」史記韓長孺列傳集解引許慎淮南（說山篇）注：「魯之縞尤薄。」淮南繆稱篇：「積羽沈舟，羣輕折軸。」與魏策同。以毳、縞之輕微，能敗舟、軸者，盧云：「軸，俗作車。」岷案類纂本、程榮本、王謨本、畿輔本軸並作車。積多之所致也。故墻之崩隤，必因其隟；劍之毀折，皆猶于璺。盧云：「〔程榮本〕璺誤瑩，下同。」楊云：「淮南人閒篇：『夫牆之壞，必於隙；劍之折，必有齧。』」岷案舊合字本、類纂本、子彙本、程榮本、王謨本、畿輔本、百子本猶皆作由，古通。王謨本、畿輔本璺亦並誤瑩。方言六：「秦、晉器破而未離謂之璺。」廣雅釋詁：「璺，裂也。」尺蚓穿堤，能漂一邑；寸煙泄突，致灰千室。孫詒讓云：「煙當作熛，二字形近而誤。說詳後孫子。」（孫子火攻篇：「煙火必素具。」孫詒讓云：「煙當作熛，說文火部云：『熛，火飛也。讀若摽。』羣書治要引尸子貴言篇云：『熛火始起易息也。熛與煙形近而誤。』」）楊云：「呂氏春秋慎小篇：『巨防容螻，而漂邑殺人；突洩一熛，而焚宮燒積。』淮南人閒篇：『千里之隄，以螻螘之穴漏；百尋之屋，以突隙之熛焚。』」岷案煙乃熛之誤，孫說是也。淮南說林篇：「一家失熛，百家皆燒。」亦其證。楊氏引呂氏春秋慎小篇、淮南人閒篇云云，今本熛亦並誤煙，與此同例。一切經音義五七、五九、記纂淵海七三引呂氏春秋，御覽九四七引淮南，並不誤。」淮南人閒篇許注：「突，竈突也。」怨之始也，微於隟璺；及其爲害，大於墻劍。禍之所傷，甚于邑室；將防其萌，急於水火。夏書曰：「怨豈在明，不見是圖。」故怨不在大，亦不在小。楊云：「國語晉語九：『夏書有之曰：「怨豈在明，不見是圖。」（又見書僞五子之歌。）』書僞湯誥：『怨不在大，亦不在小。』」岷案國語晉語九：「周書有之曰：『怨不在大，亦不在小。』」楊氏所引僞湯誥，乃康誥之誤。熒熒不滅，能焚昆山；涓涓不絕，能成江河。楊云：「六韜文韜守土篇：『涓涓不塞，將爲江河；熒熒不救，炎炎奈何？』」岷案說苑敬慎篇：「熒熒不滅，炎炎奈何？涓涓不壅，將成江河。」家語觀周篇：「焰焰不滅，炎炎若何？涓涓不壅，終爲江河。」怨之所生，不可類推；禍之所延，盧云：「〔程榮本〕延誤言。」岷案類纂本、王謨本、畿輔本延亦並誤言。非可情測。或怨大而成小，或憾輕而至重。深讎不必危，而睚眦未可易也。岷案漢書杜欽傳顏注：「睚眦，瞋目貌。」譬如風焉，披雲飛石，卷水靡木，岷案舊合字本、程榮本、王謨本、畿輔本靡並作靡，古通。左襄十九年傳杜注：「蹷猶拔也。」而人血脉不爲之傷。隟穴之風，輕塵不動，岷案舊合字本、程榮本、畿輔本動並作通，此古文動字。毛髮不搖，及中肌膚，以爲深疾。大不爲害，小而成患者，大風散漫，小風激射也。故漢祖免貫高之逆，楊云：「見史記張耳傳（卷八十九。）」岷案又見漢書張耳傳。魏后泄張繡之讎，袁註：「魏后，是曹操也。」盧云：「〔程榮本〕魏后下衍曹操。」楊云：「見魏志張繡傳（卷八）。」岷案王謨本、畿輔本魏后下亦並有曹操二字，涉註文而衍。韓信削少年之辱，楊云：「見史記淮陰侯傳（卷九十二）。」岷案又見漢書韓信傳、風俗通義窮通篇。安國釋田甲之慢。楊云：「見史記韓安國傳（卷一百八）。」岷案當云：「見史記韓長孺傳。（安國字長孺。）」又見漢書韓安國傳、風俗通義窮通篇。此皆遇英達之主，寬廓之衿，得以深怨而不爲讎也。魯酒薄而邯鄲圍，羊羹偏而宋師敗，楊云：「莊子胠篋篇：『魯酒薄而邯鄲圍。』左宣二年傳：『華元殺羊食士，其御羊斟不與。及戰，曰：「疇昔之羊，子爲政；今日之事，我爲政。」與入鄭師，故敗。』淮南繆稱篇：『故傳曰：「魯酒薄而邯鄲圍，羊羹不斟而宋國危。」』許慎注：『魯與趙俱朝楚，獻酒於楚，魯酒薄而趙酒厚。楚之主酒吏求酒於趙，不與，楚吏怒，以趙所獻酒獻於楚王，易魯薄酒。楚王以爲趙酒薄，而圍邯鄲。』」岷案北堂書鈔一四八引鬼谷子：「魯酒薄而邯鄲圍。」郈孫以鬭雞亡身，楊云：「左昭二十五年傳：『季、郈之雞鬭，季氏介其雞，郈氏爲之金距。平子怒，益宮於郈氏，且讓之。故郈昭伯亦怨平子。……執郈昭伯，殺之於南門之西。』（又見呂氏春秋察微篇、淮南人閒篇。）」岷案又見史記魯周公世家。齊侯以笑嬪破國。楊云：「公羊成二年傳：『晉郤克與臧孫許同時而聘于晉，蕭同姪子者，齊君之母也，踊于棓而窺客，則客或跛或眇；於是使跛者迓跛者，使眇者迓眇者。二大夫出，相與踦閭而語移日，然後相去。齊人皆曰：「患之起，必自此始！」二大夫歸，相與率師爲鞌之戰。齊師大敗。』」岷案又見左宣十七年、成二年傳，穀梁成元年、二年傳，史記齊太公世家、晉世家。皆以輕蔑細怨，忘樹禍端，以酒食戲笑之故，敗國滅身，爲天下笑，不慎死也！岷案類纂本、子彙本、程榮本、王謨本、畿輔本、百子本死並作故，於義爲長。**代之闇者，皆以小害易微之事，以至於大患。**盧云：「〔程榮本〕代誤伐。」孫云：「上以字當作輕，下之字衍。原文當作『皆輕小害，易微事，以至於大患。』淮南子人閒篇：『是故人皆輕小害，易微事，以多悔。』」岷案畿輔本代亦誤伐。王謨本代作識，蓋臆改。據淮南人閒篇云云；又例以上文，則「皆以小害易微之事」，蓋本作「皆以輕小害，易微事」，孫說微失。**禍之至也，人自生之；福之來也，人自成之。禍與福同門，害與利同鄰，若非至精，莫能分矣。是以智慮者，禍福之門户；動靜者，利害之樞機，不可不慎也。**楊云：「淮南人閒篇：『夫禍之來也，人自生之；福之來也，人自成之。禍與福同門，利與害爲鄰，非神聖人，莫之能分。是故知慮者，禍福之門户也；動靜者，利害之樞機也。』（文子微明篇同。）」岷案「害與利同鄰，」類纂本害、利二字互易。文子微明篇：「夫禍之至也，人自生之；福之來也，人自成之。禍與福同門，利與害同鄰，自非至精，莫之能分。是故智慮者，禍福之門户也；動靜者，利害之樞機也。不可不慎察也。」與此文尤合，蓋此文所本。

誡盈第三十四

四時之序，節滿即謝；五行之性，功成必退。楊云：「戰國策秦策二：『夫四時之序，成功者去。』吴越春秋句踐歸國外傳：『四時不並盛，五行不俱馳。』」故陽極而陰降，陰極而陽升。岷案類纂本、程榮本、王謨本、畿輔本並作「故陽極而降，陰極而昇。」蓋妄删陰、陽二字。升、昇古今字。日中則昊，月盈則虧。楊云：「易豐：『彖曰：「日中則昃，月盈則食。」』」岷案王謨本、畿輔本、百子本昊並作昃，同。喻林一引此作昃。淮南道應篇：「日中而移，月盈而虧。」吴越春秋句踐歸國外傳：「日中則移，月滿則虧。」（文子九守篇守弱同。）說苑敬慎篇：「日中則昃，月盈則食。」張華女史箴：「日中則昊，月滿則微。」此天之常道也。勢積則損，財聚必散，盧云：「（程榮本）必誤則。」岷案王謨本、畿輔本必亦並誤則。年盛返衰，樂極還悲，岷案淮南道應篇：「夫物盛而衰，樂極則悲。」文子九守篇守弱：「夫物盛則衰……樂終則悲。」此之恒也。盧氏拾補作「此之恒情也。」云：「（程榮本）此下衍人。」岷案舊合字本作「此理之恒也。」子彙本、百子本並作「此人之恒也。」喻林引同。類纂本、程榮本、王謨本、畿輔本並作「此人之恒情也」，「此人之恒情也。」與上文「此天之常道也。」對言，於文爲長。昔仲尼觀欹器而革容；楊云：「荀子宥坐篇：『孔子觀於魯桓公之廟，有欹器焉。孔子問於守廟者曰：「此爲何器？」守廟者曰：「此蓋爲宥坐之器。」孔子曰：「吾聞宥坐之器者，虚則欹，中則正，滿則覆。」孔子顧謂弟子曰：「注水焉。」弟子挹水而注之，中而正，滿而覆，虚而欹。孔子喟然而歎（淮南作『造然革容』）曰：「吁！惡有滿而不覆者哉？」』」（又見韓詩外傳三、淮南道應篇、說苑敬慎篇、家語三恕篇。）岷案家語三恕篇王肅注：「欹，傾。」文子九守篇守弱亦載此器，惟不涉及孔子。楊氏所引荀子宥坐篇「孔子喟然而歎」，他書僅淮南道應篇作「孔子造然革容」，與此文言「革容」合。則此文蓋直本於淮南也。鑒損、益而歎息。楊云：「淮南人閒篇：『孔子讀易至損、益，未嘗不憤（岷案憤乃嘳之誤，嘳與喟同。王念孫雜志有說。）然而歎曰：「益、損者，其王者之事與？·事或欲以利之，適足以害之；或欲以害之，乃反以利之。利害之反，禍福之門户，不可不察也。」』（說苑敬慎篇略同。）」岷案家語六本篇亦略同。 **此察象而識類，覩霜而知冰也。** 楊云：「淮南説山篇：『聖人見霜而知冰。』」**夫知進而不知退，則踐盈泛之危；處存而不忘危，必履泰山之安。** 盧氏拾補據程榮本「盈泛」作「盈滿」，云：「藏作泛。」楊云：「易乾：『文言：「知進而不知退。」』繫辭下：『是故君子安而不忘危，存而不忘亡。』」岷案泛字舊合字本、子彙本、百子本並同。（類纂本誤之。）王謨本、畿輔本並作盈。 韓詩外傳八：「知進而不知退。」（又見淮南人閒篇。）**故雷在天上曰大壯，山在地中曰謙；謙則裒多損寡，壯則非禮勿履。** 楊云：「易大壯：『象曰：「雷在天上大壯，君子以非禮弗履。」』謙：『象曰：「地中有山，謙，君子以裒多益寡。」』」岷案爾雅釋詁：「裒，聚也。」舊合字本、程榮本、王謨本、畿輔本、百子本損皆作益，是也。 **處壯而能用禮，居謙而能益，** 岷案程榮本、王謨本、畿輔本益下並有寡字，是也。 此承上文「益寡」而言。 **降高以就卑，抑强而同弱，未有抱損而不光，驕盈而不斃者也。** 盧氏拾補「抱損」作「挹損」，云：「（程榮本）誤『謙尊。』」孫氏校釋據程榮本作「謙尊。」云：「易謙彖傳：『謙尊而光，卑而不可踰。』王引之經義述聞卷二云：『尊讀樽節退讓之尊。 尊之言損也，小也；光之言廣也，大也。 「尊而光」者，「小而大。」解彖傳者，多誤以尊、卑爲對文。』又引此文爲證而解之云：『以「謙尊」對「驕盈」，則讀爲撙可知。 蓋當時易説有如是解者，故劉氏用之也。 説文無撙字，古多借尊爲之。』」岷案百子本「抱損」作「挹損」，與盧氏拾補合，是也。（明謙篇：「在榮以挹損爲基。」亦以「挹損」連文，與此同例。）抱乃挹之形誤。 「挹損」猶「抑損」，（説苑敬慎篇：「持滿之道，挹而損之。」韓詩外傳三挹作抑，本書九流篇：「謙挹爲德，」舊合字本挹作抑，並二字通用之證。）程榮本作「謙尊」，王謨本、畿輔本並同。 蓋據易謙彖傳之文改之，不足據。 **聖人知盛滿之難恃，** 岷案舊合字本、程榮本、王謨本、畿輔本恃並作持，古通。（莊子徐无鬼篇：「恃源而往者也。」釋文：「恃，本作持。」即其比。）**每居德而謙沖，雖聰明叡智而志愈下，富貴廣大而心愈降，勳蓋天下而情愈**

惕。不以德厚而矜物，不以身尊而驕民。楊云：「淮南道應篇：『是故聰明睿智，守之以愚；……富貴廣大，守之以儉；德施天下，守之以讓。』」岷案「而情愈惕」，程榮本、王謨本、畿輔本惕並作抑。荀子宥坐篇：「聰明聖知，守之以愚；功被天下，守之以讓；……富有四海，守之以謙。」（又見家語三恕篇，聖作睿，與此合。）韓詩外傳三：「廣大者，守之以儉；祿位尊盛者，守之以卑；……聰明睿智者，守之以愚。」楊氏引淮南道應篇云云，又見文子九守篇守弱。故楚莊王功立而心懼，楊云：「左宣十二年傳：『欒武子曰：「楚自克庸以來，其君無日不討國人而訓之于：『民生之不易，禍至之無日，戒懼之不可以怠。』」』呂氏春秋驕恣篇：『李悝曰：「昔者，楚莊王謀事而當，有大功，退朝而有憂色。」』（又見韓詩外傳六。）」晉文公戰勝而色憂，楊云：「已見前薦賢篇。」（薦賢篇岷亦有說。）非憎榮而惡勝，乃功大而心小，居安而念危也。岷案左襄十一年傳：「書曰：『居安思危。』」夏禹一饋而七起，周公一沐而三握，盧云：「〔程榮本〕握下衍髮。」舊合字本七作十，楊云：「王謨本、畿輔本握下有髮字。（程榮本髮字與下食字夾行作。）海録碎事八上引有髮字，十作七。（道藏本等並作七。）有髮字是。十、七二字並通。鬻子上禹政篇：『是以禹嘗據一饋而七起。』呂氏春秋謹聽篇：『昔者，禹一沐而三捉髮，一食而三起。』（黃氏日抄五十六讀呂氏春秋：『愚意此形容之語，本無其事，而世又以言周公。』岷案御覽八二、天中記十一引呂氏春秋捉並作握，與此合。）淮南氾論篇：『禹一饋而十起，一沐而三捉髮。』韓詩外傳三：『周公相天下，一沐三握髮，一飯三吐哺。』」岷案七字，類纂本、子彙本、程榮本、王謨本、畿輔本、百子本皆同。舊合字本作十，十乃七之誤，七，古文作十，與十相似，故致誤耳。三、七舉，古書習見，墨子非攻中篇：「今攻三里之城，七里之郭。」孟子公孫丑下篇：「三里之城，七里之郭。」離婁上篇：「今之欲王者，猶七年之病，求三年之艾也。」禮記坊記：「七日戒，三日齊。」莊子達生篇亦云：「七日戒，三日齊。」（今本七誤十，據記纂淵海九八引正。）張華博物志四引莊子：「地三年種蜀黍，其後七年多蛇。」文例皆同。淮南氾論篇：「禹一饋而十起」，十亦七之誤。楊氏謂「十、七二字並通」，非也。（鬻子上禹政篇：「禹嘗據一饌而七十起。」蓋由七，一本誤爲十，傳寫遂誤合之。藝文類聚十一、御覽八二引並無十字。楊氏所引刪十字，是也。）「夏禹一饋而七起，周公一沐而三握。」文正相對，程榮本、王謨本、畿輔本握下並有髮字，疑據他書所加。史記魯周公世家：「我一沐三捉髮，一飯三吐哺。」（御覽三九五、四七五、事文類聚別集三七、天中記二四引捉並作握，與此文合。）説苑敬慎篇：「周公……嘗一沐而三握髮，一食而三吐哺。」論衡書解篇：「周公一沐三握髮。」漢樂府古辭君子行：「周公下白屋，吐哺不及餐，一沐三握髮，後世稱聖賢。」藝文類聚十一引帝王世紀：「伯禹……一沐三握髮，一食三起。」（北堂書鈔十一握作捉，下無髮字，與此無髮字合。初學記九食作餐，御覽八二起作「吐飡。」）金樓子立言篇上：「所以一沐三握髮，一食再吐哺。」顔氏家訓風操篇：「昔者，周公一沐三握髮，一飯三吐餐。」虞世南帝王略論：「伯禹……一沐三捉髮，一飯而三起。」食不遑飽，沐不及晞，岷案詩小雅湛露毛傳：「晞，乾也。」（説文同。）非耐饑而樂勞，是能心急於接士，處于謙光也。易曰：「以貴下賤，大得民也。」楊云：「易屯：『象曰：「以貴下賤，大得民也。」』」是以君子高而能卑，富而能儉，貴而能賤，智而能愚，勇而能怯，辯而能訥，博而能淺，明而能闇。是謂損而不窮也。岷案説苑敬慎篇：「孔子曰：『高而能下，滿而能虚，富而能儉，貴而能卑，智而能愚，勇而能怯，辯而能訥，博而能淺，明而能闇，是謂損而不極。』」

明謙第三十五

天道下濟而光明，楊云：「易謙：『象曰：「謙，亨。天道下濟而光明。」』」江湖善下而爲王。楊云：「老子第六十六章：『江海所以能爲百谷王者，以其善下之。』」故山在地中成謙，岷案詳前誡盈篇。王侯以孤寡爲損。楊云：「損，疑當作稱。老子第四十二章：『人之所惡，唯孤寡不穀，而王公以爲稱。』」岷案楊氏引老子「而王公以爲稱。」下云：「故物或損之而益，或益之而損。」即此損字所本；且損與上文謙對言，下文又緊承謙、損言之，則損非誤字明矣。楊説未審。謙則榮而逾高，損則顯而彌貴。高必以下爲基，貴則以賤爲本。楊云：「老子第三十九章：『故貴以賤爲本，高必以下爲基。』」岷案必、則互文，則猶必也。（誡盈篇：「四時之序，節滿即謝；五行之性，功成必退。」即、必互文，亦同此例。）國策齊策：「老子曰：『雖貴必以賤爲本，雖高必以下爲基。』」淮南道應篇：「故老子曰：『貴必以賤爲本，高必以下爲基。』」（文子道原篇同。）則並作必，是二字同義之證。在貴而忘貴，故能以貴下民；處高而遺高，故能高而就卑。岷案程榮本、王謨本、畿輔本「高而就卑」，並作「以高就卑」，與上文「以貴下民」相對，是也。是以大壯往則復，天地之謙也；盧云：「『往則復』，疑當作『无往不復。』」楊云：「易泰：『象曰：「无往不復，天地際也。」』」極昇必降，陰陽之謙也；滿終則虧，日月之謙也；道盈體沖，岷案程榮本、王謨本、畿輔本沖並誤中。沖借爲盅，老子：「道沖而用之，或不盈。」説文引沖作盅，云：「盅，器虚也。」聖人之謙也。易稱「謙尊而彌光。」楊云：「易謙：『象曰：「謙尊而光。」』」老子云：「不伐故有功。」楊云：「老子第二十二章：『不自伐，故有功。』」岷案子彙本、百子本云並作曰。謙者在於降己，以高從卑，盧云：「從，俗作下。」岷案程榮本、王謨本、畿輔本從並作下。以聖從鄙。不伐在於有功不矜，在於有德不言。盧云：「『不伐在於有功不矜』句。下衍『在於』二字。『有德不言』句。上文以謙承易詞，此『不伐』亦承老子語而申明之。」歸於沖退謙挹之流也。好盈自賢、矜功伐善者，俗之恒情，岷案王謨本改恒爲常。聖人之惡也。必矜其功，雖賞之而稱勞，情猶不足；苟伐其善，雖與之賞多，必怨其少。則慊望之情生，岷案慊借爲嫌，説文：「嫌，不平於心也。」望借爲⿱望言，説文：「⿱望言，責望也。」躁競之色見，矜伐之路開，患難之釁作矣。君子則不然，在榮以挹損爲基，有功而不矜，有善而不伐。孫云：「『在榮以挹損爲基』疑當作『在勞以挹損爲吉』。下文『有功而不矜，有善而不伐。』正承勞字言之。若作榮，則與下文義不相屬矣。易繫辭云：『勞謙君子有終吉，勞而不伐，有功而不德，厚之至也。』」岷案「在榮以挹損爲基，」與上文「高必以下爲基，貴則以賤爲本。」句法同。「有功」、「有善」，並承榮字言之，「不矜」、「不伐」，並承「挹損」言之，文義粲然，無煩從易繫辭强爲改字。遺其功而功常存，忘其善而善自全。岷案莊子外物篇：「去而善而自善矣。」（今本去下脱而字。而，汝也。）情常忘善，故能以善下物；情恒存善，故欲以善勝人。盧云：「〔程榮本〕欲誤能。」岷案王謨本、畿輔本欲亦並誤能。是以情存功善，非心謙也；口虚托謙，豈非矯乎？以善勝物，岷案子彙本、百子本並無「以善勝物」四字，疑涉上文而衍。心遺功善，非矜伐也；口及其善，豈非實乎？故心存功善，非心謙也，孫云：「『非心謙也』四字，各本皆誤衍，吉府本無此四字，是也。以下文例之。」岷案四字涉上文而衍。口雖不言，未免矜伐；心捨功善，口雖明言，無傷於廉。故夏禹昌言，明稱伐功；盧云：「伐當作我。」楊云：「書益稷：『帝曰：「來，禹！汝亦昌言。」禹拜曰：「都，帝！予何言？予思日孜孜。」皋陶曰：「吁！如何？」禹曰：「洪水滔天，浩浩懷山襄陵，下民昏墊。予乘四載，隨山刊木，暨益奏庶鮮食；予決九川，距四海，濬畎澮，距川，暨稷播奏艱食鮮食，懋遷有無化居；烝民乃粒，萬邦作乂。」』」咎繇陳謨，云説我惠，盧云：「〔程榮本〕咎誤啓。」楊云：「書皋陶謨：『皋陶曰：「朕言惠可底行。」』」岷案畿輔本咎亦誤啓。豈其矜功而存惠哉？夫言善非伐，而伐善者每稱其能；言惠非矜，而矜惠者常存其惠。聖人知人情尚賢而好伐，故發言裁典，岷案「裁典」猶言「著書」。多由謙退。所以棄其驕誇，岷案程榮本、王謨本、畿輔本誇並作姱，古通。競垂世則也。

大質第三十六

火之性也，大寒慘悽，凝冰裂地，而炎氣不爲之衰；大熱烜赫，燋金爍石，而炎氣不爲之熾者，何也？有自然之質，而寒者不能移也。盧云：「『大熱烜赫』，〔程榮本〕烜誤煊。」楊云：「淮南詮言篇：『夫寒之與煖相反，大寒地坼水凝，火弗爲衰其熱；大暑鑠石流金，火弗爲益其烈。寒暑之變，無損益於己，質有定也。』春秋繁露循天之道篇：『爲寒則凝冰烈地，爲熱則焦沙爛石，氣之精，至於是。』」岷案「大熱烜赫」，王謨本、畿輔本烜亦誤煊。「烜赫」，盛貌。（玉篇：「烜，火盛貌。」說文：「赫，火赤貌。」「火赤」引申亦有盛義。）「而寒者不能移也」，程榮本、王謨本、畿輔本者並作暑，是也。者乃暑之壞字；或涉上文者字而誤。（陸士衡演連珠：「虐暑熏天，不減堅冰之寒；涸陰凝地，無累陵火之熱。」）故丹可磨而不可奪其色，楊云：「吕氏春秋誠廉篇：『丹可磨也，而不可奪赤。』」蘭可燔而不可滅其馨，玉可碎而不可改其白，金可銷而不可易其剛。各抱自然之性，非可强變者也。士有忠義之性，懷貞直之操，盧云：「〔程榮本〕貞誤真。」岷案舊合字本、類纂本、王謨本、畿輔本貞亦並誤真。不移之質，亦如茲者也。是以生苟背道，不以爲利；死必合義，不足爲害。故不趨利而逃害，岷案莊子齊物論篇：「不就利，不違害。」不忻生而憾死。岷案莊子大宗師篇：「不知說生，不知惡死。」秋水篇：「生而不說，死而不禍。」不可以威協而變其操，岷案類纂本、子彙本、程榮本、王謨本、畿輔本協並作脇，協即脇之誤。不可以利誘而易其心。昔子閭之劫也，擬之白刃，而其心不傾；楊云：「左哀十六年傳：『白公欲以子閭爲王，子閭不可，遂劫以兵。子閭曰：「王孫若安靖楚國，匡正王室，而後庇焉，啓之願也，敢不從命！若將專利，以傾王室，不顧楚國，有死不能。」遂殺之。』」晏嬰之盟也，鉤以曲戟，而其志不迴，楊云：「晏子春秋内篇雜上：『崔杼既弑莊公而立景公，晏子奉桮血，仰天歎曰：「嗚呼！崔子爲無道，而弑其君，不與公室而與崔慶者，受此不祥。」崔杼謂晏子曰：「子變子言，則齊國吾與子共之；子不變子言，戟既在脰，劒既在心，維子圖之也。」晏子曰：「劫吾以刃而失其志，非勇也；回吾以利而倍其君，非義也。曲刃鉤之，直兵推之，嬰不革矣！」崔子遂舍之。』（又見吕氏春秋知分篇、韓詩外傳二、新序義勇篇。）」岷案又見左襄二十五年傳、史記齊太公世家。淮南精神篇：「晏子與崔杼盟。臨死地而不易其義。」不可以利害趨其情矣。盧氏拾補趨作移，云：「誤趨。」岷案王謨本趨正作移。夫士有忠義之行，踐繩墨之節，其於爲作，岷案程榮本、王謨本、畿輔本「爲作」並作「平日」。乃無異於衆人；及至處患蹈難，而志氣貞剛，然後知其殊也。譬如鍾山之玉，寒嶺之松，比之瑌珉梓柳無殊也；及至燒以爐炭，三日而色不改，處於積水，終歲而枝葉不凋，然後知其異於他玉衆木也。袁註：「瑌珉似玉。」楊云：「程榮本、王謨本、畿輔本，水並作冰，冰字較勝。淮南俶真篇：『譬若鍾山之玉，炊以鑪炭，三日三夜，而色潤不變，則至德天地之精也。』」岷案文選嵇叔夜琴賦注引淮南（俶真篇）許慎注：「鍾山，北陸無日之地，出美玉。」高注：「鍾山，崑崙也。」「比之瑌珉梓柳無殊也。」程榮本、王謨本、畿輔本並脱之字。瑌與碝同，說文：「碝，石次玉者。」御覽八百九引說文：「珉，石之次玉也。」（今本作「石之美者。」）「三日而色不改」，程榮本、王謨本、畿輔本色下並有潤字，「色潤不改」，與下「枝葉不凋」相儷。淮南俶真篇作「色澤不變」，潤猶澤也。「處於積水」，子彙本、百子本水亦並作冰。水乃冰之誤。故祖裼暴虎，岷案詩鄭風大叔于田：「襢裼暴虎」，毛傳：「襢裼，肉袒也。暴虎，空手以搏之。」釋文：「襢，本又作袒。」襢與袒同。爾雅釋訓：「襢裼，肉袒也。」（郭璞注：「脱衣而見體。」）暴虎，徒搏也。（注：「空手執也。」）而後勇氣發焉；超騰絶坂，而後迅梗露焉；岷案子彙本、百子本梗並作便，喻林三八引同。梗即便之誤。程榮本、王謨本、畿輔本並作捷。手提萬鈞，而後多力見焉；處難踐患，而後貞勇出焉。不用干將，岷案干將，寶劍，吴人干將所作，因名。詳吳越春秋闔閭內傳。漢書司馬相如傳下張揖注：「干將，韓王劒師也。」（又見史記司馬相如傳集解引漢書音義。）說異。奚以知其鋭也？不引烏號，岷案史記封禪書：「黃帝采首山銅，鑄鼎於荆山下，鼎既成，有龍垂胡䫇下迎黃帝，龍乃上去，墮黃帝之弓，百姓仰望，乃抱其弓號。故後世因名其弓曰烏號。」（節引。又見漢書郊祀志上，論衡道虛篇、淮南原道篇高注引一說、漢書司馬相如傳上張揖注。列子仲尼篇張湛注亦曰：「烏號，黃帝弓。」）又案韓詩外傳八：「齊景公使人爲弓，三年乃成，弓人之妻見景公曰：『此弓者，太山之南，烏號之柘。』」（節引。）風俗通義正失篇：「烏號弓者，柘桑之林，枝條暢茂，烏登其上，下垂著地，烏適飛去，從後（今本二字誤倒）撥殺，取以爲弓，因名烏號耳。」（漢書司馬相如傳上應劭音義略同。又見淮南原道篇高注、御覽三四七引古史考。）奚以知其勁也？勁鋭之質，卓然易見，岷案程榮本、王謨本、畿輔本「卓然」並作「較然」。猶因人獲顯；況乃志行難覩，曷得不因事而後明乎？岷案程榮本、王謨本、畿輔本乎並作虖，蓋改今從古。

卷之八

辯施第三十七

岷案喻林三一、三九、五七引辯並作辨，孫氏校釋同。程榮本、王謨本、畿輔本，此篇及下和性第三十八、殊好第三十九，並列入卷七。

夫山阜非爲鳥植林，林茂而鳥自棲之；江湖非爲魚鑿潭，潭深而魚自歸之；處世非爲人積財，財積而人自依之。楊云：「荀子致士篇：『川淵深而魚鼈歸之，山林茂而禽獸歸之。』（吕氏春秋功名篇、文子上德篇略同。）史記貨殖列傳序：『淵深而魚生之，山深而獸往之，人富而仁義附焉。』」岷案程榮本、王謨本、畿輔本「山阜」並作「山皐」。淮南説山篇：「水積而魚聚，木茂而鳥集。」楊氏引荀子致士篇云云，又見韓詩外傳五。非其所招，勢使然也。懷璧之子，未必能惠，而人競親者，有惠人之資也；被褐之士，性能輕財，而皆疎之者，無惠人之資也。今富而儉悋，岷案程榮本、王謨本、畿輔本今並誤令，悋並作吝。今猶若也。悋、吝並音之俗。猶見親敬；貧而仁施，必見疎慢。非行之失，被情變也。岷案程榮本、王謨本、畿輔本被並作彼，被蓋彼之形誤。策駟登山，不得直轡而行；泛舟入海，不得安身而坐。何者？山路迂迴，海水淪波，岷案程榮本、王謨本、畿輔本波並作没。説文：「淪，小波爲淪。（爾雅釋水同。）一曰没也。」是「淪波」、「淪没」，義得兩通，惟作波蓋本書之舊。行者欲直，而路曲之；坐者欲安，而水蕩之；仁者欲施，而貧遏之。富而振物，德不爲難；貧而儉嗇，行非爲過。天之道，損有餘；人之情，矜不足也。楊云：「老子第七十七章：『天之道，損有餘而補不足。』」崑山之下，以玉抵烏；彭蠡之濱，以魚食犬。楊云：「論衡定賢篇：『崑山之下，以玉爲石，彭蠡之濱，以魚食犬豕。』鹽鐵論崇禮篇：『崑山之旁，以玉璞抵烏鵲。』史通雜説上：『語曰：「彭蠡之濱，以魚食犬。」』」而人不愛者，非性輕財，所豐故也。挈瓶丐水，執萑求火，而人不悋，非性好施，有餘故也。袁註：「萑，草似龍鬚，可爲席，人用焒（舊音普）火也。」孫詒讓云：「萑當爲蕉，與樵字通。呂氏春秋不屈篇云：『豎子操蕉而鉅。』是也。袁註誤。（列子周穆王篇云：『藏之隍中，覆之以蕉。』亦樵之叚字。）」楊云：「孟子盡心上篇：『民非水火不生活，昏暮叩人之門戶求水火，無弗與者，至足也。』（淮南齊俗篇：『扣門求水火，莫弗與者，所饒足也。』）」岷案丐，俗匄字。廣雅釋詁：「匄，求也。」詩豳風七月：「八月萑葦。」毛傳：「薍爲萑。」衛風碩人正義引陸璣云：「薍，或謂之荻。至秋堅成，則謂之萑。」古人常束荻葦之類爲火炬，火炬字正作苣，説文：「苣，束葦燒也。」則萑無庸改爲蕉矣。「而人不悋」，（記纂淵海引悋作吝。）王謨本悋下有者字，與上文「而人不愛者，」文例一律。鹽鐵論授時篇：『昏暮叩人門戶求水火，貪夫不悋，何則？所饒也。』口非匏瓜，不能不食；楊云：「論語陽貨篇：『吾豈匏瓜也哉？焉能繫而不食。』」身非木石，不得不衣。食不滿腹，豈得輟口惠人；岷案程榮本、王謨本、畿輔本口下並有而字，與下文句法一律。衣不蔽形，何得露體而施物。非性儉悋，不足故也。饑饉之春，不賑朋戚；多稔之秋，饗及四隣。不賑朋戚，人之惡行；惠及四隣，人之善義。善惡之行，出於性情，而繫於饑穰也。以此觀之，太豐則恩情生，窶乏則仁惠廢也。舊注：「窶，貧。」盧云：「『不賑朋戚，人之惡行。』（程榮本）行字脱。『惠及四鄰，人之善義。』（程榮本）義誤蓋。」孫云：「『善惡之行，出於性情，而繫於飢穰也。』『出於性情』，出上當脱一不字。上文云：『非性輕財，非性好施，非性儉吝，』劉子文不謂善惡之行出於性情甚明。論衡治期篇作『爲善惡之行，不在人質性，在於歲之饑穰。』是其碻證。」楊云：「韓非子五蠹篇：『饑歲之春，幼弟不饟。穰歲之秋，疏客必食；非疏骨肉愛過客也，多少之心異也。』論衡治期篇：『饑歲之春，不食親戚；穰歲之秋，召及四鄰。不食親戚，惡行也；召及四鄰，善義也。爲善惡之行，不在人質性，在於歲之饑穰。由此言之，禮義之行，在穀足也。』」岷案「饑饉之春」，爾雅釋天：「穀不熟爲饑。蔬不熟爲饉。」（說文熟並作孰。孰、熟古今字。）「多稔之秋，」說文：「稔，穀孰也。」「人之惡行，」「人之善義」，王謨本、畿輔本亦並脱行字，義亦並誤蓋。「而繫於饑穰也。」廣雅釋詁：「穰，豐也。」相馬者，失在於瘦，求千里之步虧也；相人者，失在於貧，恩惠之迹缺也。孫云：「『失在於瘦』『失在於貧』，在字俱當作之。言相馬者失馬於瘦，相士者失士於貧也。今誤作在，則文義不明。史記滑稽列傳引諺曰：『相馬失之瘦，相士失之貧。』省於字，義亦同。（留侯世家：『以貌取人，失之子羽。』言失人於子羽也。平原君列傳：『勝相士多者千人，寡者百數，自以爲不失天下之士，今乃於毛先生而失之也。』言今乃於毛先生而失士也。）淮南子說山訓云：『有相馬而失馬者，然良馬猶在相之中。』高注：『失猶不知也。』」楊云：「程榮本、王謨本、畿輔本恩上並有求字，有求字是。文子上仁篇：『相馬失之瘦，選士失之貧。』周生烈子：『伯樂相馬，取之於瘦；聖人相士，取之於疎。』（意林五引。）」岷案「失在於瘦」，「失在於貧」，義自可通，無煩改字。子彙本、百子本「千里」上並無求字，喻林八引同，與下文句法一律，文義較長。輕財之士，世非少也，然而不見者，貧掩之也。德行未著，而稱我能，猶足不能行，而賣躄藥，望人信之，實爲難矣。

和性第三十八

夫歐冶鑄劍，太剛則折，太柔則卷。楊云：「淮南氾論篇：『太剛則折，太柔則卷。』（鹽鐵論訟賢篇：『剛者折，柔者卷。』）歐冶鑄劍，見越絶書外傳紀寶劍篇。」岷案歐冶鑄劍，又見吳越春秋闔閭內傳。文子上仁篇：「夫太剛則折，太柔則卷。」欲劍無折，必加其錫；欲劍無卷，必加其金。何者？金性剛而錫質柔，剛柔均平則爲善矣。良工塗漆，漆緩則難晞，岷案程榮本、王謨本、畿輔本緩上並無漆字，是也。此誤疊。說文：「晞，乾也。」急則弗牢。岷案程榮本、畿輔本急上並衍漆字。均則緩急，岷案程榮本、王謨本、畿輔本則並作其，是也。則、其本同義，惟此則字，蓋涉上下文而誤。使之調和，則爲美也。人之含性，有似於茲，剛者傷於嚴猛，柔者失於軟懦，緩者悔於後機，急者敗於懁促。舊注：「懁，急。」故鑄劍者，使金不至折，錫不及卷；製器者，使緩而能晞，急而能牢；理性者，使剛而不猛，柔而不懦，緩而不後機，急而不懁促。故能劍器兼善，而性氣淳和也。昔徐偃王軟而國滅，齊商公懦而身亡，此性太柔之失也。楊云：「程榮本、王謨本、畿輔本，商並作簡，簡字是。淮南氾論篇：『徐偃王被服慈惠，身行仁義，陸地之朝者，三十二國；然而身死國亡，子孫無類。』又『昔者，齊簡公釋其國家之柄，而專任大臣，將相攝威擅勢，私門成黨，而公道不行，故使陳成田常、鴟夷子皮得成其難；使呂氏絶祀，而陳氏有國者，此柔懦所生也。』」王云：「記纂淵海四八引商亦作簡。」岷案類纂本商亦作簡。韓非子五蠹篇：「徐偃王處漢東，地方五百里，行仁義，割地而朝者三十有二（今本誤六）國，荆文王恐其害己也，舉兵伐徐，遂滅之。」說苑指武篇：「王孫厲謂楚文王曰：『徐偃王好行仁義之道，漢東諸侯三十二國盡服矣。王若不伐，楚必事徐。』……文王遂興師伐徐，殘之。徐偃王將死，曰：『吾賴於文德，而不明武備，好行仁義之道，而不知詐人之心，以至於此！』」帝範閱武篇：「徐偃棄武，遂以喪邦。」晉陽處父以純剛致害，楊云：「左文五年傳：『晉陽處父聘于衛，反過甯，甯嬴從之，及温而還。其妻問之。嬴曰：「以剛。商書曰：『沈漸剛克，高明柔克。』夫子壹之，其不没乎？」（又見晉語五。）又六年傳：「賈季使續鞫居殺陽處父。」』」鄭子陽以嚴猛致斃，楊云：「吕氏春秋適威篇：『子陽極也（極也二字衍）好嚴，有過而折弓者，恐必死，遂應猘狗而弑子陽。』（又見淮南氾論篇。）」岷案吕氏春秋胥時篇、觀世篇高注並云：「子陽，鄭相；一（一作或）曰鄭君。」適威篇、淮南氾論篇高注並云：「子陽，鄭君也；一曰鄭相。」據史記鄭世家：「〔繻公〕二十五年，鄭君殺其相子陽。」則作鄭相是也。高士傳中：「鄭穆公時，子陽爲相，專任刑法，……鄭人殺子陽。」亦以爲鄭相。（莊子讓王篇成玄英疏、陸德明釋文亦並云：「子陽，鄭相也。」）此性太剛之過也。楚子西寬而招敗，楊云：「左哀十六年傳：『子西曰：「吾聞勝也信而勇，不爲不利，舍諸邊竟，使衛藩焉。」葉公曰：「……吾聞勝也好復言，而求死士，殆有私乎？復言，非信也。期死，非勇也。子必悔之！」弗從，召之，使處吳竟，爲白公。……勝自厲劍，子期之子平見之，曰：「王孫何自厲也？」曰：「勝以直聞，不告女，庸爲直乎？將以殺爾父。」平以告子西。子西曰：「勝如卵，余翼而長之，楚國第，我死，令尹司馬非勝而誰？」勝聞之曰：「令尹之狂也，得死乃非我！」子西不悛。……遂作亂。秋七月，殺子西、子期于朝。』」岷案事又詳國語楚語，略見史記伍子胥列傳。邾莊公懁而自禍，楊云：「左定三年傳：『邾子在門臺，臨廷。閽以缾水沃廷。邾子望見之，怒！閽曰：「夷射姑旋焉。」命執之，弗得，滋怒！自投于牀，廢于鑪炭，爛，遂卒。……莊公卞急而好潔，故及是。』杜注：『卞，躁疾也。』」此性褊急之災也。岷案舊合字本、類纂本褊並作偏，災並作灾，古字通用。西門豹性急，佩韋皮以自緩；董安于性緩，帶絲絃以自急。盧云：「〔何允中本〕于誤於。『以自急』，以，俗作而。」楊云：「韓非子觀行篇：『西門豹之性急，故佩韋以自緩；董安于之心緩，故佩弦以自急。』（又見論衡率性、譴告二篇）。」岷案「以自急」，王謨本以作而。淮南人閒篇許慎注：「西門豹，〔魏〕文侯臣。」韓非子十過篇：「夫董閼于，簡主之才臣也。」（又見國策趙策。）閼與安同，簡主，晉卿趙簡子也。楊氏引韓非子觀行篇云云，論衡率性、譴告二篇，下佩字並作帶，與此文尤合。彼各能以一物所長，攻其所短也。盧云：「〔程榮本〕也字脱。」岷案類纂本、王謨本、畿輔本亦並脱也字。故陰陽調，天地和也；盧云：「〔程榮本〕也字脱。」岷案類纂本、王謨本、畿輔本亦並脱也字。剛柔均，人之和也。盧云：「之，俗作事。」岷案類纂本、程榮本、王謨本、畿輔本之並作事。陰陽不和，則水旱失節；剛柔不均，則强懦乖政。盧云：「懦，俗作弱。」岷案王謨本懦作弱，蓋據下文改。水旱失節，則歲敗；强弱乖政，則身亡。是以智者寬而慄，嚴而温，柔而毅，猛而仁。楊云：「淮南氾論篇：『故聖人之道：寬而栗，嚴而温，柔而直，猛而仁。』」岷案淮南氾論篇云云，又見文子上仁篇。剛而濟其柔，王云：「子彙本無而字。」岷案而字涉上文而衍，百子本亦無而字。柔抑其强，强弱相參，緩急相弼。以斯善性，未聞迕物而有悔吝者也。盧云：「〔程榮本〕迕，誤作誤。吝，俗作悋。」岷案迕，正作啎，說文：「啎，逆也。」王謨本、畿輔本迕並誤誤，吝並作悋。

殊好第三十九

累榭洞房，珠簾玉扆，人之所悦也，鳥入而憂；聳石巉巖，輪菌糾結，猨狖之所便也，人上而慄；五韺、六誙、咸池、簫韶，人之所樂也，獸聞而振；懸瀨碧潭，瀾波汹湧，魚龍之所安也，人入而畏。盧云：「『五韺、六誙』，何本脱誤。」孫云：「『懸瀨碧潭』，懸當作玄，『玄瀨』與『碧潭』對文。說文：『湍，疾瀨也。』瀨下云：『水流沙上也。』段氏云：『瀨之言㵣也，水在沙上滯㵣而下滲也。』埤倉云：『滯㵣，漉也。』段意蓋瀨爲流之淺緩者。案湍、瀨通言無別，九歌湘君章：『石瀨兮淺淺。』王注：『淺音賤，瀨，湍也。淺淺，流疾貌。』哀郢篇：『長瀨湍流，泝江潭兮。』注：『湍亦瀨也。』淮南子俶真訓云：『湍瀨旋淵。』高注：『湍瀨，急流也。』又覽冥訓：「飲砥柱之湍瀨」，注云：『湍悍，水至疾；瀨，清。皆激悍急流。』說山训：『稻生於水，而不能生於湍瀨之流。』是疾者亦得云瀨。劉子亦用瀨爲湍，不復分別。」楊云：「淮南齊俗篇：『廣厦闊屋，連闥通房，人之所安也，鳥入之而憂；高山險阻，深林叢薄，虎豹之所樂也，人入之而畏；川谷通原，積水重泉，黿鼉之所便也，人入之而死；咸池、承雲，九韶、六英，人之所樂也，鳥獸聞之而驚；深谿峭岸，峻木尋枝，猨狖之所樂也，人上之而慄。』」岷案「珠簾玉扆」，爾雅釋宮：「牖户之間謂之扆。」（說文及淮南齊俗篇許注並同。）「五韺、六誙」，程榮本、畿輔本並作「五英音六莖音。」韺與䪫各誤分爲二字。（䪫與誙同。）王謨本误作「五音六律。」五韺與五英同，亦作六英，帝嚳樂。六誙與六莖同，亦作五莖，顓頊樂。咸池，黄帝樂；堯增修之，故亦稱堯樂。簫韶，舜樂。並詳前辯樂篇。莊子至樂篇：「咸池、九韶之樂，張之洞庭之野，鳥聞之而飛，獸聞之而走，魚聞之而下入，人卒聞之相與還而觀之。魚處水而生，人處水而死。」飛鼯甘煙，袁註：「飛鼯，鼠也。好食火炮爲美也。」（程榮本、畿輔本炮並作煙，是也。）岷案爾雅釋鳥：「鼯鼠，夷由。」郭注：「狀如小狐，似蝙蝠，……食火烟。」走貊美鐵，袁註：「獸好食鐵爲美也。」岷案貊與貘同，說文：「貘，似熊而黄黑色，出蜀中。」

爾雅釋獸郭注：「〔貘〕似熊，小頭庳脚，黑白駁，能舐食銅鐵。」後漢書西南夷傳注引南中八郡志：「貊，大如驢，狀頗似熊，多力，食鐵。」

鵾雞嗜蛇，袁註：「鳥似雞，高三尺，亦曰鵾雞，食蛇爲美也。」岷案類纂本、程榮本、王謨本、畿輔本鵾雞並作鵾日，是也。若本作鵾雞，則註不得云「一曰鵾雞」矣。鵾日，亦作暉日，雲日，運日。淮南繆稱篇：「暉日知晏。」許注：「暉日，鴆鳥也。」敦煌本隋釋道騫楚辭音引暉日作雲日。（當是高誘本。）說文：「鴆，一曰運日。」廣雅釋鳥：「鴆鳥，其雄謂之運日，其雌謂之陰諧。」山海經中山經郭璞注：「鴆，大如鵰，紫綠色，長頸赤喙，食蝮蛇頭。雄名運日，雌名陰諧也。」人好芻豢，袁註：「食草曰芻，食米曰豢。」岷案莊子齊物論篇：「民食芻豢。」釋文引司馬彪注：「牛羊曰芻，犬豕曰豢。」袁註「食米」當作「食穀」，牛羊草食，犬豕穀食也。鳥獸與人，受性既殊，形質亦異，所居隔絶，嗜好不同，未足怪也。人之與獸，共禀二儀之氣，俱抱五常之性。楊云：「白虎通禮樂篇：『人無不含天地之氣，有五常之性者。』」岷案「人之與獸」，當作「人之與人」，下文所述，以人與人相比立論，若作「人之與獸」，則不可通，蓋涉上文「鳥獸」字而誤耳。子彙本、百子本並無「之與獸」三字，蓋以其不可通而删之也。雖賢愚異情，善惡殊行，至於目見日月，耳聞雷霆，近火覺熱，履冰知寒，此之麤識，岷案舊合字本、王謨本麤並作粗，古通。未宜有殊也。聲色芳味，各有正性。善惡之分，皎然自露。不可以皀爲白，岷案百子本皀作皁，同。廣雅釋器：「皁，黑也。」抱朴子自敍篇：「使皀白區分。」以羽爲角，以苦爲甘，以臰爲香，岷案舊合字本、王謨本臰並作臭。臰與殠同。說文：「殠，腐氣也。」殠、臭古今字。然而嗜好有殊絶者，則偏其反矣。楊云：「詩小雅角弓：『騂騂角弓，翩其反矣。』」岷案偏、翩古通，詩大雅桑柔：『旟旐有翩』，釋文本翩作偏，即其比。非可以類推，弗得以情測，顛倒好醜，良可怪也！楨顏玉理，眄視巧笑，衆目之所悦也；軒皇愛嫫母之魌貌，不易落英之麗容。陳侯悦敦洽之醜狀，弗貿陽文之婉姿。「軒皇愛嫫母之魌貌」，袁註：「魌，醜貌也。」盧云：「魌，俗作醜。案說文：『魌，醜也。』」「不易落英之麗容。」孫云：「落英當作落慕。淮南子齊俗訓云：『待西施、毛嬙而爲配，則終身不家矣。』許注：『西施、毛嬙，古好女也。』王念孫云：『羣書治要引此作西施、絡慕，又引注作「西施、絡慕，古好女也。」太平御覽獸部八引作落慕。案廣韻及元和姓纂，絡、落皆姓也。慕蓋其名。治要、御覽所引者，原文也。劉子書多襲淮南文，此亦本之淮南，當作落慕。今作英者，慕字失其下半，又誤爲英耳。」楊云：「楚詞招魂：『靡顏膩理。』詩衛風碩人：『巧笑倩兮，美目盼兮。』呂氏春秋遇合篇：『若人之於色也，無不知説美者，而美者未必遇也。故嫫母執乎黄帝。……陳有惡人焉，曰敦洽讎麋。椎顙廣顔，色如漆赭，垂眼臨鼻，長肘而盭，陳侯見而甚説之。』（抱朴子辯問篇：『人情莫不愛紅顔艶姿，輕體柔身；而黄帝悦篤醜之嫫母，陳侯怜可憎之敦洽。』）淮南脩務篇高注：『陽文，古之好女。』」岷案「眄視巧笑」，類纂本眄作盻，王謨本作盼，眄、盻、盼三字義别，古書往往相亂，（説已詳因顯篇。）此取衺視義，當以作眄爲是。王謨本「醜貌」誤「醜貌」。「不貿」與上「不易」互文，程榮本、王謨本、畿輔本貿並誤賀。（類纂本誤賡。）炮羔煎鴻，臛蠵臑熊，袁註：「蠵是龜，臑是蟠，即熊掌也。炙熟以蜜淹之，可食也。」舊音：「臛，呼各切。蠵，戈規切。」岷案臛與脽同，説文：「脽，肉羹也。」蠵，百子本作蠵，當以作蠵爲正。説文：「蠵，大龜也。」臑與胹同，方言七：「胹，熟也。」説文：「胹，爛也。」（袁註以臑爲蟠，大謬！）楚辭招魂：「胹鼈炮羔，有柘漿些。鵠酸臇鳧，煎鴻鶬些。露雞臛蠵，厲而不爽些。」（王逸注：「有菜曰羹，無菜曰臛。蠵，大龜之屬也。」）左宣二年傳：「宰夫胹熊蹯。」（釋文：「胹，煮也。」呂氏春秋過理篇胹作臑，與此同。）衆口之所嗛；岷案嗛猶快也，荀子正名篇楊倞注引史記（樂毅列傳）：「先王以爲嗛於志。」（今本嗛作慊，古通。）新序雜事三嗛作快，即其證。又案嗛下當有也字，乃與上下文句法一律。文王嗜菖蒲之菹，楊云：「韓非子難三篇：『文王嗜菖蒲菹。』呂氏春秋遇合篇：『若人之於滋味，無不説甘脆，而甘脆未必受也。文王嗜昌蒲菹。』高注：『昌本之菹。』（抱朴子辯問篇：『人口無不悦甘，而周文嗜不美之菹，不易大牢之滋味。』）」岷案昌與菖通，菹與葅同。楊氏引韓非子難三篇，乃難四篇之誤。不易熊肝之味。岷案類纂本、程榮本、王謨本、畿輔本「熊肝」並作「龍肝」。陽春、白雪，噭楚、採菱，盧云：「噭同激。」楊云：「文選宋玉對楚王問：『客有歌於郢中者……其爲陽春、白雪，國中屬而和者，不過數十人。』古今樂録：『陽春、白雪，激楚，皆曲名也。』（淮南齊俗篇、楚詞招魂、文選上林賦、舞賦，並作激楚。此作噭，當是誤字。）淮南説山篇：『欲美和者，必先始於陽阿、采菱。』高注：『陽阿、采菱，樂曲之和聲。』」岷案類纂本、百子本噭楚並作激楚，莊子齊物論篇：「激者，謞者。」釋文引李軌音：「激，古弔反。」讀激爲噭，又引司馬彪注：「聲若激喚也。」亦以激爲噭，激、噭古通，盧氏謂噭同激，是也。衆耳之所樂也；而漢順聽山鳥之音，云勝絲竹之響；楊云：阮籍樂論：「順帝上恭陵，過樊衢，聞鳥鳴而悲，泣下橫流，曰：『善哉！ 鳥聲。』使左右吟之。曰：『使絲聲若是，豈不樂哉！』」岷案「鳥聲」楊引聲誤鳴，「絲聲」楊引絲誤何，玆並訂正。 魏文侯好槌鑿之聲，不貴金石之和。 楊云：「未詳。抱朴子辯問篇：『人耳無不喜樂，而魏明好椎鑿之聲，不以易絲竹之和音。』當即孔昭所本。惟魏文侯與魏明有異。』（魏明亦不可考。）」岷案禮記樂記、史記樂書並載「魏文侯聽古樂則唯恐臥」事，此文魏明之作魏文侯，或即以此傅會與？ 鬱金、玄憺，岷案王謨本憺作膽。 春蘭、秋蕙，衆鼻之所芳也；海人悦至臰之夫，不愛芳馨之氣。 楊云：「呂氏春秋遇合篇：『人有大臭者，其親戚兄弟妻妾知識，無能與居者，自苦而居海上；海上有人悦其臭者，晝夜隨之而弗能去。』（曹植與楊德祖書：『蘭茝蓀蕙之芳，衆人所好，而海畔有逐臭之夫。』抱朴子辯問篇：『海上之女，逐酷臭之夫，隨之不止。』」岷案王謨本夫誤味，芳作芬。 類纂本、程榮本、畿輔本芳亦並作芬。 若斯人者，皆性有所偏見。 執其所好，而與衆相反，則倒白爲黑，變苦成甘，移角成羽，佩蕕當薰，盧云：「〔程榮本〕蕕下衍蒜。」岷案王謨本、畿輔本蕕下亦並衍蒜字。 左僖四年傳：「一薰一蕕，十年尚猶有臭。」杜注：「薰，香草。 蕕，臭草。」美醜無定形，愛憎無正分也。

兵術第四十

太古淳朴，民心無欲。岷案潛夫論勸將篇：「太古之民，淳厚敦朴。」世薄時澆，則争起而戰鬬生焉。盧云：「（程榮本）脱『世薄』二字，時誤淳。鬬，俗作萌。」岷案王謨本、畿輔本並脱「世薄」二字，時並誤淳，鬬並作萌。程榮本鬬亦作萌。神農氏弦本爲弧，剡木爲矢；弧矢之利，以威天下。楊云：「易繫辭下：『弦木爲弧，剡木爲矢；弧矢之利，以威天下。』」岷案易繫辭下正義引爾雅：「弧，木弓也。」説文同。爾雅釋詁：「剡，利也。」説文：「剡，鋭利也。」其後蚩尤强暴，好習攻戰，銷金爲刃，割革爲鉀，而兵遂興矣。楊云：「史記五帝本紀：『軒轅之時，神農氏世衰，諸侯相侵伐，暴虐百姓，而神農氏弗能征。於是軒轅乃習用干戈，以征不享，諸侯咸來賓從；而蚩尤最爲暴，莫能伐。』呂氏春秋蕩兵篇：『人曰：「蚩尤作兵。」蚩尤非作兵也，利其械矣。』淮南兵略篇：『人無筋骨之强，爪牙之利，故割革而爲甲，鑠鐵而爲刃。』」黄帝戰于涿鹿，楊云：「史記五帝本紀：『於是黄帝乃徵師諸侯，與蚩尤戰於涿鹿之野。』（淮南兵略篇：『故黄帝戰於涿鹿之野。』）」岷案莊子盜跖篇：「黄帝不能致德，與蚩尤戰於涿鹿之野」，論衡恢國篇：「黄帝有涿鹿之戰。」顓頊争於不周，楊云：「淮南原道篇：『昔共工之力，觸不周之山，使地東南傾；與高辛争爲帝，遂潛於淵。』兵略篇：『顓頊嘗與共工争矣。』許注：『共工與顓頊争爲帝，觸不周山。』」岷案淮南天文篇：「昔者，共工與顓頊争爲帝，怒而觸不周之山。」又見論衡談天篇、列子湯問篇。堯戰丹水，盧云：「呂氏春秋（召類篇）：『堯戰於丹水之浦，以服南蠻。』」楊云：「又見淮南兵略篇、論衡儒增、恢國二篇。（書鈔十三、御覽六十三引六韜犬韜文同。）」（岷案書鈔十三引六韜：「戰於丹水之浦。」御覽六三引六韜：「堯伐有扈，戰於丹水之浦。」與呂氏春秋文不全同。）舜征有苗，楊云：「呂氏春秋召類篇：『舜却有苗，更易其俗。』淮南兵略篇：『舜伐有苗。』（又見書僞大禹謨。）」岷案荀子議兵篇：「舜伐有苗。」論衡儒增篇：「舜征有苗。」夏討有扈，楊云：「書甘誓：『大戰於甘，乃召六卿，王曰：「嗟！六事之人，予誓告汝：有扈氏威侮五行，怠棄三正，天用勦絶其命，今予惟恭行天之罰。……」』史記夏本紀：『有扈氏不服，啓伐之，大戰於甘。』」岷案莊子人閒世篇：「禹攻有扈。」呂氏春秋召類篇：「禹攻曹魏、屈驁、有扈。」淮南兵略篇：「啓攻有扈。」説苑政理篇：「昔禹與有扈氏戰。」殷攻葛伯，楊云：「孟子滕文公下篇：『湯居亳，與葛爲鄰，……湯始征，自葛載。』史記殷本紀：『葛伯不祀，湯始伐之。』（又見書僞仲虺之誥。）」周伐崇侯。楊云：「左僖十九年傳：『文王聞崇德亂而伐之，軍三旬而不降，退修教而復伐之，因壘而降。』（又見史記周本紀。）」岷案荀子議兵篇：「文王伐崇。」夫兵者，凶器，財用之蠹而民之殘也。舊合字本殘作賊。楊云：「道藏本賊作殘，餘本同。殘字是。國語越語下：『兵者，凶器也。』（尉繚子兵令上篇、文子下德篇文同。）左襄二十七年傳：『兵，民之殘也，財用之蠹。』」岷案舊合字本殘作賊，義同。説文：「殘，賊也。」六韜兵道篇：「聖王號兵爲凶器。」御覽四三七引莊子、呂氏春秋論威篇：「兵，天下之凶器也。」尉繚子武議篇、淮南道應篇、史記越王句踐世家、説苑指武篇、鹽鐵論論菑篇、漢書主父偃傳並云：「兵者，凶器也。」漢書鼂錯傳：「兵，凶器。」諸葛亮心書將志篇、御覽二七一引桓範世要論並云：「兵者，凶器。」

五帝三王弗能弭者，所以禁暴而討亂，非欲耗財以害民也。楊云：「左襄二十七年傳：『天生五材，民並用之，廢一不可，誰能去兵？兵之設久矣，所以威不軌而昭文德也。聖人以興，亂人以廢；廢興存亡，昏明之術，皆兵之由也。』宣十二年傳：『夫武，禁暴、戢兵、保大、定功、安民、和衆、豐財者也。』呂氏春秋蕩兵篇：『古聖王有義兵，而無有偃兵，兵之所自來者，上矣。』淮南兵略篇：『自五帝而弗能偃也，又況衰世乎？夫兵者，所以禁暴討亂也。』」岷案御覽二七一引杜恕（篤）論：「天生五材，民並用之，廢一不可，誰能去兵？故兵之來也久矣，所以威不軌而昭文德，所以討彊暴而除殘賤也。聖人以興，亂人以廢，廢興存亡，皆兵之由也。昔五帝不能偃，況衰世乎？」長短經出軍篇：「是知聖人之用兵也，非好樂之，將以誅暴討亂。」然衆聚則財散，楊云：「禮記大學：『財散則民聚。』」鋒接則民殘，勢之所然也。岷案程榮本、王謨本、畿輔本所並作使。故兵貴伐謀，不重交刃，岷案淮南兵略篇：「未至交兵接刃，而敵人奔亡。」又見文子上義篇、御覽引杜恕論。百戰百勝，非用兵之善也；善用兵者，不戰而勝，善之善也。楊云：「孫子謀攻篇：『是故百戰百勝，非善之善者也；不戰而屈人之兵，善之善者也。』」王者之兵，修正道而服人；霸者之兵，奇譎變而取勝。夫將者，國之安危，民之性命，不可不重。孫云：「語不繕完，當作『夫將者，國安危之主，民之司命，不可不重。』潛夫論勸將篇引孫子曰：『將者，民之司命，而國安危之主也。』孫子作戰篇云：『故知兵之將，民之司命，國家安危之主也。』北堂書鈔一百十五將帥篇引蔣子萬機論云：『知兵之將，國之行主，民之司命，古者重之。』皆其證也。」岷案此以「國之安危，民之性命」對言，疑原文本如此。六韜論將篇：「將者，國之輔，先王之所重也。」奇兵篇：「將者，人之司命。」心書假權篇：「夫將者，人命之所懸也，成敗之所繫也，禍福之所倚也。」長短經出軍篇：「夫將者，國之輔也，人之司命也。」孫氏所稱北堂書鈔引蔣子萬機論云云，又見御覽二三七。故詔之以廟堂，授之以斧鉞。受命既已，則設明衣，鑿凶門。楊云：「六韜龍韜立將篇：『凡國有難，君避正殿，召將而詔之曰：「社稷安危，在一（岷案當作「一在」）將軍；今某國不臣，願將軍帥師應之。」將既受命，乃命太史卜，齋三日，之太廟，鑽靈龜，卜吉日，以受斧鉞。君入廟門，西面而立；將入廟門，北面而立。君親操斧持首，授將其柄。』淮南兵略篇：『凡國有難。君自宮召將，……將已受斧鉞，答曰：「君若不許，臣不敢將；君若許之，臣辭而行。」乃爪鬋，設明衣也。鑿凶門而出。』許注：『明衣，喪衣也，在於闇冥，故言明。凶門，北出門也。將軍之出，以喪禮處之，以其必死也。』」岷案「詔之以廟堂」，程榮本、王謨本、畿輔本以並作於，以、於本同義，惟此作以，蓋涉下以字而誤。尉繚子將令篇：「將軍受命，君必先謀於廟，令行於廷，君身以斧鉞受將。」說苑指武篇：「將師受命者，將率入，軍吏必入，皆北面再拜稽首受命。天子南面而授之鉞，東行西面而揖之，示弗御也。」心書出師篇：「古者國有危難，君簡賢能而任之，齋三日，入太廟，南（當作西）面而立，將北面。太師進鉞於君，君持鉞柄以授將，曰：『從此至軍，將軍其裁之。』……將授詞，鑿凶門，引軍而出。」顏氏家訓風操篇：「將軍鑿凶門而出。」楊氏引六韜龍韜云云，又見長短經出軍篇。

又此文與淮南兵略篇最合，蓋直本於淮南。臨軍之日，則忘其親；援鼓之時，則忘其身。楊云：「尉繚子武議篇：『將受命之日，忘其家；張軍宿野，忘其親；援枹而鼓，忘其身。』史記司馬穰苴傳：『穰苴曰：「將受命之日，則忘其家；臨軍約束，則忘其親；援枹鼓之急，則忘其身。」』」岷案「援鼓之時」下，舊注云：「援鼓杖也。（程榮本、畿輔本援並誤擊。）」百子本正文援作枹，注作「枹，鼓杖」，疑臆改。說苑指武篇：「故受命而出，忘其國；即戎，忘其家；聞枹鼓之聲，唯恐不勝，忘其身。」用能無天於上，無地於下，無敵於前，無顧於後，楊云：「六韜立將篇：『軍中之事，不聞君命，皆由將出；臨敵決戰，無有二心。若此，則無天於上，無地於下，無敵於前，無君於後。』（淮南兵略篇同。）」岷案尉繚子武議篇：「無天於上，無地於下，無主於後，無敵於前。」心書出師篇：「軍中事，不由君命，皆由將出。若此，則無天於上，無地於下，無敵於前，無主於後。」長短經出軍篇：「無天于上，無地于下，無敵于前，無君于後。（楊氏引六韜「軍中之事，不聞君命，皆由將出」十二字，淮南兵略篇無之。）」以全國爲重，楊云：「孫子謀攻篇：『夫用兵之法，全國爲上。』」以智謀爲先。故將者，必明天時，辨地勢，練人謀。楊云：「淮南兵略篇：『將者，必有三隧。所謂三隧者：上知天道，下習地形，中察人情。』」岷案六韜虛壘篇：「將必上知天道，下知地理，中知人事。」心書天勢篇：「善將者，因天之時，就地之勢，依人之利。」明天時者，察七緯之情，岷案心書天勢篇：「天勢者，日月清明，五星合度。」洞五行之趣，聽八風之動，岷案八風，已詳辯樂篇。關尹子二柱篇：「八風之朝，可以卜當時之吉凶。」鑒五雲之候，岷案五雲，五色之雲，觀之亦可以辨吉凶也。周禮春官保章氏：「以五雲之物，辨吉凶、水旱降、豐荒之祲象。」鄭注：「物，色也。」辨地勢者，識七舍之形，岷案淮南天文篇：「何謂七舍？室、堂、庭、門、巷、術、野。」列九地之勢，楊云：「孫子九地篇：『用兵之法：有散地，有輕地，有爭地，有交地，有衢地，有重地，有圮地，有圍地，有死地。』」岷案程榮本、畿輔本列並作別，勢上並脫之字，王謨本列亦作別，列即別之形誤。明人者，抱五德之美，楊云：「程榮本、王謨本、畿輔本作『練人謀者』，（子彙本作『明人謀者。』）此承上文之詞，作『練人謀者』是。）」岷案百子本亦作「明人謀者。」掘二柄之要。五德者，智、信、仁、勇、嚴也。楊云：「孫子始計篇：『將者，智、信、仁、勇、嚴也。』二柄者，賞、罰也。楊云：「已見前賞罰篇。」智以能謀，信以約束，仁以愛人，勇以陵敵，嚴以鎮衆。賞以勸功，罰以懲過。故智者，變通之源，盧云：「〔程榮本〕『之源』二字脱。」岷案王謨本、畿輔本亦並脱「之源」二字。運奇之府也。兵者，詭道而行，楊云：「孫子始計篇：『兵者，詭道也。』」以其製勝也。岷案子彙本、百子本製並作智。程榮本、畿輔本並作制，製、制古通。王謨本亦作制，惟「其制」二字誤倒，或妄乙。是以萬弩上彀，孫臏之奇，孫氏校釋據程榮本上作齊，云：「彀當作發，史記孫子吳起列傳云：『萬弩俱發。』是此語所出。」楊云：「見史記孫武傳（卷八十二）。」岷案王謨本、畿輔本上亦並作齊。疑作「上彀」乃本書之舊，說文：「彀，張弩也。」千牛俱奔，田單之策，楊云：「見史記田單傳（卷八十二）。」岷案御覽二八二引國策：「燕師伐齊，已下七十餘城，圍即墨，未下，齊將田單，乃收城中得千餘牛，爲縫繒衣，畫以五綵龍文，束兵刃於其角，而灌脂束葦於尾，燒其端，鑿城數千穴，夜縱牛，壯士五千人隨其後，牛尾熱，怒而奔燕軍，燕軍夜大驚，……敗走。而齊七十餘城皆復爲齊。」囊土擁水，韓信之權，楊云：「見史記淮陰侯傳（卷九十二）。」岷案程榮本、王謨本、畿輔本擁並作壅，古通。事又見漢書韓信傳。拽柴揚塵，欒枝之譎，楊云：「拽當作曳。左僖二十八年傳：『欒枝使輿曳柴而僞遁，楚師馳之，原軫、郤溱以中軍公族橫擊之，狐毛、狐偃以上軍來攻子西，楚左師潰，楚師敗績。』（淮南兵略篇：『曳梢肆柴，揚塵起堨。』）」岷案百子本拽作曳，同。六韜臨境篇：「曳柴揚塵。」舒車豕突，尹子之術，岷案後漢書劉陶傳：「今果已攻河東，恐遂轉更豕突上京。」雲梯煙浮，魯生之巧。楊云：「列子湯問篇：『夫班輸之雲梯。』張湛注：『班輸作雲梯，可以凌虛仰攻。』（史記孟荀傳索隱：『公輸般爲雲梯之械者，按梯，構木瞰高也。雲者，言其昇高入雲，故曰雲梯。』）」岷案墨子公輸篇：「公輸盤（一作般，又作班，古並通用）爲楚造雲梯之械。」又見呂氏春秋愛類篇、國策宋策、淮南脩務篇（高注：「公輸，魯班號。雲梯，攻城具。高長上與雲齊，故曰雲梯。」）。用奇出於不意，楊云：「孫子始計篇：『攻其無備，出其不意。』」岷案心書戰道篇：「或潛師以攻之，以出其不意。」少可以挫多，弱可以折强，岷案心書將剛篇：「善將者，……以弱制强。」況夫以衆擊寡，以明攻昧，楊云：「左宣十二年傳：『兼弱攻昧，武之善經也。』」兵形象水，水之形，避高而就下；兵之勢，避實而擊虚，避强而攻弱，避治而取亂，避鋭而擊衰。故水因地而制，兵因敵而制勝，則兵無成勢，水無定形。觀形而運奇，隨勢而應變，反經以爲巧，無形以成妙。楊云：「程榮本『因地而制』下，有形字，（王謨本、畿輔本同。）有形字是。孫子虚實篇：『夫兵形象水，水之形，避高而就下；兵之形，避實而擊虚。水因地而制流，兵因敵而制勝。故兵無常勢，水無常形。能因敵變化而取勝者，謂之神。』」岷案「水因地而制」下，疑當從孫子虚實篇補流字，程榮本、王謨本、畿輔本並有形字，蓋臆加。下文「水無定形」，承「水因地而制流」言之；「兵無成勢」，承「兵因敵而制勝」言之。若流本作形，則勝必本作勢矣。以此知作形之不足據也。子彙本、百子本並作「水因地而行。」改制爲行，亦不足據。故風而有形，則可以帷幕捍；寒暑無形，不可以關鑰遏也。楊云：「程榮本、王謨本、畿輔本而並作雨，雨字是。淮南兵略篇：『風雨可障蔽，而寒暑不可開（王念孫以爲關之誤，是也。）閉，以其無形故也。』」是以善攻者，敵不知其所守，如畏雷電，擊無常處；善守者，敵不知其所攻，如尋寰中，不見其際。楊云：「孫子虚實篇：『故善攻者，敵不知其所守；善守者，敵不知其所攻。』」岷案寰借爲環，莊子齊物論篇：「樞始得其環中，以應無窮。」則陽篇：「冉相氏得其環中以隨成。」孫子兵勢篇：「奇正相生，如循環之無端（長短經奇兵篇引無循字），孰能窮之哉？」史記田單列傳贊：「奇正還相生，如環之無端。」索隱：「言用兵之術，或用正法，或用奇計，使前敵不測量，如尋環中，不知端際也。」視吾之謀，無畏敵堅；視吾之堅，無畏敵謀。以此言之，不可不知也。夫將者，以謀爲本，以仁爲源。謀以制敵，仁以得人。故能謀制敵者，將也；盧氏拾補「能謀」作「謀能」，云：「舊倒。」岷案舊合字本、王謨本並作「謀能」，是也。力能勝敵者，卒也。將以權決爲本，卒以齊力爲先。楊云：「淮南兵略篇

『良將之用卒也，同其心，一其力。』」是以列宿滿天，不及朧月者，形不一，光不同也。盧云：「〔程榮本〕者字脱。」舊合字本天下有「下而明」三字。楊云：「下字疑衍。（各本皆無『下而明』三字。）淮南説林篇：『百星之明，不如一月之光。』」岷案類纂本、王謨本、畿輔本亦並脱者字。「朧月」猶「明月」，文選潘安仁悼亡詩：「朗月何朧朧！」李注引埤蒼：「朣朧，欲明也。」文子上德篇：「衆星之明，不如一月之光。」藝文類聚九二引晉張顯析言論：「衆星不如一月明。」（御覽九二二引「月明」二字倒。）虎尤多力，而受制於人者，心不一，力不齊也。舊合字本尤作牛。楊云：「淮南兵略篇：『今夫虎豹便捷，熊羆多力，然而人食其肉而席其革者，不能通其知而壹其力也。』」岷案類纂本、程榮本、王謨本、畿輔本尤並作兕。尤蓋光之壞字，光，俗兕字。程榮本、王謨本、畿輔本齊並作濟，蓋臆改。萬人離心，不如百人同力；楊云：「淮南兵略篇：『故千人同心，則得千人力；萬人異心，則無一人之用。』」岷案尉繚子兵令下篇：「萬人之鬭不用命，不如百人之奮也。」千人遞戰，不如十人俱至。楊云：「淮南兵略篇：『萬人之更進，不如百人之俱至也。』」今求同心之衆，必死之士，在於仁恩洽而賞罰明。胥靡者，臨危而不懼，履冰而不慄，以其將刑而不憂生也。今士槍白刃而不顧死，赴水火而如歸，盧云：「〔程榮本〕『臨危』下衍難字。冰下脱『而不慄，以其將刑而不憂生也。今士搶白刃而不顧，赴水』二十二字。」楊云：「莊子庚桑楚篇：『胥靡登高而不懼，遺死生也。』」岷案胥靡，已詳妄瑕篇。程榮本冰下脱二十三字，盧氏未計死字，（死字疑涉下文「非輕死」而衍。）故誤爲脱二十二字耳。類纂本、王謨本、畿輔本「臨危」下亦並衍難字，冰下亦並脱二十三字。舊合字本槍作搶，與盧氏拾補合。當以作槍爲正，莊子逍遥遊篇釋文引支遁注：「槍，突也。」荀子王霸篇楊注：「突，陵觸。」非輕死而樂傷，岷案六韜勵軍篇：「士非好死而樂傷也。」仁恩驅之也。將得衆心，必與同患。暑不張蓋，寒不御裘，所以均寒暑也；隘險不乘，丘陵必下，所以齊勞逸也；軍食熟然後敢食，軍井通而後敢飲，所以同饑渴也；三軍合戰，必立矢石之下，所以共安危也。盧云：「『軍井通而後敢飲』而，俗作然。」

楊云：「淮南兵略篇：『故古之善將者，必以其身先之。暑不張蓋，寒不被裘，所以程寒暑也；險隘不乘，上（岷案上乃丘之壞字）陵必下，所以齊勞佚也；軍食熟然後敢食，軍井通然後敢飲，所以同飢渴也；合戰，必立矢射之所及，以共安危也（岷案「矢射」當作「矢石」）。以上當有所字，王念孫雜志有説）。』（又見六韜龍韜勵軍篇、尉繚子戰威篇。）」岷案「軍井通而後敢飲」，子彙本、程榮本、王謨本、畿輔本、百子本而皆作然，義同。「所以同饑渴也」，舊合字本、王謨本饑並作飢，古通。記纂淵海八十引吕氏春秋：「爲將，冬日不衣裘，夏日不操扇，天雨不張蓋。」長短經道德篇引黄石公曰：「軍井未達，將不言渴；軍幕未辦，將不言倦；冬不服裘，夏不操扇，是謂禮將。」心書將情篇：「夫爲將之道，軍井未汲，將不言渴；軍食未熟，將不言肌；軍火未燃，將不言寒；軍幕未施，將不言困；夏不操扇，冬不服裘，雨不張蓋，與衆同也。」**故醇醪注流，軍下通醉；**盧氏拾補醇作單，云：「藏作醇，俗作醰，皆誤。高誘注吕氏春秋察微篇作單。下，俗作士。」楊云：「文選張景陽七命：『單醪投川，可使三軍告捷。』李注引黄石公記曰：『昔良將用兵，人有饋一簞之醪；投河，令衆迎流而飲之。夫一簞之醪，不味一河，而三軍思爲致死者，滋味及之也。』（吕氏春秋察微篇高注略同。）吕氏春秋順民篇：『越王苦會稽之恥，……有酒，流之江，與民同之。』（列女傳母儀篇楚子發母傳、水經漸江水注，並以爲越王句踐事。）」岷案舊合字本、子彙本、百子本醇字並同。類纂本、程榮本、王謨本、畿輔本並作醰。竊疑作醇，乃本書之舊，「醇醪」與下「温辭」相對，於文爲長；且列女傳母儀篇楚子發母傳作「醇酒」，則此醇字，亦有所本。類纂本、程榮本、王謨本、畿輔本下並作士。長短經道德篇：「單醪投河，感一軍之士。」**温辭一灑，師人挾纊。**盧云：「辭，俗作詞。」楊云：「左宣十二年傳：『楚子伐蕭，……蕭潰。申公巫臣曰：「師人多寒。」王巡三軍，拊而勉之，三軍之士，皆如挾纊。』杜注：『纊，綿也。言説以忘寒。』」岷案王謨本辭作詞。説文：「纊，絮也。春秋傳曰：『皆如挾纊。』」**苟得衆心，則人競趨死。以此衆戰，猶轉石下山，決水赴壑，孰能當之矣？**楊云：「左僖四年傳：『齊侯曰：「以此衆戰，孰能禦之？」』孫子軍形篇：『勝者之戰，若決積水於千仞之谿者，形也。』兵勢篇：『故善戰人之勢，如轉圓石於千仞之山者，勢也。』淮南兵略篇：『是故善用兵者，勢如決積水於千仞之隄，若轉員石於萬丈之谿。』」

閱武第四十一　岷案帝範閱武篇注：「閱，簡也。武，兵事也。」

司馬法曰：「國家雖大，好戰則亡；天下雖安，忘戰必危。」袁註：「司馬法，司馬穰苴兵法也。（兵字據程榮本、畿輔本補。）」楊云：「司馬法仁本篇：『故國雖大，好戰必亡；天下雖安，忘戰必危。』（文子符言篇以爲老子語。）」岷案史記司馬穰苴列傳：「齊威王使大夫追論古者司馬兵法，而附穰苴於其中，因號曰司馬穰苴兵法。」太史公自序：「自古王者而有司馬法，穰苴能申明之。」御覽二七一引桓範世要論：「故曰：『好戰者亡，忘戰者危。』不好、不忘，天下之王也。」亟戰即民彫，不習則民怠。彫非保全之術，怠非擬寇之方。盧云：「『亟戰即民彫』，即，俗作則。彫，俗作凋，下同。」楊云：「呂氏春秋適威篇：『李克對曰：「驟戰則民罷。」』（又見文子道德篇。）」帝範閱武篇：『土地雖廣，好戰則人彫；邦國雖安，亟戰則人殆。彫非保全之術，殆非擬寇之方。』蓋襲此文。」岷案「亟戰即民彫，」舊合字本、子彙本、百子本即並作則。程榮本、王謨本、畿輔本即亦並作則，彫並作凋，下同。楊氏引呂氏春秋適威篇云云，又見韓詩外傳十、淮南道應篇、新序雜事第五。故兵不妄動，而習武不輟，所以養民命而修戎備也。

孔子曰：「不教民戰，是謂棄之。」楊云：「見論語子路篇。」岷案程榮本、王謨本、畿輔本謂並作爲，古通。易曰：「君子修戎器，以備不虞。」舊合字本作「君子以修戎器，戒不虞。」楊云：「易萃：『象曰：「君子以除戎器，戒不虞。」』正義：『除者，治也。』」是以春蒐，夏苗，秋獮，冬狩，皆以農隟以講武事。三年而治兵，習戰敵也；出曰治兵，始其事也；入曰振旅，言整衆也；還歸而飲至，告于廟，所以昭文章，明貴賤，順少長，辨等列，習威儀。楊云：「左隱五年傳：『故春蒐，夏苗，秋獮，冬狩，皆於農隙以講事也。三年而治兵，入而振旅，歸而飲至，以數軍實，昭文章，明貴賤，辨等列，順少長，習威儀也。』爾雅釋天：『春獵爲蒐，夏獵爲苗，秋獵爲獮，冬獵爲狩。』」岷案「皆以農隙以講武事」，程榮本、王謨本、畿輔本上以字並作於，與左隱五年傳合，是也。以、於本同義，惟此作以，蓋涉上下文以字而誤。司馬法仁本篇：「春蒐，秋獮，諸侯春振旅，秋治兵，所以不忘戰也。」夫三軍浩漫，則立表號。言不相聞，故爲鼓鐸以通其耳；視不相見，故制旌麾以宣其目。楊云：「孫子軍爭篇：『軍政曰：「言不相聞，故爲之金鼓；視不相見，故爲之旌旗。」夫金鼓旌旗者，所以一人之耳目也。』」岷案吳子論將篇：「夫鼙鼓金鐸，所以威耳；旌旗麾幟，所以威目。」若民不習戰，則耳不聞鼓鐸之音，岷案程榮本、王謨本、畿輔本聞並作聆。目不察旌麾之號，進退不應令，疎數不成行，岷案孟子梁惠王上篇：「數罟不入洿池」，趙岐注：「數罟，密網也。」此文數，亦猶密也。故士未戰而震慄，馬未馳而沫汗，岷案「沫汗」與「震慄」對言，程榮本、畿輔本沫並作沐，王謨本作流，並形誤，或妄改。非其人怯而馬弱，不習之所致也。吳王宮人，教之戰陣，約之法令，廻還進退，盡中規矩，雖蹈水火而不顧者，非其性勇而氣剛，教習之所成也。楊云：「事見史記孫武傳（卷六十五）。」岷案事又見吳越春秋闔閭內傳，詳前辯樂篇。鏌鋣不爲巧者鋭，而爲拙者鈍，然而巧以生勝，拙而之負者，習與不習也。楊云：「呂氏春秋用民篇：『莫邪不爲勇者興，懼者變。勇者以工，懼者以拙，能與不能也。』高注：『莫邪，良劍也。不爲勇者利、怯者鈍也。』」闔閭習武，試其民於五湖，劒刃加肩，流血不止；勾踐習戰，試其民於寢處，民爭入水火，死者千餘，遽擊金而退之。豈其惡生而貪死？賞罰明而教習至也。盧云：「『劒刃加肩，流血不止。』（程榮本）刃誤皆，不下衍肯字。」楊云：「呂氏春秋用民篇：『闔盧試其民於五湖，劍皆加於肩，地流血幾不可止；句踐試其民於寢宮，民爭入水火，死者千餘矣，遽擊金而却之，賞罰有充也。』（又見論衡率性篇。闔閭事又見御覽四百三十七引莊子佚文，句踐事又見韓非子內儲說上。）」岷案「劒刃加肩，流血不止。」類纂本、王謨本、畿輔本刃亦並誤皆，不下亦並衍肯字。句踐事又見墨子兼愛中、下兩篇。是以（以字原脱）逢蒙善射，不能用不調之弓；造父善御，不能策不服之馬；般、倕善斲，不能運不利之斤；孫、吳善將，不能戰不習之卒。袁註：「逢蒙就羿學射，盡羿之術，故言善射。」楊云：「荀子議兵篇：『弓矢不調，則羿不能以中微；六馬不和，則造父不能以致遠；士民不親附，則湯、武不能以必勝也。故善附民者，是乃善用兵者也。』淮南兵略篇：『駟馬不調，造父不能以致遠；弓矢不調，羿不能以必中；君臣乖心，孫子不能以應敵。』說苑指武篇：『文王不能使不附之民，先軫不能戰不教之卒，造父、王良不能以敝車不作之馬趨急而致遠；羿、逢蒙不能以枉矢弱弓射遠中微。故强弱成敗之要，在乎附士卒，教習之而已。』吕氏春秋愛類篇：『公輸般，天下之巧工也。』重己篇高注：『倕，堯之巧工也。』吴，吴起也。（袁註云云，本孟子離婁下篇。）史記有傳（卷六十五）。」岷案逄蒙，類纂本、王謨本逄並作逢，程榮本、畿輔本並作蓬，喻林百八引作蓬，作逄是故書。（袁註云云，本孟子離婁下篇。）「不能運不利之斤。」類纂本、程榮本、王謨本、畿輔本斤並作釿，同。楊氏引荀子議兵篇云云，又見韓詩外傳三、新序雜事第三。（文子上義篇：「輿（今本誤駟）馬不調，造父不能以取道。」）貔貅戾獸，而黃帝教之戰；楊云：「見五帝本紀。（又見大戴禮五帝德篇、列子黃帝篇、論衡率性篇。）」王云：「北堂書鈔十三引貅作豺。」岷案孔子家語五帝德篇：「黃帝……擾馴猛獸，以與炎帝戰於阪泉之野。」鷹鸇鷙鳥，而羅氏教之擊。岷案周禮夏官羅氏：「掌羅烏鳥。」或即此所謂羅氏與？夫鳥獸無知之性，猶隨人指授而能戰擊者，教習之功也；奚況國之士民而不習武乎？岷案論衡率性篇：「夫禽獸與人殊形，猶可命戰；況人同類乎？」故射御慣習，至於馳獵，則能擒獲，教習之所致也；若弗先習，覆逸是懼，奚據望獲？盧云：「『覆逸是懼。』逸，俗作迭。」楊云：「程榮本、王謨本、畿輔本據並作遽，遽字是。（韓非子五蠹篇：『奚遽不亂？』）左襄三十一年傳：『譬如田獵射御貫，則能獲禽；若未嘗登車射御，則敗績厭覆是懼，何暇思獲？』」岷案「覆逸是懼」，程榮本、王謨本、畿輔本逸並作迭。「奚據望獲？」據與遽同，作據是故書。今以練卒與不練卒爭鋒，盧云：「爭，俗作交。」岷案程榮本、王謨本、畿輔本爭並作交。若胡、越爭遊，不競明矣！是以先王因於閑隟，大閱簡衆，岷案周禮夏官大司馬：「中冬教大閱。」左桓六年傳：「秋大閱，簡車馬也。」繕修戎器，岷案類纂本、程榮本、王謨本、畿輔本繕並作敹，同。廣雅釋詁：「繕，治也。」爲國豫備也。

明權第四十二

循理守常曰道，岷案莊子秋水篇：「知道者必達於理。」臨危制變曰權。權之爲稱，譬猶權衡也。衡者測邪正之形，權者揆輕重之勢。楊云：「孟子梁惠王上篇：『權，然後知輕重。』趙岐注：『權，銓衡也。可以稱輕重。』」量有輕重，則形之於衡。今加一環於衡左，則右蹶；加之於右，則左蹶。唯莫之動，則平正矣。楊云：「淮南主術篇：『衡之於左右，無私輕重，故可以爲平。』」岷案淮南云云，又見文子下德篇。人之於事，臨宜制變，岷案程榮本、王謨本、畿輔本宜並作危。量有輕重，孫云：「『量有輕重』，有常作其。」岷案有猶其也。（例詳吳昌瑩經詞衍釋三。）無煩改字。平則行之，盧云：「則，俗作而。」岷案程榮本、王謨本、畿輔本則並作而。亦猶此也。古之權者，審於輕重，岷案程榮本、王謨本、畿輔本於並作其，義同。必當於理，而後行焉。易稱「巽以行權」，楊云：「易繫辭下：『巽以行權。』韓康伯注：『權，反經而合道。必合乎巽順，而后可以行權也。』」論語稱「可與適道，未可與權。」楊云：「論語子罕篇：『子曰：「可與共學，未可與適道；可與適道，未可與立；可與立，未可與權。」』」岷案程榮本、王謨本、畿輔本並無論字。「可與」並誤「可以」。權者，反於經而合於道，反於義而後有善。若棠棣之華，反而更合也。盧氏拾補據程榮本棠作唐，云：「藏作棠。」楊云：「論語子罕篇：『唐棣（春秋繁露竹林篇、文選廣絶交論注，並引作棠棣。）之華，偏其反而。』何注：『逸詩也。唐棣，移也。華反而後合。賦此詩者，以言權道反而後至於大順。』」岷案舊合字本、子彙本、百子本棠字並同。王謨本、畿輔本並作唐。孝子之事親，和顏卑體，盡孝盡敬；及其溺也，則攬髮而拯之，非敢侮慢，以救死也。故溺而捽父，祝則名君，勢不得已，權之所設也。楊云：「淮南汜論篇：『孝子之事親，和顔卑體，奉带運履；至其溺也，則捽其髮而拯，非敢驕侮，以救其死也。故溺則捽父，祝則名君，勢不得不然也，此權之所設也。』」岷案「溺而捽父，」説文：「捽，持頭髮也。」宋沙門慧寶北山録三至化論注引孟子：「如人父溺水，子捉頭髮以救之，亦不爲過。蓋皆取其權急之宜故也。」弘明集一漢牟融理惑論：「昔齊人乘船渡江，其父墜水，其子攘臂捽頭顛倒，使水從口出，而父命得蘇矣。」文子道德篇：「祝則名君，溺則捽父，勢使然也。」楊氏引淮南汜論篇「則捽其髮而拯」，（高誘注：「拯，升也。出溺曰拯也。」）意林、御覽三九六引捽並作攬，句末並有之字，與此文尤合。慈愛者，人之常情；然大義滅親，滅親益榮，由於義也。是故慈愛方義，二者相權，義重則親可滅。若虞舜之放弟象傲，盧云：「象下衍傲字。」楊云：「傲字衍，（蓋寫者據書堯典之文妄增。）孟子萬章上篇：『萬章問曰：「象日以殺舜爲事，立爲天子，則放之，何也？」孟子曰：「封之也；或曰：『放焉。』」』」岷案傲字乃寫者習讀堯典「象傲」之文而誤衍，子彙本、百子本並無傲字，是也。王謨本傲字在弟字上，蓋不知其爲衍文而妄乙之耳。周公之誅管叔，楊云：「見史記魯周公世家（卷三十三）。」岷案淮南泰族篇：「周公股肱周室，輔翼成王，管叔、蔡叔奉公子禄父（武庚名）而欲爲亂，周公誅之，以定天下，緣不得已也。（又詳史記管蔡世家。）」石碏之殺子厚，楊云：「左隱四年傳：『石碏使其宰獳羊肩涖殺石厚于陳。君子曰：「石碏，純臣也。惡州吁，而厚與焉。大義滅親，其是之謂乎？」』」岷案史記衛康叔世家集解引賈逵注：「石碏，衛上卿。」季友之酖叔牙，楊云：「左莊三十二年傳：『公疾，問後於叔牙，對曰：「慶父材。」問於季友，對曰：「臣死以奉般。」公曰：「鄉者，牙曰『慶父材』。」成季使以君命命僖叔待于鍼巫氏，使鍼季酖之，曰：『飲此，則有後於魯國；不然，死且無後。』飲之，歸及逵泉而卒。立叔孫氏。』」岷案事又見公羊莊三十二年傳、史記魯周公世家（般作班，莊公子）。史記云：「莊公有三弟，長曰慶父，次曰叔牙，次曰季友。」（本公羊莊二十七年傳。）左傳杜預注：「酖，鳥名，其羽有毒，以畫酒，飲之則死。」釋文：「酖，本亦作鴆。」史記亦作鴆，鴆、酖正假字。説文：「鴆，毒鳥也。」以義權親，此其類也。欺父矯君，臣子悖行；然舜取不告，弦高矯命者，以絶祀之罪，重於不告，矯命之過，輕於滅國，權之義也。楊云：「孟子離婁上篇：『孟子曰：「不孝有三，無後爲大。舜不告而娶，爲無後也。君子以爲猶告也。」』淮南氾論篇：『夫三軍矯命，過之大者也。秦穆公興兵襲鄭，過周而東；鄭賈人弦高，將西販牛，道遇秦師於周、鄭之閒，乃矯鄭伯之命，犒以十二牛，賓秦師而却之，以存鄭國。故事有所至，信反爲過，誕反爲功。』（弦高事見左僖三十三年傳。）」岷案「舜取不告」，程榮本、王謨本、畿輔本取並作娶，娶、取正假字。淮南氾論篇高注：「非君命也，而稱君命，曰矯。」弦高事又詳吕氏春秋悔過篇、淮南道應篇、人閒篇、史記秦本紀，略見史記晉世家、鄭世家。夫有道則無權，道失則權作，道之於用，猶衣冠之在身也；權之輕重，猶介胄之衞體也；盧云：「介，俗作甲。下亦作介。」岷案舊合字本、程榮本、王謨本、畿輔本介皆作甲。介胄禦寇（舊誤冠），而不可常服；權以理度，孫云：「『理度』二字誤倒。」岷案王謨本正作「度理」。莊子秋水篇：「達於理者必明於權。」而不可常用。自非賢哲，莫能處矣。盧云：「矣，俗作也。」岷案程榮本、王謨本、畿輔本矣並作也。

卷之九

貴速第四十三 岷案程榮本、王謨本、畿輔本，此篇及下觀量第四十四，並列入卷八。

成務雖均，機速爲上；決謀成同，遲緩爲下。楊云：「程榮本、王謨本、畿輔本，成並作或。蔣以化本作誠。按或、誠二字並通，成則誤也。（正賞篇：『古今雖殊，其迹寔同；耳目誠異，其識則齊。』語例與此同，則成爲誠之誤。）呂氏春秋貴卒篇：『得之同，則遬爲上；勝之同，則溼爲下。』高注：『溼，猶遲久之也。』（又見淮南説山篇。）」岷案「決謀成同」，子彙本、百子本成亦並作或，喻林三六引同。疑作或乃本書之舊，或誤爲成，乃復易爲誠耳。何者？才能成功，以速爲貴；智能決謀，以疾爲奇也。善濟事者，岷案程榮本、王謨本、畿輔本濟並作齊，齊亦借爲濟。若救火拯溺；明其謀者，猶驥捷矢疾。今焚燃熛室，孫詒讓云：「當作『焚熛燃室』，今本誤倒，遂不可通。」則飛馳灌火；岷案子彙本、程榮本、王謨本、畿輔本、百子本火皆作之，喻林引同，是也。作火，涉上文而誤。湍波漂人，必奔游拯之。若穿井而救火，楊云：「淮南人閒篇：『譬猶失火而鑿池。』」則熛颷棟焚矣；方鑿舟而拯溺，則葬江魚之腹中矣。岷案楚辭漁父：「寧赴湘流，葬於江魚之腹中。」驥所以見珍者，以其日行千里也。滿旬而取至，則與駑馬均矣。箭所以爲貴者，以其弦直而至也。窮日而取至者，則與不至者同矣。楊云：「『窮日』句末者字衍。呂氏春秋貴卒篇：『所爲貴驥者，爲其一日千里也。旬日取之，與駑駘同；（與上疑奪則字。）所爲貫鏃矢者，爲其應聲而至，（至下當有也字。）終日而至，則與無至同。』（淮南説山篇、新序雜事二略同。）」岷案「以其弦直而至也」，至上舊合字本有疾字，王謨本有立字。「窮日而取至者」，類纂本無者字，與楊説合。荀子修身篇：「夫驥一日而千里，駑馬十駕，則亦及之矣。」智所以爲妙者，以其應時而知，若事過而後知，則與無知者齊矣。楊云：「淮南詮言篇：『有智而無爲，與無智者同，有能而無事，與無能者同。告之者同，然後覺其動也，使之者至，然後覺其爲也；有智若無智，有能若無能。』」岷案程榮本、王謨本、畿輔本「應時而知」下並有也字，「無知」並作「無智」。類纂本「無知」亦作「無智」。文子符言篇：「有智而無爲，與無智同功；有能而無事，與無能同德。有智若無智，有能若無能。」楊氏引淮南詮言篇有刪略。昔吴起相楚，貴族攻之，起欲討讎，而插矢王屍；楊云：「呂氏春秋貴卒篇：『吴起謂荆王曰：「荆所有餘者，地也；所不足者，民也。今君王以所不足益所有餘，臣不得而爲也。」於是令貴人往實廣虚之地，皆甚苦之。荆王死，貴人皆來；尸在堂上，貴人相與射吴起。吴起號呼曰：「吾示子吾用兵也！」拔矢而走，伏尸插矢而疾言曰：「羣臣亂王，吴起死矣！」且荆國之法，麗兵於王尸者，盡加重罪，逮三族。吴起之智，可謂捷矣。』」岷案事又略見史記吴起列傳。陽虎在圍，魯人出之，虎欲報德，而傷之以戈。楊云：「淮南人間篇：『陽虎爲亂於魯，魯君令人閉城門而捕之，得者有重賞，失者有重罪。圍三帀，而陽虎將舉劍而伯頤，門者止之曰：「天下探之不窮，我將出子。」陽虎因赴圍而逐，揚劍提戈而走。門者出之，顧反取其出之者，以戈推之，攘袪薄腋。出之者怨之曰：「我非故與子反也，（岷案王念孫雜志云：「反當爲友。」）爲之蒙死被罪，而反傷我，宜矣，其有此難也！」魯君聞陽虎失，大怒！問所出之門，使有司拘之；以爲傷者受大賞，（岷案宋本大作重。）而不傷者被重罪。』」岷案淮南人間篇許慎注：「陽虎，季氏之臣也。陽虎、季氏專魯國也。」謀不斯須，一讎得兩報，岷案子彙本、程榮本、王謨本、畿輔本、百子本皆作「而讎德兩報。」於義爲長。報讎謂吴起，報德謂陽虎。其智可謂應時而知矣。張禄之入秦，魏冉悔不先索而後行，故勢移而身逐；袁註：「張禄，即范雎也。」楊云：「見史記范睢傳（卷七十九）。」岷案魏冉，即秦相穰侯，昭王母宣太后之異父弟也。被逐事又詳秦策。晁錯之穴壖垣，申屠悔不先斬而後奏，故發憤而致死；楊云：「見史記申屠嘉傳（卷九十六）。」岷案類纂本晁作鼂，同。史記鼂錯傳：「景帝即位，以錯爲内史，（中略。）内史府居太上廟壖中，門東出不便，錯乃穿兩門南出，鑿廟壖垣。丞相（申屠）嘉聞大怒，欲因此過，爲秦請誅錯。錯聞之，即夜請間，具爲上言之。丞相奏事，因言錯擅鑿廟垣爲門，請下廷尉誅。上曰：『此非廟垣，乃壖中垣，不致於法。』丞相謝，罷朝，怒謂長史曰：『吾當先斬以聞。乃先請，爲兒所賣，固誤！』丞相遂發病死。」索隱：「壖垣，上音乃變反，謂牆外之短垣也。又音而緣反。」正義：「壖者，廟内垣外游地也。」（又見漢書鼂錯傳。）智不早決，敗而方悔，其智可謂與無智者同矣。故有智而不能施，非智也。能施而不能應速者，亦非智也。喭曰：「力貴疾，智貴卒。」楊云：「吕氏春秋貴卒篇：『力貴突，智貴卒。』淮南説山篇：『力貴齊，智貴捷。』」岷案類纂本、程榮本、王謨本、畿輔本疾皆作突，與吕氏春秋合。此之謂也。岷案類纂本也作矣。

觀量第四十四

夫曲思於細者，必忘其大；銳精於近者，必略於遠。岷案類纂本、程榮本、王謨本、畿輔本精皆作情，古通。由心不並駐，則事不兼通。岷案程榮本、王謨本、畿輔本駐並作持，義近。類纂本駐亦作持；又事作量，恐非。小有所係，大必所忘也。楊云：「淮南俶真篇：『小有所志，而大有所忘也。』（又見文子九守篇。）」岷案舊合字本必下有有字，是也。故仰而貫針，望不見天；俯而拾蝨，視不見地。天地至大，而不見者，眸掩於針、蝨故也。是以智者知小道之妨大務，小察之傷大明，捐棄細識，舒散情性。以斯觀之，人有小察細計者，知其必無遐志廣度，亦可知矣。孫云：「上知字衍。」奚以明之？夫覩焦堯之節，知非防風之脛；楊云：「堯當作僥。國語魯語下『吳伐越，墮會稽，獲骨焉，節專車。吳子使來好聘，且問之。……客執骨而問曰：「敢問骨何爲大？」仲尼曰：「丘聞之，昔禹致羣神於會稽之山，防風氏後至，禹殺而戮之，其骨節專車，此爲大矣。」……客曰：「人長之極幾何？」仲尼曰：「僬僥氏長三尺，短之至也；長者不過十，數之極也。」』（又見史記孔子世家、說苑辨物篇，並作僬僥。淮南墬形篇、山海經海外南經、大荒南經，亦並作焦僥。）」岷案程榮本、王謨本、畿輔本焦堯並作僬僥，國語魯語韋昭注：「僬僥，西南蠻之別名也。」列子湯問篇：「從中州以東四十萬里得僬僥國，（王重民校釋，疑『東四十』本作『西三十』。）人長一尺五寸。（張湛注：『事見詩含神霧。』）」御覽七百九十引外國圖：「從啖水南曰僬僥，其人長尺六寸。」博物志二：「禹致宰臣於會稽，防風氏後至，戮而殺之，其骨專車。」楊氏引魯語云云，又見孔子家語辨物篇，僬僥作焦僥。視象之牙，知其大於豕也；見狸之尾，知其小於豹也。故覩一可以知百，觀此可以明彼。楊云：「淮南說林篇：『見象牙，乃知其大於牛；見虎尾，乃知其大於貍。一節見而百節知矣。』（又見說苑尊賢篇。）」岷案淮南氾論篇：「象見其牙，而大小可論也。」御覽八百九十引文子：「見象之牙，知大於牛。」是以蹄窪之内，不生蛟龍；培塿之上，不植松栢，非水土之性有所不生，乃其營宇隘也。 盧云：「『是以蹄窪之内，』〔何允中本〕以字脱。」楊云：「淮南氾論篇：『夫牛蹏之涔，不能生鱣鮪。』左襄二十四年傳：『部婁無松柏。』杜注：『部婁，小阜。』〔風俗通義山澤篇、文選魏都賦李注，並引作『培塿』，部、培雙聲，婁、塿音同。〕」岷案「是以蹄窪之内」，王謨本亦脱以字。淮南俶真篇：「夫牛蹏之涔，無尺之鯉；塊阜之山，無丈之材。所以然者何也？皆其營宇狹小，而不能容巨大也。」王念孫雜志引劉子此文，以爲本於淮南。 數粒而炊，秤薪而爨，非苟爲艱難，由性褊悋而細碎也。 盧云：「『秤薪而爨』，〔程榮本〕秤誤枰。」楊云：「淮南泰族篇：『秤薪而爨，數米而炊，可以治小，而不可以治大也。』」岷案程榮本、畿輔本秤亦並作枰，王謨本作析，枰與析同。 莊子庚桑楚篇：「數米而炊」，記纂淵海五三引米作粒，與此文尤合。 抱朴子接疏篇：「數粒乃炊。」乃猶而也。 項羽不學一藝，楊云：「見史記項羽本紀（卷七）。」岷案又見漢書項羽傳。 韓信不營一飡，楊云：「見史記淮陰侯列傳（卷九十二）。」岷案又見漢書韓信傳。 非其心不愛藝，口不嗜味，由其性大，不綴細業也。 晉文種米，曾子植羊，非性闇惷，不辨方隅，以其運大，不習小務也。 孫詒讓云：「植當作架，二語本於淮南子泰族訓，說詳前說苑。」孫（楷第）云：「孫仲容札迻云：『植當作架，二語本淮南子泰族訓。』案泰族訓云：『文公種米、曾子架羊。』不作晉文。說苑雜言篇同。新語輔政篇作『駕羊。』駕、架通用。尸子云：『羊不任駕鹽車，椽不可爲楣棟。』」余嘉錫四庫提要辨證云：「『文公種米，曾子植羊。』此兩語見淮南子泰族訓、陸賈新語及世說尤悔篇注，字句稍不同，其事則不可解。」岷案孫詒讓謂「植當作架」，是也。架之作植，因上文種字聯想而誤。淮南泰族篇許慎注：「架，連架，所以備知也。」世說新語尤悔篇注：「文公種菜，曾子牧羊。」菜、牧二字並誤。天中記五四引此文米亦誤菜。「非性闇惷」，說文：「惷，愚也。」「不辨方隅」，程榮本、王謨本、畿輔本辨並作辯，古通，說已詳前。說苑雜言篇：「文公種米，曾子駕羊，……務大者，固忘小。」宋本駕作架，孫詒讓札迻云：「宋本作架」，是也。意林引新語亦作『枷羊。』枷、架竝迦之叚字，說文辵部云：『迦，迦互，令不得行也。』管子戒篇云：『東郭有狗嘊嘊，旦暮欲齧我，椵而不使也。』尹注椵作枷，云：『謂以木連狗。』後漢書馬融廣成頌云：『枷天狗。』蓋枷者，以木連繫畜獸，使不得觸逸之名，故高誘訓爲『連架。』『架羊』猶『枷狗』矣。」孫氏所稱高誘，乃許愼之誤。又以下文證之（參看楊氏斠注），此文蓋直本於說苑。

智伯庖人亡炙一篋而即知之，韓、魏將反而不能知；邯鄲子陽園亡一桃而即覺之，其自亡也而不能知。斯皆銳情於小而忘大者也。盧云：「『智伯庖人亡炙一篋』，藏注：『七葉切。』俗作箧。案說苑雜言篇作邋。」楊云：「說苑雜言篇：『智伯廚人亡炙邋而知之，韓、魏反而不知；邯鄲子陽園人亡桃而知之，其亡也不知。務小者，亦亡大也。』」岷案「智伯庖人亡炙一篋」，類纂本、程榮本、王謨本、畿輔本篋皆作箧。「而忘大者也。」舊合字本忘下有其字。

夫鉤者，雖有蘿竿纖綸，芒鉤芳餌，增以詹何之妙，不能與罾罟爭多；弋者挾繁弱之弓，貫會稽之箭，加以蒲苴之巧，不能與罻羅競獲。何者？術小故也。盧云：「『加以蒲苴之巧』，苴，本作且。」楊云：「道藏本鉤作釣，餘本同，是。淮南原道篇：『夫臨江而釣，曠日而不能盈羅，雖有鉤箴芒距，微綸芳餌，加之以詹何、娟嬛之數，猶不能與網罟爭得也；射者扜（岷案高注：「扜，張也。」王引之以扜爲抒之誤，讀若紆）烏號之弓，彎棊（岷案當從宋本、茅一桂本、漢魏叢書本作綦）衞之箭，重之羿、逢蒙子之巧，以要飛鳥，猶不能與羅者競多。何則？以所持之小也。』詩衞風竹竿：『籊籊竹竿，以釣于淇。』毛傳：『籊籊，長而殺也。』呂氏春秋具備篇高注：『繁弱，良弓所出地也，因以爲弓名。』」岷案「夫鉤者」，類纂本、子彙本、程榮本、王謨本、畿輔本、百子本鉤皆作釣。道藏本、舊合字本並誤鉤，楊氏謂道藏本作釣，失檢。「加以蒲苴之巧」，類纂本苴作且。淮南原道篇高注：「詹何，古善釣人名。」淮南覽冥篇：「故蒲且子之連鳥於百仞之上，而詹何之騖魚於大淵之中。」高注：「蒲且子，楚人，善弋射者。」詹何善釣，蒲且善弋，又詳列子湯問篇。（張湛注：「詹何，楚人，以善釣聞於國。」）禮記王制：「鳩化爲鷹，然後設罻羅。」鄭注：「罻，小網也。」

江湖之流，爛胔漂屍，縱横接連，而人飲之者，量大故也。盆盂之水，鼠尾一曳，必嘔吐而棄之者，量小故也。楊云：「淮南要略篇：『夫江河之腐胔不可勝數，然祭者汲焉，大也；一盃酒白，蠅漬其中，匹夫弗嘗者，小也。』論衡累害篇：『夫鼠涉飯中，捐而不食。』」岷案「江湖之流」，程榮本、王謨本、畿輔本湖並作河。「爛胔漂屍」，禮記月令注：「肉腐曰胔。」枳棘之生，數寸而抽枝；豫章之植，百尺而蒔柯。盧云：「『豫章』，俗皆誤从木。」楊云：「淮南修務篇：『藜藿之生，蝡蝡然日加數寸，不可以爲廬棟；楩枏豫章之生，七年而後知，故可以爲棺舟。』方言十二：『蒔，立也。』」岷案類纂本、程榮本、畿輔本「豫章」並作「豫樟」。王謨本章亦作樟。其故何耶？豈非質小者而枝條蔇之，而體大者節目疎乎！袁註：「蔇，多條也。」盧云：「『小者』下而字疑衍，蔇下『之而』二字疑衍。」岷案說文：「蔇，艸多貌。」引申枝條多亦謂之蔇。子彙本、百子本「小者」下並無而字，喻林二四引同。盧氏疑而字爲衍文，是也；惟蔇下「之而」二字，之字蓋涉上下文而衍，而字似非衍文。是以達者之懷，則滉瀁而無涯；岷案抱朴子博喻篇：「滄海滉瀁，不以含垢累其無涯之廣。」褊人之情，必刻覈而煩細。岷案莊子人間世篇：「剋核太至，則必有不肖之心應之。」（宋陳碧虛音義本剋作刻，記纂淵海五七引同。）成玄英疏，以「剋核」爲「剋切責核。」「剋核」與「刻覈」同。

自上觀之，趍舍之跡，寬隘之量，斷可識矣。

隨時第四十五

時有淳澆，俗有華戎，不可以一道治，不得以一體齊也。故無爲以化三皇之時，法術以禦七雄之世，德義以柔中國之心，政刑以威四夷之性。楊云：「左僖二十五年傳：『德以柔中國，刑以威四夷。』」故易貴隨時，楊云：「易隨：『彖曰：「……隨時之義大矣哉！」』」禮尚從俗，楊云：「禮記曲禮上：『禮從宜，使從俗。』」適時而行也。霜風慘烈，周棄不蓺禾；岷案張平子西京賦：「冰霜慘烈。」薛綜注：「慘烈，寒也。」李善注：李陵書曰：「『邊土慘烈。』」（今本李陵答蘇武書作『慘裂。』」）史記周本紀：「周后稷名棄。」孟子滕文公上篇：「后稷教民稼穡，樹藝五穀。」藝與蓺同。炎氣赫曦，岷案文選潘安仁在懷縣作詩：「隆暑方赫羲。」李注：「繁欽柳樹賦曰：『翳炎夏之白日，救隆暑之赫羲。』思玄賦注曰：『赫羲，盛也。』」「赫羲」與「赫曦」同，今本張平子思玄賦正文、注文並作「赫戲」，亦同。曹明不製裘；孫云：「吕氏春秋審分覽勿躬篇：『胡曹作衣。』淮南子修務篇云：『胡曹爲衣。』高注：『胡曹，黄帝臣也。』此曹明疑即胡曹，傳寫誤倒，胡又譌爲明耳。」岷案御覽六八九引世本亦云：「胡曹作衣。」並引宋均注：「黄帝臣也。」知時不可也。貨章甫者，不造閩、越；衒赤舄者，不入跣狨，知俗不宜也。袁註：「舄，履也。」楊云：「莊子逍遥遊篇：『宋人資章甫而適諸越，越人斷髮文身，無所用之。』韓非子説林上篇：『魯人身善織屨，妻善織縞，而欲徙於越。或謂之曰：「子必窮矣！」魯人曰：「何也？」曰：「屨爲履之也，而越人跣行；縞爲冠之也，而越人被髮。（岷案「被髮」當作「翦髮」，越人以翦髮爲俗。）以子之所長，游於不用之國，欲使無窮，其可得乎？」』抱朴子塞難篇：『章甫不售於蠻越，赤舄不用於戎夷。』」岷案類纂本、程榮本、王謨本、畿輔本貨皆作貿，章甫，殷冠，已詳文武篇。（莊子逍遥遊篇釋文引李頤注亦云：「章甫，殷冠也。」）廣雅釋詁：「衒，賣也。」又釋器：「舄，履也。」淮南説林篇：「毋賞越人章甫，非其用也。」楊氏引韓非子説林上篇云云，又見淮南説山篇、説苑反質篇、金樓子立言篇下。

故救饑者以圓寸之珠，不如與之橡菽；貽溺者以方尺之玉，不如與之短綆。非橡綆之貴，而珠玉之賤，然而美不要者，各在其所急也。

袁註：「菽，大豆也。短綆，是短繩也。」盧云：「〔程榮本〕菽誤升，『非橡、綆之貴』，〔何允中本〕綆誤梗。」孫云：「圓當作運。説文圓下云：『員聲，讀若員。』䩦下云：『員聲，讀若運。』大徐圓、運並音『王問切。』圓、運音同，故誤運爲圓也。莊子山木篇：『目大運寸，』王念孫釋爲『徑寸』，引越語『廣運百里』，韋注『東西爲廣，南北爲運。』爲證。此文『運寸』，當即本之莊子。慎子（據江陰繆氏本）外篇云：『拯饑者與之徑寸之珠，孰若一簞之食，拯溺者與之方寸之玉，孰若一葉之匏。貴賤無常，時使之然也。』正作『徑寸』，是其證。『橡菽』當作『橡栗』，吕氏春秋恃君覽：『冬日則食橡栗』，高注：『橡，其狀似栗。』莊子齊物論：『狙公賦芧』，成玄英疏：『芧，橡子也。似栗而小。』王氏廣雅疏證云：『今江、淮之間通言「橡栗」，其實如小栗而微長，近蔕處有梂彙自裹。爾雅所謂「櫟，其實梂」也。田野多磨粉食之。凶年可以救飢。』書傳每以『橡栗』連文，莊子盜跖篇云：『晝拾橡栗，暮栖木上。』韓非子外儲説右下云：『橡果棗栗，足以活民。』大戴禮曾子制言篇云：『聚橡栗藜藿而食之。』杜甫北征詩：『山果多瑣細，羅生雜橡栗。』又乾元中寓居同谷縣作歌云：『歲食橡栗隨狙公。』其以『杼栗』連文者，莊子山木篇云：『衣裘褐，食杼栗。』徐無鬼篇云：『食芧栗，厭葱韭。』説苑立節篇云：『冬處於山林，食杼栗。』説文：『栩，柔也。其實皁，一曰樣。』柔、杼、芧字並同，樣、橡正俗字，『柔栗』亦『橡栗』也。『橡栗』相似，故以『橡栗』連文。『橡栗』適用於儉歲，故曰『與饑者以圓寸之珠，不如與之橡栗。』若作『橡菽』，則非其恉矣。今本作菽，蓋栗以形近誤爲粟，又聲誤爲菽耳。」舊合字本兩橡字並作樣。楊云：「道藏本兩樣字並作橡，餘本同，橡字是。淮南説林篇：『予溺者金玉，不若尋常之纆。』高注：『金玉雖寶，非拯溺之具。』」王云：「記纂淵海五七引圓作員，古通。又引『樣菽』作『橡芧』。叔岷師云：『芧蓋芋之誤，莊子徐無鬼篇：「食芧栗」，道藏褚伯秀義海纂微本芧誤芋，與此同例。』」岷案「救饑者」，類纂本、程榮本、王謨本、畿輔本饑皆作餓。「圓寸」猶「運寸」，圓、運古通，作員亦同。莊子天運篇，釋文引司馬彪本運作員，外物篇：「且之網得白龜焉，其圓五尺。」日本舊鈔卷子本、敦煌唐寫本圓並作員，孫詒讓札迻云：「圓，運之聲轉。」是也。孫楷第以此文圓爲運之誤，疏矣！

「橡菽」類纂本、畿輔本、菽亦並作卉，蓋菽字草書形近之誤。王謨本作「橡斗」。蓋臆改。竊疑此文本作「橡芧」，芧即橡也，故可連用，記纂淵海所引，雖誤芧爲芋，正可由芋字以推索本文之舊也。袁註：「菽，大豆也。」則此文芧之作菽，蓋淺學之袁氏所改與？舊合字本橡作樣，樣、橡正俗字。孫氏已言之，楊氏以作橡爲是，疏矣！文子上德篇：「故與溺者金玉，不如與之尺索。」（今本溺誤弱，索誤素，據意林引正。）方於饑溺之時，珠玉寧能救生死哉？孫云：「生字疑衍。」是以中流失船，一壺千金。盧云：「壺，俗作瓠。」楊云：「程榮本、王謨本、畿輔本並作『中河失船，一瓠千金。』雲谷雜記四引作『中流失船，一瓠千金。』河字非是。壺、瓠古多通用。（王觀國學林二、張淏雲谷雜記四，辨之甚詳。）鶡冠子學問篇：『中流失船，一瓠千金。』」岷案鶡冠子學問篇作「中河失船，一壺千金。」（陸佃注：「壺，瓠也。佩之可以濟涉，南人謂之腰舟。」）陸佃埤雅十六引「中河」作「中流」。貴賤無常，時使然也。昔秦攻梁，梁惠王謂孟軻曰：「先生不遠千里，辱幸弊邑，今秦攻梁，先生何以禦乎？」孟軻對曰：「昔太王居邠，狄人攻之，事以玉帛，不可；太王不欲傷其民，乃去邠之岐。今王奚不去梁乎？」盧云：「此段失於不考。」楊云：「史記孟子傳：『梁惠王謀欲攻趙（岷案楊氏脱引『欲攻』二字，今補），孟軻稱太王去邠。』孔昭文本此。（惟所屬國有異。）」惠王不悦。大梁所寶者，國也。楊云：「程榮本、王謨本、畿輔本大並作夫，夫字是。」岷案子彙本、百子本亦並作夫。今使去梁，非其能去也，非畢代之所宜行者。岷案子彙本、百子本畢並作異，是也。程榮本、王謨本、畿輔本「去梁」下，並作「非不能去也，非今日之所宜行也。」恐非此文之舊。故其言雖仁義，非惠王所須也。亦何異救饑而與之珠，岷案程榮本、王謨本、畿輔本饑並作餓。拯溺而投之玉乎？秦孝公問商鞅治秦之術，鞅對以變法峻刑，行之三年，人富兵强，國以大治，威服諸侯。楊云：「見史記商君傳（卷六十八）及秦本紀（卷五）。」以孟軻之仁義，論太王之去邠，而不合於世用；以商君之淺薄，行刻削之苛法，而反以成治。非仁義之不可行，而刻削之爲美，由于淳澆異跡，則政教宜殊。當合縱之代，而仁義未可全行也。故明鏡所以照形，而盲者以之蓋巵；玉笄所以飭首，而禿嫗以之挂杙。盧云：「〔程榮本〕挂誤桂。」楊云：「淮南人閒篇：『戟者，所以攻城也。鏡者，所以照形也。宮人得戟，則以刈葵。盲者得鏡，則以蓋巵。』」岷案舊合字本、子彙本、程榮本、王謨本、畿輔本、百子本飭皆作飾，古通。畿輔本挂亦誤桂。杙，俗弋字。說文：「弋，橜也。」橜與臬同，說文：「臬，木本也。」非鏡笄之不美，無用於彼也。庖丁解牛，適俗所傾；楊云：「莊子養生主篇：『庖丁爲文惠君解牛，……文惠君曰：「譆！善哉！技蓋至此乎？」庖丁釋刀對曰：「……今臣之刀，十九年矣，所解數千牛矣！……」』」王云：「記纂淵海四四引傾作須，是也。」岷案吕氏春秋精通篇：「宋之庖丁好解牛，所見無非死牛者，三年而不見生牛。（又見論衡訂鬼篇。）用刀十九年，刃若新劘研（册府元龜九百八引『劘研』作『劘硎』，是也）。」淮南齊俗篇：「庖丁用刀十九年，而刀如新剖硎。」許慎注：「庖丁，齊屠伯也。」朱泙屠龍，無所用功。楊云：「功當作巧。莊子列禦寇篇：『朱泙漫學屠龍於支離益，三年技成，而无所用其巧。』」王云：「楊說是也，記纂淵海引功正作巧。叔岷師亦有此說。」苟乖世務，雖有妙術，歸於無用。故老聃至西戎，而効狭言；楊云：「後漢書襄楷傳：『或言老子入夷狄，爲浮屠。』章懷注：『或言，當時言也。老子西入夷狄，始爲浮屠之化。』（齊書顧歡傳：『老子入關，之天竺維衞國。』）」岷案敦煌本老子化胡經受道卷第八：「老子曰：『吾昔受太上教，吾下戎域，教化諸國。』」夏禹入躶國，忻然而解裳，非欲忘禮，隨俗宜也。墨子儉嗇而非樂者，往見荆王，衣錦吹笙。非苟違性，隨時好也。楊云：「戰國策趙策二：『昔舜舞有苗，而禹袒入裸國。』吕氏春秋貴因篇：『禹之裸國，裸入衣出，因也；墨子見荆王，錦衣吹笙（岷案天中記四三引『錦衣』二字倒，是也），因也。』（夏禹事又見淮南原道篇。）」岷案御覽六九六引風俗通：「禹入裸國，欣起而解裳。」藝文類聚四四、天中記四三並引尸子：「墨子吹笙。墨子非樂，而於樂有是也。」魯哀公好儒服而削，代君修墨而殘，徐偃公行仁而亡，燕噲爲義而滅。夫削、殘、亡、滅，暴亂之所招也，而此以行仁、義、儒、墨而遇之，非仁、義、儒、墨之不行，行非於時之所致也。盧云：「徐偃下公字疑衍。」孫云：「『魯哀公好儒服而削。』服字當删，淮南子人閒訓無服字。」楊云：「服字衍，徐偃公，當作徐偃王。韓非子五蠹篇：『偃王行仁義而喪其國。』淮南人閒篇：『夫徐偃王爲義而滅，燕子噲行仁而亡，哀公好儒而削，代君爲墨而殘。滅、亡、削、殘，暴亂之所致也，而四君獨以仁、義、儒、墨而亡者，遭時之務異也。』非仁、義、儒、墨不行，非其世而用之，則爲之擒矣。』」岷案「魯哀公好儒服而削」，孫氏謂服字當删，是也。從化篇：「魯哀公好儒服，魯國皆著儒衣。」「好儒服」與「好儒」有別，此文之有服字，或淺人據彼文妄加。淮南齊俗篇：「故魯國服儒者之禮，行孔子之術，地削名卑。」正此所謂「好儒而削」也。「徐偃公行仁而亡」，楊氏謂當作徐偃王，是也。淮南説山篇：「徐偃王以仁義亡國」，亦可證此文公字之誤。偃王亡國事，已詳和性篇。（又見博物志異聞篇。）「暴亂之所招也，而此以行仁、義、儒、墨而遇之」，類纂本、程榮本、王謨本、畿輔本皆無也字、行字。淮南人閒篇許注：「子噲，燕王也。蘇代説子噲讓國，遂專政（案當作『其相子之遂專政』）；齊伐燕，大敗之，噲死也。代君，趙之别國。」燕王噲讓位於其相子之，國亂身死。詳國策燕策、史記燕世家。（其讓國事又詳韓非子外儲説右下。）莊子秋水篇亦云：「之、噲讓而絶。」

風俗第四十六

風者，氣也；俗者，習也。土地水泉，氣有緩急，聲有高下，謂之風焉；人居此地，習以成性，謂之俗焉。楊云：「漢書地理志下：『凡民函五常之性，而其剛柔、緩急、音聲不同，繫水土之風氣，故謂之風；好惡、取舍、動靜亡常，隨君上之情欲，故謂之俗。』風俗通義序：『風者，天氣有寒煖，地形有險易，水泉有美惡，草木有剛柔也；俗者，含血之類，像之而生，故言語歌謳異聲，鼓舞動作殊形，或直或邪，或善或淫也。』」風有薄厚，俗有淳澆，明王之化，當移風使之雅，易俗使之正。楊云：「漢書地理志下：『孔子曰：「移風易俗，莫善於樂。」（孝經廣要道章文。）言聖王在上，統理人倫，必移其本而易其末，此混同天下，一之虖中和，然後王教成也。』」岷案風俗通義序：「爲政之要，辯風正俗，最其上也。」是以上之化下，亦爲之風焉；民習而行，亦爲之俗焉。楊云：「詩大序：『上以風化下。』阮籍樂論：『故造始之教謂之風，習而行之謂之俗。』」岷案兩爲字並與謂同義。盧說苑君道篇：「夫上之化下，猶風靡草。」楚越之風好勇，其俗赴死而不顧；鄭衛之風好婬，其俗輕蕩而忘歸。盧云：「『楚越之風好勇』，（程榮本）楚誤是。」楊云：「阮籍樂論：『楚越之風好勇，故其俗輕死；鄭衛之風好淫，故其俗輕蕩。』」岷案畿輔本楚亦誤是。惟作楚亦非，楚越疑本作吴越，吴越之風好勇，習見於古書，説已詳辯樂篇。舊合字本、程榮本、王謨本、畿輔本婬皆作淫，婬、淫正假字，説已詳前。晉有唐虞之遺風，其俗節財而儉嗇；楊云：「漢書地理志下：『河東土地平易，有鹽鐵之饒，本唐堯所居，……至成王滅唐，而封叔虞。唐有晉水，及叔虞子變爲晉侯云。……其民有先王遺教，君子深思，小人儉陋，……皆思奢儉之中，念死生之慮。』匡衡傳：『晉侯好儉，而民畜聚。』」岷案楊氏引漢書地理志下「念死生之慮」，下文云：「吴札聞唐之歌，曰：『思深哉！其有陶唐氏之遺風乎！』」與此文有關，不應略引，惟「遺風」今本誤「遺民」，（今本左襄二十九年傳同誤。）當據此文乃史記吴世家訂正。

齊有景公之餘化，其俗奢侈以誇競；楊云：「漢書地理志下：『太公以齊地負海，舄鹵，少五穀，而人民寡，迺勸以女工之業，通魚鹽之利，而人物輻湊。後十四世，桓公用管仲，設輕重以富國。……故其俗彌侈。』據此，則齊俗奢侈，非自景公始矣。（從化篇亦言齊景奢也。）」陳太姬無子好巫祝，其俗事鬼神祈福；楊云：「漢書地理志下：『陳本太昊之虚，周武王封舜後嬀滿於陳，是爲胡公，妻以元女大姬。婦人尊貴，好祭祀，用史巫，故其俗巫鬼。』匡衡傳：『陳夫人好巫，而民淫祀。』顔注引張晏曰：『胡公夫人，武王之女大姬，無子，好祭鬼神，鼓舞而祀。』」岷案陳太姬，舊合字本太作大。左襄二十五年傳：「（子産）曰：『昔虞閼父爲周陶正，以服事我先王，（杜注：『閼父，舜之後，當周之興，閼父爲武王陶正。』）我先王……庸以元女大姬配胡公，（注：『胡公，閼父之子滿也。』）而封諸陳。』」鄭玄詩譜：「大姬無子，好巫覡禱祈鬼神歌舞之樂，民俗化而爲之。」燕丹結客納勇士於後宫，其俗待妻妾於賓客。楊云：「漢書地理志下：『初，太子丹賓養勇士，不愛後宫美女，民化以爲俗，至今猶然，賓客相過，以婦侍宿。』」岷案子彙本、程榮本、王謨本、畿輔本、百子本待皆作侍，古通。斯皆上之風化，人習爲俗也。岷案墨子節葬下篇：「此上以爲政，下以爲俗。」（列子湯問篇、博物志異俗篇並同。）越之東，有軫沐之國，其人父死，即負其母而棄之，云是鬼妻，不可與同居；其長子生，則解肉而食其母，謂之宜弟。楚之南，有啖人之國，其親戚死，拆其肉而埋其骨，謂之爲孝。秦之西，有義渠之國，其人死，則聚柴而焚之，煙上燻天，謂之昇霞。盧云：「『越之東，有輒沐之國』，輒誤軫，見列子。『拆其肉而埋其骨』，拆，誤折。」楊云：「軫當作輆。『則解肉而食其母』，當作『則解肉而食之。』墨子節葬下篇：『昔者，越之東，有輆沐（列子湯問篇作輒沐，博物志異俗篇作駭沐。集韻：『輆沐，國名，在越東。』則輒，駭二字並誤。）之國者，其長子生，則解而食之，（博物志同。列子作『則鮮而食之』，與魯問篇同。後漢書南蠻西南夷傳作『輒解而食之。』）謂之宜弟；其大父死，負其大母而棄之，曰鬼妻，不可與居處。……楚之南，有炎人（魯問篇作啖人）國者，其親戚死，朽其肉而棄之，然後埋其骨，乃成爲孝子。秦之西，有儀渠之國者，其親戚死，聚柴薪而焚之，燻上，謂之登遐。』又按霞，當依墨子、列子、博物志作遐。（登通升，故又作昇。）文選潘安仁西征賦：『武皇忽其升遐。』嵇康聖賢高士傳許由贊：『擇日登遐。』（御覽五十六引。）孫楚王驃騎誄：『奄忽登遐。』（顏氏家訓文章篇引。）並其證也。（楚詞遠遊：『載營魄而登霞兮。』王注：『霞，謂朝霞。』與此有異。）」岷案「有軫沐之國」，盧氏據列子（湯問篇）改軫爲輒；楊氏又據墨子節葬下篇及集韻，謂當作輆。 墨子本作輆，畢沅注本據太平廣記四百八十所引改作輆，太平廣記四百八十引博物志亦作輆。 北宋本列子輒沐作𩐨沐，張湛於沐下有注云：「又休。」盧重玄本、道藏各本皆作輒休，殷敬順釋文本同，云：「輒，說文作耴，猪涉切，耳垂也。 休，美也。 蓋儋耳之類是也。 諸家本作𩐨沐者，誤耳。」據此，似當作輒休爲是。 「有啖人之國」，列子、博物志，啖並作炎，列子釋文本作啖，與此合，是也。 後漢書南蠻傳作噉，噉與啖同。 「其親戚死，拆其肉而埋其骨。」孫詒讓墨子閒詁云：「親戚謂父母也。」拆，王謨本作析，疑臆改；盧氏拾補改作坼，坼乃𡍮之隸變，說文：「𡍮，裂也。」拆，俗字。 墨子、博物志並作朽，太平廣記引並作剞；列子作㱙（同朽），釋文：「㱙，本作咼，音寡，剮肉也。」咼乃冎之誤，說文：「冎，剮人肉，置其骨也。」（孫氏墨子閒詁、王重民列子校釋並有說。）剞、冎與拆，義並相近。 「謂之爲孝」，墨子、列子孝下並有子字。 「有義渠之國」，列子義作儀（御覽八七一引作義），與墨子合，義、儀古通。 「則聚柴而焚之」，釋文本、北宋本列子柴並作祡，容齋續筆十三引同。 釋文云：「祡，說文：『燒柴焚燎以祭天神。』或通作柴。」（盧重玄本、元本、世德堂本、道藏各本皆作柴。）「煙上燻天，謂之昇霞。」博物志燻作熏，熏、燻正俗字。 墨子、列子、博物志「昇霞」並作「登遐」，太平廣記引墨子、博物志並作「登煙霞。」（煙字疑衍。）登猶昇也，爾雅釋詁：「登，升也。」昇與升同，遐即霞之借字。 「昇霞」者，謂僊去也。 亦作「登假」，莊子德充符篇：「彼且擇日而登假，人則從是也。」（郭象注：「故假借之人，由此而最之耳。」以「假人」連讀，釋爲「假借之人」，大謬！）大宗師篇：「死登假，三年而形遯。」陸德明釋文引崔譔本有此文，郭象本無之。 世德堂本及文選郭景純江賦注引，假並作遐。）列子黃帝篇：「又二十有八年，天下大治，幾若華胥氏之國，而帝登假。」周穆王篇：「穆王幾神人哉！ 能窮當身之樂，猶百年乃徂，世以爲登假焉。」（張湛注並云：「假當作遐。」）禮記曲禮：「天子崩，告喪曰：『天王登假。』」（鄭注：「登，上也。 假，已也。 上已者，若僊去云耳。」謂「若僊去」，是也。訓假爲己，則非。）又作「升假」，淮南齊俗篇：「其不能乘雲升假亦明矣。」（許注：「假，上也。」非。）「升假」與「乘雲」對言，是「升假」即「升霞」也，亦即「登霞」也。楚辭遠遊：「載營魄而登霞兮」，即用本字。古注於「登遐」、「登假」之義，説皆未明，蓋不知遐、假並霞之借字也。楊氏謂此文霞，當依墨子、列子、博物志作遐，蓋泥於古矣。（參看拙著莊子校釋一、列子補正三。）胡之北，有射姑之國，其人親戚死，岷案程榮本、王謨本、畿輔本並作「其親死。」則棄屍於江中，謂之水仙。斯皆四夷之異俗也。岷案程榮本、王謨本、畿輔本也上並有「無足怪」三字；又也下並有「是以」二字，屬下讀。先王傷風俗之不善，故立禮教以隔其弊，岷案舊合字本、程榮本、王謨本、畿輔本隔並作革。制禮樂以和其性，風移俗易，而天下正矣。

利害第四十七

利害者，得失之本也；得失者，成敗之源也。故就利而避害，楊云：「淮南修務篇：『見利而就，避害而去，其情一也』」愛得而憎失，物之恒情也。人皆知就利而避害，莫如緣害而見利；皆識愛得而憎失，莫識由失以至得。「由失」二字舊誤倒。有知利之爲害，害之爲利，楊云：「淮南人閒篇：『衆人皆知利利，而病病也；唯聖人知病之爲利，利之爲病也。』」岷案淮南人閒篇：「事或欲利之，適足以害之；或欲害之，乃反以利之。」（又見文子微明篇。）楊氏引淮南人閒篇云云，又見文子符言篇。得之成失，失之成得，則可與談利害而語得失矣。夫内熱者之飲毒藥，非不害也；疽痤用砭石，非不痛也，然而爲之者，以小痛來而大痛滅，小害至巨害除也。盧云：「『小害至』，小，俗作『則細。』」楊云：「韓非子六反篇：『夫彈痤者痛，飲藥者苦，爲苦、憊（岷案説郛本憊作痛，與上文一律）之故，不彈痤飲藥，則身不活，病不已矣。』淮南詮言論：『割痤疽，非不痛也；飲苦藥，非不苦也，然而爲之者，便於身也。』」岷案「疽痤用砭石。」説文：「疽，久癰也。」「痤，小腫也。」（玉篇：「痤，癤也。」）「砭，以石刺病也。」「小害至巨害除也。」類纂本、程榮本、王謨本、畿輔本小皆作「則細」。舊合字本小上亦有則字。竊疑則字本在至字下，「小痛來而大痛滅，小害至則巨害除。」相對爲文，則猶而也。饑而倍食，渴而大飲，熱而投水，寒而投火，雖暫怡性，必爲後患。楊云：「淮南詮言篇：『渴而飲水，非不快也；飢而大飧，非不贍也，然而弗爲者，害於性也。』」岷案「寒而投火」，類纂本、程榮本、王謨本、畿輔本投皆作入。菖蒲去蚤虱，而來蚰蜒；袁註：「蚰蜒，是百足之蟲。」楊云：「淮南説林篇：『昌羊去蚤蝨，而來蚙窮。』高注：『昌羊，昌蒲。蚙窮，蚰蜒。』」岷案舊合字本虱作蝨，蝨、虱正俗字。礜石止齒齲之痛，盧云：「〔程榮本〕礬誤樊。」岷案王謨本、畿輔本礬亦並誤樊。 齲與𤘁同，説文：「𤘁，齒蠹也。」而朽牙根。 躁痛雖弭，盧云：「〔程榮本〕弭誤餌。」岷案王謨本、畿輔本弭亦並誤餌。 必生後害。 盧云：「俗作『必至生害。』」岷案程榮本、王謨本、畿輔本並作『必至生害。』此取小利而忘大利，惟去輕害而負重害也。 岷案淮南説林篇：「除小害而致大賊，欲小快而害大利。」瘕疾填胷，而不敢鈹；岷案玉篇：「瘕，腹中病也。」説文：「鈹，大鍼也。」段注引玄應云：「醫家用以破癰。」淮南精神篇：「病疵瘕者，捧心抑腹。（孫詒讓札迻疑疵是疝之誤。）」蠆尾螫跗，岷案莊子天運篇釋文引通俗文云：「長尾爲蠆，短尾爲蠍。」廣雅釋蟲：「蠆，蠍也。」儀禮士喪禮鄭注：「跗，足上也。」而不敢斫，非好疾而愛毒，以鈹、斫之患疾其螫也。 盧氏拾補據程榮本疾下無其字。云：「鈹，俗作破。 患下當有『甚於』二字。」岷案「疾其螫」，子彙本、百子本並作「甚疾螫」，喻林六引同。 是也。 甚壞爲其，又錯在疾字下，遂不可通矣。 舊合字本、類纂本、畿輔本並無其字，蓋不知其誤而删之也。 王謨本作「甚於疾螫」，與盧説合。 酖酒盈巵，岷案酖借爲鴆，明權篇：「季友之酖叔牙」，與此同例。 渴者弗飲，非不渴也，飲之立死；銷金在鑪，盜者不掬，楊云：「韓非子五蠹篇：『鑠金百溢，盜跖不掇』（又見史記李斯傳。）」岷案類纂本、程榮本、王謨本、畿輔本不皆作弗。 非不欲也，掬而灼爛。 虓虎在前，地有隋珠，雖貪如盜蹠，則手不暇拾；楊云：「淮南説林篇：『兕虎在於後，隋侯之珠在於前，弗及掇者，先避患而後就利。』（又見金樓子立言下篇。）」岷案詩大雅常武：「闞如虓虎。」毛傳：「虎之自怒虓然。」釋文：「虓，火交反，虎怒貌。」懸瞉向心，路有西施，雖婬如景陽，岷案景陽，已詳妄瑕篇。 則目不暇視。 非不愛寶而悦色，而不顧者，岷案類纂本、程榮本、王謨本、畿輔本而上皆有然字。 利緩而害急也。 昔齊有貨美錦於市，盜於衆中而竊之。 吏執而問曰：「汝何盜錦於衆中？」對曰：「吾但見錦，不見有人，故取之耳。」楊云：「吕氏春秋去宥篇：『齊人有欲得金者，清旦被衣冠，往鬻金者之所，見人操金，攫而奪之。吏搏而束縛之。曰：「人皆在焉，人攫人之金，何故？」對吏曰：「殊不見人，徒見金耳。」』（又見淮南氾論篇、列子説符篇、袁子正書貴公篇，並作金，與此異。）」岷案袁子正書貴公篇，見治要五十。

若斯人者，眩於利而忘於害。黄口以貪餌而忘害，故擒於羅者；

楊云：「孔子家語六本篇：『孔子見羅雀者，所得皆黄口小雀。夫子問之曰：「大雀獨不可得，何也？」羅者曰：「大雀善驚而難得，黄口食餌而易得；……」孔子顧謂弟子曰：「善驚以遠害，利食而忘患。」』」岷案孔子家語六本篇云云，又見説苑敬慎篇。

異鵲以見利而忘，身且怵於莊周。

楊云：「身當作真。」莊子山木篇：『莊周遊乎雕陵之樊，覩一異鵲，自南方來者。……覩一蟬，方得美蔭，而忘其身；螳蜋執翼而搏之，見得而忘其形；異鵲從而利之，見利而忘其真。莊周怵然曰：「噫！物固相累，二類相召也。」』」岷案身猶真也，無煩改字。莊子山木篇「見利而忘其真。」釋文引司馬彪注：「真，身也。」此文真之作身，正本司馬彪注耳。

是以智者見利而思難，闇者見利而忘患。思難而難不至，忘患而患反生。以是觀之，利害之道，去就之理，亦以明矣。

禍福第四十八

禍福同根，妖祥共域。楊云：「荀子大略篇：『禍與福鄰。』鶡冠子世兵篇：『吉凶同域。』」岷案淮南人閒篇：「禍與福同門。」(又見文子微明篇。)程榮本、畿輔本妖並作祅(下同)，古通。禍之所倚，反以爲福；福之所伏，還以成禍。楊云：「老子五十八章：『禍兮，福之所倚；福兮，禍之所伏。』(鶡冠子世兵篇同。)」岷案文子微明篇：「故曰：『禍兮，福所倚；福兮，禍所伏。』孰知其極！」妖之所見，或能爲吉；祥之所降，亦迴成凶。有知禍之爲福，福之爲禍，岷案淮南人閒篇：「故福之爲禍，禍之爲福，化不可極，深不可測也。」妖之爲吉，祥之爲凶，則可與言物類矣。吴兵大勝，以爲福也，而有姑蘇之困；越棲會稽，以爲禍也，而有五湖之霸；楊云：「鶡冠子世兵篇：『失反爲得，成反爲敗。吴大兵强，夫差以困；越棲會稽，句踐霸世。』戰國策秦策三：『吴王夫差無敵於天下，輕諸侯，凌齊、晉，遂以殺身亡國。』淮南泰族篇：『句踐棲於會稽，脩政不怠，謨慮不休，知禍之爲福也。』」岷案淮南泰族篇：「吴王夫差破齊艾陵，勝晉黄池，非不捷也，而子胥憂之，見其必擒於越也。」戎王强盛，以爲福也，而有樽下之執；楊云：「吕氏春秋壅塞篇：『秦繆公時，戎彊大，繆公遺之女樂二八與良宰焉。戎王大喜，以其故，數飲食，日夜不休。左右有言秦寇之至者，因扞弓而射之。秦寇果至，戎王醉而臥於樽下，卒牛縛而擒之。』」岷案吕氏春秋壅塞篇云云，御覽五六八、記纂淵海七八引墨子並有此文。陳駢出奔，以爲禍也，終身有厚遇之福。楊云：「淮南人閒篇：『唐子短陳駢子於齊威王，威王欲殺之。陳駢子與其屬，出亡奔薛。孟嘗君聞之，使人以車迎之。至，而養以芻豢黍粱五味之膳，日三至；冬日被裘罽，夏日服絺紵；出則乘牢車，駕良馬。』」禍福迴旋，難以類推。昔宋人有白犢之祥，而有失明之禍。雖有失明之禍，以至獲全之福；北叟有胡馬之利，卒有奔墜之患。雖有奔墜之患，以至保身之福。楊云：「淮南人間篇：『昔者，宋人好善者，三世不解，家無故而黑牛生白犢，以問先生。先生曰：「此吉祥，以饗鬼神。」居一年，其父無故而盲。牛又復生白犢。其父又復使其子以問先生。其子曰：「前聽先生言而失明，今又復問之，奈何？」其父曰：「聖人之言，先忤而後合。其事未究，固試往復問之。」其子又復問先生。先生曰：「此吉祥也，復以饗鬼神。」歸致命其父。其父曰：「行先生之言也。」居一年，其子又無故而盲。其後楚攻宋，圍其城。當此之時，易子而食，析骸而炊，丁壯者死，老病童兒皆上城牢守而不下。楚王大怒，城已破，諸守城者皆屠之；此獨以父子盲之故，得無乘城；軍罷圍解，則父子俱視。（又見列子説符篇、論衡福虚篇。）……近塞上之人，有善術者，馬無故亡而入胡，人皆弔之。其父曰：「此何遽不爲福乎？」居數月，其馬將胡駿馬而歸，人皆賀之。其父曰：「此何遽不能爲禍乎？」家富良馬（岷案當作「馬良」），其子好騎，墮而折其髀。人皆弔之。其父曰：「此何遽不爲福乎？」居一年，胡人大入塞。丁壯者引弦而戰，近塞之人，死者十九；此獨以跛之故，父子相保。』」岷案北叟事又見御覽八九六引説苑。以見不祥而修善，岷案程榮本、王謨本、畿輔本以上並有是字。則妖反爲祥；見祥而不爲善，即祥還成妖矣。昔武丁之時，亳有桑穀，共生于朝。史占之，曰：「野草生朝，朝其亡乎？」武丁恐懼，側身修德，桑穀自枯。八紘之内，重譯而來，殷道中興。帝辛之時，有雀生鳶於城之隅。史占之，曰：「以小生大，國家必王。」帝辛驕暴，遂亡殷國。故妖孽者，所以警王侯也；怪夢者，所以警庶人也。妖孽不勝善政，則凶反成吉；怪夢不勝善言，則福轉爲禍。盧云：「『八紘之内』，（程榮本）紘誤宏。」孫云：「『妖孽不勝善政，則凶反成吉；怪夢不勝善言，則福轉爲禍。』『怪夢』與『妖孽』類，『善言』與『善政』類，上云『凶反成吉』，此不應云『福轉爲禍。』福、禍互誤。淮南子繆稱篇：『身有醜夢，不勝正行；國有妖祥，不勝善政。』説苑敬慎篇云：『妖孽不勝善政，惡夢不勝善行。』」王重民巴黎敦煌本劉子新論殘卷（伯目三七〇四）敍録云：「『善行則禍轉爲福』，今本誤作『善言則福轉爲禍。』」楊云：「説苑敬慎篇：『昔者，殷王帝辛之時，爵生烏於城之隅。工人占之曰：「凡小以生巨，國家必祉，王名必倍。」帝辛喜爵之德，不治國家，亢暴無極，外寇乃至，遂亡殷國。此逆天之時，詭福反爲禍。至殷王武丁之時，先王道缺，刑法弛，桑穀俱生於朝，七日而大拱。工人占之曰：「桑穀者，野物也。野物生於朝，意朝亡乎？」武丁恐駭，側身修行，思昔先生之政，興滅國，繼絶世，舉逸民，明養老之道。三年之後，遠方之君，重譯而朝者六國。此迎天時，得禍反爲福也。故妖孽者，天所以警天子諸侯也；惡夢者，所以警士大夫也。故妖孽不勝善政，惡夢不勝善行也。至治之極，禍反爲福。』（桑穀事，又見史記殷本紀、吕氏春秋制樂篇、韓詩外傳三、論衡異虚篇、家語五儀解、帝王世紀，惟所屬人各異。）」岷案「共生于朝」，程榮本、王謨本、畿輔本共並作拱，據袁註：「共，聚也。」是所見本原作共。「八紘之内」，畿輔本紘亦誤宏。淮南原道篇高注：「八紘，天之八維也。」「怪夢不勝善言，則福轉爲禍。」（舊合字本禍作患，非。）當從敦煌本作「怪夢不勝善行，則禍轉爲福。」（王重民敍録斷句誤。）王謨本「則福轉爲禍」，亦作「則禍轉爲福。」並可證成孫説。桑穀事，尚書大傳二、論衡異虚篇並以之屬武丁；説苑君道篇兩載桑穀事，一以之屬武丁，一以之屬殷太戊，史記殷本紀、家語五儀解、帝王世紀亦並屬殷太戊。吕氏春秋制樂篇、韓詩外傳三則並以之屬湯。又案家語五儀解：「昔者，殷王帝辛之世，有雀生大鳥於城隅焉。占之，曰：『凡以小生大，則國家必王，而名必昌。』於是帝辛介雀之德，不修國政，亢暴無極，朝臣莫救，外寇乃至，殷國以亡。」人有禍必懼，懼必有敬，敬則有福。福則有喜，喜則有驕，驕則有禍。孫云：「文複沓不可讀。今訂之如下，原文當作『人有禍必懼，懼必敬，敬則有福。有福則喜，喜則驕，驕則有禍。』韓非子解老篇云：『人有禍則心畏恐，心畏恐則行端直，行端直則無禍害，無禍害則盡天年。心畏恐則思慮熟，思慮熟則得事理，得事理則必成功。盡天年則全而壽，必成功則富與貴，全壽富貴之謂福。（今本韓子此文亦錯亂，詳拙著韓非子集解補正。）人有福則富貴至，富貴至則衣食美，衣食美則驕心生，驕心生則行邪僻而動棄理。行邪僻則身死夭，動棄理則無成功。夫内有死夭之難，而外無成功之名者，大禍也。』此約取其意。」是以君子祥至不深喜，逾敬慎以儉誠其身；孫云：「道藏本、子彙本同。吉府本作『逾敬慎以檢身』，是也。『逾敬慎以檢身』，與下『逾修德以爲務。』對文。『儉誡』二字，蓋是異文，校書者記其一於旁，因並入正文耳。儉、檢字通。（〔淮南子〕氾論訓高注云：『拘猶檢也。』）」王重民敦煌本敍録云：「『逾敬慎以檢身』，今本誤作『逾敬慎以儉誡其身。』」岷案舊合字本、類纂本、程榮本（即孫氏所據本）、王謨本、畿輔本皆作「逾敬慎以儉誡其身。」誡字衍。百子本儉作檢，與敦煌本、吉府本合，惟亦衍誡字。妖見不爲戚，岷案類纂本、程榮本、王謨本、畿輔本戚皆作慼，慼、戚正假字。逾修德以爲務。故招慶於神祇，災消而福降也。

貪愛第四十九

小利，大利之殘；楊云：「韓非子十過篇：『顧小利，則大利之殘也。』（呂氏春秋權勳篇、說苑說叢篇同。）說文：『殘，敗也。』」言小忝，大禍之津。王云：「子彙本無言字，蓋誤衍。」岷案類纂本、程榮本、王謨本、畿輔本、百子本皆無言字。苟貪小利，則大利必亡；不遺小忝，則大禍必至。昔蜀侯性貪，秦惠王聞而欲伐之，山澗峻嶮，兵路不通，乃琢石爲牛，多與金，日置牛後，號牛糞，言以遺蜀侯。蜀侯貪之，乃斬山填谷，使五丁力士以迎石牛。秦人帥師，隨後而至，滅國亡身，爲天下所笑。楊云：「秦惠王本紀：『秦惠王欲伐蜀，乃刻五石牛，置金其後。蜀人見之，以爲牛能大便金；牛下有養卒，以爲此天牛也，能便金。蜀王以爲然，即發卒千人，使五丁力士，拖牛成道，致三枚於成都。秦道得通，石牛之力也。後遣丞相張儀等，隨石牛道伐蜀焉。』（録自嚴輯全漢文卷五十三。能改齋漫録九：『蜀王本紀載秦惠王謀伐蜀，刻五石牛，置金其後』，云云，此事尤近誣。蜀人吴師孟淳翁，題金牛驛詩以辨之云：「唱奇騰怪可删修，爭奈常情信繆悠！禹貢已書開蜀道，秦人安得糞金牛？萬重山勢隨坤順，一勺天波到海流。自哂據經違世俗，庶幾同志未相尤。」）」岷案「多與金，日置其後。」程榮本、王謨本、畿輔本日並作帛，屬上讀，蓋妄改。他書載此事，皆言金，不及帛。「號牛糞，言以遺蜀侯。」王謨本、畿輔本並作「號牛糞之金，以遺蜀侯。」程榮本作「號牛糞之，以遺蜀侯。」之下脱金字。「乃斬山填谷」，程榮本、王謨本、畿輔本斬並作塹，古或通用。史記秦始皇本紀：「塹山堙谷直通之。」字亦作塹。水經沔水注引來敏本蜀論：「秦惠王欲伐蜀，而不知道，作五石牛，以金置尾下，言能屎金。蜀王負力，令五丁引之成道，秦使張儀、司馬錯尋路滅蜀。」嚴可均輯全漢文卷五十三之秦惠王本紀，乃蜀王本紀之誤。嚴氏所據爲書鈔一一六、藝文類聚九四、白帖九六、御覽三百五、八八八。又見御覽九百。以貪小利，失其大利也。岷案呂氏春秋權勳篇：「此貪於小利，以失大利者也。」楚白公勝，其性貪厸，既殺子西，據有荆國，積歛財寶，填之府庫，不以分衆。石諫曰：「今患至，國將危不固，勝敗存亡之機，固以形於胷中矣。不能散財以求人心，則不如焚之，無令彼衆還以害我！」又不能從。及葉公入，乃發大府之財以與衆，出府庫之寶以賦人，因而攻之，十有九日，白公身滅。財非己有，而欲有之，以此小厸，而大禍生焉。盧云：「『出府庫之寶以賜人』，（程榮本）庫字脱。賜，藏作賦。」孫云：「『今患至，國將危不顧，勝敗存亡之機，固以形於胷中矣。』道藏本、子彙本顧並作固。史記蘇秦列傳云：『是故明主外料其敵之彊弱，内度其士卒賢不肖，不待兩軍相當，而勝敗存亡之機，固已形於胷中矣。』此文當有脱誤。『乃發大府之財以與衆，出府之寶以賜人。』道藏本、子彙本作『出府庫之寶以賦人。』當據正。案此文下句與上句意複，疑本作『出高庫之兵以賦人。』吕覽似順論分職篇、淮南子道應訓俱作『乃發大府之貨以予衆，出高庫之兵以賦民。』可證。」王重民巴黎敦煌本敍録云：「『出府庫之兵以賦人。』今本賦誤作賜。」「國將危不固」，舊合字本固作因，楊氏斠注以「不因」二字屬下讀，云：「道藏本因作固，程榮本、王謨本、畿輔本因作顧，蔣以化本因作知。「石諫曰」，子彙本石下有乞字，餘本同。（道藏本、蔣以化本亦奪。）乞字當有。顧、固二字古通。（因即固之譌。蔣本作知，蓋以意改。）吕氏春秋分職篇：『白公勝得荆國，不能以其府庫分人。七日，石乞曰：「患至矣！不能分人則焚之，毋令人以害我！」白公又不能。九日，葉公入，乃發太府之貨予衆，出高庫之兵以賦民，因攻之，十有九日，而白公死，國非其有也，而欲有之，可謂至貪矣。』（淮南道應篇同。此事原見於左哀十六年傳，惟文有異。）」岷案「楚白公勝」，淮南道應篇許注：「白公，楚平王之孫，太子建之子勝也。」「既殺子西」，國語楚語韋注：「子西，平王之子，昭王之庶兄，令尹公子申也。」「石諫曰」，百子本石下亦有乞字。「今患至，國將危不固，勝敗存亡之機，固以形於胷中矣。」「不固」當從程榮本、王謨本、畿輔本作「不顧」，顧、固古雖通用，惟此作固，蓋涉下「固以」字而誤也。楊氏從「國將危」絶句，則「不顧勝敗存亡之機，固以形於胷中矣。」文不成義；孫氏疑此文有脱誤，蓋亦誤以「不顧」二字屬下讀與？「及葉公入」，淮南道應篇注：「葉公，楚大夫子高，自方城之外入殺白公。」「出府庫之寶以賦人」，舊合字本、百子本並同。（吕氏春秋分職篇高注：「賦，予也。」）王謨本、畿輔本亦並無庫字，賦並作賜。敦煌本實作兵，孫氏疑此文本作「出高庫之兵以賦人」是也。高之作府，涉上文府字而誤耳。惟人亦當從吕氏春秋、淮南作民，此唐人避太宗諱所改也。（此事又見國語楚語、史記楚世家、伍子胥列傳，惟與左哀十六年傳較合。）寒土有獸，其名曰貇，生角當心，俯而磨之，憒心而死。袁註：「山中有獸，羊身人面，目在腋下，生角當心，聲如嬰兒，大食婪，世人謂之饕餮。」舊合字本貇作豹。楊云：「豹字固誤，貇亦未得也。疑本是狍字。山海經北山經：『鉤吾之山，有獸焉，名曰狍鴞。』郭注：『狍鴞，左傳所謂饕餮是也。』與袁注正合。憒當作潰，魯連子：『北方有獸，名爲狏，（狏，字書所無，定爲狍之誤。）生而角當心，俯厲其角，潰心而死。』（御覽九百一十三引。）」岷案程榮本、王謨本、畿輔本土並作山，生並誤其，（涉上其字而誤。）憒並作憒，憒亦潰之誤，百子本正作潰，與楊説合。貇即或狍字，爾雅釋獸：「熊虎醜，其子狗。」釋文：「狗，本或作豿。」狗之作豿，猶狍之作貇矣。炎州有鳥，其名曰梟，嫗伏其子，百日而長，羽翼既成，食母而飛。楊云：「説文：『梟，不孝鳥也。』吕氏春秋分職篇高注：『梟愛養其子，子長而食其母也。』」岷案「嫗伏其子」，程榮本、王謨本、畿輔本嫗並作傴，古通。淮南原道篇：「羽者嫗伏。」高注：「嫗伏，以氣剖卵也。」意林引桓譚新論：「梟生子，子長食其母，乃能飛。」蜀侯之迎秦牛，盧氏拾補據程榮本「迎秦牛」作「貪石牛」。云：「藏作『迎秦牛』」。岷案舊合字本、子彙本、百子本並作「迎秦牛」。喻林五三引同。類纂本、王謨本、畿輔本並作「貪石牛。」牛逾近而身轉危，岷案舊合字本逾作愈，與下文一律。類纂本、程榮本、王謨本、畿輔本下文諸愈字皆作逾，則與此作逾一律。何異貇磨其角，角愈利而身速亡乎？白公之據財，財愈積而身愈滅，何異梟之養子，子愈長而身就害也？盧云：「『白公之據財，』（程榮本）據誤貪。」楊云：「吕氏春秋分職篇：『譬白公之嗇，若梟之愛其子也。』（淮南道應篇同。）」岷案「白公之據財」，類纂本、王謨本、畿輔本據亦並作貪。文子微明篇：「無以異於梟愛其子也。」是以達人覩禍福之機，鑒成敗之原，岷案類纂本、程榮本、王謨本、畿輔本原皆作源，俗。不以苟得自傷，不以過忝自害。老子曰：「多藏必厚亡。」盧云：「曰，俗作云。（何允中本）亡誤人。程本誤忘。」楊云：「見老子第四十四章。」岷案程榮本、王謨本、畿輔本曰並作云。類纂本、畿輔本亡並誤忘，王謨本誤人。禮云：「積而能散。」楊云：「見禮記曲禮上。」皆明止足之分，楊云：「老子第四十四章：『知足不辱，知止不殆。』」祛貪悉之萌也。岷案文選殷仲文南州桓公九井作詩注引薛君韓詩章句云：「祛，去也。」

類感第五十

方以類聚，物以羣分。楊云：「見易繫辭上及禮記樂記。」岷案又見史記樂書。聲以同應，氣以異乖。楊云：「易乾：『文言：「同聲相應，同氣相求。」』」岷案黃石公素書：「同聲相應，同氣相感。」其類苟聚，雖遠不離；其羣苟分，雖近未合。故銅山崩蜀，鍾鳴于晉；楊云：「劉敬叔異苑：『魏時殿前鍾忽鳴，張華曰：「蜀銅山崩。」』（御覽五百七十五引。）又按世說新語文學篇：『殷曰：「銅山西崩，靈鍾東應。」』劉注：『樊英別傳曰：「漢順帝時，殿下鍾鳴，問英，對曰：『蜀嶓山崩，山於銅爲母，母崩子鳴，非聖朝災。』後蜀果上山崩，日月相應。」』」淄、澠共川，色味異質。楊云：「呂氏春秋精諭篇：『孔子曰：「淄、澠之合者，易牙嘗而知之。」』高注：『淄、澠，齊之兩水名也。易牙，齊桓公識味臣也，能別淄、澠之味也。』（又見淮南道應篇、列子説符篇。）」感動必類，盧云：「動，俗作應。」岷案類纂本、程榮本、王謨本、畿輔本動並作應。自然之數也。是以飛行者，陽之羣也；蟄伏者，陰之類也。故日夏至而鹿角解，月虧而蚌蛤消，騏驎鬬而日蝕，鯨魚死而彗星出，東風至而酒盈溢，蠶含絲而商絲絶，新穀登而舊穀缺，龍舉一井而雲瀰九天，虎嘯一谷而風扇萬里，陽燧在掌而太陽火，方珠運握而少陰水。盧云：「『故日夏至而鹿角解，月虧而蚌蛤消。』〔程榮本〕日誤曰，消誤胎。『蠶含絲而商絃絶，新穀登而舊穀缺。』〔程榮本〕蠶誤蚕，登誤祭。『方珠運握而少陰水』，〔程榮本〕陰誤陽。楊云：「程榮本『商絲』作『商絃』，（王謨本、畿輔本同。）絃字是。淮南天文篇：『毛羽者，飛行之類也，故屬於陽；介鱗者，蟄伏之類也，故屬於陰。日者，陽之主也，是故春夏則羣獸除，日至而麋鹿解；月者，陰之宗也，是以月虚而魚腦減，月死而蠃蛖膲。……故陽燧見日，則燃而爲火；方諸見月，則津而爲水。虎嘯而谷風至，龍舉而景雲屬，麒麟鬬而日月食，鯨魚死而彗星出，蠶珥絲而商弦（覽冥篇亦作弦）絶。』又覽冥篇：『故東風至而酒湛溢。』呂氏春秋精通篇：『月望則蚌蛤實，羣陰盈；月晦則蚌蛤虛，羣陰虧。』又博志篇：『新穀熟而陳穀虧。』」岷案「故日夏至而鹿角解，月虧而蚌蛤消。」王謨本、畿輔本日並誤曰，消並誤胎，百子本日亦誤曰，淮南天文篇高注：「日夏至鹿角解。」亦可證作曰之誤。　淮南天文篇消作膲，注：「膲，肉不滿，言應陰氣也。膲，讀若物醮炒之醮也。」消亦謂肉不滿也。「騏驎鬬而日蝕」，舊合字本、程榮本、王謨本、畿輔本「騏驎」皆作「麒麟」，同。博物志四亦云：「麒麟鬬而日蝕。」御覽八八九引春秋演孔圖：「麒麟鬬，日無光。」宋均注：「麒麟，少陽精。鬬作於地，則日月亦將爭於上也。」「鯨魚死而彗星出。」淮南覽冥篇高注：「鯨魚，大魚，蓋長數里。死于海邊，魚之身賤也。（身字疑衍，賤借爲殘，說文：『殘，賊也。』）彗星爲變異，人之害也。類相動也。」御覽七、九三八並引春秋考異郵亦云：「鯨魚死而彗星出。」（亦見論衡亂龍篇，無而字。）博物志：「鯨魚死則彗星出。」則猶而也。「東風至而酒盈溢」，以陽應陽也。董仲舒春秋繁露同類相動篇：「東風而酒湛溢（亦見論衡，而作至），……故陽益陽。」「蠶含絲而商絲絶，新穀登而舊穀缺。」王謨本、畿輔本蠶並作蚕，俗。「商絲」楊氏以作「商絃」爲是，是也。絃之作絲，涉上絲字而誤。淮南覽冥篇注：「新絲出，故絲脆，商於五音最細而急，故絶也。」王謨本、畿輔本登並誤祭。「龍舉一井而雲彌九天，虎嘯一谷而風扇萬里。」御覽九二九引春秋元命苞：「龍之言萌也，陰中之陽，故言龍舉而雲興。」天中記二引春秋元命苞：「猛虎嘯，谷風起，類相動也。」論衡寒温篇：「虎嘯而谷風至，龍興而景雲屬，同氣共類，動相招致。」御覽九二九引淮南（天文篇）許慎注：「虎，陰中陽獸也，與風同類；龍，陽中陰蟲也，與雲同類。」楚辭七諫謬諫：「虎嘯而谷風至兮，龍舉而景雲往。」洪興祖補注引管輅別傳：「（徐）季龍言：『龍之在淵，不過一井之底；虎之悲嘯，不過百步之中，形氣淺弱，所通者近；何能漂景雲而馳東風？』輅言：『君不見陰陽燧在掌握之中，形不出手，乃上引太陽之火、太陰之水。噓吸之間，煙景以集，自然之道，無有遠近。』」驗以下文所述，與管輅別傳尤合。「陽燧在掌而太陽火，方珠運握而少陰水。」王謨本、畿輔本陰並誤陽。惟「少陰」當從管輅別傳作「太陰」，「太陰」，月也。初學記一、御覽四並引淮南子：「月者太陰之精。」說文：「月，闕也。太陰之精。」淮南天文篇高注：「陽燧，金也。取金杯無緣者，熟摩令熱，日中時以當日下，以艾承之，則燃得火也。方諸，陰燧，大蛤也。熟磨令熱，月盛時以向月下，則水生。以銅盤受之，下水數滴，先師說然也。」崔豹古今注：「陽燧，以銅爲之，形如鏡，向日則火生；以艾承之，則得火也。」「方珠」即「方諸」，御覽四引淮南（天文篇）許

注：「諸，珠也。方，石也。（事文類聚前集二、合璧事類前集一引二句倒置，是也。）以銅盤受之，下水數升。」御覽三、記纂淵海五八並引莊子：「陽燧見日則燃爲火。」論衡亂龍篇：「鑄陽燧取飛火於日，作方諸取水於月。」抱朴子對俗篇：「陽燧引火於朝日。」黃白篇：「水、火在天，而取之以諸、燧。」又案淮南覽冥篇：「故東風至而酒湛溢，蠶咡絲而商弦絶……鯨魚死而彗星出，……夫燧（即『陽燧』，今本夫下衍陽字，王念孫雜志有説）取火於日，方諸取露於月。」楊氏所引未備。**類感之也。箕麗于月而飄風起，畢動于天而驟雨散。** 孫云：「散、灑通作。文選魯靈光殿賦：『祥風翕習以颸灑。』張載注：『風之散物，如灑颸然。』七啓：『累如疊縠，離若散雪。』七命：『飛礫起而灑天。』李注引東京賦：『飛礫雨散。』劇秦美新：『霧集雨散。』張景陽雜詩：『森林散雨足』，『雨足灑四溟。』」岷案麗猶附也，文選左太冲魏都賦注引莊子（駢拇篇）：「附麗不以膠漆。」（今本麗作離，古通。）爾雅釋天：「迴風爲飄。」郭璞注：「旋風也。」書洪範：「月之從星，則以風雨。」僞孔傳：「月經於箕則多風，離於畢則多雨。」詩小雅漸漸之石：「月離于畢，俾滂沱矣。」毛傳：「月離陰星則雨。」鄭箋：「將有大雨，徵氣先見於天。」**天將風也，纖塵不動，而䲰日鳴；其旦雨也，寸雲未布，而蟻蚓移矣。** 盧云：「『而䲰日鳴，』（程榮本）日誤自，今從藏本。䲰日，鴆也。」舊合字本日亦作自。楊云：「道藏本自作日，日字是。䲰日，即運日，（見説文。）或作暉日，皆同聲假借字。淮南繆稱篇：『暉日知晏。』許注：『暉日，鴆鳥也。晏，無雲也。天將晏靜，暉日先鳴。』又按旦，當作且。淮南泰族篇：『天之將風，草木未動，而鳥已翔矣；其且雨也，陰曀未集，而魚已噞矣。』」岷案「而䲰日鳴。」子彙本、百子本日字並同。喩林百十六引亦同。王謨本、畿輔本日亦並誤自。「其旦雨也，」楊氏謂旦當作且，是也。子彙本、百子本並作且，喩林引同。且猶將也。程榮本、王謨本、畿輔本並作「旦且雨也。」蓋不知「其旦」本作「其且」，而臆改爲「旦且」耳。**巢居知風，穴處識雨，** 楊云：「春秋漢含孳：『穴藏先知雨，陰曀未集，魚已噞喁；巢居之鳥先知風，樹木搖，鳥已翔。』論衡變動篇：『天將風，巢居之蟲動；且雨，穴處之物擾。』文選張茂先情詩：『巢居知風寒，穴處識陰雨。』」岷案淮南泰族篇許注：「鳥巢居知風也，魚潛居知雨也。」**風雨方至，而鳥蟲應之。太白暉芒，雞必夜鳴；火精光盛，馬必晨驚。** 楊云：「淮南泰族篇：『人主有伐國之志，邑犬

羣嘷，雄雞夜鳴，庫兵動，而戎馬驚。』」岷案「雞必夜鳴」，舊合字本鳴作應。御覽五引尚書考靈耀：「熒惑，火精。大白，金精。」六引黃石公陰謀秘訣法：「熒惑者，火之精。」雞爲兑金，金爲兵精；馬者離畜，楊云：「『雞爲兑金』，程榮本、王謨本、畿輔本金並作禽，禽字是。易說卦：『乾爲馬……巽爲雞。』正義：『乾，象天，天行健，故爲馬也。……巽主號令，雞能知時，故爲雞也。』孔昭此文有異。」勞貞一云：「十二支屬相，似見於論衡。兑爲西方，離爲南方，兑主酉爲雞，離主午爲馬。」岷案論衡物勢篇：「午，馬也。酉，雞也。」火爲武神。干戈旦興，盧氏拾補旦作且，云：「〔程榮本〕誤戢。」岷案舊合字本旦作且，與盧氏拾補合。王謨本、畿輔本且並作戢。介駟將動，袁註：「介，甲。而禽獸應之。」岷案程榮本、王謨本、畿輔本此下並有「而禽獸應之」五字，是也。「禽獸」承上文雞、馬而言，無此五字，則文義不備；且上文「而鳥蟲應之」，此文「而禽獸應之」，又相對而言。道藏本、舊合字本有此五字，特並誤入註文耳。鼉鳴于野，鼈應于淵。螣蛇雄鳴于上風，雌鳴于下風，而化成形。盧云：「『螣蛇』俗作『騰虵』。〔何允中本〕形誤刑。」楊云：「淮南泰族篇：『螣蛇雄鳴於上風，雌鳴於下風，而化成形，精之至也。』」岷案程榮本、畿輔本「螣蛇」並作「騰虵」；王謨本作「騰虵」，又形誤刑。虵、蛇並蛇之俗。道藏本淮南泰族篇亦作「騰蛇」，（藝文類聚九六、天中記五引並同。）「螣蛇」能興雲霧，故又作「騰蛇」也。（詳託附篇。）莊子天運篇：「蟲雄鳴於上風，雌應於下風而化。」以斯至精相應，不待召而自感者，類之所應也。若呼之與響，形之與影。孫云：「文義不順，疑『若呼之與響，形之與影』九字，當移『不待召而自感』六字之下，其文曰：『以斯至精相應，不待召而自感，若呼之與響，形之與影，類之所應也。』」楊云：「淮南主術篇：『故至精之像，弗招而自來。』」岷案「若呼之與響，形之與影」，乃設譬以證上文之義，非不順也。不必移在「不待召而自感」之下。文子精誠篇：「至精之感，弗召自來。」故抱薪救火，燥者先燃；平地注水，濕者先濡。楊云：「尸子仁意篇：『平地而注水，水流溼；均薪而施火，火從燥。召之類也。』（又見鬼谷子摩篇、鄧析子轉辭篇、呂氏春秋應同篇。）」岷案程榮本、王謨本、畿輔本「救火」並作「投火」，於義爲長，此與「救火」事無涉，蓋由「抱薪救火」，爲習見之文，（淮南覽冥篇、主術篇、漢書枚乘傳、董仲舒傳、文子精誠篇皆有之。）故致誤耳。春秋繁露同類相動篇：「平地注水，去躁就濕；均薪施火，去濕就燥。」與楊氏所引尸子仁意篇及吕氏春秋應同篇較合。鄧析子轉辭篇：「故抱薪加火，爍（舊誤鑠）者必先燃；平地注水，濕者必先濡。」與此文較合；鬼谷子摩篇：「抱薪趨火，燥者先然；平地注水，濕者先濡。」與此文尤合。

彈角則目搖，鼓舟而波湧，物以類相感，神以氣相化也。孫云：「『彈角則目搖，鼓舟而波湧』各本同。惟范氏天一閣鈔本作『鼓羽而波湧』，范本是也。上句目字乃木字之誤。北堂書鈔一百五樂總部引崔琦七蠲云：『彈角而木搖，鼓羽而波湧，斯精誠有以相通，神氣有以相應。』是其明證。古以五音配五行，説文：『霸，水音也。』集韻霸通作羽。月令：『孟春之月，其音角。孟冬之月，其音羽。』鄭注云：『三分羽益一以生角，角數六十四屬木者，以清濁中，民象也。三分商去一以生羽，羽數四十八屬水者，以爲最清，物之象也。』疏：『角象扣木之聲，羽象水聲。』漢書律曆志：『協之五行，則角爲木，商爲金，徵爲火，羽爲水，宫爲土。』（白虎通同。）文選十八成公子安嘯賦：『騁羽則嚴霜夏凋，奏角則谷風鳴條。』李注引列子云：『「及秋而叩角絃以激夾鐘，温風徐迴，草木發榮，當夏而叩羽絃以召黄鐘，霜雪交下，川池暴沍。」張湛云：「角，木音，屬春。夾鐘，二月律。羽，水音，屬冬。黄鐘，十一月律。」』（案見湯問篇。）」王重民巴黎敦煌本敍録云：「『彈角而木搖，鼓羽而波湧。』今本誤作『彈角則目搖，鼓舟而波湧。』」豈以人情者哉？孫云：「以字無義，疑似字之譌。易明夷象辭：『文王以之』，鄭、荀、向作『似之。』是以、似相亂之例。言物之精誠相感，不可以常理論。」岷案以、似古通，無煩改字。言苑篇：「謂牧園以桀、紂。」程榮本、王謨本、畿輔本以並作似，亦本書以、似通用之例。

卷之十

正賞第五十一

賞者，所以辨情也；岷案舊合字本、程榮本、王謨本、畿輔本辨皆作辯，古通。說已詳前。評者，所以繩理也。賞而不正，則情亂於實；評而不均，則理失其真。理之失也，由於貴古而賤今；情之亂也，在乎信耳而棄目。楊云：「淮南修務篇：『世俗之人，多尊古而賤今。』桓譚新論：『世咸尊古卑今，貴所聞賤所見也。』（見論衡超奇篇、文選東京賦注。）」岷案莊子外物篇：「夫尊古而卑今，學者之流也。」論衡超奇篇：「俗好高古而稱所聞。」齊世篇：「述事者，好高古而下今，貴所聞而賤所見。」須頌篇：「俗儒好長古而短今。」抱朴子尚博篇：「世俗率神貴古昔，而黷賤同時。」（桓譚新論云云，不見於論衡超奇篇，楊氏失檢。）古今雖殊，其迹寔同；耳目誠異，其識則齊。識齊而賞異，不可以稱正；迹同而評殊，未得以言評。評、正而俱翻，則情理並亂也。盧云：「『評、賞而俱翻』，賞誤正。（程榮本）俱誤賞。」岷案「未得以言評。評、正而俱翻，」子彙本、百子本兩評字並作平，是也。舊合字本下評字亦作平。「平、正而俱翻」，兼承上文「不可以稱正」，「未得以言平」而言，盧氏不知評爲平之誤，而臆改正爲賞，非也。程榮本俱作賞，王謨本、畿輔本並同，亦由不知評是誤字而妄改也。由今之人畫鬼魅者易爲巧，摹犬馬者難爲工。何者，鬼魅質虛，而犬馬質露也。楊云：「韓非子外儲說左上：『客有爲齊王畫者，齊王問曰：「畫孰最難者？」曰：「犬馬最難。」「孰易者？」曰：「鬼魅最易。」夫犬馬人所知也，旦暮罄於前，不可類之，故難；鬼魅無形者，不罄於前，故易之也。』（又見淮南氾論篇。）」岷案又見風俗通義序。質虛者，可託怪以示奇；形露者，不可誣罔以是非。託怪於無象，可雖以其真而見妙也。岷案程榮本、王謨本、畿輔本雖並作難，是也。難、雖形近，又涉下文「雖是」字而誤。假非而爲是；取範於真形，則雖是而疑非。昔魯哀公遥慕稷、契之賢，不覺孔丘之聖；齊景公高仰管仲之謀，而不知晏嬰之智；楊云：「説苑尊賢篇：『齊景公伐宋，至於岐隄之上，登高以望，太息而歎曰：「昔我先君桓公，長轂八百乘，以霸諸侯；今我長轂三千乘，而不敢久處於此者，豈其無管仲歟？」』」岷案程榮本、王謨本、畿輔本仰並作悕。玉篇：「悕，念也。」張伯松遠羨仲舒之博，近遺子雲之美。楊云：「論衡齊世篇：『楊子雲作太玄，造法言，張伯松不肯壹觀。與之併肩，故賤其言。使子雲在伯松前，伯松以爲金匱矣。』」以夫子之聖，非不光於稷、契；晏嬰之賢，非有減於管仲；楊子雲之才，非爲劣於董仲舒。盧氏拾補據程榮本楊作揚，云：「藏从木。劣，俗作亞。」岷案舊合字本、子彙本、百子本楊字並同。王謨本、畿輔本楊並作揚，劣並作亞，程榮本劣亦作亞。然而弗貴者，豈非重古而輕今，珍遠而鄙近，貴耳而賤目，楊云：「東京賦：『貴耳而賤目。』」岷案顔氏家訓慕賢篇：「貴耳賤目，重遥輕近。」崇名而毁實耶？觀俗之論，非苟欲以貴彼而賤此，飾名而挫實，岷案舊合字本、程榮本、王謨本、畿輔本、百子本飭皆作飾，子彙本作餝，飭、飾古通，餝，俗飾字。由於美惡混糅，真僞難分，摸法以度物爲情，信心而定是非也。盧云：「『由於美惡混糅』，〔何允中本〕美誤矣，〔程榮本〕糅誤揉。」孫云：「『摸法以度物爲情』，當作『不摸法以度物情。』下文『摹法以測物，則真譌易辨矣。』是『美惡混糅，真僞難分』，與摸法度物，其事相反。今奪不字，則文義不明。吕氏春秋貴直論壅塞篇高注：『情，實也。』韓非子外儲説左下云：『主不審其情實』，論衡實知篇云：『須任耳目以定情實也。』『物情』，即物之實。物之實不可見，故設法則以度之。若謂摸法以度物爲實，則爲不詞。且『物情』與

『是非』對文，今衍爲字，而文又參差不齊矣。」王重民巴黎敦煌本敍録云：「『棄法以度物情』，今本誤作『摸法以度物爲情。』」岷案「美惡混糅。」王謨本作「善惡混揉」，畿輔本糅亦作揉，古通。舊合字本作楺，誤。「摸法以度物爲情」，舊合字本摸作模，百子本作摹，摸與摹同，摹、模古通。惟此文當從敦煌本作「棄法以度物情」爲是，孫説近之。今以心察錙銖之重，則莫之能識；懸之權衡，則毫釐之重辨矣。岷案意林引慎子：「措鈞石，使禹察之，不能識也；懸於權衡，則釐髪識矣。」（又見喻林九七。僞慎子内篇「識矣」作「辨矣」，與此文尤合。）是以聖人知是非難明，輕重難定，制爲法則，揆量物情。故權衡誠懸，不可欺以輕重；繩墨誠陳，不可誣以曲直；規矩誠設，不可罔以方圓。楊云：「荀子禮論篇：『故繩墨誠陳矣，則不可欺以曲直；衡誠縣矣，則不可欺以輕重；規矩誠設矣，則不可欺以方圓。』（又見禮記經解。）」岷案意林引慎子：「有權衡者，不可欺以輕重；有尺寸者，不可差以長短；有法度者，不可巧以詐僞。」故摹法以測物，則真僞易辨矣；信心而度理，則是非難明矣。

越人臛蛇以饗秦客，秦客甘之，以爲鯉也。既而知其是蛇，攫喉而嘔之。此爲未知味也。趙人有曲者，託以伯牙之聲，世人競習之，後聞其非，乃束指而罷。此爲未知音也。宋人得燕石，以爲美玉，銅匣而藏之，後知是石，因捧匣而棄之。此爲未識玉也。盧云：「『越人臛蛇以饗秦客』下，〔程榮本〕脱『秦客』二字。『宋人得燕石，』〔程榮本〕『燕石』誤倒。」楊云：「淮南脩務篇：『楚人有烹猴，而召其隣人，以爲狗羹也，（岷案『隣人』二字當疊，王念孫雜志有説。）而甘之，後聞其猴也，據地而吐之，盡寫其食。此未始知味者也。邯鄲師有出新曲者，託之李哥，諸人皆爭學之。後知其非也，而皆棄其典。此未始知音者也。鄙人有得玉璞者，喜其狀，以爲寶而藏之，以示人，人以爲石也，因而棄之。此未始知玉者也。』闞子：『宋之愚人，得燕石於梧臺之東，歸而藏之，以爲大寶，周客聞而觀焉，掩口而笑，曰：「此特燕石也，與瓦甓不殊。」』（類聚六引。）」王云：「『越人臛蛇以饗秦客』下，北堂書鈔一四四引亦脱『秦客』二字。『既而知其是蛇，攫喉而嘔之。』北堂書鈔引無其字，嘔作吐。」岷案

「越人臛蛇以饗秦客」下，王謨本、畿輔本並脱「秦客」二字，臛與脽同，說文：「脽，肉羹也。」（說已見殊好篇。）「宋人得燕石，」王謨本、畿輔本「燕石」二字並誤倒。　景宋本白帖一引荀子：「宋之愚人，得燕石於梧桐臺（桐字疑衍）之東，歸而藏之，以爲寶，周客聞而觀焉，主人齋七日，端冕玄服，以發寶，革匱千重，緹巾十襲，客見之，掩口而笑，曰：『此燕石也。其與瓦甓不殊！』（御覽四九九殊作差，下更有「主人大怒，曰：『商賈之言，醫匠之口！』藏之愈固，守之彌謹。」二十一字。　又見事文類聚前集十四，略見記纂淵海六。）藝文類聚六引闕子文，與白貼引荀子合，楊氏所録未備。　又見文選應璩百一詩注。　亦詳見後漢書應劭傳注、事類賦注九、影宋本御覽五一，惟闕子並作闕子。（鮑刻本御覽作闕子。）據漢志縱横家有闕子一篇，則作闕子是。 郢人爲賦，託以靈均，舉世而誦之，後知其非，皆緘口而捐之。此爲未知文也。 楊云：「西京雜記上：『長安有慶虬之，亦善爲賦，嘗爲清思賦，時人不知貴也；乃託以相如所作，遂大見重于世。』與此同意。」岷案靈均，屈原字，離騷：「字余曰靈均。」故以蛇爲鯉者，唯易牙不失其味；以趙曲爲雅聲者，唯鍾期不溷其音；岷案說文：「溷，亂也。」以燕石爲美玉者，唯猗頓不謬其真；楊云：「淮南氾論篇：『玉工眩玉之似碧盧者，唯猗頓不失其情。』」岷案淮南氾論篇高注：「猗頓，魯之富人，情知玉理，不失其能也。」以郢賦爲麗藻者，唯相如不濫其賞。 昔二人評玉，一人曰好，一人曰醜，久不能辨，各曰：「爾來入吾目中，則好醜分矣！」夫玉有定形，而察之不同；非苟相反，瞳睛殊也。 盧云：「『各曰：「爾來入吾目中」』，（程榮本）各誤客。『非苟相反』，（程榮本）苟誤好。」楊云：「蔣子萬機論：『昔吳有二人共評王（即玉字）者，一人曰好，一人曰醜，久之不決；二人各曰：「爾可來入吾目中，則好醜分矣！」王有定形，二人察之有得失，非苟相反，眼睛異耳。』（御覽三百六十六引。）」岷案「各曰」，王謨本、畿輔本各並誤客。「非苟相反」，王謨本、畿輔本苟並作好。　喻林八據御覽三六六所引蔣子萬機論，王皆作玉，與此文合。 堂珠黼幌，孫云：「『堂珠』疑當作『朱堂』，西京賦：『彤庭煇煇』；下蘭許昌宮賦：『蝼蛇丹庭。』此云『朱堂。』猶『彤庭』、『丹庭』之比。」王重民巴黎敦煌本敍録云：「『堂列黼幌』，今本列誤作珠。」岷案玉篇：「幌，帷幔也。」是「黼幌」猶「黼帷」，文選班孟堅西都賦：「袪黼帷。」吕向注：「黼帷，繡帷也。」綴以金魄，岷案魄與箔同。碧流光霞，曜爛眩目，岷案程榮本、王謨本、畿輔本曜並作耀，同。而醉者眸轉，呼爲焰火；非黼幌狀移，目改變也。盧云：「〔何允中本〕目誤自。」岷案王謨本目亦誤自。鏡形如盃，岷案舊合字本、程榮本、王謨本、畿輔本盃皆作杯，同。以照西施，鏡縱則面長，鏡横則面廣，非西施貌易，所照變也。海濱居者，望島如舟，望舟如鳧，而須舟者不造島，射鳧者不向舟，知是望遠，目亂而心惑也。盧云：「『目亂而心惑也。』〔程榮本〕而字脱。」岷案王謨本、畿輔本亦並脱而字。山底行者，望嶺樹如簪，視岫虎如犬，而求簪者不上樹，求犬者不往呼，知是望高，目亂而心惑也。盧云：「『而求簪者不上樹，』〔程榮本〕樹字脱。『求犬者不往呼』，求，俗作亡。」楊云：「荀子解蔽篇：『從山上望牛者，若羊，而求羊者不下牽也，遠蔽其大也；從山下望木者，十仞之木若箸，而求箸者不上折也，高蔽其長也。』」岷案「而求簪者不上樹」，王謨本、畿輔本並脱樹字。「求犬者不往呼」，程榮本、王謨本、畿輔本求並作亡。至於觀人論文，則以大爲小，以能爲鄙，而不知其目亂心惑也。與望山海而不亦反乎？岷案子彙本、百子本而並作者，是也。作而，涉上文「而不知」而誤。程榮本、王謨本、畿輔本並無而字，蓋不知爲者之誤而删之也。昔者，仲尼先飯黍，侍者掩口笑；楊云：「韓非子外儲説左下：『孔子侍坐於魯哀公，哀公賜之桃與黍，哀公曰：「請用。」仲尼先飯黍，而後啗桃。左右皆掩口而笑。哀公曰：「黍者，非飯之也，以雪桃也。」仲尼對曰：「丘知之矣！夫黍者，五穀之長也，祭先王爲上盛；果蓏有六，而桃爲下，祭先王不得入廟。」』（又見家語子路初見篇。）」子游裼裘而譭，曾參揮指而哂。盧云：「〔程榮本〕裼誤揚，譭與啃同。『揮指』何〔允中〕本倒。」楊云：「禮記檀弓上：『曾子襲裘而弔，子游裼裘而弔；曾子指子游而示人曰：「夫夫也爲習於禮者，如之何其裼裘而弔也？」主人既小斂，袒括髮；子游趨而出，襲裘帶絰而入。曾子曰：「我過矣！我過矣！夫夫是也。」』（弔唁之唁，與譭語之譭異字。說文：『唁，弔生也。諺，傳言也。』音近，故古多通用不別。〕」岷案王謨本、畿輔本裼並誤揚。類纂本、百子本諺並作唁。王謨本「揮指」二字亦倒。檀弓上孔疏：「主人未變之前，弔者吉服而弔。吉服，謂羔裘、玄冠、緇衣、素裳；又袒去上服，以露裼衣，則此『裼裘而弔』是也。」以聖賢之舉措，岷案類纂本、程榮本、王謨本、畿輔本措皆作錯，古通。非有謬也，而不免於嗤誚；奚況世人，未有名稱，其容止文華，舊合字本「文華」作「之萃」。孫云：「程本作『文華』，道藏、子彙本同。今據活字本改。萃借爲悴，説文：『悴，憂也。讀與易萃卦同。』詩出車：『僕夫況瘁』，釋文亦作萃，依注作悴。荀子富國篇：『勞苦頓萃而愈無功。』」岷案類纂本、王謨本、畿輔本、百子本「文華」字皆同。能免於其誚者，岷案類纂本、程榮本、王謨本、畿輔本其皆作嗤，與上文「嗤誚」字相應，是也。作其，涉上文其字而誤。豈不難也？以此觀之，則正可以爲邪，美可以稱惡，名實顛倒，可謂歎息也！岷案子彙本、王謨本、百子本謂並作爲，謂與爲同。今述理者，貽之知音君子，聰達亮於前聞，明鑒出于意表，岷案程榮本、王謨本、畿輔本「前聞」並作「聞前」，與「意表」對文，是也。不以名實眩惑，不爲古今易情，楊云：「淮南脩務篇：『誠得清明之士，執玄鑑於心，照物明白，不爲古今易意。』」採其制意之本，略其文外之華，不没纖芥之善，岷案「纖芥」猶「細小」，春秋繁露王道篇：「春秋記纖芥之失。」不掩螢爝之光，岷案莊子逍遥遊篇：「日月出矣，而爝火不息，其於光也，不亦難乎？」成玄英疏：「爝火，小火也。」可謂千載一遇也。盧云：「〔程榮本〕遇誤選。」岷案王謨本、畿輔本遇亦並誤選。

激通第五十二

登峭嶺者，則欲望遠；臨浚谷者，必欲窺墟。盧云：「〔程榮本〕浚誤峻。」楊云：「淮南說山篇：『登高使人欲望，臨深使人欲窺，處使然也。』」岷案子彙本、王謨本、畿輔本、百子本浚皆誤峻。「浚谷」猶「深谷」。楊氏引淮南說山篇云云，又見說苑說叢篇、金樓子立言篇下。墟墓之間使情哀，清廟之中使心敬，此處無心，而情僞之發者，岷案程榮本、王謨本、畿輔本僞並作爲，僞即古爲字。地勢使之然也。故駛雪多積荒城之隈，急風好起沙河之上，克己類出甕牖之氓，岷案論語顏淵篇：「克己復禮爲仁。」馬融注：「克己，約身。」禮記儒行：「蓬户甕牖。」賈子新書過秦上：「陳涉甕牖繩樞之子，氓隸之人。」決命必在呑氣之士，何者？寒荒之地，風雪之所積；慷慨之懷，忠義之所聚。是以楩柟鬱蹙，以成縟錦之瘤；岷案說文：「縟，繁采飾也。」蚌蛤結痾，以銜明月之珠。岷案喻林二五引痾作疴，同。說文：「疴，病也。」程榮本、王謨本、畿輔本以並作而，義同。御覽九四一、記纂淵海九九並引墨子：「楚之明月，出於蚌蜃。」淮南說林篇：「明月之珠，出於蛖蜃。」說林篇：「明月之珠，蛖之病。（藝文類聚九七引蛖作蚌，上有螺字。御覽九四一引蛖上有蜃字，蛖與蚌同。）」鳥飛則能翔青雲之際。岷案程榮本、王謨本、畿輔本飛並作激。矢驚則能踰白雪之嶺。袁註：「秦穆公使人造弓，三年乃成。穆公用射，不穿一札，欲殺弓士（程榮本、畿輔本士並作工，下同，是也）。士有一女來見穆公，謂公曰：『妾父造弓，竟年辛苦，此柘生在朝陽之山，妾一日三廻而看其作者，粘以春膠，被以麋筋，箭之束榦，作弓三年，而始得成。王（程榮本、畿輔本並作公，下同，是也）今用射，不穿一札，是妾父合得死。妾聞凡射之法，左手如格虎，右手如扶枝，左（程榮本、畿輔本左作右，下右作左，是也）手發，右手不知，王自不解射，何欲殺妾父？』穆公聞語，乃取弓當虎圈而射之，矢踰於山，過於彭城之東，勁過石梁，箭又没其羽，猶未盡弓力也。」岷案韓詩外傳八載此事，秦穆公作齊景公，弓工之女，作工人之妻。列女傳辯通篇弓工之妻傳亦載此事，秦穆公作晉平公，弓工之女，亦作妻，且皆不言「矢踰於山」。據列女傳弓人之妻見晉平公，有「秦穆公有盜食其駿馬之肉，反飲之以酒」之言，袁註之作秦穆公事，或因此致誤；又因此有「能踰白雪之嶺」之文，遂更傅會以「矢踰於山」之文耳。斯皆仍瘁以成明文之珍，因激以致高遠之勢。衝飈之激則折木，盧云：「〔何允中本〕木誤水。」岷案莊子秋水篇：「風曰：『夫折大木，蜚大屋者，唯我能也。』」淮南兵略篇：「夫風之疾，至於飛屋折木。」湍波之湧必漂石。岷案類纂本、程榮本、畿輔本湧並作涌。涌、湧正俗字。風之體虛，水之性弱，而能披堅木、轉重石者，激勢之所成也。故居不隱者，思不遠也；身不危者，其志廣也。盧氏拾補作「身不危者，志不廣也。」云：「〔程榮本〕者下衍其字。」岷案「其志廣也。」子彙本、百子本並作「志不廣也。」是也。類纂本、王謨本、畿輔本並作「其志不廣也。」其字衍。蘇秦若有負郭之田，必不佩六國之印；楊云：「見史記本傳（卷六十九）。」岷案史記本傳正義：「負猶背也，近城郭之田，流澤肥沃也。」主父無親友之蔑，必不窺五鼎之食；袁註：「蔑，輕也。」楊云：「見漢書本傳（卷六十四上）。」岷案「無親友之蔑」，類纂本、程榮本、王謨本、畿輔本皆作「不爲親友所蔑。」張儀不有堂下之耻，必無入秦之志；楊云：「見史記本傳（卷七十）。」范睢若無厠中之辱，不懷復魏之心；楊云：「見史記本傳（卷七十九）。」甯越激而修文，卒爲周威之師；楊云：「吕氏春秋博志篇：『甯越，中牟之鄙人也。苦耕稼之勞，謂其友曰：「何爲而可以免此苦也？」其友曰：「莫如學！學三十歲，則可以達矣！」甯越曰：「請以十五歲，人將休，吾將不敢休；人將臥，吾將不敢臥。」十五歲，而周威公師之。』（又見説苑建本篇。）」班超憤而習武，終建西域之績。盧云：「〔何允中本〕績誤蹟。」楊云：「見後漢書本傳（卷七十七）。」岷案王謨本績亦誤蹟。觀其數賢，岷案王謨本其作夫。皆因窘而發志，岷案類纂本窘作困。緣阨而顯名。故平原五達，易行之衢也；孤峯九折，難陟之逕也；從高越下，岷案類纂本、程榮本、王謨本、畿輔本越皆作趣。駑馬之步也；騰峭登危，飛鼯之足也。岷案「飛鼯」，已詳殊好篇。以險而陟，然後爲貴；以難而昇，所以爲賢。古之烈士，厄而能通，屈而能伸，彼皆有才智，又遇其時，得爲世用也。

惜時第五十三

夫停燈於缸，舊注：「缸是臺燈柱也。」先焰非後焰，岷案莊子養生主篇郭象注：「前火非後火。」而明者不能見；藏山於澤，今形非昨形，而智者不能知。楊云：「莊子大宗師篇：『夫藏舟於壑，藏山於澤，謂之固矣；然而夜半有力者負之而走，昧者不知也。』」岷案莊子大宗師篇云云，又見淮南俶真篇。何者？火則時時滅，山亦時時移，盧氏拾補據何允中本作「山亦時時移矣。」云：「矣，藏作夫，屬下同。」岷案拾補「屬下同」，同蓋讀之誤。王謨本亦作「山亦時時移矣。」舊合字本、子彙本、程榮本、畿輔本、百子本矣皆作夫，（喻林四六引同。）屬下讀，是也。夫天迴日轉，其謝如矢，騕裹迅足，舊注：「神馬。」盧云：「裹，俗作裊，（程榮本）足下衍『神馬』二字。」岷案程榮本、王謨本、畿輔本裹皆作裊；王謨本、畿輔本足下並有「神馬」二字，此注文之誤入正文者。弗能追也。人之短生，猶如石火，烱然以過，岷案程榮本、王謨本、畿輔本烱並作烔，百子本作炯。烔乃炯之誤，烱，俗炯字。說文：「炯，光也。」宋釋智圓涅槃玄義發源機要四引淮南子：「人生天地之間，如鑿石見火，電光過隙。」文選潘安仁河陽縣作詩：「人生天地間，百歲孰能要？熲如槁石火，瞥若截道飆。」注引古樂府詩：「鑿石見火能幾時！」金樓子自序篇：「人間之世，飄忽幾何？如鑿石見火，窺隙觀電。」唯立德貽愛，爲不朽也。舊注：「貽，遺。」楊云：「左襄二十四年傳：『豹聞之，大上有立德，其次有立功，其次有立言，雖久不廢，此之謂不朽。』昭二十年傳：『及子產卒，仲尼聞之，出涕曰：「古之遺愛也！」』」昔之君子，欲行仁義於天下，則與時競馳，不悋盈尺之璧，而珍分寸之陰。故大禹之趨時，冠掛而不顧；盧氏拾補「冠掛」作「冠挂」，云：「（程榮本）誤倒。」楊云：「淮南原道篇：『聖人不貴尺之璧，而重寸之陰；時難得而易失也。（又見文子道原篇。）禹之趨時也，履遺而弗取，冠挂而弗顧。（又見吳越春秋越王無余外傳。）』」岷案舊合字本「冠掛」作「冠挂」，挂、掛正俗字。程榮本、王謨本、畿輔本並倒作「掛冠」。鹽鐵論相刺篇：「禹蹙洪水，……簪墮不掇，冠挂不顧。」淮南脩務篇高誘注：「聖人趨時，冠敝弗顧，履遺弗取。」藝文類聚八二引帝王世紀：「伯禹……不重徑尺之璧，而愛日之寸陰。」（又見御覽十一。）御覽七七引傅子：「禹治洪水，冠挂不顧。」敦煌本虞世南帝王略論：「舜乃舉禹治水，不貴尺璧，而重寸陰，櫛風沐雨，冠挂不顧，履脱不納。」路史夏后氏紀：「（禹）治水土，……輕尺璧而憐寸陰，……冠罣而弗顧，履税而弗納。」**南榮之訪道，踵趼而不休；**楊云：「莊子庚桑楚篇：『南榮趎贏糧，七日七夜，至老子之所。』賈子新書勸學篇：『昔者，南榮跦醜聖道之忘乎己，故步陟山川，坌冒楚棘，彌道千餘百舍，重（疑踵之殘。岷案重字不誤）繭而不敢久息。既遇老聃。噩若慈父，雁行避景，夔立弛進，而后敢問。』（又見淮南脩務篇。）」岷案趼與繭同，胝也。已詳文武篇。淮南脩務篇：「昔者，南榮疇恥聖道之獨亡於己，身淬霜露，敕蹻趹步（今本脱步字，王念孫雜志有説），跋涉山川，冒蒙荆棘，百舍重趼（今本誤跰，已詳文武篇），不敢休息。」即此文所本。高誘注：「南姓，榮疇字，蓋魯人也。」莊子疇作趎，賈子作跦，並同。文子精誠篇：「昔南楚趎恥聖道而獨亡於己，南見老子。」作趎，與莊子合。莊子成玄英疏：「姓南榮，名趎。」與高誘以南爲姓異。此文本於淮南，而易「重研」爲「踵趼」，因與上文「冠掛」相對也。（王念孫淮南雜志引此文，改「踵趼」爲「重趼」，非也。）**仲尼栖栖，突不暇黔；墨翟遑遑，席不及暖。**楊云：「淮南修務篇：『孔子無黔突，墨子無煖席。』（文子自然篇同。）論衡定賢篇：『孔子棲棲，墨子遑遑。』」岷案舊合字本栖作棲，王謨本、畿輔本並作栖。栖、棲同字，栖、栖古通。抱朴子塞難篇：「栖栖遑遑，務在匡時。」字亦作栖。淮南脩務篇高注：「黔，言其突竈不至於黑，坐席不至於温。歷行諸國，汲汲於行道也。」論語憲問篇：「丘何爲是栖栖者與？」後漢書蘇竟傳：「仲尼棲棲，墨子遑遑。」又案文選班孟堅答賓戲：「是以聖哲之治，棲棲遑遑，孔席不暝，墨突不黔。」注：「棲、遑，不安居之意也。文子曰：『墨子無黔突，孔子無煖席。』」（今本文子自然篇作「孔子無黔突，墨子無煖席。」）長短經是非篇：「墨翟無黔突，孔子無煖席。」皆與此言仲尼、墨翟事互易。**皆行其德行，**盧氏拾補據程榮本下行字作義，云：「藏作行。」岷案子彙本、百子本行字並同。王謨本、畿輔本行並作義。**拯世救溺，立功垂模，**盧云：「救，俗作危。模，俗作楷。」岷案程榮本、王謨本、畿輔本救並作危，模並作楷。延芳百世。今人進不知退臰腐榮華，盧氏拾補作「今人退不知臰腐榮華。」云：「退，俱誤進。『不知』下衍退字。」岷案舊合字本作「今人退不知臰腐榮華」，與拾補合。是也。子彙本、程榮本、畿輔本、百子本皆作「今人進不知退臰腐榮華」；王謨本作「今人皆不知退臰腐榮華。」並非。（臰與殠同，殠、臭古今字。已詳殊好篇。）剗絶嗜慾，被麗絃歌，岷案「被麗絃歌」，猶言「輕舉絃歌」。文選宋玉風賦：「被麗披離。」李周翰注：「輕舉貌。」舊合字本絃作弦，弦、絃古今字。取娟泉石，退不能被策樹勳，盧氏拾補退作進。云：「進，俱誤退。被，俗作披。」岷案舊合字本、王謨本退並作進，與拾補合，是也。程榮本、王謨本、畿輔本被並作披，古通。毗贊明時，楊云：「西京雜記下：『其有德任毗贊，佐理陰陽者，處欽賢之館。』」岷案詩小雅節南山鄭箋：「毗，輔也。」空蝗梁黍，楊云：「梁當作粱。」岷案百子本梁正作粱。惟梁、粱古通，梁非誤字。枉没歲華，生爲無聞之人，殁成一棺之土，楊云：「淮南精神篇：『吾生也有七尺之形，吾死也有一棺之土。』魏文帝與王朗書：『生有七尺之形，死惟一棺之土。』（魏志文帝紀注引。）」亦何殊草木自生自死者哉？歲之秋也，凉風鳴條，清露變葉，則寒蟬抱樹而長叫吟，烈悲酸瑟于落日之際，盧云：「長下衍叫字，吟下衍『烈悲』二字。」楊云：「吴越春秋夫差内傳：『夫秋蟬登高樹，飲清露，隨風撝撓，長吟悲鳴。』」岷案百子本呌作叫，呌，俗叫字。盧氏謂叫字及「烈悲」二字並衍文，無據。何也？哀其時命迫于嚴霜，而寄悲於菀柳。楊云：「詩小雅小弁：『菀彼柳斯，鳴條嘒嘒。』」岷案小弁鄭箋：「柳木茂盛則多蟬。」釋文：「菀，音鬱。」今日向西峯，道業未就，鬱聲於窮岫之陰，無聞於休明之世，楊云：「文選魏都賦：『窮岫泄雲。』左宣三年傳：『德之休明。』」岷案「鬱聲」猶「滯名」，左昭二十九年傳杜注：「鬱，滯也。」「休明」猶「美明」，詩商頌長發箋：「休，美也。」已矣夫，亦奚能不霑衿於將來，岷案離騷：「攬茹蕙以掩涕兮，霑余襟之浪浪。」王逸注：「霑，濡也。衣皆謂之襟。」衿與襟同。染意於松煙者哉！楊云：「曹植詩：『墨出青松煙。』」岷案此曹植樂府詩，見御覽六百五。

言苑第五十四

盧氏拾補據程榮本苑作菀。岷案王謨本、鐖輔本亦竝作菀，苑、菀正假字。管子水地篇：「地者，萬物之本原，諸生之根菀也。」尹知章注：「菀，囿城也。」亦以菀爲苑。

忠孝者，百行之寶歟？忠孝不修，雖有他善，其猶玉屑盈庫，不可琢爲珪璋；盧云：「其，俗作則。」又拾補據程榮本庫作匣。楊云：「論衡書解篇：『玉屑滿篋，不成爲寶。』（又見鹽鐵論相刺篇。）」岷案類纂本、王謨本、鐖輔本其竝作則，庫竝作匣，程榮本其亦作則。類纂本珪作圭，珪即圭之古文。說文：「圭，瑞玉也。上圜下方。」又云：「剡上爲圭，半圭爲璋。」剉絲滿篋，岷案說文：「剉，折傷也。」不可織爲綺綬。雖多，亦奚以爲也？楊云：「論語子路篇：『雖多，亦奚以爲？』」信讓者，百行之順也；誕伐者，百行之悖也。信讓乖禮，廻而成悖；誕伐合義，翻而成順。岷案淮南氾論篇：「故事有所至，信反爲過，誕反爲功。」直躬證父，楊云：「論語子路篇：『葉公語孔子曰：「吾黨有直躬者，其父攘羊，而子證之。」孔子曰：「吾黨之直者異於是。父爲子隱，子爲父隱，直在其中矣。」』集解引孔曰：『直躬，直身而行。』呂氏春秋當務篇：『楚有直躬者，其父竊羊，而謁之上。』則以直躬爲人姓名。（淮南氾論篇同。）與孔昭此文合。（武億羣經義證辯直躬爲人姓名甚詳。）」岷案莊子盜跖篇：「直躬證父。」韓非子五蠹篇：「楚之有直躬，其父竊羊，而謁之吏。」徐幹中論貴言篇：「葉公之黨，其父攘羊，而子證之。」亦謂直躬也。淮南氾論篇高注：「直躬，楚葉縣人也。」蒼梧讓兄，楊云：「淮南氾論篇：『蒼吾繞娶妻而美，以讓兄。此所謂忠愛而不可行者也。』（說苑建本篇作蒼梧，家語六本篇作蒼梧嬈。）」岷案淮南氾論篇注：「蒼吾繞，孔子時人。」信讓悖也；弦高矯命，大禹昌言，楊云：「弦高已見明權篇，大禹已見明謙篇。」誕伐順也。謂牧圉以桀、紂，艴然而怒；比王侯於夷、齊，怡然而喜。仁義所在，匹夫爲重；仁義所去，則尊貴爲輕。盧云：「『謂牧圉以桀、紂』，以，俗作似。」楊云：「莊子盜跖篇：『子張曰：「昔者，桀、紂貴爲天子，富有天下，今謂臧聚曰：『汝行如桀、紂』，則有作色，有不服之心者，小人所賤也；仲尼、墨翟，窮爲匹夫，今謂宰相曰：『子行如仲尼、墨翟』，則變容易色，稱不足者，士誠貴也。故勢爲天子，未必貴也，窮爲匹夫，未必賤也；貴賤之分，在行之美惡。」』抱朴子逸民篇：『桀、紂帝王也，仲尼陪臣也。今見比於桀、紂，則莫不怒焉；見擬於仲尼，則莫不悦焉。』」岷案「謂牧圉以桀、紂」，左昭七年傳：「馬有圉，牛有牧。」杜注：「養馬曰圉，養牛曰牧。」程榮本、王謨本、畿輔本以並作似，古通。「艴然而怒」，孟子公孫丑上篇：「曾西艴然不悦」，趙岐注：「艴然，慍怒色也。」「比王侯於夷、齊」，舊合字本於作爲，爲、於本同義，惟此作爲，疑涉下文兩爲字而誤。

事可以必誠，盧云：「〔何允中本〕以誤不。」岷案王謨本以亦誤不。理可以情通，睇秋月而知孀婦思，聞林風響而見舟人驚。陽氣主生，物所樂也；陰氣主殺，物所憾也。故春葩含日似笑，秋葉泫露如泣，岷案說文：「泫，澘流也。」（澘，舊誤湝，據段注改。）謝靈運從斤竹澗越嶺溪行詩：「花上露猶泫。」夫善交者，不以出入易意，不以生死移情。盧云：「『不以生死移情。』〔何允中本〕不誤入。」楊云：「漢書鄭當時傳：『翟公署其門曰：「一死一生，乃知交情；一貧一富，乃知交態；一貴一賤，交情乃見。」』」岷案漢書鄭當時傳云云，又見史記汲鄭列傳贊。在終如始，在始如終，猶日月也。故日之出入俱明，盧云：「〔程榮本〕俱誤懼。」岷案畿輔本俱亦誤懼，王謨本俱作符，亦非。月之生死同形。天無情於生死，則不可以情而憾怨。孫云：「憾當作感，以下文『榮華者不謝』證之。」故暄然而春，榮華者不謝；悽然而秋，凋零者不憾。岷案莊子大宗師篇：「淒然似秋，煖然似春。」釋文：「煖，音暄。」悽、淒古通。榮凋有命，困遇有期，故春蘂雖茂，假朝露而抽翠；秋葉誠危，因微風而飄零。萬物居温則柔，入寒則剛，故春角可卷，夏條可結，秋露可凝，冬冰可折。盧云：「冰，俗作木。」楊云：「淮南說林篇：『冬冰可折，夏木可結。』」岷案程榮本、王謨本、畿輔本冰並作木。文子上德篇亦云：「冬冰可折，夏木可結。」文選陸士衡樂府從軍行注、張景陽雜詩注、御覽二七引「夏木」並作「夏條」，與此文尤合。人皆愛少而惡老，重榮而輕悴，故簪珥英華，而焚灰枯朽。莫識枯朽生於英華，英華歸於枯朽。盧云：「『故簪珥英華，』何〔允中本〕珥誤小。」岷案王謨本珥亦誤小。文選左太沖詠史詩：「七葉珥漢貂。」注：「珥，插也。」莊子知北遊篇：「是其所美者爲神奇，其所惡者爲臭腐。臭腐復化爲神奇，神奇復化爲臭腐。」

山抱玉則鑿之，盧云：「則，俗作故。」岷案程榮本、王謨本、畿輔本則並作故。江懷珠則竭之，豹佩文則剥之，人含智則嫉之。智能知人，不能自知；神能衛物，不能自衛。盧云：「『神能衛物』，〔程榮本〕物誤人。」岷案王謨本、畿輔本物並誤人。故神龜以智見灼，靈蛇以神見曝。盧云：「〔程榮本〕曝誤爆。」楊云：「淮南說山篇：『神蛇能斷而復續，而不能使人勿斷也；神龜能見夢元王，（見莊子外物篇。）而不能自出漁者之籠也。』」岷案王謨本、畿輔本曝並誤爆。墨子親士篇：「靈龜先灼，神蛇先暴。」（今本先並誤近，俞樾平議、孫詒讓閒詁、拙著斠證並有說。）暴、曝正俗字。神龜見夢元王事，（莊子外物篇作宋元君。）又詳史記褚少孫補龜策列傳。本書韜光篇：「龜以智見害。」（據敦煌本。）孰知不智爲智，岷案莊子知北遊篇：「孰知不知之知？」淮南道應篇：「孰知知之爲弗知，弗知之爲知邪？」不神爲神乎？妙必假物，而物非生妙；巧必因器，而器非成功。是以羿無弧矢，不能中微，其中微者，非弧矢也；倕無斧斤，不能善斲，其善斲者，非斧斤也。楊云：「吕氏春秋具備篇：『今有羿、蠭蒙繁弱於此而無弦，則不能中也；中，非獨弦也，而弦爲弓中之具也。』淮南說林篇：『羿之所以射遠中微者，非弓矢也。』吕氏春秋重己篇高注：『倕，堯之巧工也。』」岷案說文：「弧，木弓也。」畫以摹形，故先質後文；言以寫情，故先實後辯。無質而文，則畫非形也；不實而辯，則言非情也。紅黛飾容，岷案文心雕龍情采篇：「鉛黛所以飾容。」欲以爲艷，而動目者稀；揮絃繁弄，欲以爲悲，而驚耳者寡；由於質不美也。質不美者，雖崇飾而不華；曲不和者，雖響疾而不哀。理動於心，而見於色；情發於中，而形于聲。盧氏拾補據程榮本中作衷。云：「藏作中。」楊云：「詩大序：『情動於中，而形於言。』淮南齊俗篇：『情發於中，而聲應於外。』」岷案王謨本、畿輔本中並作衷。

故强懽者雖笑不樂，强哭者雖哀不悲。楊云：「莊子漁父篇：『强哭者雖悲不哀，强怒者雖嚴不威，强親者雖笑不和。』呂氏春秋功名篇：『彊令之笑不樂，彊令之哭不哀。』（又見淮南齊俗篇。）」岷案舊合字本懽作歡，同。「雖哀不悲」，當從莊子作「雖悲不哀」。淮南齊俗篇：「故强哭者雖病不哀，强親者雖笑不和。」「雖病不哀」，亦猶「雖悲不哀」也。記纂淵海五九、六十引淮南並作「故强哭者雖疾不哀，强歡者雖笑不樂。」（意林引「强親者雖笑不和」，亦作「强歡者雖笑不樂。」）與此文尤合。

耳聞所惡，不若無聞；目見所惡，不如不見。故雷震必塞耳，掣電必掩目。盧云：「何（允中本）震誤霆。」楊云：「呂氏春秋貴生篇：『耳聞所惡，不若無聞；目見所惡，不若無見。故雷則掩耳，電則掩目。』（又見金樓子立言下篇。）」岷案「不見」程榮本、王謨本、畿輔本並作「無見」，義同。王謨本震亦誤霆。「雷震」疑本作「震雷」，與「掣電」對言，今本蓋誤倒耳。

爲仁則不利，爲利則不仁。楊云：「孟子滕文公上篇：『陽虎曰：「爲富不仁矣，爲仁不富矣。」』」故販粟者欲歲之饑，賣藥者欲人之疾。楊云：「淮南說林篇：『鬻棺者，欲民之疾病也；畜粟者，欲歲之荒飢也。』」岷案程榮本、王謨本、畿輔本賣並作售。

物各重其所主，而桀、紂之狗，可以吠堯；故盜蹠之徒，賢於盜蹠而鄙仲尼。盧云：「賢下衍於字。」楊云：「於字衍。戰國策齊策六：『跖之狗吠堯，非貴跖而賤堯也，狗固吠非其主也。』（又見史記淮陰侯傳。）漢書鄒陽傳：『桀之犬，可使吠堯；跖之客，可使刺由。』」岷案程榮本、王謨本、畿輔本蹠並作跖，古通。子彙本、百子本賢下並無於字，喻林十六引同。

運屈而恚天，岷案說文：「恚，恨也。」辱至而怨人，是以火焚而怨燧人，岷案「火焚」疑本作「焚火」，與下「溺井」對言。韓非子五蠹篇：「有聖人作，鑽燧取火。……號之曰燧人氏。」藝文類聚十一、御覽七八並引禮含文嘉：「燧人始鑽木取火。」溺井而尤伯益。岷案尤借爲訧，說文：「訧，罪也。」呂氏春秋勿躬篇：「伯益作井。」論衡感虛篇：「傳書又言伯益作井。」藝文類聚九引郭璞井賦：「益作井。」

宿不樹惠，臨難而施恩；本不防萌，害成而修慎。是以臨渴而穿井，方饑而植禾，岷案黃帝內經素問四氣調神大論篇：「譬猶渴而穿井。」說苑奉使篇：「魯君避席而立，曰：『寡人所謂飢而求黍稷，渴而穿井者。』」雖疾無所及也。公儀嗜魚，楊云：「韓非子外儲說右下：『公儀休相魯，而嗜魚，一國盡事買魚而獻之。』（又見韓詩外傳三、淮南道應篇。）」岷案淮南道應篇許慎注：「公儀休，故魯博士也。」屈到嗜芰，舊注：「菱芡也。」楊云：「國語楚語上：『屈到嗜芰，有疾，召其宗老而屬之曰：「祭我必以芰。」』韋注：『芰，菱也。』（又見韓非子難三篇。）」岷案楚語上韋注：「屈到，楚卿，屈蕩之子子夕。」雖非至味，人皆甘之，與衆同也。文王嗜膽，曾晢嗜棗，楊云：「孟子盡心下篇：『曾晢嗜羊棗。』」膽苦、棗酸，二子甘之，盧云：「『二子』俗作『聖賢』」。岷案程榮本、王謨本、畿輔本「二子」並作「聖賢」。與衆異也。鹿形似馬，而迅於馬；豺形似犬，而健於犬。國有千金之馬，而無千金之鹿；家有千金之犬，而無千金之豺。以犬、馬有用，而豺、鹿無用也。盧氏拾補「家有千金之犬，而無千金之豺。」千並作十。云：「『家有十』，十誤千，下同。」楊云：「韓非子外儲說右上：『夫馬似鹿者，而題之千金，然而有百（當作千）金之馬，而無千金之鹿者，何也？馬爲人用，而鹿不爲人用也。』（又見淮南說山篇、論衡非韓篇。）」

九流第五十五

岷案此篇所述九流，本漢書藝文志。道、名、墨三家，略取莊子天下篇。

道者，老聃、關尹、龐涓、莊周之類也。以空虛爲本，清淨爲心，謙挹爲德，卑弱爲行；居無爲之事，行不言之教；裁成宇宙，不見其迹；亭毒萬物，不有其功。然而薄者，全棄忠孝，杜絶仁義，專任清虛，欲以爲治也。孫云：「『居無爲之事，行不言之教。』居當作處。文十八年傳：『德以處事。』杜注：『處猶制也。』説文：『制，裁也。』老子：『聖人處無爲之事，行不言之教。』淮南子主術訓云：『人主之術，處無爲之事，而行不言之教。』莊子知北遊篇云：『故聖人行不言之教。』」楊云：「子彙本、程榮本、王謨本、畿輔本，老聃上有鬻熊二字，無龐涓二字。有鬻熊，無龐涓，是也。（下文縱横家中列有龐煖，此不應複。）漢書藝文志諸子略道家：『鬻子二十二篇。』自注：『名熊，爲周師，自文王以下問焉。』『老子鄰氏經傳四篇。老子傅氏經説三十七篇。老子徐氏經説六篇。』自注：『姓李，名耳。』『關尹子九篇。』自注：『名喜，爲關吏。老子過，關喜去吏而從之。』『莊子五十二篇。』自注：『名周，宋人。』『道家者流，蓋出於史官。……清虛以自守，卑弱以自持，此君人南面之術也。……及放者爲之，則欲絶去禮樂，兼棄仁義；曰獨任清虛，可以爲治。』老子第二章：『是以聖人處無爲之事，行不言之教；萬物作焉而不辭，生而不有，爲而不恃，功成而弗居。』又五十一章：『亭之毒之。』」岷案程榮本、王謨本、畿輔本老聃上並有鬻熊，關尹下並無龐涓，楊氏從之，是也。惟子彙本老聃上無鬻熊，關尹下無龐涓，（與道藏本、舊合字本、百子本並同。）楊氏失檢。「謙挹爲德」，舊合字本挹作抑，古通。（已詳誡盈篇。）「亭毒萬物」，猶言「成熟萬物」。老子：「亭之毒之」，河上公注本作「成之熟之」。又案莊子天下篇：「關尹、老聃……以濡弱謙下爲表，以空虛不毁萬物爲實。」

儒者，晏嬰、子思、孟軻、荀卿之類也。順陰陽之性，明教化之本；游心於六藝，留情於五常，厚葬文服，重樂有命；祖述堯、舜，憲章文、武，宗師仲尼，以尊敬其道。然而薄者，流廣文繁，難可窮究也。盧氏拾補據程榮本「儒者」一段與「道者」一段互易。云：「道藏本以『道者』一段置首，而儒次之。細核下文，乃元本如是。此轉出後人所移易耳。」盧氏抱經堂文集卷十二劉子跋云：「其書首言清神、防慾、去情、韜光，近乎道家所言。末敘九流，道藏本先道家，外閒本先儒家，觀其摠括之語，則道藏本實據其本書次第如此，非由後來黄冠所妄爲移易也。」孫詒讓云：「『厚葬文服』，文當作久，晏子春秋外篇云：『久喪道哀。』」楊云：「漢志儒家：『晏子八篇。』自注：『名嬰。』『子思二十三篇。』自注：『名伋，孔子孫。』『孟子十一篇。』自注：『名軻，鄒人，子思弟子。』『孫卿子三十三篇。』自注：『名況，趙人。』『儒家者流，蓋出於司徒之官。助人君順陰陽，明教化者也。游文於六經之中，留意於仁義之際，祖述堯、舜，憲章文、武，宗師仲尼，以重其言，於道最爲高。……然惑者既失精微，而辟者又隨時抑揚，違離道本，苟以譁衆取寵，後進循之，是以五經乖析，儒學寖衰，此辟儒之患。』」岷案舊合字本、子彙本、百子本並以「道者」一段置首，是也。此書雖雜采九流百家之説，而其中心思想實爲道家，故以清神爲第一篇，又繼之以防慾第二，去情第三，韜光第四，皆其驗也。末篇九流，首述道家，正以明其所宗。程榮本以「儒者」一段置首，王謨本、畿輔本並同。蓋由尊儒之故，妄事顛倒，大乖作者之旨！「厚葬文服」，孫氏謂「文當作久」，是也。鹽鐵論論誹篇：「久喪以害生，厚葬以傷業。」亦其證。「祖述堯、舜，憲章文、武，宗師仲尼。」漢志顔注：「祖，始也。述，修也。憲，法也。章，明也。宗，尊也。言以堯、舜爲本始而遵修之，以文王、武王爲明法，又師尊仲尼之道。」禮記中庸：「仲尼祖述堯、舜，憲章文、武。」莊子有大宗師篇。

陰陽者，子韋、鄒衍、桑丘、南公之類也。敬順昊天，曆象日月星辰，敬授民時，範三光之度，隨四時之運，知五行之性，通八風之氣，以厚生民，以爲政治。然而薄者，則拘於禁忌，溺於術數也。盧云：「『敬授民時』，〔程榮本〕授誤受。」孫詒讓札迻據程榮本南公作南父。云：「『陰陽者，子韋、鄒衍、桑丘、南父之類也。』桑丘當作乘丘，南父當從明刻子彙本作南公，漢書藝文志陰陽家有乘丘子五篇，南公三十一篇。」楊云：「桑當作乘。漢志陰陽家：『宋司星子韋三篇。』自注：『景公之史。』『鄒子四十九篇。』『鄒子終始五十六篇。』自注：『名衍。』『乘丘子五篇。』自注：『六國時。』『南公三十一篇。』自注：『六國時。』『陰陽家者流，蓋出於羲和之官。敬順昊天，歷象日月星辰，敬授民時；此其所長也。及拘者爲之，則牽於禁忌，泥於小數，舍人事而任鬼神。』」岷案漢志陰陽家：「乘丘子五篇。」王先謙補注：「沈欽韓〈疏證〉曰：『當作桑丘，隋志晉征南軍師楊偉撰桑丘先生書二卷，本此。』葉德輝曰：『沈説是也。邵思姓解二引漢志正作桑丘。』」則此文之作桑丘，正存漢志之舊。孫、楊二氏並以桑爲乘之誤，失於不考矣。南公，舊合字本、百子本並同，王謨本、畿輔本並誤作南父。「敬授民時」，王謨本、畿輔本授並誤受。「通八風之氣」，八風，説見辯樂篇。又案司馬談論六家要指：「嘗竊觀陰陽之術，大祥而衆忌諱，使人拘而多所畏。」

名者，宋駢、尹文、惠施、公孫捷之類也。其道正名，名不正，則言不順；故定尊卑，正名分，愛平尚儉，禁攻寢兵；故作華山之冠，以表均平之製。則寬宥之説，以示區分。然而薄者，捐本就末，分析明辯，苟析華辭也。盧云：「『其道正名，』〈程榮本〉正誤主，下『正名分』同。」孫詒讓札迻據程榮本宋駢作宋鈃。云：「『名者，宋鈃、尹文、惠施、公孫捷之類也。』此篇所説，悉本漢藝文志，檢志無公孫捷，疑當作公孫、捷子，公孫謂公孫龍，捷子自爲一人。漢志公孫龍十四篇，在名家。捷子二篇，在道家。」舊合字本宋駢同，「分析明辯，苟析華辭也。」二析字作折。楊云：「道藏本二折字作析，餘本同。程榮本、王謨本、畿輔本駢並作鈃。鈃、析並是。捷當作龍。漢志名家：『尹文子一篇。』自注：『説齊宣王，先公孫龍。』『公孫龍子十四篇。』自注：『趙人。』『惠子一篇。』自注：『名施，與莊子並時。』『名家者流，蓋出於禮官。古者名位不同，禮亦異數。孔子曰：「必也正名乎？名不正，則言不順；言不順，則事不成。」此其所長也。及警者爲之，則苟鉤鈲析亂而已。』莊子天下篇：『宋鈃、尹文聞其風而悦之；作爲華山之冠以自表，以別宥爲始。……禁攻寢兵，救世之戰。』」岷案子彙本宋駢亦同，楊氏以作宋鈃爲是，是也。百子本亦作宋鈃。公孫捷，楊氏謂捷當作龍，説亦較長。「其道正名」，王謨本、畿輔本正並誤主。惟下文「正名分」，正字並不誤，程榮本亦不誤。「故作華山之冠，以表均平之製。」莊子天下篇郭象注：「華山，上下均平。」釋文：「華山，上下均平，作冠象之，表己心均平也。」「則寬宥之説，以示區分。」莊子作「接萬物以別宥爲始。」（楊氏所引脱「接萬物」三字。）説文：「別，分解也。」宥借爲囿，猶障蔽也。「別宥」即「分解障蔽」之意。吕氏春秋去宥篇：「凡人必別宥然後知，別宥則能全其天矣。」與莊子言「別宥」同旨。尸子廣澤篇：「料子貴別囿。」可證宥與囿同。（參看奚侗莊子補注。）劉子此文雖本於莊子，而以宥爲「寬宥」字，（莊子釋文引崔譔注：「以別善惡，宥不及也。」亦以爲「寬宥」之宥。）則失莊子之旨矣。「分析明辯，苟析華辭也。」程榮本、畿輔本二析字亦並誤折。王謨本下析字作飾（俗飾字）。

法者，慎到、李悝、韓非、商鞅之類也。其術在於明罰討，陣整法，誘善懲惡，俾順軌度，以爲治本。然而薄者，削仁廢義，專任刑法，風俗刻薄，嚴而少恩也。楊云：「漢志法家：『李子三十二篇。』自注：『名悝。相魏文侯，富國彊兵。』『商君二十九篇。』自注：『名鞅。』『韓子五十五篇。』自注：『名非。』『慎子四十二篇。』自注：『名到。』『法家者流，蓋出於理官。信賞必罰，以輔禮制。易曰：「先王以明罰飭法。」此其所長也。及刻者爲之，則無教化，去仁愛，專任刑法，而欲以致治，至於殘害至親，傷恩薄厚。』史記自序：『法家嚴而少恩。』」岷案「陣整法」，陣疑本作陳，陳猶布也。漢志法家「慎子四十二篇」，在「韓子五十五篇」之前，楊氏所引，顛倒失次。

墨者，尹佚、墨翟、禽滑、胡倠之類也。儉嗇，謙愛，尚賢，右鬼，非命，薄葬，無服，不怒，非鬭。然而薄者，其道大觳，儉而難遵也。盧云：「『不怒、非鬭』，（程榮本）非誤倠。『其道大觳』，觳，俗作㲉。」舊合字本胡倠同。楊云：「程榮本、王謨本、畿輔本倠作非，是。謙當作兼。漢志墨家：『尹佚二篇。』自注：『周臣，在成、康時也。』『胡非子十三篇。』自注：『墨翟弟子。』『墨子七十一篇。』自注：『名翟。』『墨家者流，蓋出於清廟之守。茅屋采椽，是以貴儉；養三老五更，是以兼愛；選士大射，是以上賢；宗祀嚴父，是以右鬼；順四時而行，是以非命；以孝視天下，是以上同。此其所長也。』莊子天下篇：『墨翟、禽滑釐聞其風而説之，……生不歌，死無服。墨子汎愛兼利而非鬭。其道不怒。……其生也勤，其死也薄，其道大觳。』史記自序：『墨者儉而難遵。』」岷案禽滑，禽滑釐之省。莊子天下篇釋文：「禽滑釐，墨翟弟子也。」墨子公輸篇：「子墨子曰：『臣之弟子禽滑釐等三百人。』」「儉嗇、謙愛」，子彙本、百子本謙並作兼。與楊説合。「不怒、非鬭」，王謨本、畿輔本非並誤倠。「其道大觳」，程榮本、畿輔本觳並作㲉。王謨本作促，非。莊子天下篇郭象注：「觳，無潤也。」（釋文引李頤注同。）「大觳」猶「太薄」，管子地員篇：「剛而不觳」，尹知章注：「觳，薄。」「無潤」與薄義近。又案墨子有節用、兼愛、尚賢、明鬼、非命、節葬、非攻等篇。

縱橫

者，闞子、龐煖、蘇秦、張儀之類也。其術本於行仁，譯二國之情，弭戰爭之患，受命不受辭，因事而制權，安危扶傾，轉禍就福。然而薄者，則苟尚華詐，而棄忠信也。盧氏拾補龐煖作龐煖。云：「煖當作煖。」孫詒讓札迻作龐煖。云：「『縱横者，闞子、龐煖、蘇秦、張儀之類也。』闞當作闞，漢志縱横家：『闞子一篇。』後漢書獻帝紀李注引風俗通云：『闞，氏。（岷案氏本作姓，孫氏失檢。）闞黨童子之後。縱横家有闞子著書。』闞、闞形近而誤。子彙本闞子下有注云：『字子我，（程本無。）』蓋明人所妄加，誤以爲左傳哀十四年之闞止，大繆！」楊云：「煖當作煖，闞當作闞，仁當作人。漢志縱横家：『蘇子三十一篇。』自注：『名秦。』『張子十篇。』自注：『名儀。』『龐煖二篇。』自注：『爲燕將。』『闞子一篇。』『縱横家者流，蓋出於行人之官。孔子曰：「誦詩三百，使於四方，不能專對；雖多，亦奚以爲？」又曰：「使乎！使乎！」言其當權事制宜，受命而不受辭。此其所長也。及邪人爲之，則尚詐諼，而棄其信。』」岷案闞子當作闞子，孫、楊二說並是。子彙本闞子下有注云：「名子我。」百子本同。孫氏所引，誤名爲字。道藏本有注云：「闞子，名子我，是齊人，善用兵也。」闞既爲闞之誤，則此注自不足據矣。龐煖，王謨本龐亦作龐，俗。盧、楊二氏謂煖當作煖，孫氏改煖爲煖，並是。子彙本、百子本並作龐煖。雜者，孔甲、尉繚、尸佼、淮夷之類也。明陰陽，本道德，兼儒墨，合名法，苞縱横，納農植。觸類取與，不拘一緒。然而薄者，則蕪穢蔓衍，無所係心也。盧云：「『明陰陽，本道德。』（程榮本）本誤通。」楊云：「程榮本、王謨本、畿輔本夷作南，是。漢志雜家：『孔甲盤盂二十六篇。』自注：『黄帝之史。或曰夏帝孔甲，似皆非。』『尉繚二十九篇。』自注：『六國時。』『尸子二十篇。』自注：『名佼。』『淮南内二十一篇。淮南外三十三篇。』自注：『王安。』『雜家者流，蓋出於議官。兼儒墨，合名法，知國體之有此，見王治之無不貫，此其所長也。及盪者爲之，則漫羨而無所歸心。』」岷案「本道德」，王謨本、畿輔本本並作通。「苞縱横」，子彙本、百子本苞並作包。包、苞正假字。「則蕪穢蔓衍。」「蕪穢」，雜亂也。說文蕪、薉互訓，薉、穢古今字。「蔓衍」，漢志作「漫羨」，同。猶散漫也。農者，神農、野老、宰氏、范勝之類也。其術在於務農，廣爲墾闢，播植百穀；國有盈儲，家有畜積，倉廩充實，則禮義生焉。然而薄者，又使王侯與庶人並耕於野，無尊卑之別，失君臣之序也。盧云：「『又使王侯與庶人並耕於野，』（程榮本）又誤若。」孫詒讓云：「『農者，神農、野老、宰氏、范勝之類。』范當爲氾，漢志農家：『氾勝之十八篇。』」楊云：「范當作氾。漢志農家：『神農二十篇。』自注：『六國時，諸子疾時怠於農業，道耕農事，託之神農。』『野老十七篇。』自注：『六國時，在齊、楚間。』『宰氏十七篇。』自注：『不知何世。』『氾勝之十八篇。』自注：『成帝時爲議郎。』『農家者流，蓋出於農稷之官。播百穀，勸耕桑，以足衣食。……及鄙者爲之，以爲無所事聖王，欲使君臣並耕，誖上下之序。』管子牧民篇：『倉廩實則知禮節。』」岷案漢志農家：「宰氏十七篇。」王先謙補注引葉德輝云：「元和姓纂十五海宰氏姓下，引范蠡傳云：『陶朱公師計然，姓宰氏，字文子，葵邱濮上人。』宰氏即計然，故農家無計然書。志云『不知何世。』蓋班所見，乃後人述宰氏之學者，非計然本書也。」「家有畜積」，程榮本、王謨本、畿輔本畜並作蓄，古通。「又使王侯與庶人並耕於野。」王謨本、畿輔本又並誤若。孟子滕文公上篇：「陳相見孟子，道許行之言曰：『滕君，則誠賢君也，雖然，未聞道也，賢者與民並耕而食。』」觀此九家之學，雖有深淺，辭有詳略，偕僪形反，流分乖隔；然皆同其妙理，俱會治道，跡雖有殊，歸趣無異。猶五行相滅，亦還相生；盧氏拾補「偕僪形反」，偕作偝，云：「俱誤偕。」孫氏校釋偕亦作偝，云：「『流分乖隔』，當作『乖隔流分』，與『偝僪形反』，相對爲文。淮南子說山訓云：『江出岷山，河出昆侖，濟出王屋，潁出少室，漢出嶓冢，分流舛馳，注於東海，所行則異，所歸則一。』」楊云：「偝當作偕。（此文『偕僪』，與莊子天下篇之『倍譎』，音誼並同。）漢志諸子略：『諸子十家，其可觀者，九家而已。皆起於王道既微，諸侯力政，時君世主，好惡殊方。是以九家之術，蠭起並作，各引一端，崇其所善，以此馳說，取合諸侯。其言雖殊，辟猶水火相滅，亦相生也。』」岷案「偕僪形反」，盧、孫二氏並改偕爲偝，是也。偝與背同，字或作倍，呂氏春秋明理篇：「其日有鬬蝕，有倍僪，有暈珥。」高注：「倍、僪、暈珥，皆日旁之危氣也。在兩旁反出爲倍，在上反出爲僪。」倍、僪並反出之形，故此云「偝僪形反」。「歸趣無異」，鍾嶸詩品上品評阮籍詩：「厥旨淵放，歸趣難求。」四氣相反，而共成歲。淄、澠殊源，同歸于海；宮、商異聲，俱會於樂。夷、惠同操，齊蹤爲賢；二子殊行，等迹爲仁。孫云：「『夷、惠同操，齊蹤爲賢；二子殊行，等迹爲仁。』同字誤，莫知所作。『二子』當作『三子』。漢書敘傳云：『三仁殊而一致兮，夷、惠舛而齊聲。』小顏注：『言微子、箕子、比干所行各異，而並稱仁；伯夷不義武王伐殷，至於不食周粟而死；柳下惠三黜不去，戀父母之邦。志執乖舛，俱有令名。』李善注文選引論語：『微子去之，箕子爲之奴，比干諫而死。孔子曰：「殷有三仁焉。」』淮南子泰族訓云：『伊尹、伯夷異道而皆仁，箕子、比干異趨而皆賢。』」岷案「夷、惠同操」，同，疑本作異，涉上文「同歸于海」而誤也。上文「淄、澠殊源，同歸于海；宮、商異聲，俱會於樂。」以殊、異對言；此文「夷、惠異操，齊蹤爲賢；三子殊行，等迹爲仁。」亦以異、殊對言，文例一律。

道者玄化爲本，儒者德教爲宗，孫云：「教當作化，下文云：『九流之中，二化爲最。』可證。後漢書黃瓊傳云：『唐堯以德化爲冠冕。』」九流之中，二化爲最。夫道以無爲化世，儒以六藝濟俗。無爲以清虛爲心，六藝以禮樂爲訓。岷案程榮本、王謨本、畿輔本樂並作教，以下文驗之，疑是。若以教行於大同，則邪僞萌生；使無爲化於成、康，則氛亂競起。岷案「以教行於大同」，教上當有禮字，「禮教」與「無爲」對言；下文「今治世之賢，宜以禮教爲先；嘉遁之士，應以無爲是務。」亦以「禮教」與「無爲」對言，與此同例。何者？澆淳時異，則風化應殊；古今乖舛，則政教宜隔。盧云：「〔程榮本〕宜誤宣。」岷案畿輔本宜亦誤宣。以此觀之，儒教雖非得真之說，然茲教可以導物；道家雖爲達情之論，而違禮復不可以救弊。今治世之賢，宜以禮教爲先；嘉遁之士，岷案易遯：「嘉遯貞吉。」孔疏：「嘉者，美也。」遯謂隱遯也。三國志魏志管寧傳：「匿景藏光，嘉遁養浩。」遁與遯同。應以無爲是務，則操業俱遂，而身名兩全也。

附録一

劉子佚文一則

明馮惟訥古詩紀前紀卷之十

劉子引古諺劉晝，字孔昭。

深不絶涓泉，稚子浴其淵。高不絶丘陵，跛羊遊其巔。

北齊書儒林劉晝傳

劉晝，字孔昭，渤海阜城人也。少孤貧，愛學，負笈從師，伏膺無倦。與儒者李寶鼎同鄉里，甚相親愛，受其三禮；又就馬敬德習服氏春秋，俱通大義。恨下里少墳籍，便杖策入都。知太府少卿宋世良家多書，乃造焉，世良納之。恣意披覽，晝夜不息。河清初，還冀州，舉秀才入京，考策不第，乃恨不學屬文，方復緝綴辭藻，言甚古拙。制一首賦，以六合爲名，自謂絶倫，吟諷不輟。乃歎曰：「儒者勞而少功，見於斯矣！我讀儒書二十餘年，而答策不第；始學作文，便得如是！」曾以此賦呈魏收，收謂人曰：「賦名六合，其愚已甚；及見其賦，又愚於名！」晝又撰高才不遇傳三篇。在皇建、太寧之朝，又頻上書，言亦切直，多非世要，終不見收采。自謂博物奇才，言好矜大，每云：「使我數十卷書行於後世，不易齊景之千駟也！」而容止舒緩，舉動不倫，由是竟無仕進。天統中，卒於家，年五十二。

北史儒林上劉晝傳

劉晝，字孔昭，渤海阜城人也。少孤貧，愛學，伏膺無倦，常閉户讀書，暑月唯着犢鼻褌。與儒者李寶鼎同鄉，甚相親愛，寶鼎授其三禮；又就馬敬德習服氏春秋，俱通大義。恨下里少墳籍，便杖策入都，知鄴令宋世良家有書五千卷，乃求爲其子博士，恣意披覽，晝夜不息。還舉秀才，策不第，乃恨不學屬文，方復緝綴辭藻，言甚古拙。制一首賦，以六合爲名，自謂絶倫。乃歎儒者勞而寡功。曾以賦呈魏收而不拜，收忿之，謂曰：「賦名六合，已是太愚；文又愚於六合；君四體又甘於文。」岷案甘乃甚之壞字。晝不忿，又以示邢子才，子才曰：「君此賦正似疥駱駝，伏而無嫵媚。」晝求秀才十年不得，發憤撰高才不遇傳，冀州刺史酈伯偉見之，始舉晝，時年四十八。刺史隴西李璵亦嘗以晝應詔，先告之，晝曰：「公自爲國舉才，何勞語晝！」齊河南王孝瑜聞晝名，每召見，輒與促席對飲。後遇有密親，使且在齋坐，晝須臾徑去，追謝要之，終不復屈。孝昭即位，好受直言，晝聞之，喜曰：「董仲舒、公孫弘可以出矣！」乃步詣晉陽上書，言亦切直，而多非世要，終不見收采。編録所上之書爲帝道。河清中，又著金箱璧言，蓋以指機政之不良。晝夜嘗夢貴人若吏部尚書者，補交州興俊令。寤而密書記之。卒後旬餘，其家幼女鬼語聲似晝，云：「我被用爲興俊縣令，得假暫來辭别」云。晝常自謂博物奇才，言好矜大，每言：「使我數十卷書行於後世，不易齊景之千駟也！」容止舒緩，舉動不倫，由是竟無仕，卒於家。

附録二

所據諸本序跋

目次

一　明隆慶沈津百家類纂本題辭

劉子新論題辭

按劉子五卷，五十五篇。北齊書以爲劉晝字孔昭撰。袁孝政序謂「劉晝傷己不遇，遭天下凌遲、播遷江表，故作此書。」王應麟玉海載「北史：『晝又著金箱璧言、高才不遇賦。』」與書中語意頗合，似爲斯人所作也。唐志十卷直以爲劉勰。然觀勰所著文心雕龍，辭旨偉麗，且又卷數不同，非也。此書泛論治國修身之要，雜以九流之説，無甚高論；然時有可喜者，清神章云：「萬人彎弧，以向一鵠，鵠能無中乎？萬物眩曜，以惑一生，生能無傷乎？」宋太史嘗謂「三復其言，爲之出涕！」

二　明萬曆潛菴（周子義）子彙本序

劉子

劉子五十五篇，播州録事參軍袁孝政注並序，謂「北齊劉晝孔昭傷己不遇，天下凌遲，播遷江表，故作此書。時人莫知，謂爲劉勰，或又謂劉歆、劉孝標作，非也。」按陳氏謂「其書近出，莫詳晝何代人。」而唐志直稱劉勰，未有的據。王應麟玉海云：「北史，晝著金箱璧言、高才不遇傳。」則與傷己不遇者合。疑袁序非繆也。其書泛論治國修身之要，雜以九流之説，無甚高奇。然引物連類，有可繹思者，故彙刻之。篇中事多見傳記，語亦頗顯淺，注可略也。故弗録。丁丑夏日志。

三　清王謨重刻漢魏叢書本跋

新論

右新論十卷。通考作劉子五卷。晁氏云：「齊劉晝，字孔昭撰。或以爲劉勰，或以爲劉孝標，未知孰是。」陳氏云：「書凡五十五篇。播州録事參軍袁孝政爲序云：『晝傷己不遇，天下陵遲，播遷江表，故作此書。時人莫知，謂爲劉勰。』孝政之言云爾。終不知晝爲何代人。其書近出，傳記無稱，莫詳其始末，不知何以知其名晝字孔昭也。」玉海又引北史，晝著金箱璧言，撰高才不遇傳。今考隋書經籍志，果載有高才不遇傳。注：「後齊劉晝著。」而金箱璧言與新論並軼。唐志亦載劉晝高才不遇傳，而於劉子十卷，注作劉勰。今叢書本亦作十卷，稱劉勰撰，從唐志也。汝上王謨識。

四　近人傅增湘海寧陳氏景印舊合字本序

劉子十卷

劉子新論，蕘翁稱有宋本，今已不傳。鐵琹銅劍樓所載影宋寫本，細審之，乃自子彙本出，不足貴也。昔年見唐人寫卷子本，存去情篇末至思順篇首，都二百又九行，較時刻本補訂達百餘字。聞其下卷在劉幼雲前輩家，迄未得見。嗣得天一閣藏寫本，是正尤不可勝計。兹忽覯古合字本於海上，因從陳君立炎假得，校於漢魏本上，其是正較天一閣本爲多。以余所覯記，此爲刻本之最善者矣。今世多重宋、元古刻，計葉論錢，轉相矜炫，然較短量長，要歸真識。若是書之精善，其珍異又寧遜於宋、元哉？書此以告世之善讀書者。甲子荷花生日藏園居士傅增湘記。

校注諸家序跋

目次

一　清盧文弨羣書拾補新論校序

新論十卷，唐播州録事參軍袁孝政注。其序云：「劉晝孔昭撰。」晁公武讀書志云：「齊時人。」今俗閒所行本，題梁東莞劉勰著。殆以文筆與雕龍相似而傅會也。或疑即袁孝政所作，此大不然！此書豐腴秀整，而注極淺陋，書中用典故處，孝政尚不能備知，況能爲如是之文乎？道藏本作劉子，書録解題亦同。向以程榮本校何允中本，大略相似；後以道藏本校對，正訛補脱，庶稱善本。其注則不復置論云。

二　盧文弨抱經堂文集劉子跋

劉子五十五篇，南齊時劉晝孔昭撰。岷案南齊當作北齊。其文筆豐美，頗似劉彦和。然此有用世之意焉，或疑即勰所著，殆不然也。有唐播州録事參軍袁孝政注。其云劉晝撰者，亦孝政之序云耳。宋人黄東發遂疑爲孝政所自著。余借得道藏本，見孝政所爲注淺陋紕繆，於事之出左氏、國語者尚多亂道，而謂其能爲此文乎？余取其本以校世所行名爲新論本，補脱正譌，遂成善本。孝政序則兩本皆遺之矣。當晁公武、陳振孫兩家著録時尚見之也。其書首言清神、防慾、去情、韜光，近乎道家所言。末敍九流，道藏本先道家，外閒本先儒家，觀其摠括之語，則道藏本實據其本書次第如此，非由後來黄冠所妄爲移易也。東發又譏其文類俳，此在當時文體自爾。中閒亦不全避唐諱，安得斷爲唐人。其惜時云：「人之短生，猶如石火，唯立德貽愛爲不朽也。若生爲無聞之人，殁成一棺之土，亦何殊草木自生自死者哉？歲之秋也，寒蟬抱樹而長吟，哀其時命迫於嚴霜，而寄悲於菀柳。今日向西峯，道業未就，亦奚能不霑衿於將來，染意於松煙者哉？」此其所以著書之意也。古人留意於身後之名若此，讀此能不瞿然有動乎？

三　近人羅振玉永豐鄉人襍著續編敦煌本劉子殘卷校記序

敦煌唐寫本劉子殘卷，起去情第四之後半，訖思順第九之前半，每行十五六字，書勢頗縱逸，有褚、薛遺意，與經生書體謹飭者不同，殆出初唐人手。此書唐志稱梁劉勰撰，宋志作北齊劉晝撰。四庫全書總目謂當出貞觀以後，訖莫能定爲誰何。惜此卷前題已闕，不可考矣。然此本寫於盛唐，且遠及邊裔，其爲六朝人舊著可知。隋書經籍志子部論諸家得失，與此書九流篇略合，館臣遂疑隋志若襲用其說，不應反不録其書，所疑固當。然安知非史臣一時漏略，致未箸録，非有意遺之耶？至其卷數，新、舊唐志作十卷，宋志作三卷，鼂氏讀書志作五卷，今通行本十卷，諸子賞奇本五卷，子彙本二卷。此卷雖標題已佚，而已至第九篇，則原書非三卷則五卷矣。壬戌秋得此於江陰何氏，索居無俚，校其異同於明人子彙本上，並以別紙遣兒子福葆録爲校記一卷，以授梓人。癸亥二月上虞羅振玉記。

四　近人楊明照劉子斠注附記

劉子，舊有唐播州録事參軍袁孝政註，疏陋紕繆，前人婁有譏之者。余鼓篋上庠之明年，即玩索是書，而爲之拾遺補蓺。詞求所祖，事探其原，諸本之異同，類書之援引，皆迻録如不及。久之，蕃衍盈册。後以累於他業故，時作時輟，置笥中者，且一易寒暑矣。今者，年報徵文，爰清寫此稿以應。惟付印孔急，日事筆硯間爲勞，未皇旁騖，不能不觖如耳。至字句勘證，力避繁瑣，以殺篇幅；無關宏旨，及前人已具者，則不復贅云。二十七年三月八日，明照附記。

附録三

諸書著録

目　次

十　宋王應麟玉海

十一　宋章俊卿山堂考索

十二　元馬端臨文獻通考

十三　清錢謙益絳雲樓書目據清陳景雲註本

十四　清錢曾述古堂書目

十五　清瞿鏞鐵琴銅劍樓藏書目録

十六　清季振宜延令宋板書目

十七　清孫星衍孫氏祠堂書目

十八　孫星衍平津館鑒藏記

十九　清黄丕烈蕘圃藏書題識繆荃孫輯本

二十　清于敏中等天禄琳琅書目

二一　清陸心源皕宋樓藏書志

二二　清丁丙善本書室藏書志

二三　清邵懿辰四庫簡明目録標注

二四　清丁日昌持静齋書目

二五　清張之洞書目答問附范希曾補正

二六　日本大正河田羆靜嘉堂秘籍志

二七　近人傅增湘雙鑑樓善本書目

二八　傅增湘藏園羣書題記

二九　近人王重民巴黎敦煌殘卷敍録第一、二輯

一　舊唐書經籍志下丙部子録雜家類

劉子十卷。劉勰撰。

二　新唐書藝文志丙部子録雜家類

劉子十卷。劉勰撰。

三　宋史藝文志四子類雜家類

劉子三卷。題劉晝撰。奚克謙劉子音釋三卷，又音義三卷。

四　宋鄭樵通志藝文略四諸子類

劉子三卷。梁劉勰撰。

五　宋王堯臣崇文總目卷三子部雜家類附清錢侗釋。

劉子三卷。

清錢侗釋云：「舊唐志、唐志並十卷，劉勰撰。書録解題五卷，劉晝撰。讀書附志云：『劉晝之書，或云劉勰所撰，或曰劉歆之制，或謂劉孝標之作。袁孝政爲敍之際，已不能明辨矣。』」

六　宋尤袤遂初堂書目雜家類

劉子。

七　宋晁公武郡齋讀書志卷第十二雜家類

劉子三卷。

右齊劉晝孔昭撰，唐袁政注。凡五十五篇。言修心治身之道，而辭頗俗薄。或以爲劉勰，或以爲劉孝標，未知孰是。

八　宋趙希弁郡齋讀書附志諸子類

劉子五卷。

右劉晝字孔昭之書也。或云劉勰所撰，或曰劉歆之制，或謂劉孝標之作。袁孝政爲序之際，已不能明辨之矣。唐藝文志列於雜家。

九　宋陳振孫直齋書録解題卷十雜家類

劉子五卷。

劉晝孔昭撰，播州録事參軍袁孝政爲序，案劉子序係袁孝政作，原本脱姓，今補入。凡五十五篇。案唐志十卷，劉勰撰。今序云：「晝傷己不遇，天下陵遲，播遷江表，故作此書。時人莫知，謂爲劉勰，或曰劉歆、劉孝標作。」孝政之言云爾。終不知晝爲何代人。其書近出，傳記無稱，莫詳其始末，不知何以知其名晝而字孔昭也。

十　宋王應麟玉海卷第五十三藝文門諸子類

劉子。

北齊劉晝字孔昭撰，袁孝政爲序並注，凡五十五篇。清神至九流。書目三卷。泛論治國修身之要，雜以九流之說。北史：「晝著金箱璧言，撰高才不遇傳。」唐志：「雜家，十卷，劉勰。」晁氏志：「齊劉晝撰。或以爲劉勰，或以爲劉孝標，未知孰是。」

十一　宋章俊卿山堂考索卷十一諸子百家門雜家類

劉子 題劉晝撰。泛論治國脩身之要，雜以九流之說，凡五十五篇。唐志云：「劉勰撰。」今袁孝政序云：「劉子者，劉晝，字孔昭，傷己不遇，播遷江表，故作此書。時人莫知，謂劉歆、梁劉勰、劉孝標作。」

十二　元馬端臨文獻通考經籍考四十一子部雜家

劉子五卷。

陳氏曰：「劉晝孔昭撰，播州録事參軍袁孝政爲序，凡五十五篇。按唐志十卷，劉勰撰。今序云：『晝傷己不遇，天下陵遲，播遷江表，故作此書。時人莫知，謂爲劉勰，或曰劉歆、劉孝標作。』孝政之言云爾。終不知晝爲何代人。其書近出，傳記無稱，莫詳其始末，不知何以知其名晝字孔昭也。」

鼂氏曰：「唐袁孝政注。言修心治身之道，而辭頗俗薄。」

十三　清錢謙益絳雲樓書目卷二子部類雜家類據清陳景雲註本。

劉晝新論。五卷。晝字孔昭，其時代昔人皆未詳也。北史中有劉晝，未知即此人否？當更考之。

十四　清錢曾述古堂藏書目卷二子部

劉子袁孝政注十卷，二本。抄。

十五　清瞿鏞鐵琴銅劍樓藏書目録卷第十六子部雜家類

劉子新論十卷。明刊本。

此書舊皆題梁劉勰撰，袁孝政注。惟晁氏讀書志、直齋書録據袁孝政序作北齊劉晝。此明人覆刻宋本，亦題劉勰。舊爲士禮居藏書。卷首有士禮居藏，黄丕烈蕘夫諸朱記。

十六　清季振宜延令宋板書目

劉子新編十卷。二本。案編，黄本論。

十七　清孫星衍孫氏祠堂書目内編卷二諸子第三雜家類

劉子十卷。梁劉勰撰，唐袁孝政注。一、宋刊巾箱本。一、明程榮刊本。一、漢魏叢書本。一、明孫鑛二卷不全本，題北齊劉晝撰。

十八　孫星衍平津館鑒藏記卷一

宋版

劉子十卷。目録前題劉子新論，梁通事舍人劉勰撰，播州録事參軍袁孝政注。自清神至九流，五十五篇，巾箱本。每葉廿二行，行十八字。左欄線外上俱標篇名，宋諱貞、慎、恒字俱缺筆，字畫清勁，是宋刻之佳者。此書唐志作劉勰撰，陳氏書録解題、晁氏讀書志，俱據袁孝政序文作北齊劉晝撰。此本無袁序，而題作劉勰，與唐志同。又目録與卷一、卷二字畫不同，是後人補刻。據盧氏羣書拾補所校道藏本，此本殘脱猶多。收藏有趙氏子昂朱文方印，揚州季氏藍文長印，滄葦藍文長印，振宜之印藍文方印，季振宜藏書藍文小長方印，御史振宜之印白文方印，良惠堂沈淪九川印朱文長印，鑒定法書之印朱文長方印，九川朱文方印，志雅齋朱文方印，沈文私印白文長方印，字伯朱文方印，菉谿白文長印，菉谿草堂朱文方印。

十九　清黄丕烈蕘圃藏書題識卷五子類二繆荃孫輯本。

劉子新論十卷。校宋本。

殘宋劉子新論，有注。本藏孫伯淵家，余從之借校於舊鈔道藏本上。缺首二卷，以明刻本補之。明刻與道藏本殊異，反與此程榮本同。而三卷以後，此又不同於宋本，是未知所據云何也。茲復用宋本專校正文於程榮本上，俾知宋本佳處。至宋本之注，因與此不同，未暇校也；且有正文小注，校本舊鈔道藏本上，故此從略焉。壬申端午後一日，西賓陸拙生以書歸進，復翁記。均在卷末。

劉子新論十卷。校宋明鈔本。

晁氏讀書志云：『齊劉晝孔昭撰，唐袁孝政注，凡五十五篇。言修心治身之道，而辭頗俗薄。或以爲劉勰，或以爲劉孝標，未知孰是。』庚午己月晦日葉子寅讀識。

辛卯夏五月十七日晨窗見太翁外舅圖記。此册有外舅圖記、内子圖記補印。

此書丁丑冬得之梅花館，越宿即取去，庚辰秋再見之南樓，如逢故人，亟攜之歸。内鈔録多誤，朱筆已較正。至劉子姓氏，南陽先生雖言之，而終無的據，當以俟知者。世無刻本，可勿珍諸！

康熙庚寅中秋十八日許心扆識。均在卷首。

此亦五硯樓書也。因舊鈔檢出之，不令隨他書云。卷端題劉子，卷下又有無一至無十字號，其爲臧本出無疑。惜五硯主人在日，未取臧本勘之，爲一恨事！而臧本早售去，茲無從借校，又一恨矣！我友周丈香巖家多祕書，向假得活字本校如右。其朱墨兩筆舊校者都合。余茲校活字本，是者存之，非者不贅焉。讀是書者，以舊鈔爲主，活字參之可耳。嘉慶庚午五月一日校畢，時在支硎道中，復翁。在卷末後。

此書世鮮刻本，惟程榮漢魏叢書本有之。然脱誤甚多，不可據也。是舊鈔以他書道藏本證之，每葉二十行，行十七字。其自臧本出無疑。不知何故正文與注或錯出，或譌舛。舊校而外，又賴活字本校正無算。可知書非宋刻，可據者十不一二也。余向從萃古齋見一小匡子細字本，主人云：「是宋刻。」惜亦不全。後聞爲陽湖孫伯淵售去，當致書山左，向彼借校，一破羣疑。讀書在廣見博聞，余謂藏書之道亦然，藏而能讀，非見聞廣博，不足以奏其功焉。庚午五月十三燒燭重檢，復翁又記。在卷首。

壬申四月，假得孫淵如觀察所藏小字殘宋刻本，手校一過。首二卷全缺，他卷亦多脱葉，復翁記。

宋刻分卷與此異，其十卷則同，所異在每卷分合。

宋本二册，見季滄葦延令書目，題云劉子二新論。孫氏五松園所藏即此本。今借校於此本上，其勝處固多，其脱誤處當以藏本、活字本參之。岷案黄氏士禮居藏書題跋記卷四活字本作汪本。

是書校宋，不憚至再至三。每校一次，即得訛字幾處。書之難校，掃葉拂塵，可謂至論。四月十八日第三次校畢記。均在末卷後。

劉子新論十卷，南宋板本，陶大使所贈。余見子彙本作二卷，無注。又有孫鑛評本，文不完。題播州袁孝政注。以孝政官爲地名，謬甚！但自清神至專學注文，反多於此本，不知何故，宜細考。宋題劉勰者，仍唐志之舊，與明人逕題劉晝者殊，無足怪也。孫星衍記於金陵五松園。

宋本

裝潢二册。根號，乾、坤。

題籤　劉子新論宋板神品

圖書第一册副葉上。子儋　鑒定法書之印　在明刻補缺目録第一葉一行上。　季印振宜滄葦　在明刻補缺目録第一葉一、二行上。　沈子橋印　在明刻補缺卷一第一葉一、二行之中。　揚州季氏滄葦　振宜之印　在宋刻卷五第十三葉末行。　㳅谿草堂　在第二册副葉上。　良惠堂沈九川印　鑒定法書之印　在宋刻鈔補卷六第一葉第一二行之中。　季振宜藏書　㳅谿　在宋刻第六卷第十葉後三行。　志雅齋　在宋刻第七卷第一葉前二行。　九叅趙氏子昂　在宋刻第八卷第一葉前二行。

竹塢　在宋刻第十卷第十葉，不計行。　宗伯　沈文私印　御史振宜之印

葉數　目録，二葉。　卷一，八葉。　卷二，九葉。　以上皆明刻。

卷三，計十葉。內脱第八葉。　卷四，計十葉。內脱第四、第五葉。　卷五，計十三葉。全。　卷六，計十葉。內鈔補首二葉。

卷七，計八葉。全。　卷八，计九葉。內脱第六葉。　卷九，計八葉。內脱第二、第三、第四葉。　卷十，計十葉。全。　無鈔補。

板心　白口，上記大小字數。

小耳　記每音音名於每葉葉尾欄外上方。　實存宋刻六十八葉。內鈔半葉。

校宋刻畢，復記宋刻面目如右。在卷首。

余好古書，無則必求其有，有則必求其本之異，爲之手校。校則必求其本之善，而一再校之。此余所好在是也。年來家事擾心，漸奪余好，其興少衰，未有如今茲之甚者。日坐齋中，身閑心忙，視書無一字可入肚。雖流覽之，殊無所得也。古人謂凡人爲一事，到成就處，必有魔來擾之，此其是耶？此書因讐校，留案頭三年矣。因記愁緒於此。復翁。時癸酉五月二十有六日，三男生有一載矣。能讀父書者賴此子。

嘉慶丙子閏六月，因取收得道臧本黄帝八十一難經句解，内有缺葉，遂託穹窿道士向㊈妙觀借臧本補鈔。且云：「臧本如欲借觀，不妨往取。」余於鈔補竣事後，開一目去，復檢得數種。原有者校之，不全者補之，卷帙少者擬次第傳録之。此劉子原出道臧，惜有錯誤，先經前人以朱墨二筆校勘。及入余手，復取活字本、殘宋本，宋缺補以明刻本，校正文及注。取子彙本校正文，幾於火棗兒餻矣。

茲刻專取道臧原本覆勘之，始知此舊鈔本實出道臧，唯稍有脱落耳。即活字本、宋刻本正文及注，亦未必大有歧異。不知所補明刻二卷出於何本，其注多少互異。茲既得見道臧真本，自然以此爲主，而以活字、宋刻兩本參焉。明刻之二卷，斷不可據，正文子彙本極佳，可取證也。所校道臧，皆標於下方，以臧字注於字下。通體於本行文字詞句有經宋本、活字本、明本及前人朱墨二筆校改增損者，不得再加區别。唯視下方無道臧本標出者，皆與臧本合。而舊鈔之爲道臧，固可即本身字而知之矣。至於字體不盡合道臧本，未能一一照改也。得此番校正後，劉子一書可稱善本，余之心力幾悴於此。八月八日燒燭，廿止醒人識。

嘉慶十七年四月十四日覆校畢，陸雲士記。以上各跋，均在末卷後。

道光癸未秋日長洲張紹仁假讀。在卷四末。

劉子十卷。舊刻本。

劉子有宋刊本，系小字，向爲五柳居物，後以贈陽湖孫伯淵者。又有舊鈔本，向爲五硯樓物，後以歸余者。有舊刻專本，向爲香巖書屋物，今以售余者。三本各不同，余曾借伯淵藏本校五硯本，又曾借香巖本參校於五硯本上，故知之詳如此。此皆昔年事也。春初香巖主人歿，遺書分各房，有目録傳觀於外。余遂檢向所見過者，稍留一二種。惜年來力絀，宋、元舊刻，散失殆盡；而區區舊刻，又復思置之。且賣書買書，牽補殊艱，自笑兼自媿也。己卯季冬望後一日，復翁。

劉子新論十卷。明本。

余於劉子所見本子多矣，故手校亦屢其詳，在舊鈔道藏本上。此本係明覆宋刻，因余曾見殘宋本，又見殘宋本之首配明覆本，余校刊時，因舊鈔無目，寫影補之。此本適缺，復影寫向影寫者補之。餘所缺者，又依校出行欵補寫之。一本之書，倩工影摹，倩工裝潢，不知又費多少錢矣！是書於臬轅西中有堂偶得之。時爲道光癸未八月十二日也。越九月十八，盡裝成，并記。今日月大，可於明日五更觀日月同升。因天未老晴，故未赴山僧之約。蕘夫記。

二十　清于敏中等天禄琳琅書目續編卷五

宋版子部

劉子。二函，十册。

劉晝撰。考北史儒林傳，有劉晝，字孔昭，渤海人。然僅列所著有帝道、金箱璧言二書，不云有此著述，故陳振孫書録解題云：「終不知爲何代人」也。書十卷，五十五篇。標播州録事參軍袁孝政註。據晁公武郡齋讀書志載爲唐人，有孝政序。此書近坊間傳本無註，此獨有之，其序則已佚矣。

二一　清陸心源皕宋樓藏書志卷五十五子部雜家類

劉子五卷。明刊本。

周劉晝撰。

二二　清丁丙善本書室藏書志卷十八子部雜家類

劉子十卷。明萬曆刊本，王藹士藏書。

播州録事參軍袁孝政註。

北史儒林傳：「劉晝，字孔昭，渤海人。嘗著帝道、金箱璧言。」未及此著，故世謂爲劉勰，又爲劉歆、劉孝標，皆非也。吉藩刊本及子彙本，直謂晝撰，凡五十五篇。泛論治國修身之要，雜以九流之説。袁孝政注，據郡齋讀書志載爲唐人，舊有序，今已佚矣。前有大泌山人李維楨序，萬曆壬辰海虞蔣以化入長安，得道藏本，因刻於孝昌署中，自爲後記。

二三　清邵懿辰四庫簡明目録標注卷第十三子部雜家類

劉子十卷。是書或題劉歆，或題劉勰，或題劉孝標。惟袁孝政序爲劉晝，疑即孝政所僞作，而自爲之注也。抱經云：注極淺陋紕繆。

子彙本。漢魏叢書本題劉子新論。明泰和堂刻孫鑛評二卷，不全，亦有注。道藏本有袁孝政注。天禄後目、平津館目均有宋刊本附注。羣書拾補内有校正若干條。何允中本即何鏜漢魏叢書本。朱修伯曰：晁志稱是書五卷。嘗校核各本，子彙與道藏略同，頗可正程氏、何氏本之謬。後檢諸子賞奇是五卷本，校之，果是善本。因知五卷本明末尚有流傳也。

附録 東湖叢記有菉竹堂舊鈔本，又載陳鱣跋云：周香巖有明活字本。某氏。

二四　清丁日昌持靜齋書目卷三子部雜家類

劉子十卷。漢魏叢書刊本，題新論。

是書疑唐袁孝政所僞作。

二五　清張之洞書目答問卷三子部雜家類附范希曾補正

劉子十卷。梁劉晝。漢魏叢書本。兼道家。補 唐袁孝政注。舊唐志云：「劉勰撰。」晁志云：「劉晝撰。」又有謂即袁孝政所僞作者，疑不能明也。漢魏叢書本題劉子新論。定州王灝刻畿輔叢書本。涵芬樓道藏舉要影印道藏本。玻璃版影印明活字本。盧文弨、孫詒讓皆有條校，在羣書拾補、札迻内。

二六　日本大正河田羆靜嘉堂祕籍志卷二十七子部雜家類上

劉子五卷。明刊本。

周劉晝撰。

案提要作十卷，云：「隋志不著録，唐志作梁劉勰撰。陳振孫書録解題、晁公武讀書志，俱據唐播州録事參軍袁孝政序，作北齊劉晝撰。宋史藝文志亦作劉晝。自明以來刊本，不載孝政注，亦不載其序。中略。北齊劉晝字孔昭，渤海阜城人，名見北史儒林傳，亦不云有此書，豈孝政所指，又別一劉晝歟？」

又案新刊彙刻書目，吉府刻二十家子書，明萬曆六年謝其盛輯，吉藩潭州道人德山序，版心有崇德書院，列老子以下至无能子二十家。而此本唯載十三子，及子華子、劉子，蓋佚其餘子。儀顧堂續跋，有明刊子彙跋，即萬曆四年潛庵周子義所編，與此本異。

二七　近人傅增湘雙鑑樓善本書目卷三子部

劉子十卷。

明龍川精舍鈔本，十行，十作字。天一閣藏書。

劉子二卷。

明子彙本。

二八　傅增湘藏園羣書題記卷三

明鈔劉子跋

劉子十卷，明人寫本。棉紙藍格，十行，十八字。版心有龍川精舍四字，此天一閣舊藏，余昔年得之上海金誦清坊中者。闌上有舊人校字及批釋諸條，亦明人筆也。以程榮漢魏本校之，卷一防慾章「口貪滋味」下，補「命曰腐腸之藥，鼻悅芳馨，」十字。去情章「虛心觸已」下，補「雖有忮心而不怒者，以彼無情於擊觸也。」十六字。專學章注文「寘我周行」下，補「后妃歎曰：『若得君子，將其治國。』不知祭祀之時已過，專與不專，則斯見也。」二十八字。卷二思順章「欲無傷」下，補「也，其可得」四字，卷三審名章「黄公醜女」注「故一國」下，作「謂之實醜。後納爲妃，時人始知其爲」十四字，與程本作「無聘者，有鰥夫時冒取之，果」十一字者迥異。卷四薦賢章注「虞丘楚相」上，補「楚莊王以告虞丘，虞丘伏罪，於是遂進叔敖爲相，楚國大治。」二十三字。其他單詞片語，糾正者凡數百事，可知此本之善矣。余昔年曾校明初活字本，取此對勘，其正文所補各條，活字本均有之；惟注文三條，爲此本所獨具。嗣得黄蕘圃校宋本，則所補注文，宋本一一咸備。是此寫本出於宋刊，斷可知矣。又此書燉煌石窟有六朝人寫本，余曾見兩殘卷，一爲何邕威所藏，二百六行，存去情第三末，至思順第九上半。一爲法國伯希和所藏，一百五十二行，存風俗第三十六章，至正賞五十一。聞有劉幼雲前輩藏一卷，其文與何氏所藏正相接續，惜遠在青島，未得假校。然所校兩卷，其文字與通行者違異頗多，蓋古書自唐以後，展轉流傳，去古愈遠，舛謬愈增，欲整齊而廓清之，蓋戛戛乎其難矣！壬申二月清明前三日藏園記。

二九　近人王重民巴黎敦煌殘卷敍録

第一輯卷三子部

劉子新論二五四六

敦煌本劉子新論殘卷，起鄙名第十七，訖託附第二十一之前半，於唐諱世之字爲代，治之字爲理，則寫於開、天之世也。字小行密，然頗清秀。友人孫子書有新論校釋一卷，民國十九年余曾與舊作列子校釋，彙印爲西苑叢書。知人篇：「使百川東注於海，西被於流沙，」子書以意校「西被於流沙」五字爲衍文，此卷子本正無此五字，因歎子書校書之精，益知古本之可貴也。（民國二十四年）四月七日

又三五六二

劉子新論殘卷，起韜光第四之後半，訖法術第十四之開端，得整篇九，殘篇二。羅振玉於江陰何氏許，曾得一敦煌本劉子殘卷，起去情第三之後半，訖思順第九之前半。此卷與羅卷同者可五篇，又得多五篇，爲可寶也。羅卷每行十五六字，此卷每行十九字、二十字不等；羅卷寫於初唐，此卷不避唐諱，當出於六朝之末。羅跋云：「此書唐志稱梁劉勰撰，宋志作北齊劉晝撰，四庫全書總目謂當出貞觀以後，訖莫能定爲誰何。惜此卷前題已闕，不可考矣，然此本寫於盛唐，且遠及邊裔，其爲六朝舊著可知。」按此卷亦闕前題，繹羅氏言，同此缺望。然揆以唐人寫書之例，凡避諱字，或缺筆，或改用代字；又揆以唐人著書之例，凡避諱字則逕用代字。檢此卷崇學篇：「學

爲禮儀，彫以文藻，則世人榮之，」羅卷世作代。又辨樂篇：「三王異世，不相襲禮，」羅卷世亦作代。則原書遝用避字，不但可知此卷寫於貞觀以前，且可斷知此書非作於唐世矣。於羅氏所謂爲六朝舊著者，此爲一强有力之證據。適今日尚有餘晷，乘興將此卷與羅卷相同之五篇，校於敦煌石室碎金排印本上，以知此卷實勝羅卷也。惟羅氏有校記，客中尚未獲見爲悒悒耳。六月五日。岷案王氏附有校勘記，已采入集證中，茲從略。

又

余於敦煌本劉子新論，於羅卷外，在巴黎既又獲見兩種，以補羅氏爲六朝舊著之説。至其撰人，應爲劉勰抑劉晝，仍不敢贊一言也。繼思敦煌遺書内有所謂隨身寶者，所記經籍一門，均係當時最通行之書，不啻一部唐人書目答問也。余乃求之卷内，正有「流子劉協注」一則，知必係「劉子劉勰著」矣。於是是書盛行唐代之言益驗，而唐志劉勰所著之説，又多一證。又三六三六號卷子爲雜抄，卷中有「九流」一條，目下有注云：「事在流子第五十五章。」所録正是新論九流篇原文。其作「流子」之義，雖仍不得其解，然隋志敍録，全取此篇，事正相同也。六月十四日

第二輯卷三子部

劉子新論三七〇四

此殘卷存風俗第四十六，利害第四十七，禍福第四十八，貪愛第四十九，類感第五十，正賞第五

十一，恰得百行。與二五四六號卷子當是同卷，爲開、天時寫本，余前已言之矣。巴黎所藏新論無善本，手頭有子書所作校釋，持以對讀，與此卷合者十得八九。益嘆此卷子本之善，而子書校書之精。禍福篇：「善行則禍轉爲福」，今本誤作「善言則福轉爲禍」。岷案「善行、善言」，並當屬上文爲句。子書云：「此不應云福轉爲禍，福、禍互误。」又「逾敬慎以檢身。」今本誤作「逾敬慎以儉誡其身。」子書云：「吉府本作逾敬慎以檢身，是也，與下逾修德以爲務對文。」貪愛篇：「出府庫之兵以賦人」，今本賦誤作賜。子書云：「道藏本、子彙本賜作賦，當據正。」類感篇：「彈角而木摇，鼓羽而波湧」，今本誤作「彈角則目摇，鼓舟而波湧。」子書云：「范氏天一閣抄本作鼓羽而波湧，按范本是也。上句目字乃木之誤，北堂書鈔一百五樂總部引崔琦七蠲云：彈角而木摇，鼓羽而波湧，是其明證。」正賞篇：「棄法以度物情」，今本誤作「模法以度物爲情」，子書校作「不模法以度物情。」又「堂列黼幌」，今本列誤作珠，子書校作「朱堂黼幌」，則子書能摘今本之誤，而卷子本能昭示吾人以舊文之是也。二十六年十一月二十六日

諸家考證

目次

一　宋黄震黄氏日鈔卷五十五

讀劉子

劉子之文類俳，而又避唐時國諱，以世爲代，往往雜取九流百家之説，引類援事，隨篇爲證，皆會粹而成之，不能自有所發明，不足預諸子立言之列。播州録事袁孝政注而序之，乃盛稱譽，且謂五十五篇取五行生成之數，於義無考焉。然又謂劉子名晝字孔昭，而無傳記可憑，或者袁孝政之自爲者耶？

二　清姚際恒古今僞書考

劉子新論

袁孝政作序，稱劉晝；唐志十卷，稱劉勰，人或謂即此書，然篇目不類；或又云劉歆、劉孝標。

三　清紀昀等四庫全書總目提要卷一百十七子部雜家類一

劉子十卷

案劉子十卷，隋志不著録，唐志作梁劉勰撰。陳振孫書録解題、晁公武讀書志，俱據唐播州録事參軍袁孝政序，作北齊劉晝撰。宋史藝文志亦作劉晝。自明以來刊本，不載孝政註，亦不載其序，惟陳氏載其序，略曰：「晝傷己不遇，天下陵遲，播遷江表，故作此書。時人莫知，謂爲劉勰、劉歆、劉孝標作」云云，不知所據何書，故陳氏以爲「終不知晝爲何代人。」案梁通事舍人劉勰，史惟稱其撰文心雕龍五十篇，不云更有別書；且文心雕龍樂府篇稱「塗山歌於候人，始爲南音；有娀謠乎飛燕，始爲北聲；夏甲歎於東陽，東音以發；殷整思於西河，西音以興。」此書辨樂篇稱「夏甲作破斧之歌，始爲東音。」與勰說合；其稱「殷辛作靡靡之樂，始爲北音。」則與勰說迥異，必不出於一人。又史稱勰長於佛理，嘗定定林寺經藏，後出家，改名慧地；此書末篇乃歸心道教，與勰志趣迥殊。白雲霽道藏目録，亦收之太元部無字號中，其非奉佛者甚明。近本仍刻劉勰，殊爲失考。劉孝標之說，南史、梁書俱無明文，未足爲據。劉歆之說，則激通篇稱「班超憤而習武，卒建西域之績。」其說可不攻而破矣。惟北齊劉晝字孔昭，渤海阜城人，名見北史儒林傳。然未嘗播遷江表，與孝政之序不符；傳稱「晝孤貧受學，岷案受乃愛之誤。恣意披覽，晝夜不息，舉秀才不第，乃恨不學屬文，方復綴緝詞藻，言甚古拙。」與此書之縟麗輕蒨亦不合；又稱「求秀才十年不得，乃發憤撰高才不遇傳。孝昭時，出詣晉陽上書，言亦切直，而多非世要，終不見收。乃編録所上之書爲帝道。河清中，又著金箱璧言，以指機政之不良。」亦不云有此書。豈孝政所指又別一劉晝歟？觀其書末九流一篇所指得失，皆與隋書經籍志子部所論相同，使隋志襲用其說，不應反不録其書；使其剽襲隋志，則貞觀以後人作矣。或袁孝政採掇諸子之言，自爲此書，而自註之；又恍惚其著書之人，使後世莫可究詰，亦未可知也。然劉勰之名，今既確知其非，自當刊正；劉晝之名，則介在疑似之間，難以確斷。姑仍晁氏、陳氏二家之目，題晝之名，而附著其牴牾如右。

四　清王昶春融堂集卷四十三

跋劉子

劉子二卷，北齊劉晝著，共五十六篇。唐播州録事參軍袁孝政注。按晝字孔昭，所撰有高才不遇傳、金箱璧言，而是書本傳無之。又隋經籍志若顧子、符子入書録，而此獨未載，何與？考唐志劉子十卷，劉勰撰。孝政序云：『晝播遷江表，故作此書。時人莫知，謂爲劉勰，或曰劉歆、劉孝標作。』陳氏振孫至不知爲何代人。晁氏謂其俗薄，則殊有見也。大抵唐志之劉子，非即此劉子，而此書不見於晝傳，爲後人僞撰無疑。明人好作僞，申培詩説、子貢易詩傳、天禄閣外史，無識者多奉爲天球拱璧，是書蓋其流亞爾。

五　清周中孚鄭堂讀書記卷五十二子部十之一雜家類一

新論十卷。漢魏叢書本。

舊題梁劉勰撰，實北齊劉晝撰也。晝字孔昭，渤海阜城人。四庫全書著録作劉子。隋志不載，新、舊唐志始載之，作劉勰撰。崇文目、讀書志、宋志俱作三卷。崇文目闕其撰人，晁氏始題齊劉晝撰，宋志同。讀書附志、書録解題、通考俱作五卷，亦俱題劉晝撰。晁氏云：「唐袁政注，此處脱孝字，序誤爲注。凡五十五篇，言修心治身之道，而辭頗俗薄。或以爲劉勰，或以爲劉孝標，未知孰是。」陳氏云：「袁孝政爲序，序云：『晝傷己不遇，天下陵遲，播遷江表，故作此書。時人莫知，謂爲劉勰，或曰劉歆、劉孝標作。』孝政之言云爾。終不知晝爲何代人，其書近出，傳記無稱，莫詳其始末，不知何以知其名晝而字孔昭也。」按劉子確是唐以前古書，已見隋志雜家注中。楊偉時務論十二卷下，引梁有劉子十卷，亡。即七録也。當時作史者，必聞其緒言，故九流一篇，與隋志子部所論相同。將南北混一之際，其書偶佚，至唐代復出耳。孝政定爲劉晝孔昭，必有所據，故玉海五十三亦從之。二唐志俱題劉勰撰者，即孝政所謂「時人莫知，謂爲劉勰、劉孝標」也。勰所著文心雕龍，體格既異，宗旨亦殊。惟孔昭號稱名儒，是書雜論治國修身之道，不失爲儒者之言。北史本傳有孔昭所撰金箱璧言，或即此書歟？至播遷江表之説與傳不合，安知非史册失載？即據傳稱其「綴輯詞藻，言甚古拙。」並疑此書非其所能，亦非篤論。何者？以魏伯起之文，而徐孝穆曰爲之藏拙；盧子行、薛元卿之文，而庾子山曰少解把筆。何怪于孔昭！蓋其才本不嫻詩賦，既爲邢、魏所笑，耳食者遂過甚其辭耳，未見其不能著書也。諸家書目皆云劉子，是本題爲新論者，蓋程榮、何鏜輩誤改從桓譚之書名。書本十卷，或云三卷，或云五卷，則分併之故，亦無歧異也。而王述庵師春融堂集有是書跋，斷爲明人僞撰，竟與僞申培詩説、子貢易詩傳、天禄閣外史同類並稱，豈其然乎？

六　清孫志祖讀書脞録四

劉子

直齋書録解題云：「劉子五卷，近刻漢魏叢書題作新論。劉晝孔昭撰。袁孝政敍云：『晝傷己不遇，天下陵遲，播遷江表，故作此書。時人莫知，謂爲劉勰，或曰劉歆、劉孝標作。』終不知晝爲何代人。」志祖案，劉晝見北齊書儒林傳，即賦六合者也。直齋偶忘之尔。或云孔昭未嘗播遷江表，本傳亦不云有此書，當再考。

七 清陳鱣簡莊文鈔續編卷一

劉子注跋

劉子十卷，隋書不著録，唐志作梁劉勰撰。郡齋讀書志、直齋書録解題俱作劉晝孔昭撰。直齋引唐播州録事參軍袁孝政序，略云：「晝傷己不遇，天下陵遲，播遷江表，故作此書。時人莫知，謂爲劉勰及孝標。」梁書、南史俱無明文。且當時崇佛，而是書末篇歸心道教，故道藏收之太玄部無字號中，其非勰及孝標之書明甚。又是書激通篇稱「班超憤而習武，卒建西域之績。」又安得謂劉歆作乎？惟北齊書儒林傳云：「劉晝字孔昭，渤海阜城人。少孤貧，愛學，恣意披覽，晝夜不息。舉秀才不第，撰高才不遇傳。又頻上書，言亦切直，多非世要，終不見收。自謂博物奇才，言好矜大，每云：『使我數十卷書行於後世，不易齊景之千駟也！』」傳雖不云有此書，然於書中大意相合，或疑袁孝政所作，非也。然孝政之注，雖不能備詳典故，亦不可少。自明以來，刊本注甚無幾，而本文脱誤，竟不可讀。吴中袁氏五硯樓，向得舊鈔，藍格緜紙，尚是明中葉時人從道藏本録出。又周氏香巖家藏活字本，亦係明時舊本。黄君蕘圃既得袁氏所藏舊鈔本，乃假周氏活字本校於其上，余復屬蕘圃以厚價雇人摹鈔活字本以歸，而以舊鈔本校之，夫而後劉書、袁注，差覺完善可觀，而世間通行程榮、何允中等刻，俱堪廢矣。活字本第八卷中原缺一葉，余手録補入，而並録蕘圃二跋於後。至所校活字本，題誤者，朱書於旁；或兩可者，則標於上。嗟乎！聚書固難，校書亦復非易，蓋惟深歷此中甘苦者知之耳。嘉慶十五年秋渤海陳鱣記。

八　清嚴可均鐵橋漫稿

書劉子後

劉子五十五篇，北齊劉晝撰。余嚮得程榮、孫鑛等本，聞有宋巾箱本，未之見也。今得此于吴山書肆，是明初崇德書院所刊，行墨疎古，閲之豁目爽心，可稱善本。前有序，簡而覈，惜不題名。劉子言治國修身之道，有大醇，無小疵，晁公武乃云「詞頗俗薄」，毋乃輕詆！近人編書目者，又云「九流一篇，全襲隋書經籍志之文。」隋書非僻書，盍覆檢之，豈其然乎？道光戊子歲八月朔，嚴可均書于錢塘寓館。

九　近人余嘉錫四庫提要辨證子部四雜家類一

劉子十卷北齊劉晝

案劉子十卷，隋志不著録，唐志作劉勰撰。陳振孫書録解題、晁公武讀書志，俱據唐播州録事參軍袁孝政序，作北齊劉晝撰。宋史藝文志亦作劉晝。自明以來刊本，不載孝政注，亦不載其序，惟陳氏載其序，略曰：「晝傷已不遇，天下陵遲，播遷江表，故作此書。時人莫知，謂爲劉勰、劉歆、劉孝標作」云云。不知所據何書，故陳氏以爲「終不知晝爲何代人。」

謹案此書新、舊唐志皆作劉勰，惟讀書志卷十二、玉海卷五十三作齊劉晝孔昭撰耳。若書録解題卷十，則止言劉晝孔昭撰，無北齊字。蓋陳振孫初不知北齊有劉晝，故云「終不知晝爲何代人。」今提要謂書録解題、讀書志俱據袁孝政序袁孝政，讀書志作袁政。作北齊劉晝撰者，蒙讀書志爲文，而未及分析言之也。此書宋刻本有袁孝政注，無序，見天禄琳瑯書目續編卷五，題劉晝撰。孫星衍平津館鑒藏記卷一，亦有宋刻巾箱本，題作劉勰。至明刻袁注，有道藏本，在無字號，見白雲霽道藏目録詳註卷四。有覆宋本，題劉勰，見鐵琴銅劍樓藏書目卷十四。有萬曆壬辰海虞蔣以化重刻道藏本，見丁丙善本書室藏書志卷十八。又有泰和堂刻孫鑛評本二卷，不全，亦有注，見邵懿辰簡明目録標注卷十三。明程榮漢魏叢書本題梁東莞劉勰著，播州袁孝政注。但於注删削甚多，只存十之二三。是則明人刻本有注者多矣，修四庫書時自未見耳。

案梁通事舍人劉勰，史惟稱其撰文心雕龍五十篇，不云更有别書；且文心雕龍樂府篇稱「有娀謠乎飛燕，始爲北聲。」此書辨樂篇稱「殷辛作靡靡之樂，始爲北音。」與勰説迥異。又史稱勰長於佛理，後出家，改名慧地，此書末篇乃歸心道教，志趣廻殊，近本仍刻劉勰，殊爲失考。劉孝標之説，南史、梁書俱無明文，未足爲據。劉歆之説，則激通篇稱「班超憤而習武，卒建西域之績。」其説可不攻自破矣。惟北齊劉晝字孔昭，渤海阜城人，名見北史儒林傳。然未嘗播遷江表，與袁孝政之序不符；傳稱「舉秀才不第，乃恨不學屬文，方復綴緝詞藻，言甚古拙。」與此書之縟麗輕蒨亦不合；又稱「求秀才十年不得，乃發憤撰高才不遇傳。孝昭時，出詣晉陽上書，言亦切直，而多非世要，終不見收。乃編録所上之書爲帝道。河清中，又著金箱璧言，以指機政之不良。」亦不云有此書。豈孝政所指又別一劉晝歟？觀其書末九流一篇所指得失，皆與隋書經籍志子部所論相同，使隋志襲用其説，不應反不録其書；使其剽襲隋志，則貞觀以後人作矣。

案自晁、陳以下，題此書爲劉晝撰者，大抵據袁孝政之序。余嘗疑孝政作注，文理尚復不通，其言豈足爲據。既而考之，始知初唐時人早有此説，宋劉克莊後村大全集卷一百七十九詩話續集引朝野僉載云：「劉子書，咸以爲劉勰所撰，乃渤海劉晝所製，晝無位，博學有才，竊取其名，人莫知也。」止然則此書實晝所撰，晝有才無位，積爲時人所輕，故發憤著此，竊用劉彥和之名以行其書，且以避當時之忌諱也。人既莫知，故兩唐志及諸傳本皆題劉勰矣。朝野僉載爲唐張鷟所著。鷟高宗調露時進士，博學有才，且去北齊未遠，其言必有所本，自足取信。晁公武未見僉載原書，陳振孫亦僅見節略之本，然宋、元間自有完書，故克莊得見之，至明其書遂亡，今本出於後人所掇拾，詳見僉載本條。疏漏百出，故無此條。後村大全集亦僅存舊鈔，久無刻本傳世，近始由涵芬樓本影印入四部叢刊，後村詩話亦經張鈞衡刻入適園叢書。爲自來考證家所未見；且即令見之，又孰知小説詩話中有此一事哉？此所以於劉子疑議紛然，終不能定其撰人也。余嘗取此書反復讀之，而確信其出於劉晝有四證焉。其知人篇曰：「世之烈士，願爲君授命，猶聱者之思視，躄者之想行，而目終不得開，足終不得伸，徒自悲夫！」[止]其薦賢篇曰：「賢士有脛而不肯至，殆蠹材於幽岫，投跡於柴華者，蓋人不能自薦，未有爲之舉也！」[止]又曰：「臧文仲不進展禽，仲尼謂之竊位；公孫弘不引董生，汲黯指謂妬賢；虞邱不薦叔敖，樊姬貶爲不肖；東閭不達麾士，後行不正於路。故爲國入寶，不如能獻賢。獻賢受上賞，蔽賢蒙顯戮，斯前識之良規，後代之明鏡矣。」[止]蓋晝嘗求秀才十年不得，及被舉，又考策不第，上書亦不見收采，竟無仕進。見北齊書及北史本傳。傷時無知己，多竊位妬賢，故有此言。北史本傳言刺史李璵嘗以晝應詔，先告之，晝曰：「公自爲國舉才，何勞語晝！」與薦賢篇語意合，此其證一也。其通塞篇曰：「命有否泰，遇有通塞；否與泰相翻，屈與伸殊貫。邀泰遇伸，不盡叡智；遭否會屈，不專膚蔽。何者？否泰由命，屈伸在遇也。」[止]其遇不遇篇曰：「賢有常質，遇有常分，賢不賢，性也。遇不遇，命也。性見於人，故賢愚可定；命在於天，則否泰難期。命運應遇，危不必禍，遇不必窮；命運不遇，安不必福，賢不必達。故患齊而死生殊，德同而榮辱異者，遇不遇也。」[止]此二篇詞氣憤激，與其撰高才不遇傳之意同。所謂發憤著書也。此其證二也。北齊書及北史均列晝於儒林，不言其爲老、莊之學，然此書中若清神、防慾、去情、韜光等篇，多黄、老家言，故盧文弨謂其近乎道家。是其歸心道教，不僅見於九流一篇也。晝九流篇所謂「道以無爲化世」者，指老、莊言之，是道家非道教，提要亦誤。考廣弘明集卷六辨惑篇云：「劉晝，渤海人，才術不能自給，齊不士之，著高才不遇傳以自況也。上書言佛法詭誑，避役者多，又詆訶淫蕩，有尼有優婆夷，實是僧之妻妾，損胎殺子，其狀難言。今僧尼二百許萬，并俗女向有四百餘萬，六月一損胎，如是則年族二萬户矣。驗此佛是疫胎之鬼也，全非聖人之言。道士非老、莊之本，藉佛邪説爲其配坐而已。」止 是蓋即齊孝昭時所上之書，時人方競奉佛，故詆爲言雖切直，而多非世要。是晝之爲人，詆佛而不非老、莊。蓋自昌黎未出以前，凡闢佛者皆老氏之徒，即傅奕亦然，情有所偏，遂入主出奴耳。晝好老、莊之學，故上書詆佛，此書之歸心道家以此也。此其證三也。其正賞篇曰：「至於觀人論文，則以大爲小，以能爲鄙，而不知其目亂心惑也。昔者仲尼先飯黍，侍者掩口笑；子游裼裘而諺，曾參揮指而哂。以聖賢之舉錯，非有謬也，而不免於嗤誚；奚況世人，未有名稱，其容止文華能免於嗤誚者，豈不難也？以此觀之，則正可以爲邪，美可以稱惡，名實顛倒，可謂歎息也！今述理者，貽之知音君子，聰達亮於聞前，明鑒出於意表，不以名實眩惑，不爲古今易情，採其制意之本，略其文外之華，不没纖芥之善，不掩螢爝之光，可謂千載一選也。」止 案北史本傳云：「舉秀才不第，乃恨不學屬文，方復緝綴辭藻，言甚古拙。制一首賦，以六合爲名，自謂絶倫。乃歎儒者勞而寡功。」北齊書本傳作「自謂絶倫，吟諷不輟。乃歎曰：『儒者勞而少功，見於斯矣！我讀儒書二十年，而答策不第；始學作文，便得如是！』」曾以賦呈魏收而拜，收忿之，謂曰：「賦名六合，已是太愚；文又愚於六合；君四體又甚於文。」原作「又甘於文」誤。從通志卷一百七十四校改。晝不忿，又以示邢子才，子才曰：「君此賦正似疥駱駝，伏而無嫵媚。」北齊書作「曾以此賦呈魏收，收謂人曰：『賦名六合，其愚已甚；及見其賦，又愚於名。』」無示邢子才事。晝常自謂博物奇才，言好矜大，每言：「使我數十卷書行於後世，不易景公之千駟也。」容止舒緩，舉動不倫，由是竟無仕，卒於家。[止]然則晝在當時，不惟文章爲邢、魏所嗤，即其容儀亦爲流俗之所笑，此篇所謂「世人未有名稱，容止文華難免於嗤誚者」，晝正以之自況，故有慨乎其言之也。篇末則自敍其著書之意，以其詞賦爲人所嗤，故望讀者「採其制意之本，而略其文外之華。」又自以博學奇才，而不爲時所知，故不能無望於知音之君子。觀其詞意，與本傳纖芥相應，著此書者非晝而誰？此其證四也。或曰：「晝既發憤著書，將欲垂之千載，乃自匿其名字，翻託劉勰之名，以此求知，未喻其理。」應之曰：「此其故正賞篇明之矣。其言曰：『昔魯哀公遥慕稷、契之賢，不覺孔丘之聖；齊景公高悕管仲之謀，不知晏嬰之智；張伯松遠羡仲舒之博，近遺子雲之美。以夫子之聖，非不光於稷、契；晏嬰之賢，非有減於管仲；揚子雲之才，非爲亞於董仲舒，然而弗貴者，豈非重古而輕今，珍遠而鄙近，貴耳而殘目，崇名而毁實耶？觀俗之論，非苟欲以貴彼而賤此，飾名而挫實，由於美惡混揉，真僞難分，摸法以度物爲情，信心而定是非也。』[止]又曰：『越人臛蛇以饗秦客，甘之以爲鯉也。既而知其是蛇，攫喉而嘔之。此爲未知味也。趙人有曲者，託以伯牙之聲，世人競習之，後聞其非，乃束指而罷。此爲未知音也。宋人得石燕以爲美玉，銅匣而藏之，後知是石，因捧匣而棄之。此爲未識玉也。郢人爲賦，託以靈均，舉世而誦之，後知其非，皆緘口而捐之。此爲未知文也。故以蛇爲鯉者，唯易牙不失其味；以趙曲爲雅聲者，唯鍾期不溷其音；以燕石爲美玉者，唯猗頓不謬其真；以郢賦爲麗藻者，唯相如不濫其賞。』」止讀此可知其託名劉勰之故矣。蓋當時鄴下文士，推重江南文筆，恣其漁獵，用作楷模。故邢子才譏魏收云：『江南任昉，文體本疏，魏收非直摸擬，亦大偷竊。』收聞乃曰：『伊常於沈約集中作賊，何意道我偷任昉！』見北齊書魏收傳。此可以見河北風氣矣。晝自謂奇才博物，文采絶倫，乃因爲六合作賦，大爲邢、魏所嗤，至謂其四體之愚又甚於賦，横肆輕薄，殆非所堪！夫其貴任、沈也如彼，而賤晝也如此，此無他，「重古而輕今，珍遠而鄙近，貴耳而賤目，崇名而毁實」也。晝既恨北人以東家丘見待，又病時無真賞，以劉勰作文心雕龍深得文理，大爲沈約所重，故著此書，竊取其名。猶之郢人爲賦，託以靈均，觀其舉世傳誦，聊以快意，良由憤時疾俗，遂爾玩世不恭，猶是其好自矜大之習也。然晝雖偶弄狡獪，本非真欲隱名，必嘗自露蹤跡，時人多知之者，故張鷟得據所傳聞，筆之僉載爾。」至於隋志不著録，當由武德收書之時，行經砥柱，適被漂没，事見隋志序。凡隋志所言已亡之書，至唐復出者甚多。唐馬懷素所謂「古書近出，前志闕而未編」者也。見舊唐書懷素傳。若夫提要疑爲僞託之故，大要有三。一曰「書未嘗播遷江表，與袁孝政之序不符。」二曰「本傳言其言甚古拙，與此書之縟麗輕蒨不合。」三曰「九流篇指陳得失，剽襲隋志。」凡此三者，所疑皆妄也，其爲説非也，請得而辨之。孝政之序曰：「天下陵遲，播遷江表。」[止]詳其文義，非謂書也，蓋謂五胡亂華，天下陵遲，遂致中國共主播遷江表耳。晉室雖得天下不以正，然當時皆以正統歸之，故王猛臨死以之戒苻堅。江表一隅，衣冠文物存焉。當書之時，江左已爲陳氏，晉亡久矣。然書之視陳，猶猛之視晉也。書中隨時篇曰：「時有淳澆，俗有華戎，不可以一道治，不得以一體齊也。故無爲以化三皇之時，法術以禦七雄之世，德義以柔中國之心，政刑以威四夷之性。故易貴隨時，禮尚從俗，適時而行也。」[止]又曰：「老聃至西戎，而效猨言；夏禹入裸國，欣然而解裳。非欲忘禮，隨俗宜也。墨子儉嗇而非樂者，往見荆王，衣錦吹笙，非苟違性，隨時好也。魯哀公好儒服而削，代君修墨而殘，徐偃公行仁而亡，燕噲爲義而滅。夫削、殘、亡、滅，暴亂之所招，而此以仁、義、儒、墨而遇之，非仁、義、儒、墨之不行，行非於時之所致也。」[止]詳此篇之意，蓋謂夷狄之民，不可以仁義説，其詞怨以怒矣。蓋齊自高洋之後，皆昏暴之君，行同禽獸。書既不遇於時，自憾生於夷狄之邦，不及覩衣冠文物之盛而揖讓於其間，故其言如此。第因時多忌諱，故出之以微詞爾。若劉勰、孝標則生長江左，其君臣皆以風流文采相高，縱詆諆北虜，無緣以至西戎、入裸國自況也。孝政推知其意，故曰「傷己不遇，天下陵遲，播遷江表」也。特孝政文理不通，不免詞不達意耳。若以「播遷江表」指晝言之，則當曰「時天下陵遲，晝播遷江表，傷己之不遇，故作此書」矣，六朝時以有韻爲筆，本傳謂晝「不學屬文，言甚古拙。」觀其爲六合作賦，其拙可知。然不善屬文者，未必不長於筆也。杜子美古今詩聖，而無韻之文，至不可讀；曾子固文章蓋代，而韻語輒不工。人之才性，各有短長，故罕能兼美。且北齊文士，温、邢爲冠。温子昇全不作賦，邢子才又非所長。見北史魏收傳。然不害其爲作者。况於孔昭，本是經儒，拙於作賦，良不足異。且「言甚古拙」之評，出於李百藥，李父德林見知魏收，以晝爲收所詆諆，遂雷同附和耳。北史謂收常云：「會須作賦，始成大才。士唯以章表碑誌自許，此外更同兒戲。」見收傳。然則立言之道，非收所知。收傳載其所作枕中篇一首，相其理致，尚未足與劉子抗衡。道不同不相爲謀，魏收驚蛺蝶，惡足以論定！孔昭自謂「使我數十卷書行於後世，不易景公千駟。」觀於劉子，知其言大而非誇。史官敍事，豈皆實録？百藥才謝馬、班，直異南、董，提要據其片言，遂疑孔昭不能著書，亦過矣！且提要謂此書華縟輕蒨，而晁公武則以爲俗薄，品藻異致，毁譽亦復何常？考北堂書鈔卷九十七引有劉晝鄒衍别傳，劉晝莊周傳，又卷九十六引劉孟軻傳，劉下蓋亦脱晝字。近人李詳媿生叢録卷二，謂「劉晝疑劉晝之譌字，鄒衍、莊周傳，疑皆爲高才不遇傳中人。」止其説是也。書鈔所引鄒衍别傳云：「鄒子博識，善敍事，有禹、益之鴻才，道深東海，名重西山，日月不能亂其暉，金玉無以比其貴。」止其文體正與劉子相類。然則晝非不能作華縟輕蒨之文者矣。善夫，周中孚之言曰：「傳稱其『綴緝詞藻，言甚古拙。』或疑此書，非其所能，亦非篤論。何者？以魏伯起之文，而徐孝穆曰爲之藏拙；盧子行、薛元卿之文，而庾子山曰少解把筆。何怪于孔昭！蓋其才本不嫻於詩賦，既爲邢、魏所笑，耳食者遂過甚其辭耳。未見其不能著書也。」止見鄭堂讀書記卷五十六。（岷案六乃二之誤。）斯誠篤論也。至其尚論九流，規撫漢書；隋志之言，亦仿班固。既同出一師，故意多冥合。此如詩人擬古，大抵重規疊矩也。且其終篇，與隋志無一章一字之偶合，坐以剽襲，據爲罪案，是蓋胸有成見，妄疑人以竊鈇也。故提要之言，嚴可均甚不然之。鐵橋漫稿卷八書劉子後曰：「近人編書目者，謂九流一篇，全襲隋書經籍志之文，隋書非僻書，盍覆檢之，豈其然乎？」止凡提要所言，皆不足爲依託之證，故曰所疑皆妄也，其爲說非也。

或袁孝政採掇諸子之言，自爲此書而自注之；又恍惚其著書之人，使後世莫可究詰，亦未可知也。

案提要疑此書袁孝政所依託，尤爲無據！盧文弨抱經堂文集卷十二劉子跋云：「劉子五十五篇，南齊時劉晝孔昭撰晝非南齊人，此誤矣。有唐播州録事參軍袁孝政注。其云劉晝撰者，亦孝政之序云耳。宋人黄東發遂疑爲孝政所自著。按黄震日抄卷五十五云：「播州録事袁孝政注而序之，乃盛稱譽；又謂劉子名晝字孔昭，而無傳記可憑，或者袁孝政之自爲者耶？」余借得道藏本，見孝政所爲注淺陋紕繆，於事之出左氏、國語者尚多亂道，而謂其能爲此文字乎？余取其本以校世所行名爲新論本，孝政序兩本皆遺之。」[止]又盧氏羣書拾補中所校新論條下，自注語亦略同。然則此書非孝政所能作也。

余就孝政之注考之，其命相篇注，謂「叔姬是羊鮒之祖母。」傷讒篇「無極之讒子常」，注謂「子常姓郄」，謂「晉君欲往子常家。」風俗篇注謂「陳大姬是周穆王長女。」此盧氏所謂「事之出左氏、國語者尚多亂道」也。然其謬不止此，崇學篇注云：「有子長有若也。」[止]岷案道藏本長作是。和性篇注云：「越王鑄劍之人姓趙名干將，善能歐冶鑄劍石。」[止]薦賢篇注謂「汲黯是漢相。」防慾篇注云：「二踈者，踈受兩兄弟也。」[止]通塞篇「班超投筆而慷慨」，注云：「徐令之子，高祖封爲定遠侯。」[止]慎隟篇注謂「張繡爲袁紹下軍將」，又謂「蘇秦歷説六國，三年而歸，嫂不爲炊飯，妻不爲下機。」岷案又謂云云，當接在上文定遠侯下，此仍是通塞篇注。命相篇注謂「文帝夢見落井，而鄧通救之。」適才篇注以馮驩彈鋏爲彈琴，以歌辭「長鋏歸來」爲「丈夫歸來」。又謂作雞鳴狗盜者，皆是馮驩。凡此諸條，與盲人道黑白何以異？又如妄瑕篇注云：「范增是楚之大臣，項羽將兵圍漢王城，陳平説謀，多將珍寶與楚王大將，楚王知，乃欲斬大將。范增諫曰：『此是陳平之計，王勿誅之。』王曰：『攻戰之事，忘其忠武。受他財寶，豈爲臣子？』遂殺之。范增疽發而死。」[止]此節尤爲鄙俚。甚至謂「劉備王西蜀，曹操王西晉，孫權王南吴，天下爲三國。」慎言篇注。尤其可笑。至於韜光篇注云：「太公作書，名曰六韜者，龍韜、虎韜、豹韜、人韜、騂騮韜、鳳韜。」[止]案六韜爲文、武、龍、虎、豹、犬。大質篇注引説文云：「黄帝於鼎湖山上，得仙人遺弓一張，羣臣見之，一時號哭，因曰烏號。」

又云：「南嶺上有柘木，烏每日在其上鳴，因名之烏號弓也。」止則僞造古書。審名篇注謂觀周人玉璞者爲卞和。案此事見文選百一詩注，無卞和之説。岷案此事見尹文子大道下篇及國策秦策三。文選百一詩注引闞子載宋愚人得燕石事，與此不符。知人篇注謂「韓信仰視刀人滕公。」命相篇注謂「周亞夫爲細柳將軍。」觀量篇「文公種米，曾子植羊。」案此兩語見淮南子泰族訓，陸賈新語及世説尤悔篇注，字句稍不同，其事則不可解。注云：「晉文學外國種米，曾參學外國人剉羊皮，用土種之，雖不生，言其志大。」止則杜撰故事。其餘大抵穿鑿附會，誣妄之處，舉之不勝其舉，殆是粗識之無，不通文義者之所爲。此豈能作此書者乎？孝政注余所見者凡三本，一影鈔本，藏故宮博物院。一黄丕烈以宋刻本校舊鈔本，今藏江安傅氏。一近時海寧陳氏影印黄丕烈藏明刻本。故宮本、傅氏本，皆只繙閲一過，未及借校。今所舉皆就影印本引用黄氏所校宋本注，與明刻有異同，然其爲繆妄鄙俚則一也。又按吴騫尖陽叢筆卷九云：「芼兮大令有抄本劉處玄集，紙墨甚舊，細視其書，即世所傳之劉子五十五篇，不知何以寫作劉處玄集。按道藏目録有仙樂集五卷，乃劉處玄造，皆詩詞歌頌耳。意者後人又以僞劉晝書託之處玄乎？大令謂劉晝書乃實處玄作，未知然否。」止考劉處玄爲金末王嚞弟子，見元史釋老傳。若新論果爲處玄所作，何以宋人先爲刻版，又有唐人爲之作注！其言可發一噱。芼兮爲海甯周春字，不識何以發此謬論。陳鱣簡莊文鈔續編卷一劉子注跋云：「北齊書儒林傳劉晝傳雖不云有此書，然於書中大意相合，或疑袁孝政所作，非也。」止其説頗是，惜其無所發明。又案此篇定稾已久，今年丁丑見蜀人楊明照，燕京大學研究生。承以所作劉子理惑見示，其言有足補余所未及者。復節録之於此，其略云：「劉子五十五篇，隋書經籍志不著録，故疑之者衆矣。然皆執一隅之見，而昧通方之觀。夫史氏載筆，易致俄空，班志藝文，不乏其選。則是書之踈闊靡紀，非創見也。且其文詞豐腴，捃摭博贍，婁引於書鈔，自注云：「北堂書鈔卷二七引愛民篇及適才篇文，卷一二九引適才篇文，卷一二五引兵術篇文，卷一四四引正賞篇文。」曾采於帝範。自注云：「帝範崇文篇兩引崇學篇文。」湛然之輔行記，自注云：「輔行記第四之三引韜光篇文，第五之一引崇學篇文。」武后之臣軌篇，自注云：「臣軌公正篇用清神篇文。」莫不取資，以宏事類，則是書之原出六朝，信有徵也。況世南書鈔，成諸隋季，是先貞觀修史之年矣。敦煌寫本，遠在唐前，自注云：「敦煌寫本劉子殘卷，起韜光第四之後段，訖法術第十四之首行，每行十八九字，卷中理字、淵字、世字、民字均未闕筆，亦未改書，其出六朝人手可知。又一種字體較小，起審名第十六之末行，訖託附第二十一之前段，每行二十八九字，理、世諸字均已改易，蓋爲唐人所書，並足證是書之非假託。原本並藏法國巴黎國立圖書館，此據清華圖書館景本。」止 嘉錫案，上虞羅氏校録之敦煌石室碎金中有劉子殘卷，起去情第三『怒向之評者』，訖思順第九「水必歸海」。中間世字或避或不避，當亦唐人寫本。復蚤袁氏加注之日矣。則是書之不容矯託，斷可識也。黃東發乃謂「雜取九流百家之説，難預諸子立言之列。」自注云：「黃氏日抄卷五十五讀劉子，下同。」殊先哲撰述，多識前言，呂氏春秋、淮南鴻烈，亦已乃爾，何病乎此？又謂「袁孝政釁其五十五篇，取五行生成之數，於義無考。」夫尚書分篇，誼法列宿，文心定名，數彰大衍。寓意篇章，未爲無例。黃氏又云：「袁孝政謂劉子名晝字孔昭，而無傳記可憑。或者袁孝政之自爲者耶？」四庫簡明目録云：「疑即孝政所僞作，而自爲之注也。」提要說略同。按劉子之文，多資故實。孝政所注，爲極謬悠。自注云：「孝政注惟道藏本、活字本中尚存，餘皆删削幾盡，蓋因其不能相副耳。」事之出左氏、國語者，時或妄道；文之本於呂子、淮南者，竟付闕如。有子惡臥焠掌，自注云：「崇學篇云：有子惡臥，自焠其掌。」荀子解蔽文也。自注云：「荀子解蔽篇云：『有子惡臥，而焠掌。』又御覽三百七十及六百十一引桓範世要論云：『有君好臥，讀書倦則焠其掌。』」而孝政不知；顏回夜浴整容，自注云：「慎獨篇云：顏回不以夜浴改容。」抱朴譏惑語也，自注云：「按抱朴子譏惑篇云：顏生整儀於宵浴。」而孝政弗曉；春山之底，自注云：「韜光篇云：丹伏光於春山之底。」不諳所在；自注云：「按穆天子傳卷一及卷四，屢見春山之文。」丹水之戰，自注云：「兵術篇云：堯戰丹水。」乃云未聞。自注云：「按書抄十三、御覽六三引六韜犬韜云：『堯與有苗戰於丹水之浦。』又呂氏春秋召類篇、淮南兵略篇、論衡恢國、儒增二篇，並有堯戰丹水之文。」注尚如斯，文可知矣。且孝政未注以前，諸書徵引已衆，自注云：「新、舊唐書俱無孝政傳，他書亦無論及之者，故其生卒不可考，然非初唐人，則可臆斷也。敦煌寫本劉子殘卷並無注，尤爲塙證。」[止]嘉錫案，舊唐志有劉子，而不録袁孝政注，舊志悉以開元時毋煚古今書録爲本，則孝政殆開元以後人也。至新志亦不録袁注，則其人或更在唐末矣。不揣其本，强謂所作，非惟鳩居鵲巢，蔦施松上，亦與師曠將軒轅並世，公明與方朔同時，等夷其謬矣！是書稱名，以署劉子者爲當。自注云：「新舊唐書、崇文總目、通志等，並題爲劉子；書鈔、輔行記、御覽、海録碎事等所引，亦作劉子；道藏本及活字本並作劉子。」題新論者非古。自注云：「自程榮稱新論後，相沿日衆。或有連稱劉子新論者。」至於卷帙區分，雖有二、三之異，自注云：「子彙本等，分爲上下二卷；通志、崇文總目、郡齋讀書志、玉海等，題爲三卷；敦煌本殘卷標題已佚，由其斷簡觀之，似不分卷。」五、十之殊，自注云：「郡齋讀書附志、書録解題題爲五卷，諸子賞奇本同。新舊唐書題爲十卷，道藏本、活字本、畿輔叢書本同。」然都爲五十五篇，固無差忒也。」

十　近人黄雲眉古今僞書考補證子類金陵大學中國文化研究所叢刊甲種。

劉子新論

袁孝政作序，稱劉晝；唐志十卷，稱劉勰，人或謂即此書，然篇目不類；或又云劉歆、劉孝標。

補證

王昶曰：「劉子二卷，北齊劉晝著，共五十六篇。唐播州録事參軍袁孝政注。按晝字孔昭，所撰有高才不遇傳、金箱璧言，而是書本傳無之。又隋經籍志，若顧子、符子入書録，而此獨未載，何與？考唐志，劉子十卷，劉勰撰。孝政序云，『晝播遷江表，故作此書。時人莫知，謂爲劉勰，或曰劉歆、劉孝標作。』陳氏振孫至不知爲何代人。晁氏謂其俗薄，則殊有見也。大抵唐志之劉子，非即此劉子；而此書不見於晝傳，爲後人僞撰無疑。明人好作僞，申培詩説、子貢易詩傳、天禄閣外史，無識者多奉爲天球拱璧，是書其流亞爾。」春融堂集卷四十三跋劉子。四庫總目提要曰：「按梁通事舍人劉勰，史惟稱其撰文心雕龍五十篇，不云更有别書。且文心雕龍樂府篇稱『塗山歌於候人，始爲南音；有娀謡乎飛燕，始爲北聲；夏甲歎於東陽，東音以發；殷整思於西河，西音以興。』此書辨樂篇稱『夏甲作破斧之歌，始爲東音。』與勰説合；其稱『殷辛作靡靡之樂，始爲北音。』則與勰説迥異，必不出於一人。又史稱勰長於佛理，嘗定定林寺經藏，後出家，改名慧地；此書末篇乃歸心道教，與勰志趣迥殊。白雲霽道藏目録亦收之太元部無字號中，其非奉佛者明甚。劉孝標之説，南史、梁書俱無明文，未足爲據。劉歆之説，則激通篇稱『班超憤而習武，卒建西域之績。』其説可不攻而破矣。惟北齊劉晝字孔昭，渤海阜城人，名見北史儒林傳。然未嘗播遷江表，與孝政之序不符。傳稱『晝孤貧受學，恣意披覽，晝夜不息，舉秀才不第，乃恨不學屬文，方復綴緝詞藻，言甚古拙。』與此書之縟麗輕蒨亦不合。又稱『求秀才十年不得，乃發憤撰高才不遇傳；孝昭時，出詣晉陽上書，言亦切直，而多非世要，終不見收。乃編録所上之書爲帝道；河清中，又著金箱璧言以指機政不良。』亦不云有此書。豈孝政所指，又別一劉晝歟？觀其書末九流一篇所指得失，皆與隋書經籍志子部所論相同，使隋志襲用其説，不應反不録其書；使其剽竊隋志，則貞觀以後人作矣。或袁孝政採掇諸子之言，自爲此書而自注之；又恍惚其著書之人，使後世莫可究詰，亦未可知也。」

眉按：王昶謂非北齊劉晝撰是也。提要辨非勰、歆、孝標作亦是。惟謂九流一篇，剽竊隋志，疑袁孝政自撰自注，疑袁孝政自撰，其説始於黄震。似難遽定。盧文弨曰：「其文筆豐美，頗似劉彦和。孝政所爲注，淺陋紕繆，於事之出左氏、國語者尚多亂道，而謂其能爲此文乎！」抱經堂集劉子跋。嚴可均曰：「近人編書目者云，九流一篇，全襲隋書經籍志之文。隋書非僻書，盍覆檢之，豈其然乎！」鐵橋漫稿。皆非無見之語。若昶疑明人僞託，益無可憑。就文字論：或謂其豐美，或謂其俗薄，或謂其縟麗輕倩，與北史本傳所稱古拙不類。余謂縟麗輕倩之文字，謂之豐美可，謂之俗薄可，毁譽異辭，誠不足怪，然決非所謂古拙。此蓋僞託者未能熟玩本傳，以爲六朝文字固當如此，而不知劉晝乃非其比也。又有謂「六朝時以有韻爲文，無韻爲筆。本傳謂晝不學屬文，蓋指詞賦而言，然不善屬文者，未必不長於筆。」見圖書館學季刊二卷四期余嘉錫四庫提要辨證。此亦穿鑿，六朝固有文筆之分，要亦施於評文對舉之時，史家敍事，奚必舍通名而强分朱碧，轉滋淆惑耶！周中孚謂此書或即晝所著金箱璧言，鄭堂讀書記卷五十六。（岷案六當作二。）亦屬臆測。

十一　近人楊明照劉子理惑載燕京大學文學年報第三期。

劉子五十五篇，隋書經籍志不著録，故疑之者衆矣。然皆執一隅之見，而昧通方之觀。夫史氏載筆，易致俄空，班志藝文，不乏其選。則是書之疎闊靡紀，非創見也。且其文詞豐腴，捃摭博贍，婁引於書鈔，北堂書鈔二七引愛民篇及適才篇文，卷一二九引適才篇文，卷一二五引兵術篇文，卷一四四引正賞篇文。曾采於帝範，帝範崇文篇，兩用崇學篇文。湛然之輔行記，輔行記第四之三引韜光篇文，第五之一引崇學篇文。武后之臣軌篇，臣軌公正篇，用清神篇文。莫不取資，以宏事類。則是書之原出六朝，信有徵也。況世南書鈔，成諸隋季。晁公武郡齋讀書後志卷二、陳振孫直齋書録解題卷十四，並云然。是先貞觀修史之年矣。舊唐書令狐德棻傳云：「貞觀三年，太宗復勅秘書監魏徵修隋史。」敦煌寫本，遠在唐前，敦煌寫本劉子殘卷，起韜光第四之後段，訖法術篇十四之首行，每行十八九字。卷中理字、淵字、世字、民字，均未闕筆，亦未改書，其出六朝人手可知。又一種字體較小，起審名第十六之末行，訖託附第二十一之前段，每行二十八九字，理、世諸字，均已改易，蓋爲唐人所書。（羅振玉校江陰何氏所藏者，與此並異。）並足證是書之非假託。（原本並藏法國巴黎國立圖書館，此據清華圖書館景本。）復蚤袁氏加注之日矣。敦煌寫本並無袁孝政注。則是書之不容矯託，斷可識也。隋志子部，論諸家得失，與是書九流篇説同，以書鈔相證，其勦襲可知。不録其書，或亦有意焉爾。黄東發乃謂：「雜取九流百家之説，難預諸子立言之列。」黄氏日鈔卷五十五讀劉子，下同。殊先哲撰述，多識前言，吕氏春秋、淮南鴻烈，亦已乃爾！何病乎此？又謂：「袁孝政譽其五十五篇，取五行生成之數，於義無考。」夫尚書分篇，誼法列宿；文心定名，數彰大衍。寓意篇章，未爲無例。余雅好是書，閒事疏證，鑒作者之久淆，俾覽者之易辨，爰將前人所致疑者，舉正如次，固非爲劉氏左襢也。至於書名之題署，卷帙之區分，亦附箸焉。

（甲）謂爲劉歆箸者

趙希弁郡齋讀書附志卷五上云：「劉子，或曰劉歆之制。」蓋據袁孝政序文也。袁序久亡，直齋書録解題卷十，載其略曰：「晝傷己不過，天下陵遲，播遷江表，故作此書。時人莫知，謂爲劉勰。或曰：『劉歆、劉孝標作。』」

按右説純出傅會，徵時不難立知。如傷讒舉第五倫之答婦翁，傷讒篇云：「第五倫三娶孤女，而世人謂答婦翁。」按此事見後漢書倫本傳及魏志武帝紀。慎言述劉先主之遺匕筯。慎言篇云：「魏武漏語於英雄，玄德遺其匕筯。」按此事見蜀志先主傳。班超樹蹟，興言於激通。激通篇云：「班超憤而習武，終建西域之績。」按此事見後漢書超本傳。通塞篇亦用投筆事。張繡見原，致戒於慎隟。慎隟篇云：「魏后泄張繡之讐，此遇英達之主，得以深怨而不爲讐也。」按此事見魏志繡本傳。命相、心隱，數引王充之説。命相篇用論衡命義、命禄、吉驗三篇文，心隱篇用論衡講瑞、語增二篇文。辯樂、殊好，並拾阮籍之文。辯樂、殊好二篇，多本阮籍樂論語。他若荀悦申鑒，愛民篇用申覽政體篇文。仲長昌言，心隱篇用昌言文。魏子、唐子之書，適才篇用魏子文。慎獨篇用唐子文。蔣濟、楊泉之論，正賞篇用萬機論文。賞罰篇用物理論文。其挹注之迹，皆釐然可考。昌言諸佚書，據類書引。既出西京之後，則非子駿所撰矣。

（乙）謂爲劉孝標箸者

晁公武郡齋讀書志卷十二云：「劉子，或以爲劉孝標作。」附志同。蓋亦據孝政序文也。

按南史、卷四十九。梁書，俱無明文，而彼此持論，又臭味不同。孝標之辨命，與是書命相卷五第二十五篇。徑庭也，孝標之絶交，與是書託附卷五第二十一篇。霄壤也。果出一人之手，何有首鼠之詞？至其鋪采之縟麗不侔，行文之輕蒨有異，展卷並觀，即易品藻，則孝標之説，亦迎刃而解矣。

（丙）謂爲劉勰箸者

舊唐書經籍志丙部子録，劉子十卷。注云：「劉勰撰。」新書藝文志、通志藝文略第四並同。蓋皆據孝政序文也。

按通事舍人劉勰，史惟載其撰箸文心，不云更有他書。南史卷七十二、梁書卷五十，並有舍人傳。且文心樂府卷二第七篇。稱「有娀謡乎飛燕，始爲北聲。」與是書辯樂卷二第七篇。謂「殷辛作靡靡之樂，始爲北音。」各異其趣。按文心本吕氏春秋音初篇説。劉子則本史記樂書也。又史稱「勰長於佛理，後且出家。」見南史及梁書本傳。而是書末篇，九流。乃歸心道教。道藏本於九流篇先道家，通行本則先儒家。觀其總括之語，藏本實據其本書次第如比，非由後來黄冠所移易也。又是書首卷，清神、防慾、去情、韜光諸篇，近道家言。故白雲霽道藏目録，收之太玄部無字號中也。立言既已殊科，秉心亦復異撰，非其所著，不辨可知矣。

（丁）謂爲袁孝政著者

黄氏日鈔云：「袁孝政謂『劉子名晝，字孔昭，』而無傳記可憑。或者袁孝政之自爲者耶？」四庫簡明目録云：「疑即孝政所僞作，而自爲之注也。」提要説略同。按四庫館臣所疑，皆揚黄氏之波。

按劉子之文，多資故實。孝政所注，極爲謬悠。孝政注惟道藏本、活字本中尚存，餘皆删削幾盡，蓋因其不能相副耳。事之出於左氏、國語者，時或妄道；文之本於吕子、淮南者，竟付闕如。有子惡臥焠掌，崇學篇云：「有子惡臥，自焠其掌。」荀子解蔽文也，按荀子解蔽篇云：「有子惡臥而焠掌。」又桓範世要論云：「有君好臥，讀書倦則焠其掌。」（御覽三百七十及六百十一引。）而孝政不知。顏回夜浴整容，慎獨篇云：「顏回不以夜浴改容。」抱朴譏惑語也，按抱朴子譏惑篇云：「顏生整儀於宵浴。」而孝政弗曉。春山之底，韜光篇云：「丹伏光於春山之底。」不諳所在。按穆天子傳卷一及卷四，叓見春山之文。丹水之戰，兵術篇云：「堯戰丹水。」乃云未聞。按六韜犬韜云：「堯與有苗戰於丹水之浦。」（書鈔十三、御覽六三引。）又吕氏春秋召類篇、淮南兵略篇、論衡恢國、儒增二篇，並有堯戰丹水之文。注尚如斯，文可知矣。且孝政未注之前，諸書徵引已衆。新、舊唐書俱無孝政傳，他書亦無論及之者，故其生卒不可考。然非初唐人，則可臆斷也。敦煌寫本劉子殘卷，並無注，尤其塙證。不揣其本，强謂所作，非惟鳩居鵲巢，蔦施松上；亦與師曠將軒轅並世，公明與方朔同時，等夷其謬矣。

綜上四説，既覺非是，究其作者，又將誰屬？今據孝政之序，見前。晁氏之志，郡齋讀書志云：「劉子，齊劉晝孔昭撰。」附志同。直齋書録，書録解題云：「劉子，齊劉晝孔昭撰。」王氏玉海，玉海卷五十三藝文類云：「劉子，北齊劉晝字孔昭撰。」要以劉晝近是。雖不見諸本傳，尚得觸類以推。北史儒林卷八十一儒林上。云：「劉晝字孔昭，渤海阜城人也。求秀才十年不得，發憤撰高才不遇傳。隋志經籍二，高才不遇傳四卷。注云：「後齊劉晝撰。」唐志同。孝昭時，詣晉陽上書，終不見收，乃編録所上之書爲帝道。隋志不箸録。河清中，又箸金箱璧言。隋志不箸録。嘗自謂『博物奇才』，言好矜大。每言『使我數十卷書行世，不易齊景之千駟也。』」按史載諸書，蚤已亡佚。以晝自言「數十卷書」計之，則是書必在其中，於數始足。高才不遇傳四卷，帝道若干卷，金箱璧言若干卷，六合賦（見本傳）若干卷，再益以劉子十卷，差足云數十卷書。其證一也。又史稱「自恨不學屬文，方復緝綴辭藻，言甚古拙。」今以是書文筆觀之，誠如所謂「古拙」者。其證二也。援此兩證，定爲晝書，雖非确切之據，然亦未爲不根也。

是書名稱，以署劉子者爲當，新舊唐書、崇文總目、通志等，並題爲劉子。書鈔、輔行記、御覽、海録碎事等所引，亦作劉子。道藏本及活字本，並作劉子。題新論者非古。自程榮稱新論後，相沿日衆。或有連稱劉子新論者。至於卷帙區分，雖有「二」「三」之異，子彙本等，分爲上下二卷。通志、崇文總目、郡齋讀書志、玉海等，題爲三卷。敦煌寫本殘卷，標題已佚，由其斷簡觀之，似不分卷。「五」「十」之殊。郡齋讀書附志、書録解題，題爲五卷。諸子賞奇本同。新舊唐書，題爲十卷。道藏本、活字本、畿輔叢書本等同。然都爲五十五篇，固無差忒也。